Jürgen Fritz

Das Spiel verstehen

Eine Einführung in Theorie und Bedeutung

W0192315

Juventa Verlag Weinheim und München 2004

Der Autor

Jürgen Fritz, Dr. phil., Jg. 1944, ist Professor für Spielpädagogik an der Fachhochschule Köln.
Seine Arbeitsschwerpunkte sind Didaktik und Methodik des Spiels in Gruppen, Beurteilung von Spielmitteln, Analyse der Computernutzung in sozialpädagogischen Arbeitsfeldern.

Bibliografische Information Der Deutschen Bibliothek

Die Deutsche Bibliothek verzeichnet diese Publikation in der Deutschen Nationalbibliografie; detaillierte bibliografische Daten sind im Internet über http://dnb.ddb.de abrufbar.

© 2004 Juventa Verlag Weinheim und München
Umschlaggestaltung: Atelier Warminski, 63654 Büdingen
Umschlagfoto: Frau Elvira Mertin, Bergisch Gladbach
Printed in Germany

ISBN 3-7799-1941-9

Vorwort

Zu den besonderen Schwierigkeiten, die mit dem Schreiben eines Buches zusammenhängen, gehört die Aufgabe, einen geeigneten Titel zu finden. Er soll bezeichnen, um was es in dem Buch geht, was seine wesentlichen Inhalte sind und was die Leserinnen und Leser vom Text erwarten dürfen. Zugleich soll der Titel kurz, prägnant, stimulierend und originell sein. Bei der Titelfindung kann man sicherlich nicht allen Anforderungen gerecht werden. Der für dieses Buch gefundene Titel bringt zum Ausdruck, wozu dieses Buch beitragen soll: zum Verständnis dessen, was wir „Spiel" nennen.

So eingängig dieser Begriff auch klingt, so schwer lässt er sich fassen. Ganze Generationen von Philosophen, Forschern, Biologen, Anthropologen, Pädagogen und Psychologen haben sich daran abgearbeitet und viel Wissenswertes zusammengetragen. Nur die Frage, was das „Spiel" schließlich ist und wie man es begrifflich fassen kann, blieb unbeantwortet, und hat dadurch immer wieder neue Versuche hervorgebracht. Verfolgt man die Entwicklungslinien dieser Diskurse, kann man zum Eindruck gelangen, dass man in feinen Sand hinein greift, der einem beim Versuch, ihn in den Griff zu bekommen, durch die Finger rinnt. Wenn der feste Griff der Begriffsbestimmung zu keinem rechten Erfolg führt, entsteht die Frage, welcher andere Weg möglicherweise geeignet ist, das Spiel zu verstehen.

Anstelle des festen Griffs mit einer Hand, so war meine Überlegung, kann es erfolgreicher sein, beide Hände zu nehmen und alle zehn Finger zu nutzen, um den Sand, die Sedimente unseres Wissens, locker darauf aufzuschichten. Dieser Orientierung folgt das Buch. Es geht nicht darum, das „Spiel" auf den Begriff zu bringen, sondern mit Hilfe von Begriffen die Erkenntnisse über das „Spiel" zu vermitteln. Ausgehend vom Bild der beiden Hände und der zehn Finger gliedert sich das Buch in zwei deutlich voneinander getrennte Teile und in zehn Kapitel, in denen unser Wissen über das „Spiel" in eine lesbare Form gebracht wurde. Die erste Hand fasst zusammen, was unter „Spiel" verstanden werden kann und welche Wissensbestände sich dazu in Beziehung setzen lassen. Dieser Teil des Buches wirkt wie ein Arbeitsbuch: eine (hoffentlich) gut lesbare und verständliche Einführung in die Denklinien der Spieltheorie. Die Kapitel dieses Teils sollen einen Zugang zum aktuellen Stand der Erkenntnisse über „das Spiel" bieten: Was alles kann man unter dem Begriff „Spiel" verstehen? Welche Differenzierungen innerhalb dieses Begriffes sind möglich und sinnvoll? Warum spielen Menschen? Wie organisieren sie „ihr Spiel"? Wie entwickelt sich das Spielverhalten der Menschen? Welche Formen des „Spiels" gibt es? Was wird in das „Spiel" hinein gedacht?

Der zweite Teil des Buches geht deutlich darüber hinaus. Die Untersuchungen in den Kapiteln dieses Teils haben das Ziel, die Bedeutung der „Welt des Spiels" zu erfassen und dabei die Abgrenzungen, Verwebungen und Austauschprozesse zu anderen Arealen der Lebenswelt von Menschen aufzuzeigen. Dahinter stehen die Fragen: Was bedeuten die Spielprozesse für die Lebenswelt der Menschen und wie ist das, was wir „Spiel" nennen, in das Leben und die Entwicklung von Menschen eingewoben.

Die Zweiteilung des Buches kommt nicht von ungefähr. Sie folgt den eigenen Arbeitsschwerpunkten der letzten Jahre, die sich in verschiedenen Veröffentlichungen spiegeln. Zunächst ist das Buch als eine umfassende Neubearbeitung von „Theorie und Pädagogik des Spiels" angefangen worden. Sehr bald stellte sich jedoch heraus, dass dies in der geplanten Form nicht möglich war. Zahlreiche neuere Veröffentlichungen und Erkenntnisse aus anderen Bereichen machten es erforderlich, einen Neuanfang zu wagen. Den entscheidenden Impuls gaben die Fragen nach Begriff und Wesen des „Spiels". Die Überlegungen dazu haben einen sehr langen Zeitraum in Anspruch genommen. Als dieses erste entscheidende Kapitel in den Grundzügen zu meiner Zufriedenheit abgeschlossen war, fügten sich die weiteren Kapitel des ersten Teils relativ rasch an.

Ein zweiter wesentlicher Schwerpunkt der letzten zwanzig Jahre war neben der Beschäftigung mit der Spieltheorie die Auseinandersetzung mit virtuellen Spielwelten. Die Forschungsaktivitäten haben in zahlreichen Publikationen ihren Niederschlag gefunden, so z.B. im Juventa Titel „Warum Computerspiele" faszinieren und im bei der Bundeszentrale für politische Bildung erschienenen „Handbuch Medien: Computerspiele". Die durch die Forschungsergebnisse gewonnenen Erkenntnisse über die Bedeutung der virtuellen Spielwelten für die Lebenswelt der Menschen haben das Verständnis von „Spiel" nachhaltig beeinflusst. In dem hier vorliegenden Buch geht es in seinem zweiten Teil um ähnliche Erkenntnisbereiche: Wie ist die „Welt des Spiels" mit den anderen Arealen der Lebenswelt verwoben? Welche Folgen hat das für die Menschen? Wie lässt sich die „Welt des Spiels" sinnvoll von anderen Arealen der Lebenswelt abgrenzen? Diese Fragen gehen in ihren theoretischen Grundlagen deutlich über das hinaus, was im ersten Teil des Buches vorgestellt wurde, bieten aber eine gute Möglichkeit, die im ersten Teil entfalteten Erkenntnisse über das „Spiel" zu vertiefen und aus einer anderen Perspektive zu betrachten. Insoweit verbinden sich beide Teile des Buches in dem Bemühen, den Leserinnen und Lesern ein Verständnis des „Spiels" und seine Bedeutung für das Leben der Menschen nahe zu bringen.

Weitgehend ausgespart blieb der Bereich der Pädagogik und speziell der Spielpädagogik. Dies hätte den Rahmen des Buches gesprengt. Es ist vorgesehen, die mit dem „Spiel" zusammenhängenden pädagogischen Fragestellungen und methodischen Möglichkeiten in einer gesonderten Publikation zu bearbeiten.

Zu danken habe ich meinen Kolleginnen und Kollegen, die meine Arbeit in vielfältiger Weise unterstützt haben, Anregungen zum Buch gaben und sich mit dem Manuskript sorgfältig und kritisch beschäftigten. Ich danke vor allem Frau Tanja Witting, Frau Heike Esser und Herrn Winfred Kaminski.

Mein Dank gilt ganz besonders dem Juventa Verlag und meinem Verleger, Herrn Lothar Schweim. Er hat dieses Buchprojekt mit großer Geduld und Zuversicht betreut und durch viele Anregungen zum Gelingen beigetragen.

Köln, im März 2004
Jürgen Fritz

Inhalt

1. Wie sich das Spiel begrifflich fassen lässt

1.1. Problemaufriss

In unserem alltäglichen Leben gehen wir recht unproblematisch mit dem Wort „Spiel" um. Wir haben Spaß am Skatspiel und schauen Kindern beim Spiel zu. Das Fußballspiel im Fernsehen ist ebenso Gegenstand unseres Interesses wie die zahlreichen Quizspiele, in denen man die Chance hat, Millionär zu werden. Jeder Gesprächspartner weiß, was damit gemeint, wenn wir auf diese Spiele zu sprechen kommen. Unter Pädagoginnen und Pädagogen ist ausgemacht, wie nützlich das Spiel insbesondere für Kinder ist und welchen Wert es für Erwachsene haben kann.[1] „We all play occasionally, and we all know what playing feels like. But when it comes to making theoretical statements about what play is, we fall into silliness."[2]

Die Probleme mit dem „Spiel" entstehen dann, wenn man Einigung darüber erzielen will, was man überhaupt unter „Spiel" verstehen möchte, wie man „Spiel" von „Nicht-Spiel" abgrenzen soll oder gar was das „Wesen" von „Spiel" ist. Diese Aufgabe, so scheint es, ist bislang nicht gelöst worden.

---

1 Vgl. Mogel, Hans: Psychologie des Kinderspiels, Springer Verlag, Berlin 1994, S. 209.

2 Sutton-Smith, Brian: The Ambiguity of Play, Harvard University Press, Cambridge 1997.

Retter[3] stellt fest, dass weder eine befriedigende Definition von „Spiel", noch das Problem der Objektivierbarkeit und Operationalisierbarkeit von Spielverhalten gelöst sei. „So gut man sich über konkrete Spielformen verständigen kann, so schwierig ist es, aus den unterschiedlichen Typen des Spiels übergeordnete Gesichtspunkte herauszulösen, die einen allgemeinen Spielbegriff konstituieren."[4]

Ein Grund für diese Schwierigkeiten liegt möglicherweise in der deutschen Sprache, die mit dem Wort „Spiel" viele und recht unterschiedliche Sachverhalte belegt. In der nachfolgenden kleinen Geschichte habe ich mir die spielerische Aufgabe gestellt, das Wort „Spiel" so zu verknüpfen, dass in einem „Wortspiel" spielend deutlich wird, was „Spiel" alles sein kann:

> **Ein romantisches Sprachspiel**
>
> Spielend leicht kamen sie einander näher, als sie sich ein spannendes Fußballspiel ansahen. Dann spielten sie mit der Fernbedienung ihres Fernsehgeräts und verfolgten eine spannende Szene aus dem Spielfilm „Spiel mir das Lied vom Tod": In einem Pokerspiel wurde ein Falschspieler entlarvt und gleich darauf erschossen. Darauf beschlossen sie, einen Spaziergang am See zu machen und dem Spiel des Windes und der Wellen zuzusehen.
>
> Versonnen spielte sie mit ihren blonden Haaren, während er mit dem Gedanken spielte, sie durch Worte und Taten für sich zu gewinnen. Er sprach, wie in vielen Spielszenen schon gesehen, von Liebe und Treue. Sie fand Gefallen an seinen Wortspielen, dachte aber insgeheim, dass er mit ihr spielen wolle und nur auf ein Liebesspiel aus wäre.
>
> Aus dem Spiel wurde Ernst, und Ernst ist schon zwei Jahre alt. Er spielt mit den Nerven seiner Mutter, weil er so gerne Verstecken spielt und nicht nur seine Spielsachen zu ungewöhnlichen Plätzen trägt, an denen sie niemand vermutet: für seine Mutter ein böses Spiel.
>
> Sein Vater, ein professioneller Spieler, sitzt derweil im Spielcasino und verspielt beim Roulett sein letztes Geld, frei nach dem Motto, dass der Mensch nur da ganz Mensch ist, wo er spielt und er nur dort spielt, wo er ganz Mensch sein darf. Als er seinen letzten Spieleinsatz wagt, denkt er bei sich: „Das Leben ist ein Spiel, und wer es recht zu spielen weiß, gewinnt auch mal im Spiel."

Es ist schon erstaunlich, in welchen unterschiedlichen Zusammenhängen und Bedeutungen das Wort „Spiel" auftauchen kann. In der Geschichte werden mal konkrete Regelspiele benannt, dann geht es um spielerisches Verhalten, dann wird ein Feuerwerk sprachlichen Analogien und Metaphern abgebrannt, schließlich werden philosophische Textstücke in satiri-

---

3 Retter, Hein (Hrsg.): Kinderspiel und Kindheit in Ost und West, Verlag Julius Klinkhardt, Bad Heilbronn 1991, S. 11.
4 Retter, Hein (Hrsg.): Kinderspiel und Kindheit in Ost und West, Verlag Julius Klinkhardt, Bad Heilbronn 1991, S. 13.

scher Absicht spielerisch so verfremdet, dass die Geschichte zu einem Sprachspiel wird. Und dies ist alles mit dem Wort „Spiel" möglich. So ein Wort lässt sich nur schwer auf den Begriff bringen. Soll man nun vor diesen Schwierigkeiten kapitulieren? Entzieht sich das Wort „Spiel" begrifflichen Einengungen? Widersetzt es sich hartnäckig allen Versuchen, es begrifflich zu „disziplinieren", weil diese „Sprachdisziplin" seinem „Wesen" im Grunde zuwider läuft?

Oder was ist von dieser Auffassung zu halten?: „Die deutsche Sprache ist zu wenig differenziert, um das Unterschiedliche der jeweiligen Spieltypen zum Ausdruck zu bringen. Nun könnte man sagen, diese mangelnde Sprachdifferenzierung und der gemeinsame Oberbegriff Spiel machten eben deutlich, dass es doch einen Definitionskern für alles Spielerische gebe. Solch eine gemeinsame Definition erkauft man sich jedoch mit einem sehr hohen Abstraktionsgrad des zentralen Bestimmungsstücks, vor allem wenn wir an die metaphorischen Verwendungsweisen denken. (...) Für den Erkenntnisfortschritt erscheint es wichtiger zu sein, Ausdifferenzierungen herbeizuführen und Spezialbegriffe zu verwenden, die Feinunterscheidungen erlauben und in der Entwicklungspsychologie das Aufdecken von Beziehungen im Mikrobereichen ermöglichen. (...) Wir wollen im Folgenden auf eine allgemeine Definition des Spiels für Kinderspiele, Spiele der Erwachsenen, Tierspiele usw. verzichten, da ein universeller Spielbegriff wenig Erkenntnisgewinn mit sich bringt und da das klassische Definieren für das Phänomen Spiel mit seinen fluktuierenden Erscheinungsformen unangebracht ist."[5]

Vielleicht stecken die Schwierigkeiten mit dem Begriff „Spiel" nicht im Gegenstand selbst, sondern in den Personen, die in wissenschaftlicher Absicht damit „spielen". „Es stellt sich die Frage, ob diese wissenschaftliche Unschärfe bei der Definition nur im Gegenstand begründet ist oder auch für die Wissenschaft selber eine tiefer gehende Bedeutung hat, dergestalt etwa, dass in den Spieltheorien zum Ausdruck gebracht soll, dass das Spielen als emotionales, intuitives Umgehen mit der Welt nur sehr schwer einem rationalen Ordnungsprinzip untergeordnet werden kann und auch nicht werden soll. Diese Frage zielt darauf ab, ob nicht die Forscher und Forscherinnen unbewusst ihren Gegenstand so wählen, dass das Spielen als nicht zu bändigender Stoff erscheint. (...) Gibt es also - kann vielleicht überspitzt vermutet werden - ein Bedürfnis der Spielforscher und Spielforscherinnen, ihren Gegenstand lustvoll unscharf zu halten?"[6]

---

5 Einsiedler, Wolfgang, Das Spiel der Kinder. Zur Pädagogik und Psychologie des Kinderspiels, Verlag Julius Klinkhardt, Bad Heilbronn 1991, S. 16.
6 Fuhs, Burkhard: Spielen oder gleich „was Richtiges machen"? Zur sozialen Bedeutung des Spielens im Kindesalter; in: Renner, Erich u.a.: Spiele der Kinder. Interdisziplinäre Annäherungen, Deutscher Studienverlag, Weinheim 1997, S. 21.

Unter dieser Perspektive ist eine „herausfordernde Unbestimmtheit" entstanden, die für recht unterschiedliche wissenschaftliche Disziplinen für viele Jahre reiche Betätigungsfelder eröffnet hat. Dies gilt sowohl für die Philosophie als auch für die Sprach- und Literaturwissenschaft, die Kulturwissenschaft, die Mathematik, die Naturwissenschaft und die Erziehungswissenschaft.[7] Eines ist auch durch diese Forschungen nicht gelungen: die begriffliche Bestimmung dessen, was unter „Spiel" verstanden werden soll und was „Spiel" in seinem „Wesen" ist. „Spiel" erscheint in seiner Zergliederung in Einzelperspektiven und metaphorischen Anmutungen nicht als ein einheitlicher, definitorisch fassbarer Begriff, sondern als ein „Bermuda-Dreieck", in dem alles verschwindet. „Spiel" wirkt wie ein „schwarzes Loch", das die Vielfältigkeit unter Preisgabe jeglicher Differenzierung eingesaugt hat, hoch energetisch und zutiefst rätselhaft. Worin besteht das Rätsel dieses „schwarzen Loches"? Aus welchen Bestandteilen besteht es? Was macht sein energetisches Potential aus?

Um auf diese Fragen wenigstens erste Antworten geben zu können, ist die Arbeit an einer begrifflichen Bestimmung von „Spiel" unabdingbar. Retter ist zuzustimmen, dass die Aufgabe, einen allgemeinen Begriff für „Spiel" (zumindest) annäherungsweise zu konstituieren, nicht aufgegeben werden sollte: „Das Bemühen um Gewinnung allgemeiner Bestimmungs- und Abgrenzungskriterien bleibt also unverzichtbar, auch wenn die Lösung dieses Problems immer nur annäherungsweise vorstellbar ist."[8]

Um der Lösung des Problems näher zu komme, habe ich den traditionellen Weg der Begriffsbestimmung verlassen. Ich habe also nicht nach einem Oberbegriff und Bestimmungsmerkmalen gesucht. Alle Versuche in diese Richtung, das „Spiel" von seinen Merkmalen oder seinem Wesen her zu erfassen, sind bislang wenig überzeugend verlaufen und konnten vermutlich auch nicht zu einem befriedigenden Ergebnis führen. Unterschiedliche Sachverhalte, Perspektiven, Erkenntnisse sind dem Wort „Spiel" zugeordnet worden. Die Offenheit für unterschiedliche Befrachtungen haben zu keinem bestimmbaren Klang geführt, sondern zu einem „begrifflichen Rauschen".

Folgt man den Spuren dieses „begrifflichen Rauschens" gelangt man zur Erkenntnis, dass mit dem Wort „Spiel" drei unterschiedliche (und deutlich unterscheidbare) Sachverhalte bezeichnet werden, die unabhängig voneinander oder auch gemeinsam auftreten können. Man meint mit „Spiel" zunächst

1. ein bestimmtes Verhalten, das spezifische Merkmale aufweist und sich von anderen Verhaltensformen unterscheidet, dann

7 Karin Wenz hat hierzu eine fundierte Untersuchung vorgelegt; Wenz, Karin: Spiele und Spielen; Zeitschrift für Semiotik, Band 23, H. 3-4 (2001), S. 269 ff.
8 Retter, Hein (Hrsg.): Kinderspiel und Kindheit in Ost und West, Verlag Julius Klinkhardt, Bad Heilbronn 1991, S. 209.

2. eine Rahmungshandlung, die einem konkreten Geschehen den Status zuweist, nicht den Maßstäben der realen Welt zu genügen, sondern anderen. Das Verhalten wird als „Spiel" gerahmt und gehört damit zu einer „Spielwelt" und, solange die Rahmungshandlung Gültigkeit besitzt, nicht zur realen Welt. Und schließlich

3. ein Konstrukt aus Regeln und Verabredungen, das sowohl eine Rahmungshandlung als auch spielerisches Verhalten ermöglicht, sich aber auch losgelöst vom konkreten Spielprozess und den konkreten Rahmungshandlungen betrachten lässt (insbesondere, wenn sich das Konstrukt z.B. in Form eines Brettspiels materialisiert und von seinen Regeln her auskondensiert hat).

Die Unterscheidung in Verhaltensdimension, Rahmungsdimension und Konstruktdimension ermöglicht eine begriffliche Feindifferenzierung, die notwendig ist, um auf das „Spiel" bezogene Sachverhalte besser zu verstehen, einzuschätzen und sich darüber auszutauschen. Das dem Wort „Spiel" eigene „begriffliche Rauschen" macht durch diese Differenzierung Platz für drei unterschiedliche Klangspektren, die einer begrifflichen Bestimmung zugänglich sind. Zu diesen drei „Klangspektren" gesellt sich dann noch der „metaphorische Obertonbereich", den wir an späterer Stelle genauer in Blick nehmen werden.

Wir werden nun die drei Dimensionen, die „Spiel" konstituieren können, in den folgenden Unterkapiteln genauer vorstellen, sie von einer metaphorischen Dimension abgrenzen, um dann in den Folgekapiteln den Nutzen dieses theoretischen Ansatzes zu verdeutlichen.

1.2. Verhaltensdimension: Spiel als „spielerisches Verhalten"

Bei spielerischem Verhalten rückt die Tätigkeit selbst in den Mittelpunkt des Erlebens und weniger das Ziel oder das beabsichtigte Ergebnis. Die Tätigkeit an sich hat emotionalen Befriedigungswert: Es macht Spaß, sich spielerisch zu verhalten. Welche Merkmale besitzt ein Verhalten, das wir „spielerisch" nennen?

- Es besitzt ein großes Maß an *Selbstbestimmtheit*: Der Mensch entscheidet selbst, was er tun will und wie er es tun möchte. Er folgt seinen inneren Impulsen und weniger den von außen gesetzten Vorgaben und Zielvorstellungen. Die Selbstbestimmtheit spielerischen Verhaltens vermittelt das Gefühl persönlicher Freiheit und bietet die Chance, das zu artikulieren und zu entwickeln, was als Potentialität im Menschen selbst schlummert.

- Der Mensch erlebt spielerisches Verhalten als *Kontrast* zu regulierten und formalisierten Arbeits- und Handlungsabläufen, denen er im täglichen Leben unterworfen ist. Er kann Routinen und Festlegungen umflanken und etwas ganz „anders" und für ihn „neu" tun. Dies bietet die Chance, sich selbst „neu" und „anders" zu erleben, losgelöst vom Zwang, das ewig Gleiche immer wieder gleich tun zu müssen.

- Mit dem spielerischen Verhalten verbunden sind *Wagnis und Experiment*. Gelingt, was ich vorhabe? Schaffe ich es, die mir selbst gesetzte Aufgabe zu bewältigen? Insofern sind *Ungewissheit und Spannung* wichtige Merkmale eines Verhaltens, das wir spielerisch nennen.

- Das spielerische Verhalten besitzt eine spezifische Qualität, die wir mit *Phantasie, Einfallsreichtum, Kreativität* bezeichnen können. Spielerisches Verhalten knüpft an die potentielle Variabilität des Menschen an, sich an unterschiedliche und sich verändernde Umwelten anpassen zu können.

Schauen wir uns jetzt einige Beispiele an, mit deren Hilfe wir die Merkmale spielerischen Verhaltens verdeutlichen wollen.

1. Zwei Jungen im Alter von 10 Jahren sind dabei, sich aus Ästen und Zweigen eine Laubhütte zu bauen. Sie probieren verschiedene Möglichkeiten aus, mit dem vorhandenen Material etwas für sie Brauchbares und zufrieden Stellendes zuwege zu bringen. Sie entwickeln einen Plan, sprechen sich ab, wer was zu tun hat und gehen ans Werk. Immer wieder entstehen neue Einfälle, die auf ihre Brauchbarkeit geprüft werden. Einer der Jungen kommt auf die Idee, das Dach ihrer Hütte mit Moos abzudecken. Der andere möchte es mit Grasbüscheln versuchen. Beide Jungen experimentieren mit ihrem Baumaterial und finden schließlich eine Lösung, die sie zufrieden stellt.

Die Beurteilung, ob es sich beim Bau einer Laubhütte um spielerisches Verhalten handelt, muss aus der Perspektive der beiden Jungen beurteilt werden. Die beiden Jungen folgten ihren eigenen Impulsen und Motivationen. Sie wollten eine solche Hütte bauen und waren darin selbst bestimmt. Möglicherweise erlebten beide Jungen ihr Tun als Kontrast zu ihren schulischen und häuslichen Aufgaben und Pflichten. Sie konnten etwas ganz anderes tun, neue Erfahrungen sammeln, sich auf etwas einlassen, das ihnen im täglichen Leben nicht so häufig vorkommt. Bedingt durch die Neuigkeit ihres Tuns und die damit verbundenen andersartigen Herausforderungen entsteht für die beiden Jungen ein Gefühl der Ungewissheit und Spannung: Schaffen sie es, ihre selbst gesetzte Aufgabe zu ihrer Zufriedenheit zu lösen? Finden sie für die auftretenden Probleme die angemessenen Lösungen? Kommen sie *gemeinsam* mit der Aufgabe klar? Die von den Jungen entwickelten Einfälle und Lösungsversuche mögen auf dem Hintergrund der in der Gesellschaft bekannten Verfahren und Techniken nicht sonderlich phantasievoll, kreativ oder einfallsreich gewesen sein. Darauf kommt es jedoch nicht an. Wichtig ist vielmehr, ob die Jungen *aus ihrer Perspekti-*

ve Phantasie gezeigt, kreative neue Lösungen entdeckt und Einfälle entwickelt haben. Dies ist immer dann der Fall, wenn sie nicht ausschließlich auf ihnen bekannte Schemata und Verfahrensweisen zurückgegriffen, sondern etwas *für sie* Neues entwickelt haben. Dieses Neue kann auch darin bestehen, Bekanntes auf neue Sachverhalte zu übertragen.

2. Ein kleines Mädchen hüpft auf den Steinplatten vor dem Haus. Dabei bemüht es sich, nicht auf die Zwischenräume zwischen den Platten zu treten. Dabei probiert es verschiedene Sprungtechniken aus, um in seinem Sinne erfolgreich zu sein. Es ist unermüdlich dabei, und erst als die Mutter ruft, unterbricht das Mädchen seine Versuche.

Auch hier folgt das Mädchen seinen eigenen Wünschen. Es hat offenbar Spaß daran, so zu handeln. Das Verhalten steht sicher im Kontrast zu den von den Eltern erwarteten Verhaltensweisen und wird von der Umwelt als wenig „vernünftig" angesehen. Das Hüpfen von Stein zu Stein erzeugt beim Mädchen ein Gefühl von Spannung: Schaffe ich es, beim nächsten Sprung auf den Stein zu gelangen, ohne auf den Zwischenraum zu treten? Diese Ungewissheit, ob das eigene Geschick ausreicht, das selbst gesetzte Ziel zu erreichen, macht die Spannungsmomente im spielerischen Verhalten des Mädchens aus und schafft die motivationale Basis, es immer wieder neu zu versuchen. Von der Außenperspektive her mag das Verhalten des Mädchens nicht sonderlich einfallsreich zu sein. Kreatives Lösungsverhalten ist auf den ersten Blick nicht zu entdecken. Aus der Perspektive des kleinen Mädchens sieht dies möglicherweise ganz anders aus. In den nicht enden wollenden Versuchen, geschickt zu hüpfen, erprobt das Mädchen seine körperliche Geschicklichkeit. Einfallsreich gelangt es zu immer neuen Möglichkeiten der körperlichen Bewegung. Man spricht in diesem Falle von einem „Funktionsspiel" und meint, dass nur durch unermüdliches Wiederholen einzelner Handlungen und Bewegungen eine hinreichende Festigung von Erfahrungen möglich ist.[9]

3. Ein Hobbygärtner hat sich im Frühjahr eine große Zahl neuer Pflanzen gekauft und überlegt nun, wie er damit seinen Garten gestalten möchte. Er macht sich einen Plan und probiert dann aus, ob sich der Garten mit diesen Vorstellungen angemessen gestalten lässt. Er probiert vieles aus, denkt nach, überlässt sich seinen Einfällen, überprüft sie auf die ihre Angemessenheit und ihre Realisierungsmöglichkeiten. Dann bringt er die Pflanzen probehalber an die vorgesehenen Plätze, stellt sie um, probiert etwas Neues aus, bis er nach und nach zu einer Lösung gelangt, die seinen Vorstellungen entspricht.

Wie das Mädchen im vorher gehenden Beispiel handelt es sich auch hier um eine selbst bestimmte Tätigkeit. Das Auspflanzen und die Neugestal-

---

9 Vgl. Oerter, Rolf: Psychologie des Spiels. Ein handlungstheoretischer Ansatz, Quintessenz Verlag, München 1993, S. 15 ff.

tung eines Gartens gehören nicht zu den üblichen gärtnerischen Arbeiten im Laufe eines Jahres. Unser Hobbygärtner hat viel Zeit gebraucht, um zu einer für ihn befriedigenden Lösung zu gelangen. Er hat überlegt und probiert und es war lange Zeit für ihn ungewiss, ob ihm die Gestaltung des Gartens gelingt. In der Umsetzung vieler einzelner Ideen entstanden Spannungsbögen, ob die Idee brauchbar und realistisch war oder nicht. Vielleicht ist der Hobbygärtner auch auf Lösungen gekommen, an die er zuvor nicht gedacht hatte und die mit dazu beigetragen haben, dass die Motivation konstant hoch blieb. Das Beispiel verdeutlicht, dass auch das ganz auf die reale Welt bezogene Verhalten von Erwachsenen spielerische Elemente besitzt, die zur Lebensfreude beitragen können. Das braucht auf den Bereich des Hobbys und der Freizeitgestaltung nicht begrenzt zu sein.

4. *In der Regel bereiten sich Lehrer auf ihren Unterricht vor, so auch ein Kunsterzieher an einer Gesamtschule, der am nächsten Tag in einer 6. Klasse für zwei Stunden Kunst unterrichten soll. Das Thema der Stunde ist der Farbkreis. Für eine solche Stunde gibt es im Curriculum der Schule ausgearbeitete Ablaufpläne, Arbeitsblätter und genaue Lernziele. Der Kunsterzieher will bewusst von dem ausgearbeiteten Konzept abweichen, da er es für seine 6. Klasse nicht für geeignet hält. Stattdessen hat er Lust, etwas ganz Neues mit der Klasse auszuprobieren. So sitzt er einige Stunden am Schreibtisch, überlegt, setzt sich mit seinen Einfällen auseinander und macht schließlich eine nach seiner Einschätzung recht originelle Unterrichtsplanung. In Gedanken geht er noch einmal alle Phasen seiner Planung durch und kalkuliert, wie die Klasse wohl darauf reagieren wird. Er ist schon sehr gespannt, wie sein Unterricht am nächsten Tag wohl konkret ablaufen wird.*

Lehrer haben eine Unterrichtsverpflichtung. Das Ausmaß an Freiwilligkeit und Selbstbestimmung ist daher begrenzt. Gleichwohl: Der Kunsterzieher in unserem Beispiel nutzt seinen „Freiheitsspielraum", um einen „anderen" Unterricht zu machen, einen Unterricht, der sich von den kodifizierten Unterrichtsroutinen des Schulalltags ein wenig unterscheidet. Dies ist die freie und selbst bestimmte Entscheidung des Lehrers, die ihn motiviert, mehr zu tun, als üblicherweise gefordert. Der von ihm geplante Unterricht unterscheidet sich von den Vorgaben und Unterrichtsempfehlungen seiner Schule und geht eigene Wege. Insofern geht der Lehrer ein Wagnis ein: Sein Unterricht könnte scheitern, die Möglichkeiten und Grenzen seiner Klasse verfehlen. Insofern ist es für ihn spannend, ob seine Planungen sich in die Realität umsetzen lassen, ob sein Vorhaben gelingt. Um einen „alternativen" Unterricht zu planen, braucht der Lehrer Einfallsreichtum. Er muss seine kreative Potentiale genauso bemühen wie seine „Unterrichtsphantasien". All dies „befreit" ihn selbst ein wenig von der Fremdverpflichtung und der Ausrichtung auf externe Ziele. Die Unterrichtsvorbereitung wird spielerisches Verhalten. Im Moment des Tuns findet die Unterrichtsvorbereitung in sich selbst Sinn und Ziel: Sie wird im aktuellen Verhalten des Lehrers um ihrer selbst willen durchgeführt. Dass die Unterrichtsvorbereitung selbst einem anderen Ziel dient, nämlich Lernprozesse bei den Schülern zu ermöglichen, verliert dagegen an Gewicht und tritt erst im nach herein ins volle Bewusstsein.

5. *Immer noch an Schulen sehr „beliebt" ist das „Kann-ich-setz-dich-Spiel". Und das geht so: Alle stehen auf. Der Lehrer stellt eine Frage. Diejenigen, die meinen, sie richtig beantworten zu können, melden sich. Der Lehrer nimmt einen davon dran. Ist die Antwort richtig, darf sich der Betreffende setzen, ist sie falsch, muss er stehen bleiben, und ein anderer Schüler kommt an die Reihe. Dann folgen neue Fragen und neue Antworten. Nach einiger Zeit haben die meisten Schüler Platz genommen; nur wenige stehen noch. Als „Belohnung" für ihr „Ausharren" dürfen sich diese Schüler zum Schluss noch einige ironisch-kritische Bemerkungen ihres Lehrers anhören.*

Von Freiwilligkeit und Selbstbestimmtheit kann bei den betroffenen Schülern sicherlich keine Rede sein. Was wie spielerisches Verhalten aussehen mag, gestaltet sich in der Form eines „Zwangsrituals". Die Schüler können nicht entscheiden, ob sie teilnehmen wollen oder nicht. Die Unterrichtsform mag zwar ein wenig unüblich erscheinen, sie ist es aber ganz und gar nicht. Ganz abgesehen davon, dass seit vielen Jahrzehnten Schülergenerationen mit dieser Form des Lernens Kontakt hatten, so setzt das „Kann-ich-setz-dich-Spiel" das ungebrochen fort, was den auf Lernbeurteilung ausgerichteten Unterricht kennzeichnet. Gleichwohl: Die Schüler empfinden Spannung bei diesem Ritual. Es ist ungewiss, ob sie die richtige Antwort wissen, ob der Lehrer sie drannimmt, wann sie sich setzen dürfen und welche Mitschüler wohl als Letzte stehen bleiben und zu potentiellen Kandidaten werden, in diesem Schuljahr sitzen zu bleiben. Bei der angstvoll-ungewissen Spannung, die dieses Ritual erzeugen kann, sind Einfallsreichtum und Kreativität weniger gefragt. Es kommt auf die richtige, nicht auf eine originelle Antwort an.

6. *Sehr beliebt bei jüngeren Kindern sind Memory-Spiele. Spielerfolge stellen sich auch gegenüber Erwachsenen ein, deren Kurzzeitgedächtnis häufig mit dem der Kinder nicht mithalten kann. In unserem Beispiel möchte ein sechsjähriger Junge gerne mit seinem Vater am Sonntag Memory spielen. Der Vater hat sehr wenig Lust dazu. Da er es aber versprochen hat, fügt er sich in sein Schicksal und spielt mit seinem Sohn einige Partien. Um seinem Sohn das Spiel nicht zu verderben, konzentriert sich der Vater auf die aufgedeckten Karten und versucht, sie sich zu merken. Er ist froh, dass er nach einer halben Stunde das Spiel beenden kann, und der Sohn, glücklich über seine Erfolge in Memory, andere Betätigungen sucht.*

Das Beispiel zeigt, dass bei der gleichen Tätigkeit das Maß an spielerischem Verhalten sehr unterschiedlich ausgeprägt ist. Für den Jungen ist das

Memory-Spiel freiwillig und selbst bestimmt gewählt worden. Dieses Maß an Freiheit hat der Vater nicht. Er ist vielmehr aufgrund eines Versprechens zum Memory-Spiel verpflichtet worden. Ohne das Gefühl einer innerlichen Freiheit und der damit verbundenen Möglichkeit, gewünschte Impulse darzustellen und zu erleben, stellt sich spielerisches Verhalten kaum ein. Memory spielen ist sowohl für den Sohn als auch für den Vater ein Kontrast zu ihren Verhaltensweisen im täglichen Leben. Dies gilt insbesondere für den Sohn, der sich im Spiel als überlegen gegenüber seinem Vater erfahren kann. Für den Vater schmälert sich durch den Pflichtcharakter des Memory-Spiels die positive Wirkung des Kontrasterlebnisses. Unterhalb der spielerisch anmutenden Oberfläche des Memory-Spiels bestimmt sehr stark das Gefühl der Verpflichtung die Tönung des Verhaltens. Das wird beim Vater noch verstärkt dadurch, dass für ihn vom Memory-Spiel kein reizvolles Wagnis ausgeht. Insofern entstehen beim Vater auch nicht Ungewissheit und Spannung, sondern eher Langeweile und Verdruss. Ganz anders dagegen sein Sohn: Für ihn ist es ungewiss, ob es ihm wieder und wieder gelingt, beim Memory besser als sein Vater zu sein. Allein diese Spannung bietet für den Sohn großen Reiz, sich auf das Memory-Spiel immer wieder einzulassen. Phantasie, Einfallsreichtum und Kreativität werden vom Vater nicht gefordert. Die Leistungsforderung geht mehr oder weniger nur davon aus, sich die aufgedeckten Karten zu merken, und bietet daher für den Vater keinen hinlänglich großen Reiz, spielerisches Verhalten zu entwickeln.

7. *Zwei Jungen von acht Jahren ziehen durch die Stadt und fragen Passanten: mal nach dem Weg, mal nach der Uhrzeit. Manchmal verwickeln sie die Erwachsenen in kürzere Gespräche.*

Was auf den ersten Blick so aussieht, als würde es um ein sachliches und vernünftiges Verhalten mit klarem Bezug zur realen Welt handeln, erweist sich bei näherem Hinsehen als eher spielerisches Verhalten. Die beiden Jungen wollen das Verhalten von Erwachsenen im öffentlichen Raum „testen" und ihre eigene Wirksamkeit und verbale Kompetenz auf den Prüfstand stellen: Wie unterschiedlich können Erwachsene reagieren? Welche Beziehungsangebote gehen von ihnen aus? Können wir angemessen darauf reagieren? Wie sicher sind wir in unserem Verhalten? Diese Testsituationen haben ein großes Maß an Selbstbestimmtheit. Die beiden Jungen sind frei darin, wen sie als „Testpersonen" wählen und welches Risiko sie eingehen wollen. Auf fremde Menschen zuzugehen und mit ihnen (zunächst) recht unverfänglich Kontakt aufzunehmen, ist für Kinder dieses Alters ein deutlicher Kontrast zu ihren sonst üblichen Verhaltensweisen. Fremde Erwachsene zu fragen und sie womöglich in ein Gespräch zu verwickeln, hat für die beiden Jungen den Charakter von Wagnis und Experiment. Ungewissheit und Spannung kennzeichnen ihre Versuche, ins Gespräch mit Erwachsenen zu kommen und diese Interaktionen für sie befriedigend abzuschließen. Im Verlaufe ihrer „Experimente" werden sie Einfallsreichtum und Kreativität entwickeln, um die Kontakte herzustellen und unterschiedliche Reaktionen bei den Erwachsenen hervorzurufen.

8. *Während des Unterrichts in einer 8. Klasse spielen einige Jungen unter der Bank Karten, den Blicken des Lehrers so gut es geht entzogen, und immer auf der Hut vor Entdeckung. Während der Lehrer seinen Unterrichtsstoff darstellt, wandert er im Klassenzimmer herum und lässt seinen Blick schweifen. Dabei spielt er vernehmlich mit einem schweren Schlüsselbund. Entdeckt er einen Schüler, der Karten spielt, wirft er mit dem Schlüsselbund in Richtung auf den Schüler. Der „abgetroffene" Schüler muss das Schlüsselbund nach vorne bringen und auf den Lehrertisch legen.*

Wenn man wohlmeinend ist, sollte man den schulischen Unterricht als vernünftiges, der realen Welt zugehöriges interaktives Verhalten betrachten. Unterhalb dieser vernünftigen, auf schulisches Lernen ausgerichteten Oberfläche gibt es vielfältige Möglichkeiten, Anlässe und vielleicht auch Notwendigkeiten für spielerisches Verhalten. Die Schüler zeigen ein spezifisches spielerisches Verhalten, in das sie den Lehrer einbeziehen, wohl wissend, das es eigentlich nicht um das Kartenspielen geht, sondern um ein spielerisches Verhalten, das den Lehrer zwingt, „Mitspieler" zu werden. Das „Kartenspiel unter der Bank" ist durch die Selbstbestimmtheit der Schüler gekennzeichnet und vermittelt, entgegen den schulischen Unterrichtsritualen, ein Gefühl persönlicher Freiheit. Die Schüler erleben ihr Verhalten als Kontrast zum geforderten Unterrichtsverhalten und zugleich als Wagnis und Experiment. Ungewiss ist, ob der Lehrer ihr Spiel unter der Bank bemerkt, und es bleibt allemal spannend, ob es den Schülern gelingt, durch „Lernschauspielereien" den Lehrer so zu täuschen, dass er nicht bemerkt, was sonst noch alles gespielt wird. Die Qualität des spielerischen Verhaltens der Schüler kann man nicht hoch genug einschätzen. Nach heutigen Begriffen müsste man diese Qualität mit „Multitasking-Kompetenz" bezeichnen. Die Schüler müssen hinlänglich dem Unterricht folgen, sie müssen Aufmerksamkeit dem laufenden Kartenspiel gegenüber aufbringen und schließlich stehen sie vor der Notwendigkeit, dies vor den Augen des Lehrers geschickt zu verbergen. Ihr spielerisches Verhalten realisiert sich also auf drei miteinander verwobenen Ebenen.

Und wie sieht es beim Lehrer aus? Auf den ersten Blick scheint es, als wollte er spielerisches Verhalten unterbinden und alles tun, damit sich die Schüler auf den Unterrichtsstoff konzentrieren. Im offiziellen Unterrichtsritual ist spielerisches Verhalten für den Lehrer nicht vorgesehen: Der Schulmeister ist kein „magister ludens". Gleichwohl: Der Lehrer beteiligt sich am spielerischen Verhalten seiner Schüler durch eine „Marotte". Er ermahnt, verwarnt und bestraft die „abschweifenden" Schüler nicht, sondern wirft mit seinem Schlüsselbund. Er gewinnt damit für sich ein Stück Selbstbestimmtheit, indem er den regulierten, formalisierten und auf Vernünftigkeit ausgerichteten Unterricht durchbricht und ein Verhalten zeigt, das eher seinen inneren Impulsen folgt als den Vorgaben zu einem angemessenen Lehrerverhalten. Es ist dem spielerischen Verhalten seiner Schüler nicht unähnlich, die auch mit Sachen herum werfen und Mitschüler damit treffen wollen. Ein solches Lehrerverhalten enthält auch ein Stück Wagnis und Risiko. Unwichtig dabei ist, ob der Lehrer den Schüler mit dem Schlüsselbund trifft oder nicht, viel wichtiger ist, ob der Lehrer dadurch seine Position in der Klasse festigt oder abschwächt. Darf er es sich zeitweise erlauben, Mitspieler zu werden, ohne einen Autoritätsverlust zu erleiden? Wirkt der spielerischen Zwischenfall wie eine Erfrischungspause und geht der „eigentliche" Unterricht danach umso besser weiter oder weitet sich das spielerische Verhalten so stark aus, dass der reguläre Unterricht kaum noch möglich ist?

Abbildung 1:

Ausprägungen spielerischen Verhaltens

Spielerisches Verhalten lässt sich in Hinblick auf Intensität und Merkmalsausprägung differenzieren

Selbstbestimmtheit :

Gefühl persönlicher Freiheit; das Handeln wird von eigenen Impulsen und Wünschen bestimmt.

Kontrast:

Handeln erfolgt abseits von Routinen und Festlegungen; man genießt anders sein zu dürfen und erlebt sich neu.

Spielerisches Verhalten

Wagnis, Experiment :

Man riskiert etwas und erlebt Ungewissheit und Spannung, weil nicht klar ist, wie es ausgehen wird.

Phantasie, Einfallsreichtum, Kreativität:

Besondere Qualität des Verhaltens, die die Möglichkeiten der Variabilität des Menschen eröffnet; häufig verbunden mit Spontaneität.

Auf jeden Fall geht der Lehrer ein deutliches Risiko ein, und er muss sich seiner Position in der Schulklasse schon sehr sicher sein, dass er dieses Wagnis eingehen kann. Je kreativer und einfallsreicher er sich in das spielerische Geschehen einbringen kann, desto eher kann er erwarten, für dieses Verhalten von der Klasse (zumindest durch Aufmerksamkeit) honoriert zu werden.

Was lässt sich aus den Beispielen verallgemeinernd zum spielerischen Verhalten sagen? Das menschliche Verhalten ist von spielerischen Verhaltensanteilen durchwirkt und taucht überall auf. Das spielerische Verhalten hat Ausprägungen in (mindestens) vier verschiedenen Richtungen: 1) Selbstbestimmtheit, 2) Wagnis und Experiment, 3) Kontrast und 4) Phantasie, Einfallsreichtum, Kreativität. Die Abbildung „Ausprägungen spielerischen Verhaltens" macht die Ausdehnungsrichtungen des spielerischen Verhaltens deutlich. „Aufgespannt" durch diese vier Faktoren dehnt sich das spielerische Verhalten im Raum der menschlichen Tätigkeiten aus und erhält eine spezifische Form und Tönung. Das konkrete spielerische Verhalten kann unterschiedlich stark ausgeprägt sein, und zwar insgesamt (geringe Ausdehnung spielerischen Verhaltens) als auch in den verschiedenen Richtungen (spezifische Form und Tönung). Dies macht das folgende Beispiel deutlich:

9. *Der Designer einer Werbeagentur erlebt bei einem Auftrag eines wichtigen Kunden nur ein geringes Maß an Selbstbestimmtheit. Auch in Hinblick auf den Kontrast zum üblichen Verhalten bietet der Auftrag nur sehr wenig. Der Designer nutzt weit gehend die entwickelten Routinen und Verfahrensweisen seiner Firma, um den Auftrag umzusetzen. Anders dagegen sieht es im Bereich „Phantasie, Einfallsreichtum, Kreativität" aus. Der Designer hat spontan einen völlig neuen Einfall, wie sich das Produkt werbemäßig visualisieren lässt. Er ist überzeugt, dass diese Idee sehr wirkungsvoll sein könnte und setzt sie in vielen Arbeitsstunden geschickt und einfallsreich um. Da es „seine" Idee ist, erlebt er in der graphischen Umsetzung dieser Idee ein Gefühl persönlicher Freiheit. Nun gilt es nur noch, den Kunden davon zu überzeugen. Dem Designer ist bewusst, dass er mit seiner neuen Idee ein Wagnis eingeht und ziemlich viel riskiert: Der Kunde könnte sich nicht darauf einlassen und möchte vielleicht die traditionelle Linie beibehalten. Dem Kundengespräch sieht der Designer mit Spannung entgegen, weil nicht klar ist, ob er mit seinen Vorstellungen und seiner geleisteten Arbeit Erfolg haben wird oder nicht.*

Die Frage, ob ein konkretes Verhalten als spielerisch bezeichnet werden darf oder nicht, lässt sich manchmal nicht in der wünschenswerten Eindeutigkeit beantworten. Spielerisches Verhalten zeigt, wie die bisherigen Beispiele deutliche machen, viele Nuancen und Schattierungen. Dies muss aber kein Nachteil sein. Vielmehr erlaubt uns das Modell, eine differenzierte

Aussage darüber zu machen, in welchen Ausdehnungsrichtungen sich das spielerische Verhalten gezeigt hat. Spielerisches Verhalten ist kein Dauerphänomen. Es kann kurz aufblitzen und gleich danach in Verhaltensroutinen verschwinden. Möglich ist auch, und das zeigt das Beispiel 9, dass zunächst nur in einigen Aspekten Ansätze zum spielerischen Verhalten erkennbar sind, im Verlaufe der Zeit jedoch die Intensität des Spielerischen zunimmt und weitere Bereiche erfasst. Phasen des spielerischen Verhaltens können sich mit Routinetätigkeiten abwechseln und in diesem Zweierschritt recht produktive Ergebnisse zuwege bringen. Spielerische „Abschweifungen" können bewusst gewählt werden, um sich von permanenter Routinetätigkeit ein wenig zu erholen.

Nachdem wir den Spuren des spielerischen Verhaltens ein wenig gefolgt sind, entsteht die Frage, warum es diesen Verhaltenstyp im Spektrum menschlicher Tätigkeiten überhaupt gibt und was seine Funktionen im Rahmen der Menschheitsentwicklung und der Individualentwicklung sind. Spielerisches Verhalten ist lustvoll. Sofern sie es vermögen, suchen Menschen diese lustvollen Tätigkeiten auf und finden darin zum Teil eine sehr tiefe und nachhaltige Befriedigung. Dies erstreckt sich von der Funktionslust (die schon Kleinkinder bei ihren spielerischen Verhalten empfinden) bis hin zu Erlebnissen der Verschmelzung mit der Tätigkeit („flow").

Der anthropologische Kern des spielerischen Verhaltens ist die Möglichkeit zur Veränderung. Die Fähigkeit der Menschheit, sich ständig verändernden Umwelten und Gegebenheiten anzupassen, hat sich als ein Entwicklungsvorteil herausgestellt. Spielerisches Verhalten stellt die Potentiale bereit, die Veränderungsnotwendigkeiten zu erfassen und sich angemessen darauf einzustellen. Ebenso bedeutend ist spielerisches Verhalten für die Entwicklung jedes einzelnen Menschen. Das spielerische Verhalten hilft, das enorme kognitive Potential des Menschen und seine Verhaltensmöglichkeiten zu bewahren und zu entwickeln: „In this case, its function would be to save, in both brain an behavior, more of the variability that is potentially there than would otherwise be saved if there were no play."[10]

Wo findet spielerisches Verhalten seinen ihm gemäßen Raum im Leben der Menschen? Da spielerisches Verhalten sowohl für die Menschheit insgesamt als auch für die Entwicklung des einzelnen Menschen unverzichtbar ist, findet diese Qualität des Verhaltens in der gesamten Lebenswelt des Menschen statt. Das schließt alle Bereiche der realen Welt ebenso ein wie die mentale Welt (z.B. Tagträume, phantasievolle Vorstellungen) sowie die Areale der Spielwelt, der medialen Welt und der virtuellen Welt.

---

10 Sutton-Smith, Brian: The Ambiguity of Play, Harvard University Press, Cambridge 1997, S. 225.

1.3. Rahmungsdimension: Spiel als Spielwelt

Im Sprachgebrauch wie in theoretischen Erörterungen wird unter „Spiel" eine „andere Welt" verstanden, die sich von unserer realen Welt unterscheidet. Obwohl sich „Spiel" in der realen Welt zu ereignen scheint, kommt den Handlungen doch eine andere Bedeutung zu. Sie besitzen nicht den Ernstcharakter, den Folgenreichtum und die Verbindlichkeit, die mit Handlungen verbunden sind, die der realen Welt zugerechnet werden.

1. *Eine Gruppe von Jungen hat, so scheint es, im Schwimmbad eine heftige Auseinandersetzung, die in Tätlichkeiten einmündet. Sie schreien, treten, schubsen sich in Wasser, bespritzen einander. Ein älterer Erwachsener greift ein und will die Jungen zur Ordnung rufen. Ihre Reaktion darauf: „Das ist doch nur ein Spiel!"*

Offensichtlich haben die Jungen dem Geschehen eine andere Bedeutung zugemessen, als der ältere Erwachsene. Für sie haben diese handgreiflichen Interaktionen keinen Ernstcharakter. Sie wollen einander nicht ernsthaft schädigen, sondern Spaß miteinander haben: Es ist nicht so gemeint, wie es aussehen könnte. Sie tun so, als ob es ihnen „ernst" wäre, aber untereinander sind sie sich einige, dass ihr Handeln anders zu verstehen ist. Der Erwachsene missversteht die Situation und stört durch sein Eingreifen den Spielprozess der Jungen.

Im Spielprozess wird eine andere Wirklichkeitssicht konstruiert, als sie in üblichen Kontexten der realen Welt erfahren und gelebt wird. „Spielende setzen sich über diese verbindliche Realität hinweg und konstituieren eine neue Realität, die ihren momentanen Bedürfnissen und Zielsetzungen entspricht und deren Erfüllung zulässt."[11] Diese „neue" Realität bezeichnen wir, in Abgrenzung zur realen Welt, als „Spielwelt".[12]

Spielwelt und reale Welt unterscheiden sich in ihrem Grad der Festlegung und der Wirkung auf den Menschen. Im Vergleich zur Spielwelt kann man die Konstruktionen der realen Welt als „fest", verbindlich und folgenreich ansehen. Die Konstruktionen in der Spielwelt sind weitaus flüchtiger, unverbindlicher, zufälliger. Sie entstehen, vergehen, verwandeln sich und unterliegen einem fortwährenden Prozess der Veränderung. In der Spielwelt übersteigt der Mensch die Festlegungen seiner realen Welt für einige Zeit. Die Spielwelt gibt ihm die Möglichkeit für kurzfristige Aufenthalte in anderen möglichen Welten. Der Mensch verlässt für einige Zeit die „Sandbank" seiner „Realität", um im „Fluss der Möglichkeiten" als ein anderer anders

---

11 Oerter, Rolf: Psychologie des Spiels. Ein handlungstheoretischer Ansatz, Quintessenz Verlag, München 1993, S. 9.

12 So auch Schneider, Ilona K: Realität und Dialektik des kindlichen Spiels; in: Renner, Erich u.a. (Hrsg.): Spiele der Kinder, Deutscher Studienverlag, Weinheim 1997, S. 114; Wegner-Spöhring, Gisela: Aggressivität im kindlichen Spiel, Deutscher Studien Verlag, Weinheim 1995, S. 7, S. 217 und S. 224

leben zu können: mit seiner Sinnlichkeit, seinen Wünschen, Impulsen und Bedürfnissen. Der spielende Mensch bestätigt nicht die reale Welt, sondern entwickelt mit „Bausteinen der Wirklichkeit" neue Welten - teilweise der realen Welt genau entgegengesetzt, sie parodierend und sich über sie hinwegsetzend. Auf dem „Fluss der Möglichkeiten" fügt er „Treibgut der Wirklichkeit" zu einem „Floß" zusammen, auf dem er für einige Zeit verweilen kann.

Insofern ist der Spielprozess in den Spielwelten ein unbedarfter, unbekümmerter Umgang mit anderen Welten, die in ihren Bestandteilen immer wieder verändert und neu zusammengestellt werden. Die Spielwelt ist daher eine „andere Realität", eine „Welt im Entstehen", ein Rückgriff auf einen „ganzheitlichen" Horizont. „Aus dieser Sichtweise ergibt die Realitätsumwandlung im Spiel einen tieferen Sinn. Das Kind, dessen Bedürfnisse und Emotionen im soziokulturellen Kontext ununterbrochen auf Grenzen stoßen und das in einem schmerzvollen Prozess lernen muss, Ziele und Verhaltensweisen von der Umwelt zu übernehmen, schafft sich eine Welt, in der es zumindest stellvertretend die eigenen Bedürfnisse befriedigen und die Probleme, mit denen es in der realen, d.h. in sozialen Welt, nicht fertig wird, meistern kann."[13] In dem Maße, wie der Aufenthalt in der Spielwelt zu einer elementaren Lebensäußerung wird, die auf Integration und Entfaltung gerichtet ist, kann sich ungebrochene Lebensfreude des Menschen ausdrücken. Dies kann zum Impuls werden, auf die reale Welt einzuwirken - auch, indem man sie anders „wahr" nimmt.

Wahrnehmung der realen Welt bedeutet auch, über Prinzipien zu verfügen, nach denen man Ereignisse sinnvoll organisieren kann. So lernen Menschen beispielsweise zu unterscheiden, ob etwas „im Scherz" gesagt oder „ernst" gemeint ist. Diese Prinzipien nennen wir „Rahmen". Es sind ordnende und damit Struktur schaffende Mechanismen im Prozess der Wahrnehmung.[14] Die Elemente der realen Welt sind nicht eindeutig zueinander in Beziehung gesetzt. Um zu verstehen, was gemeint ist und wie es gemeint ist, bedürfen sie der „Rahmung", also einer spezifischen „Bearbeitung" im Prozess der Wahrnehmung. Ein Stuhl in der Küche ist etwas anderes, als ein Stuhl auf dem Müllplatz. Der Satz: „Ich finde dich toll!" kann, je nachdem wie, wann und in welchem Zusammenhang gesprochen, mal ein Lob, das andere mal eine Kritik ausdrücken - eine Liebeserklärung sein oder eine Abweisung. In der Spielwelt kann das Kind seine „Rahmungskompetenz" spielerisch entwickeln, weil in dieser Welt noch alles im Fluss ist, weil das Kind dort mit unterschiedlichen „Rahmen" spielen kann.

---

13 Oerter, Rolf: Psychologie des Spiels. Ein handlungstheoretischer Ansatz, Quintessenz Verlag, München 1993, S. 13.
14 Sehr ausführliche Untersuchungen zu diesem Thema finden sich bei Goffman, Erving: Rahmen-Analyse. Suhrkamp Verlag, Frankfurt 1977, S. 19ff.

Wenn Kinder miteinander spielen, machen sie durch „Rahmungssignale" deutlich, dass das nun Folgende nicht der „Realität", sondern der Spielwelt angehören soll.[15] Dies können sowohl Sprachäußerungen („Wollen wir jetzt mit den Autos spielen?") als auch Rollenverteilungen sein („Ich bin der Pilot, und du spielst den Funker"). Bereits durch Gesten oder eine besondere Art des Sprechens können Kinder signalisieren, dass sie sich in der Spielwelt befinden. In der Spielwelt selbst kommt es zu weiteren Rahmungshandlungen: Dieses „Auto" ist der „Präsidentenwagen", und das ist eine „kugelsichere Scheibe"; der Besenstil wird zur „Rakete" erklärt, und dann verwandelt er sich in ein „Schwert". Die von Kindern aufrechterhaltene Spielwelt zeichnet sich dadurch aus, dass ihre Elemente ständig transformiert werden und je nach „Spielrahmen" unterschiedliche Bedeutungen erlangen. Im Spiel lernt das Kind für seine Spiele unterschiedliche Rahmen zu finden und durch Rahmungshandlungen von der realen Welt in die Spielwelt überzuwechseln.

Erwachsene rahmen viele Tätigkeiten ihrer Kinder als „Spiel". Sie grenzen diese Tätigkeiten damit aus der Struktur der „Erwachsenenwelt" (also der realen Welt) aus und billigen ihnen damit bestimmte Freiheitsgrade (und auch Grenzen) zu: Es ist „nur" ein Spiel, und es sind „nur" Kinder. Damit wird die Tätigkeit der Kinder in den Augen der Erwachsenen zu einer Spielwelt, zu einer eigenen und separierten Welt mit sehr begrenzter Dauer und Gültigkeit. Wie verhält sich dazu die „Innensicht" der Kinder? Wie rahmen sie das Geschehen? Dazu ein Beispiel:

2. Zwei Achtjährige sind seit einer Stunde dabei, in einem Gebüsch vor dem Haus aus Ästen und Zweigen eine Art Unterstand zu bauen. Sie werden in ihrer Tätigkeit von ihren Eltern unterbrochen: „Genug gespielt, jetzt müssen die Hausaufgaben gemacht und das Zimmer aufgeräumt werden!"

Befanden sich die beiden Jungen in einer Spielwelt, die aufhörte zu existieren, als die Eltern sie ermahnten, in die reale Welt zurückzukehren? Für die Erwachsenen waren die Tätigkeiten ihrer Kinder eingebunden in eine Spielwelt. Sie nennen diese Tun „Spiel", weil es den Jungen Spaß bringt, sie freiwillig dabei sind und das Ergebnis ihres Handelns keine produktive Bedeutung für die Welt der Erwachsenen hat, ja sie geradezu davon ablenkt, ihren Pflichten nachzukommen. Befragte man die Jungen, würden sie das Ziel ihrer Tätigkeit benennen: „Wir bauen einen Unterstand". Für sie ist es kein Spiel, weil sie nicht „so tun als ob", weil sie ihre Handlungen als zugehörig zur realen Welt ansehen. Was ihre reale Welt ist, bestimmen sie selbst durch eine Rahmungshandlung: „Wir spielen nicht, wir bauen einen Unterstand". „Spielen" ist für sie möglicherweise etwas anderes: Etwas „so

---

15 Ausführliche Untersuchungen zur Rahmenstruktur des Spiels finden sich bei Bateson, Gregory: Ökologie des Geistes, Suhrkamp Verlag, Frankfurt 1983, S. 241 ff.

tun als ob" und eine Vereinbarung, dass ihre Handlungen nicht „ernst" ge-meint sind.

Ob eine Tätigkeit als „Spiel" gerahmt und damit als konstitutiven Bestand-teil einer Spielwelt angesehen wird, ist nicht nur durch ein objektiv beob-achtbares Verhalten entscheidbar, sondern impliziert stets auch einen sub-jektiven Deutungsvorgang. Die Rahmung eines Verhaltens als „Spiel" ist abhängig von den Deutungsmustern der Beteiligten, die diese Rahmung im wechselseitigen Einverständnis vornehmen.[16] „Rahmen sind wie dünne Membrane, die nur das zur Geltung kommen lassen, was innerhalb des Rahmens liegt. Was außerhalb des Rahmens zur Deutung herangezogen werden könnte, wird im aktuellen Rahmen ungültig. Soziale Wirklichkeit wird auf diese Weise reduziert und durch den Rahmen in eine Form der (mehr oder weniger) eindeutig gültigen Ordnung gebracht."[17] Durch Rah-mungswissen erlangen die Menschen Interpretationssicherheit. Sie haben im Sozialisationsprozess gelernt, dass eine bestimmte Kombination von Sachverhalten in spezifischer Weise zu rahmen ist: der Spielwelt zugehörig oder der realen Welt. Rahmen sind jedoch nicht feststehend. Sie können von den Interaktionspartnern durch Rahmungssignale neu definiert werden. Ein Lachen oder ein Augenzwinkern signalisiert, dass das Verhalten nicht „ernst" gemeint ist und der Interaktionsprozess der Spielwelt und nicht der realen Welt zuzuordnen ist.

Die Rahmungskompetenz, zwischen realer Welt und Spielwelt unterschei-den zu können, entwickelt sich durch Lernprozesse. In der frühen Kindheit besteht diese Kompetenz nicht. Reale Welt und Spielwelt sind für das Kind relativ ungeschieden. Selbst das Innen und Außen bilden in einer ganz frü-hen Phase der menschlichen Entwicklung noch eine Einheit. Erst nach und nach lernt das Kind, seine Sinneseindrücke und Körperempfindungen nach den Maßstäben der „Erwachsenenwelt" in angemessener Weise den unter-schiedlichen Arealen seiner Lebenswelt zuzuordnen. Warum ist für das he-ranwachsende Kind eine Spielwelt von großer Wichtigkeit?

Der Spielprozess im Rahmen einer Spielwelt schafft eine sichtbare Verbin-dung zwischen unseren phantasievollen Vorstellungen und unserer realen Welt: „Spiel ist als äußere Realität inszenierte Phantasie. Es nimmt also ei-ne eigentümliche Zwischenstellung ein, entspringt und dient vielfach der inneren Welt, bedient sich aber realer Handlungen und Gegenstände. Da-durch sichert es der Rückwirkung der äußeren Realität auf die innere einen größeren Spielraum zu als die reine Imagination."[18] Insofern kann man die

---

16 Vgl. Retter, Hein (Hrsg.): Kinderspiel und Kindheit in Ost und West, Verlag Julius Klinkhardt, Bad Heilbronn 1991, S. 13.
17 Pietraß, Manuela: Bild und Wirklichkeit, Verlag Leske + Budrich, Opladen 2003, S. 62.
18 Schäfer, Gerd E.: Spiel, Spielraum und Verständigung, Juventa Verlag, Weinheim und München 1986, S. 292.

Spielwelt als einen „intermediären Bereich" ansehen, „in der das Individuum ausruhen darf von der lebenslänglichen menschlichen Aufgabe, innere und äußere Realität voneinander getrennt und doch in wechselseitiger Verbindung zu halten."[19]

Das Handeln in der Spielwelt ist unverbindlich in Bezug auf die reale Welt, jedoch sehr verbindlich und durch Ernsthaftigkeit gekennzeichnet, wenn es um den Spielprozess selbst geht. Die Spielwelt existiert nur solange, als die Verabredungen und Regeln, die diese Welt konstituieren, von den Beteiligten auch eingehalten werden. Setzt man sich über Verabredungen und Regeln hinweg und nimmt man den Spielprozess nicht ernst, wird man zum Spielverderber. Man verdirbt den Prozess, weil man den Rahmen, der diesen Prozess erst ermöglicht, „aufweicht" oder gar zerstört.

In welchem Verhältnis stehen „spielerisches Verhalten" und „Spielwelt"? Spielerisches Verhalten bezieht sich auf einen spezifischen, durch bestimmte Merkmale gekennzeichneten Verhaltenstyp, also in einer bestimmten Weise zu denken und zu handeln. Spielerisches Verhalten kann recht unterschiedlich gerahmt werden: als kreatives Handeln im Rahmen von Kontexten, die der realen Welt zugeordnet werden (z.B. künstlerische und wissenschaftliche Arbeit) oder als spielerisches Handeln in einer Spielwelt (kreativer Spielprozesse von Kindern im Rahmen eines Rollenspiels). Nicht alles Handeln, was als Spielwelt gerahmt wird, ist a priori ausgeprägtes „spielerisches Verhalten".

3. Zwei Jungen wollen sich vor dem Abendessen noch ein wenig die Zeit vertreiben und spielen mit ihrem Fußball. Recht lustlos schießen sie den Ball hin und her. Einer spielt den Torwart, der andere ist Torschütze. Sie legen die Entfernung zum Tor fest und zählen die Treffer. Nach einiger Zeit wechseln sie die Rollen.

Durch die Verabredungen und Regeln konstituieren die beiden Jungen einen Spielrahmen für den nachfolgenden Spielprozess. Während dieses Prozesses befinden sie sich in einer Spielwelt, die deutlich von der realen Welt abgehoben ist. Die Motivation der Jungen und die Intensität des Prozesses sind nicht sonderlich hoch. Gewiss ist die Tätigkeit selbst bestimmt. Die Elemente Kontrast, Wagnis, Experiment, Phantasie, Einfallsreichtum, Kreativität sind, wenn überhaupt, jedoch nur in einem recht geringen Maße vorhanden. Das Fußballspiel erweist sich als eine Routinetätigkeit, um Zeit auszufüllen und Langeweile zu vertreiben und weniger als ein intensives spielerisches Verhalten.

Konstitutiv für die Etablierung einer Spielwelt sind weniger die spielerischen Verhaltensformen als vielmehr die Verabredungen, Regeln und Einigungsformeln der an der Entstehung der Spielwelt interessierten Menschen.

---

19 Winnicott, Donald W.: Vom Spiel zur Kreativität, Verlag Klett-Cotta, Stuttgart 1979, S. 11.

Damit gelangen wir zur Konstruktdimension, also zum Spiel als System von Verabredungen und Regeln.

1.4. Konstruktdimension: Spiel als Konstrukt aus Verabredungen, Regeln und Materialien

Damit sich eine Spielwelt aus der realen Welt herauslösen kann, ist es notwendig, einen Spielraum zu schaffen, der Rahmungshandlungen und Spielprozesse ermöglicht. Es bedarf einer Struktur, um die Spielwelt entstehen und für einen bestimmten Zeitraum bestehen zu lassen. Diese Struktur schaffen sich die Spieler selbst: durch Verabredungen, durch Abklären von Regeln, durch Vereinbaren von Modifikationen, durch Einbeziehung ausgewählter Materialien und der Bestimmung ihrer Bedeutungen und Funktionen. Die Konstruktdimension ist die geistige Struktur der Spielwelt und zugleich ihr konsensueller Hintergrund. Die Konstruktdimension des Spiels ist das „Drehbuch" für potentielle Spielprozesse und das „Skript", das den Spielern die notwendigen Orientierungshilfen bietet. Sie bezeichnet die strukturellen Vorgaben einer Spielwelt und steckt damit Ziele, Verhaltensweisen, Möglichkeiten und Grenzen der Spieler im Rahmen dieser Spielwelt ab. Der Raum für die Konstruktion des Spiels liegt außerhalb der Spielwelt. Er bildet um den Spielrahmen herum einen weiteren Rahmen, den wir „Regieebene" nennen. Auf dieser Ebene erzeugen und variieren die Spieler ihre Spielwelt mit dem Ziel, dass alle Beteiligten darin Spaß und Vergnügen finden mögen.

1. Vier Freunde treffen sich zum Doppelkopf. Sie vereinbaren, nach welchen Besonderheiten der Regeln gespielt wird und legen einen ungefähren Zeitrahmen für ihr gemeinsames Spiel fest. Erst dann beginnen sie. Im Verlaufe des Spiels erkennen sie, dass eine besondere Zusatzregel, auf die sie sich geeinigt hatten, den Spielfluss hemmt und sich nicht positiv auf Spaß und Spannung auswirkt. Sie beschließen, mit Beginn des nächsten Spiels auf diese Regel zu verzichten.

Die vier Freunde organisieren zunächst ihre Spielwelt. Sie wählen bestimmte Spielmaterialien aus und übernehmen (mit Modifikationen) das traditionelle Regelwerk, das zu diesen Spielmaterialien existiert. Die konsensuelle Konstruktion der Spielwelt schafft einen Orientierungsrahmen für die Spieler: Sie wissen, was zu tun ist, welche Regeln gelten, wie sie sich auswirken und welche Handlungsmöglichkeiten sich daraus herleiten. Als deutlich wird, dass sich eine Zusatzregel dysfunktional auf den Spielprozess auswirkt, „verlassen" die Spieler für kurze Zeit die Spielwelt und betreten die „Regieebene", um gewünschte Modifikationen zu vereinbaren, die notwendig sind, damit der Spaß am Spiel erhalten werden kann.

2. Ein Junge von zwei Jahren „spielt" mit seinen Bauklötzen. Er schichtet sie aufeinander und stößt sie dann um. Das Getöse der herabfallenden

Klötze löst Freude aus. Der Junge klatscht vor Begeisterung mit den Händen. Dann beginnt er wieder damit, aus den Bauklötzen einen „Turm" zu bauen.

Grundlage für die Konstruktion einer Spielwelt ist die Fähigkeit des Kindes, seine Handlungen zu planen. Der kleine Junge hat gelernt, welche Schritte zu tun sind, damit die Bauklötze mit Getöse herabfallen: Die Bauklötze aufeinander legen und dabei versuchen, dass das Bauwerk möglichst hoch wird. Dann den „Turm" berühren, so dass er zusammen fällt. Vor dem Spielprozess bildet sich die Absicht des Jungen heraus, die Handlung durchzuführen und die Einzelschritte in der richtigen Reihefolge auszuführen. Mit dieser Handlungsplanung hat der Junge seine Spielwelt konstruiert. Die Handlungsplanung bildet eine rudimentäre Vorstufe zur Regieebene. Gehen wir einmal davon aus, dass der Junge in seinen Spielprozessen lernt, seinen Turm immer höher zu bauen. Dies macht dann eine stärker differenzierte Handlungsplanung notwendig. Im gemeinsamen parallelen Spiel mit einem anderen Jungen könnte die eigene Handlungsplanung im Tun dem Anderen verdeutlicht und zum Ausgangspunkt einer „Vereinbarung" werden, wie man „Türme" baut und einstürzen lässt.

3. *Eine Mädchengruppe (zwischen vier und fünf Jahre alt) will „einkaufen" spielen. Die Mädchen verteilen die Rollen (Verkäuferin, Kundin) und sprechen das Handlungsskript miteinander ab. Sie legen fest, wie sich Kundinnen und Verkäuferinnen verhalten sollen. Im Verlaufe ihres Rollenspiels gibt es von der „Spielführerin" (einem mit diesem Spielscript vertrauten Mädchen) Korrekturhinweise zum Verhalten der Mädchen, wenn sie nicht „richtig" gespielt haben.*

Auch hier geht es um eine Handlungsplanung als Grundlage für die Konstruktion der Spielwelt. Die Mädchen haben bestimmte Schemata und Handlungsskripts gelernt. Sie wissen, was eine Verkäuferin und eine Kundin ist, und welche Verhaltensmuster typisch für sie sind. Auf der Regieebene legen sie fest, wie sie dieses Erfahrungswissen als Rollenträgerin nutzen wollen. Sie stimmen ihr Verhalten aufeinander ab. Allen ist dabei bewusst, dass ihre Interaktionen nicht in der realen Welt stattfinden, sondern in einer Spielwelt, die sie zuvor selbst konstruiert haben. Die Spielwelt entwickelt sich, weil es einen Spielraum gibt: einige Gegenstände und Requisiten, eine Spielidee und Mädchen, die durch kooperative Beziehungen „ihre" Spielwelt voran treiben, sie ausdehnen und weiter ausdifferenzieren - und eine Sprache, die sie befähigt, sich und die für das Spiel geeigneten Objekte miteinander in Beziehung zu setzen. Dabei versuchen sie, ihr Spiel einem Vor-Bild anzunähern, und das bedeutet: an ihre idealtypische Vorstellung von einem Einkauf. Dabei imitieren sie nicht konkrete Erlebnisse beim Einkaufen, sondern reproduzieren ihr Handlungsskript „einkaufen".

Im Gegensatz zum Spielprozess, der das aktuelle Verhalten im Rahmen der Spielwelt meint, geht es bei der Konstruktdimension um latente Verhaltensmöglichkeiten, die sich aus dem Spielkonstrukt ergeben könnten. Das Konstrukt umgrenzt den Möglichkeitsraum von Spielprozessen in einer Spielwelt. Deutlich wird dies bei Vorgaben von Regeln, bei Kodifizierungen und Verknüpfungen von Spielregeln und Spielmaterialien. Ein Brettspiel wie „Schach" oder „Dame" aber auch Kartenspiele wie „Doppelkopf" oder „Skat" bieten deutliche „Materialisierungen" der Konstruktdimension: in ihren Regeln und Materialien werden die Möglichkeiten und Grenzen von Spielprozessen festgelegt. Sobald die Spieler die Spielwelt entstehen lassen, „entbinden" sie diese Möglichkeiten in ihren Spielprozessen. Welcher konkrete Spielprozess entsteht, kann in der Konstruktdimension nicht festgelegt werden. Dies aber macht gerade den Reiz aus, der von einer Spielwelt ausgeht.

Abbildung 2:

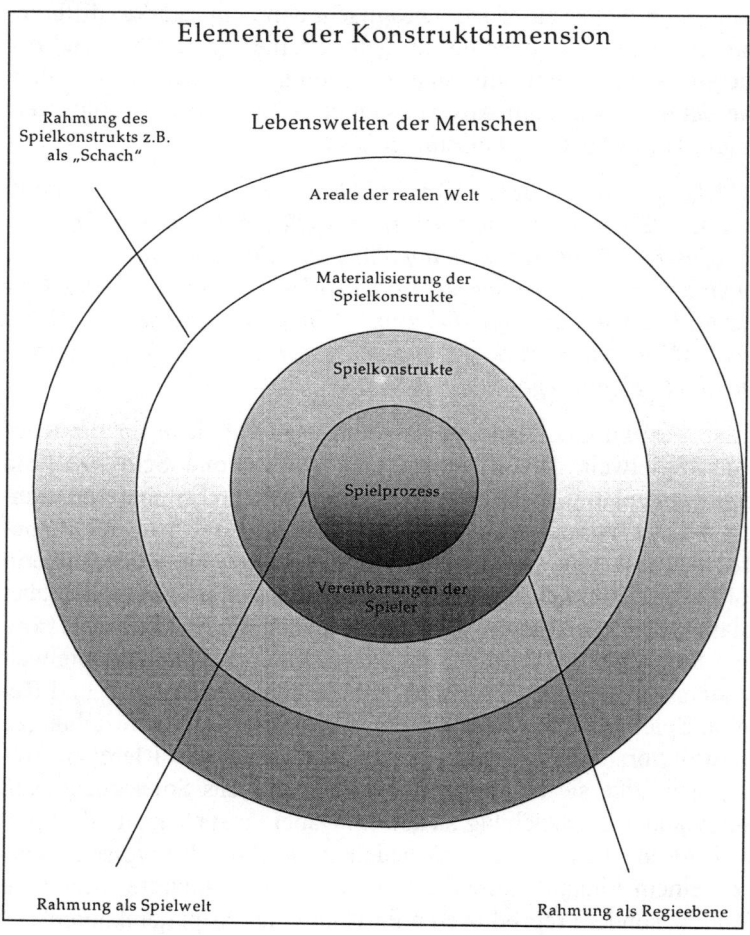

Gleichwohl ist es möglich und sinnvoll, Spielkonstrukte näher in Blick zu nehmen. Dies gehört zu den Aufgaben von Rezensenten, die Urteile z.B.

über Brettspiele abgeben.[20] Aber auch im privaten Kreis werden Urteile über Spielkonstrukte abgegeben. Auf dem Hintergrund konkreter Spielerfahrungen werden die Möglichkeiten und Grenzen des Konstrukts diskutiert. Auf der Regieebene kann es dazu kommen, dass die Spieler Modifikationen und Regeländerungen vereinbaren, wie wir dies im Beispiel 1. gesehen haben.

Die Abbildung „Elemente der Konstruktdimension" verdeutlicht in einem Modell die Lage der Elemente „Spielprozesse", „Spielkonstrukte", „Spielwelt" und „Regieebene" zueinander. Im Mittelpunkt des Modells befinden sich die „Spielprozesse", also die konkreten Verhaltensweisen der Spieler. Der Rahmen hierfür heißt „Spielwelt": Das konkrete Verhalten wird nicht der realen Welt, sondern der Spielwelt zugerechnet. Der Bereich der „Spielkonstrukte" umschließt den Kern und umgrenzt damit den Möglichkeitsbereich der Spielprozesse. Die Interaktionen, die auf die Spielkonstrukte gerichtet sind (Organisation, Auswahl, Änderungen), werden als Regieebene gerahmt. Das „Spiel" als Konstrukt aus Verabredungen, Regeln und Materialien bietet den notwendigen Spielraum für Rahmungshandlungen, die auf die Etablierung einer Spielwelt gerichtet sind, und für Spielprozesse, die im Rahmen einer Spielwelt stattfinden können

1.5. Metaphorischer Sprachgebrauch

> „Alles Geschehen in unserer Welt gleicht einem großen Spiel, in dem von vornherein nichts als die Regeln festliegen. Ausschließlich diese sind objektiver Erkenntnis zugänglich. Das Spiel selber ist weder mit dem Satz seiner Regeln noch mit der Kette von Zufällen, die seinen Ablauf individuell gestalten, identisch. Es ist weder das eine noch das andere, weil es beides zugleich ist, und es hat unendlich viele Aspekte - so viele man eben in Form von Fragen hineinprojiziert. Wir sehen das Spiel als das Naturphänomen, das in seiner Dichotomie von Zufall und Notwendigkeit allem Geschehen zugrunde liegt."[21]

> Manfred Eigen und Ruthild Winkler 1975

Das „romantische Sprachspiel" (am Anfang des Kapitels 1) hat die metaphorischen Möglichkeiten vom Wort „Spiel" deutlich gemacht. Es scheint eine Besonderheit des Spielbegriffs zu sein, dass er sich nicht unmittelbar systematisch erschließt, sondern eher vielfältige metaphorische Verwen-

---

20 So z.B. in der Zeitschrift „Spielbox", die im W.Nostheide Verlag erscheint.
21 Eigen, Manfred und Winkler, Ruthild: Das Spiel. Naturgesetze steuern den Zufall, Piper Verlag, München und Zürich , 1981, S. 11.

dungen aufweist.[22] So verwenden beispielsweise Eigen und Winkler den Begriff „Spiel" als Metapher für Prozesse der Selbstorganisation unserer physikalischen Welt. Der Versuch, die metaphorischen Befrachtungen in einen allgemeinen Begriff des Spiels einfließen zu lassen, hat zum Problem geführt, dass sich der Begriff „Spiel" nicht mehr klar fassen lässt, dass er verschwimmt, zunehmend diffuser wird und sich schließlich in ein „Urphänomen" verwandelt, das die Rätsel dieser Welt in sich aufnimmt. Wuttke[23] und mit ihm Scholz[24] halten den metaphorischen Gebrauch des Spielbegriffs für problematisch, weil er in der Pädagogik in eine „unfruchtbare Richtung" führe. Zwischen dem Spiel von Kindern und dem Spiel der Wellen liegen Welten, die durch einen gemeinsamen Begriff nicht überbrückt werden können und allenfalls Anlass für philosophische Überlegungen sein könnten.

Die eigentliche Bedeutung des Wortes „Spiel" verweist auf „Kurzweil, unterhaltende Beschäftigung, fröhliche Übung" und fußt auf der Grundbedeutung „Tanz, tänzerische Bewegung". Erst mit Beginn des 17. und 18. Jahrhunderts weitete sich der Begriff erheblich aus und erstreckte sich nun auch auf den metaphorischen Sprachgebrauch (z.B. „spielend leicht", „sich abspielen", „sich aufspielen", „auf etwas anspielen").[25] Es soll nicht verkannt werden, dass die Entwicklung und Verwendung von Metaphern den geistigen Fortschritt der Menschheit entscheidend befördert hat.[26] Aus Gründen der begrifflichen Klarheit ist es jedoch sinnvoll, die metaphorischen Befrachtungen des Spielbegriffs auszugrenzen und nur die Sachverhalte im Blick zu behalten, die sich über „spielerisches Verhalten", „Spielwelt" und „Spielkonstrukt" fassen lassen.

1.6. Zusammenfassung

Die Abbildung „Der Spielbegriff im Brennpunkt ..." verdeutlicht den Stand unserer Erörterung. Wir gehen davon aus, dass sich „Spiel" begrifflich (zunächst) nur durch seine drei Elemente „Spielerisches Verhalten", „Spielwelt" und „Spielkonstrukt" fassen lässt. Konkrete Phänomene lassen sich anhand dieser drei Elemente gut und differenziert untersuchen. Es sind die „Spektralfarben" dieses Phänomens. Wie diese „Farben" nun im Einzelnen

---

22 Vgl. Wenz, Karin: Spiele und Spielen, Zeitschrift für Semiotik, H. 3-4/2001, S. 269.

23 Wuttke, H.: Spiel. Stichwort; in: Lenzen, D. (Hrsg.): Pädagogische Grundbegriffe, Band 2, Rowohlt Verlag, Reinbek 1989, S. 1433 bis 1440.

24 Scholz, Gerold, Als-Ob-Spiele von Kindern. Eine Interpretation in Anlehnung an Gregory Bateson; in: Renner, Erich u.a.: Spiele der Kinder. Interdisziplinäre Annäherungen, Deutscher Studienverlag, Weinheim 1997, S. 44.

25 Vgl. Duden, das Herkunftswörterbuch, Duden Band 7, Meyers Lexikon Verlag, Mannheim, Wien und Zürich 1963, S. 659.

26 Vgl. Bateson, Gregory und Beteson, Mary Catherine: Wo Engel zögern. Unterwegs zu einer Epistomologie des Heiligen, Suhrkamp Verlag, Frankfurt 1993, insbes, S. 50 und S. 272.

beschaffen sind, wie intensiv sie in Erscheinung treten und in welcher Weise sie mit den anderen „Farben" zusammenwirken, bestimmt das „Farbspektrum" des Spielphänomens.

Abbildung 3:

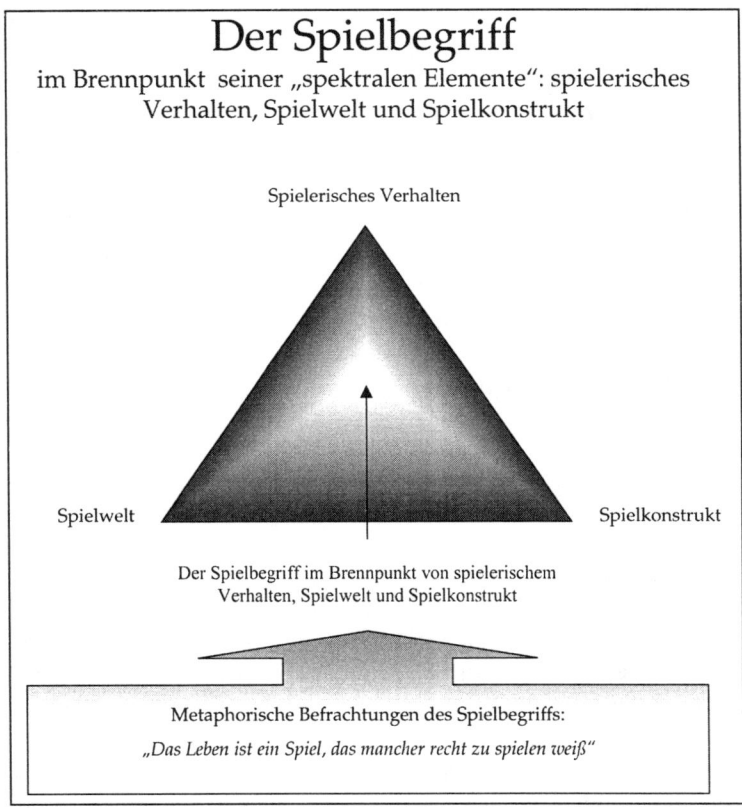

1. *Eine Tante kommt zu Besuch und bringt an einem heißen Sommertag kleine Geschenke für ihre Nichte (8 Jahre) und ihre beiden Neffen (4 und 6 Jahre) mit. Reizvoll für die Kinder sind kleine Bälle, die sich wie Schwämme voll mit Wasser saugen. Man muss sie nur in einen Eimer mit Wasser tauchen, schon saugen sie sich voll und sind sehr gut als „erfrischende" Wurfgeschosse zu verwenden. Die Kinder ziehen sich schnell ihre Badesachen an und „erproben" im Garten die Bälle. Sie besorgen sich einen Wassereimer, lassen ihn voll laufen und tauchen ihre Bälle hinein. Daraus entsteht eine lustige „Wasserschlacht", die zunächst recht chaotisch abläuft. Nach kurzer Zeit einigen sie sich auf einige Regeln: Unbeteiligte, wie etwa die Tante, dürfen nicht beworfen werden. Alle Kinder tauchen ihre Bälle ins Wasser, und erst dann geht es los. Jemand, der seinen Ball gerade ins Wasser taucht, darf nicht beworfen werden. Wenn neues Wasser geholt wird, ist „Wurfpause". Mit diesen*

Regeln, an die sie sich die Kinder weit gehend halten, haben alle viel Spaß. Regelverstöße lösen lauten Protest aus. Die Kinder entwickeln immer neue Taktiken, um möglichst viele zu treffen, den Ball rasch wieder aufzutanken und nicht selbst getroffen zu werden.

Ein bislang abseits stehender Erwachsener will „mitmischen" und spritzt, direkt aus dem Wassereimer, den sechsjährigen Jungen kräftig nass. Das löst bei ihm eine heftige Ärgerreaktion aus. Der Junge ist so sauer , dass er den Garten verlassen will und sich kaum beruhigen lässt. Schließlich greift er sich den halb leeren Wassereimer und spritzt damit den Erwachsenen richtig nass. Der Junge ist jetzt wieder besänftigt und kann sich anderen Dingen zuwenden.

So weit also das turbulente und bunte Geschehen am Nachmittag eines heißen Sommertages. Das „Farbspektrum" des beschriebenen Spielphänomens wollen wir nun in die drei „Spektralfarben" spielerisches Verhalten, Spielwelt und Spielkonstrukt zerlegen, um genauer untersuchen (und verstehen) zu können, was sich da abgespielt hat.

Spielerisches Verhalten

Die Kinder zeigen bei ihrem Verhalten ein großes Maß an Selbstbestimmtheit. Es ist heiß, sie möchten sich erfrischen und dabei das neue Spielzeug ausprobieren. Die Kinder folgen ihren inneren Impulsen und nicht den von den Eltern gesetzten Vorgaben. Damit der erwartete Spaß keine Einbußen erleidet, ziehen sich die Kinder ihre Badesachen an - und das von sich heraus und ohne Aufforderung durch die Eltern. Jetzt können sie sich ohne Probleme nass machen. Das Gefühl persönlicher Freiheit trägt entscheidend dazu bei, diesen Spaß am gemeinsamen Tun entstehen zu lassen. Die Kinder erleben die „Wasserschlacht" als angenehmen Kontrast zu ihren sonstigen sonntäglichen Aktivitäten, die durch ihre Eltern stärker reguliert sind. Von daher bot den Kindern die „Wasserschlacht" die Chance, etwas Neues zu tun und sich ein Stück weit vom ewig Gleichen zu entfernen. Eine Wasserschlacht, zumal mit diesen Wurfgeschossen, schließt das Element des Wagnisses für Kinder unmittelbar mit ein: Kann ich gut treffen? Erziele ich wirkungsvolle Treffer? Kann ich den Bällen geschickt ausweichen? Komme ich rasch genug an den Wassereimer heran? Die Kinder gehen, auf dem Hintergrund ihrer Kenntnisse und Erfahrungen, recht einfallsreich zuwege. Sie entwickeln wirkungsvolle Taktiken, um zu treffen und nicht selbst getroffen zu werden. So wirft das Mädchen beispielsweise möglichst so, dass ihr Ball in die Nähe des Wassereimers landet. Dadurch hat sie die Möglichkeit, sehr schnell wieder „nachzuladen", um im aktuellen Geschehen mitmischen zu können.

Spielwelt

Ohne ausdrücklich zu sagen: Das ist ein Spiel! ist allen Kindern klar, dass es sich bei der „Wasserschlacht" nicht um eine ernsthafte, die eigene Integrität möglicherweise beeinträchtigende Aktion handelt. Es soll Spaß und Vergnügen bereiten und ohne Nachwirkungen in der realen Welt sein. Aus diesem Grund haben die Kinder „Spielkleidung" angezogen und ihre Spielwelt mit Regeln so abgesichert, dass nicht Chaos ausbricht und sie sich dann unvermittelt, weil beschädigt, in der realen Welt wieder finden.

Der Erwachsene mag das Geschehen ebenfalls als „Spielwelt" gerahmt haben. Sein Verhalten im Spielprozess war jedoch für die Beteiligten sehr problematisch, weil für sie nicht erkennbar war, ob er wirklich „mitspielt". Der Junge hat das Verhalten des Erwachsenen, von seiner Sicht aus berechtigt, als massive „Störung" des Spielprozesse empfunden und damit als einen Angriff auf seine persönliche Integrität. Für ihn war das Verhalten des Erwachsenen nicht mehr der Spielwelt zuzurechnen, sondern vielmehr der realen Welt. Ihm wurde real übel „mitgespielt". Erst als er sich durch einen Angriff auf den „Schädiger" Genugtuung verschaffte, baute sich sein berechtigter Zorn ab.

Spielkonstrukt

Damit sich für die Kinder eine Spielwelt aus der realen Welt herauslösen konnte, mussten sie einen Spielrahmen konstruieren. Ein wichtiges Element für diese Konstruktionsleistung waren die Spielsachen (kleine Wurfbälle) und ergänzende Materialien (Wassereimer und Wasser). In einer kurzen experimentellen Phase erprobten die Kinder die Möglichkeiten der Materialien und entwickelten Vorstellungen, wie sie damit umgehen könnten. Der Reiz dieser Materialien war stark genug, um nun Regeln zu vereinbaren, damit für alle Spaß und Spannung entstehen konnte. Die Regeln basierten auf einer Handlungsplanung der Kinder: Erst musste der Eimer mit Wasser gefüllt werden, dann folgte das Eintauchen der Bälle in den Eimer und schließlich, als Höhepunkt, der sehr intensive Wurfphase.

Das von den Kindern geschaffene Spielkonstrukt legte die Ziele und Verhaltensmöglichkeiten der Kinder fest und verpflichtete sie, sich daran zu halten. Das Konstrukt gewährleistete, dass eine Spielwelt entstehen, sich aus der realen Welt herauslösen konnte. Den Kindern war mehr oder weniger bewusst, dass eine Missachtung der Elemente des Konstrukts dazu führt, dass die Spielwelt beschädigt wird und droht, sich im hereinbrechenden Chaos aufzulösen. Aus diesem Grunde „verteidigten" die Kinder ihr Konstrukt: Es gab lauthals Proteste, wenn sich einer nicht an die Regeln hielt.

Das Beispiel macht auch deutlich, welche Probleme entstehen, wenn Erwachsene, ohne Kenntnis des Spielkonstrukts, am Spielprozess teilnehmen wollen - und noch dazu, wenn sie zur Teilnahme von den Kindern nicht eingeladen wurden. Welche Spielkonstrukte es gibt, was ihre Besonderheiten sind und wie sie sich systematisieren lassen, wollen wir im folgenden Kapitel erörtern.

2. Wie man Spielkonstrukte unterscheiden kann

2.1. Reizkonfigurationen von Spielkonstrukten

Die Vielfalt von Spielkonstrukten ist nahezu unüberschaubar. Schon früh entstanden Spielsammlungen, in denen die damals üblichen Spielkonstrukte enthalten waren:

- 1380 - Meister Altswerts Spielregister,
- 1580 - Johann Fischarts „Geschichtsklitterei" mit über 600 Spielnamen.

Die Kunstgeschichte enthält vielfältige Belege zu Spielformen. Besonders bemerkenswert sind Bilder oder Bildfolgen, die schon fast Sammlungen der damals üblichen Spielkonstrukte sind, so z.B.

- 1560 - Pieter Bruegels Kinderspielbild[1],
- 1637 - Jacques Stellas 50-Blatt-Folge Les Jeux de l'Enfance[2].

Reizvoll sind auch ältere Spielbücher, die den Lesern einen Einblick geben in die Vielfalt der Spielformen vor mehr als hundert Jahren.[3] Um Spielfor-

---

1 Ausführlich beschrieben in Kass, Janos und Lukacsy, Andras: Die Kinderspiele nach dem berühmten Gemälde von Pieter Bruegel d.Ä, Verlag Werner Dausien, Hanau 1981.
2 Stella, Jacques: Die Spiele und Vergnügungen der Kindheit, Machwerk Verlag, Siegen 1986.
3 Zwei Reprints sind besonders empfehlenswert: Wagner, Hermann: Illustriertes Spielbuch für Kanben, Verlag Otto Spamer, Leipzig 1903, Reprint im Reprint-Verlag-

men voneinander zu unterscheiden und ihre Vielfalt zu ordnen, benötigt man Kriterien, die es erlauben, ähnliche Spiele zusammen zu fassen und unähnliche davon zu trennen. Benennungen allein helfen nicht weiter, weil Spielformen wie „Bauspiel", „Geländespiel" oder „Rollenspiel" in ihrem konkreten Erscheinungsbild sehr unterschiedlich aussehen können. Aber auch Klassifikationen erweisen sich als wenig hilfreich, um eine sinnvolle Differenzierung der Spielformen zu erreichen. Die Klassifikationen beziehen sich z.B. auf

- das verwendete Spielmaterial (Spiele mit Würfeln und Karten, mit Decken und Tüchern, mit einem Tonbandgerät, mit Puppen, mit Brettspielen, mit Bausteinen usw.),
- den Handlungstyp (laufen, schwimmen, sprechen, wahrnehmen, denken usw.),
- den Spielinhalt (Friedensspiele, Fantasy-Spiele, Ökospiele usw.),
- die Sozialform (Einzelspiel, Parallelspiel, Kreisspiel, Gruppenspiel, Mannschaftsspiel usw.) und die Spielerorientierung (Wettbewerb, Kooperation).

Untersucht man diese Klassifikationen etwas genauer, wird man feststellen, dass die jeweilige Einteilung entweder nicht allzu trennscharf ist oder recht einseitig wirkt und nicht umfassend genug erscheint. Die Klassifikationen bieten auch wenige Möglichkeiten, theoretische Erkenntnisse damit zu verbinden. Die Klassifikationen sind allenfalls „Gewebeschnitte" durch den Bereich der Spielformen, die die Aufmerksamkeit auf bestimmte Aspekte lenken möchten. Jean Piaget hat sich 1959 kritisch mit den verschiedenen Klassifikationsvorschlägen zum spielerischen Verhalten befasst und kommt zum Ergebnis, dass es bei Anwendung der untersuchten Klassifikationssysteme „für viele Spiele fast unmöglich ist, sie in eine einzige Kategorie einzuordnen. Das gilt nicht nur für die Mehrzahl der untypischen Zwischenformen (...), sondern es gilt auch für durchaus klassische Spiele."[4] Die Schwierigkeit der Klassifikation von Spielkonstrukten besteht auch darin, dass sich die Schwerpunkte des Konstrukts bei unterschiedlich alten Spielern verändern können. Auch können durch den Spielprozess in den verschiedenen Phasen unterschiedliche Bereiche akzentuiert werden.

Gibt es Alternativen zu diesen Klassifikationen? Ein gangbarer Weg einer Unterscheidung der Spielkonstrukte bestünde darin, Elemente zu benennen, die diese Konstrukte grundsätzlich bestimmen. Aber was könnten dies für Elemente sein?

Leipzig, Holzminden, o.J.; Hildebrandt, Paul: Das Spielzeug im Leben des Kindes, Verlag G. Söhlke, Berlin 1904, Reprint im Verlag Diederichs, Düsseldorf und Köln 1979.
4 Piaget, Jean: Nachahmung, Spiel und Traum, Klett Verlag, Stuttgart 1969, S. 141.

Roger Caillois[5] geht davon aus, dass vier generelle Merkmale („Hauptrubriken") die unterschiedlichen Spielkonstrukte kennzeichnen: 1. Agon, 2. Alea, 3. Mimicry, 4. Ilinx. „Sie teilen es in Quadranten, deren jeder von einem ursprünglichen Prinzip regiert wird. Sie begrenzen Sektoren, in denen sich Spiele der gleichen Art zusammenfinden."[6] Schauen wir uns diese Merkmale und die von ihnen bestimmten Spielformen etwas genauer an:

- Spielkonstrukte mit dem Merkmal Agon werden vom Wettstreitverschiedener Spieler oder Spielparteien bestimmt. Entscheidend ist der Sieg über den anderen. Dabei kann es sich sowohl um sportlich-körperliche als auch um geistige Auseinandersetzungen handeln. Spielkonstrukte wie Sportspiele (Fußball, Handball) finden sich unter diesem Merkmal ebenso wieder wie die meisten Brettspiele und Kartenspiele (von „Schach" bis „Skat").

- Etwas anders sehen Spielkonstrukte aus, die das Merkmal „Alea" besitzen. Hier geht es weniger um den Wettstreit untereinander als vielmehr um die Herausforderung des Schicksals. Losentscheid, Kartenglück oder Würfelgeschick sind Elemente von Spielkonstrukten, die ganz auf „Alea" setzen. Glück oder Pech umrahmen die Spielentscheidungen. Nicht Können, nicht Fähigkeiten, nicht Anstrengung und Überlegung werden gefragt, sondern das Überlassen an die Mächte des Schicksals, das Glauben an die eigene Glückssträhne und das Vertrauen an die Götter, die einem hold sind.

- Das Merkmal „Mimicry" bezeichnet den Akt der Verwandlung, den bestimmte Spielkonstrukte vorsehen. Man darf ein anderer sein, unbekannte Seiten ausleben, sich ganz anders erfahren. Hier eröffnet sich ein breites Feld von Spielformen: Rollenspiel, Theaterspiel, Kabarett, Schmink- und Verkleidungsspiele, Spiele mit Puppen und Figuren. Es geht weniger darum, eine bestimmte Leistung zu erbringen oder im Wettbewerb mit anderen Spielern der Bessere zu sein, sondern um das Entfalten eigener Möglichkeiten im Prozess der Identitätsentwicklung.

- Bei „Ilinx" geht es um eine intensive Form des Erlebens, die man mit „Rausch", „Schwindel", „Ekstase" bezeichnen könnte. Bei Spielkonstrukten, die dies ermöglichen, überlässt sich der Spieler dem Geschehen. Möglichkeiten dazu bieten beispielsweise Jahrmarktsattraktionen: Achterbahn fahren und schnelle Drehungen in Karussells. Spielerische Tätigkeiten, wie Rodeln oder Tanzen, wenn man sie sehr intensiv betreibt, könnten auch diese Erlebnisform bewirken.

---

5 Caillois, Roger: Die Spiele und die Menschen, Ullstein Verlag, Frankfurt 1982, S. 21 ff.
6 Caillois, Roger: Die Spiele und die Menschen, Ullstein Verlag, Frankfurt 1982, S. 19

Was repräsentieren diese vier Merkmale? Sind es „Spielerhaltungen", „Formen des Spielerlebens" oder gar „Spielformen"?[7] Vom Blickwinkel des Spielkonstrukts aus handelt es sich um Reizquellen, die den Spieler motivieren, sich auf dieses Konstrukt einzulassen. Hat jemand Spaß an einem Wettkampf, sucht er sich ein Spielkonstrukt, das dies ermöglicht und ihm die Chance bietet, auf dem von ihm bevorzugten Gebiet auch siegen zu können. So könnte sich die betreffende Person ein Tennisspiel vereinbaren oder eine Partie Schach spielen. Kinder, die Spaß daran haben, die „Macht des Schicksals" zu erfahren, könnten mit ihren Eltern eines der vielen Würfelspiele wählen, bei denen „Glück" der ganz wesentlich das Spiel entscheidet. Und wenn gerade Kirmes ist, könnte eine Fahrt mit der Achterbahn eine lustvolle Form von Rausch und Schwindel bieten.

Es entsteht nun die Frage: Sind mit „Agon", „Alea", „Mimicry" und „Ilinx" die wesentlichen Reizquellen von Spielkonstrukten erfasst oder gibt es noch mehr davon? Schön ein flüchtiger Blick auf die „Landschaft der Spielkonstrukte" zeigt, dass es noch wesentlich mehr Reize gibt, die von Spielkonstrukten ausgehen können. Die Kombination der verschiedenen Reize in einem konkreten Spielkonstrukt macht seine spezifische Reizkonfiguration aus. Die Abbildung „Reizkonfiguration von Spielkonstrukten" verdeutlicht, was alles den Spieler motivieren kann. Die Kombination der verschiedenen Reize in einem Spielkonstrukt bietet für die Spieler die Motivation, sich mit ihren Wünschen und Vorlieben auf das Konstrukt einzulassen und sich im Spielprozess „wieder zu finden".

Insgesamt lassen sich mindestens elf wichtige Reizquellen ausmachen, die man in spezifischen Kombinationen in Spielkonstrukten antreffen kann:

* *Kämpfend* (Wettkampf, Ungewissheit, Sport, Spannung): Der Reiz besteht darin, sich mit anderen kämpfend zu messen und so seine eigene Position im Vergleich mit anderen auszumachen: Bin ich besser oder schlechter? Sind wir gleich, und ist das Ergebnis nur von der „Tagesform" abhängig? Kann ich meine Leistungen im Vergleich zu meinem Gegner steigern? Auch ein Wettkampf „gegen sich selbst" (und „gegen die Zeit") ist möglich. Er zielt darauf ab, sich selbst Ziele zu setzen, und zu versuchen, sie zu erreichen. Viele Wettkämpfe werden zwischen Mannschaften ausgetragen. Das Zusammenspiel der einzelnen Mannschaftskameraden wird dann zu einer weiteren Reizquelle. Im Rahmen von Spielaktionen sind „Olympiaden" eine gute Möglichkeit, den Reiz gegeneinander zu kämpfen, in nicht allzu ernsthafter Weise auszutragen.

* *Mut, Wagnis* (riskante Spielformen): Am Anfang steht eine Herausforderung, die man bestehen möchte. Es ist ungewiss, ob es gelingt und ob man die eigene Angst überwinden kann: Schaffe ich es, die Felsnadel zu

---

7 Vgl. Adamowskiy, Natascha: Spielfiguren in virtuellen Welten, Campus Verlag, Frankfurt und New York 2000, S. 52 ff.

erklettern? Traue ich mich, auf die andere Seite des Sees zu schwimmen? Riskante Spielformen befinden sich in einem Übergangsbereich zwischen Spielwelt und realer Welt. Ihr Anteil an „Action" macht deutlich, dass das Handeln Folgen in der realen Welt haben könnte. Mut und Wagnis kann sich als Reizquelle eines Spielkonstrukts noch steigern, wenn man gemeinsam mit anderen die riskante Spielform wählt. Weniger riskant in Hinblick auf die Folgen in der realen Welt sind Spielformen, bei denen die Gefahr zwar fiktiv ist, Mut und Wagnis als Reiz aber gleichermaßen bestehen. Man denke an die Geisterbahn auf Jahrmärkten aber auch an Nachtspielaktionen, bei denen man mit Gespenstern und anderen erschreckenden Begebenheiten konfrontiert wird.

- *Auf Glück vertrauend* (sich dem Zufall überlassend): Der Spielprozess und vor allem die Spielentscheidungen verlaufen ohne große Anstrengung oder Zutun der Spieler. Es geschieht wie von selbst. Die Spieler vertrauen darauf, dass das Schicksal ihnen gnädig ist, und Fortuna ihnen hold. Viele Würfel- und Kartenspiele haben diese Reizquelle und entlasten den Spieler von der Notwendigkeit, seine (spielerischen) Geschicke selbst in die Hand zu nehmen. Jedoch: Bei aller Planung und Anstrengung muss zumindest ein wenig Glück dabei sein, damit das Vorhaben gelingt.

- *Unterhaltend* (Abwechslung, Witz, Gag, Parodie): Auch hier kommt es weniger auf die eigene Leistung an, sondern auf den Spaß, der in der Spielkonstruktion steckt und durch das Zusammenspiel innerhalb der Spielgruppe entbunden wird. Beispiele: Die Gruppe hat die Aufgabe, eine witzige Pantomime einzustudieren und vorzuführen; ohne auch nur eine Miene zu verziehen muss ein Spieler ein Spalier von Mitspielern durchschreiten, die alles Erdenkliche tun, um ihn zum Lachen zu bringen; auf einer Geländerallye stoßen die Spieler an mehreren Stationen auf witzige Personen mit großem „Unterhaltungswert".

- *Rauschhaft* (sich dem Spielprozess überlassend): Spielkonstrukte können so angelegt sein, dass sehr intensive Spielprozesse möglich werden, in denen die Spieler ganz im Spielgeschehen aufgehen und mit allen Sinnen in der Spielwelt „leben". Beispiele: Geländespiele, in denen die Spieler aus einer Spielrolle heraus für viele Stunden „andere" sein dürfen; Tanzspiele mit intensiven Bewegungserfahrungen.

- *Meditativ* (Ruhe, Entspannung, zu sich selbst kommen, selbstreflexiv): Meditationsspiele und Phantasiereisen bieten einen wohltuenden Kontrast zu den aktiveren Spielformen und bieten daher einen besonderen Reiz für Spieler, die Abstand vom Vorhergehenden finden wollen, sich entspannen und zu sich kommen möchten.

- *Sammelnd* (Aneignung verschiedener Objekte, Tendenz zur Komplettierung und Systematisierung): Gerade Kinder finden es reizvoll, Objekte ihrer Umwelt zu sammeln (von Zufallsfunden im Wald über Sammelbilder, Briefmarken, Bierdeckel, Münzen). Sie können etwas in Besitz nehmen, sich intensiv mit den Gegenständen befassen, ihre Unterschiede erkennen, es vervollständigen (und damit abschließen) und systematisieren (Ordnungsvorstellungen dazu entwickeln).

- *Verwandelnd* (andere Rollen annehmen, aus sich heraus kommen, andere Seiten leben): Alle Formen des Rollenspiels, des Theaterspielens bis hin zu imaginativen Formen (z.B. das Fantasy-Rollenspiel) besitzen den Reiz, sich als ein Anderer kennen zu lernen und zu erproben. Dies bietet die Chance, die bislang wenig entwickelten eigenen Potentiale und Verhaltensweisen zu erproben, sich als ein Verwandelter in anderen Kontexten zu erleben und anders sein dürfen, als es bislang möglich war. Reizvoll können auch einfache Spielkonstrukte sein, in deren Mittelpunkt die Verwandlung steht: Schminken, Verkleiden, mit verstellter Stimme sprechen

- *Genießend* (ästhetische Erfahrungen, sinnliche Eindrücke): Neue sinnliche Erfahrungen zu machen, sich Genussquellen zu erschließen und die sinnlichen Fähigkeiten weiter zu differenzieren kann für viele Spieler ein nicht zu unterschätzender Reiz sein. In komplexen Spielkonstrukten (wie z.B. Geländespiele, Spielgeschichten) wie in einfachen Spielangeboten lassen sich diese Reizquellen einbeziehen (z.B. in Form eines „Sinnesparcours", einer „Schmeck- und Riechstraße", eines „Fühl-Memory", eines „Fuß-Erfahrungs-Feldes"). Das Rauschen des Meeres, die Stimmung auf einer Waldwiese, die Ruhe auf einem Berggipfel können zu Genussquellen werden, die sich in ein Spielkonstrukt einweben lassen.

- *Gestaltend* (herstellend, bearbeitend, künstlerische Produkte): Der Reiz, selbst etwas zu machen, also ein Produkt herzustellen, ist für viele Spieler recht hoch. Das fängt bei einfachen Bauspielen mit Bauklötzen an und erstreckt sich über Maskenbau, Drachenbau, Bau von Hütten und Höhlen bis hin zu Zeichnungen und Fotos, die im Kontext eines Spielkonstrukts entstehen können. Die Quelle dieses Reizes ist die Möglichkeit zur Selbstentäußerung. Die Spieler können ihren inneren Bildern, Erfahrungen und Handlungsmöglichkeiten gestalterischen Ausdruck verleihen.

- *Problem lösend* (denkerisches Vorgehen, Entwickeln von Strategien): Viele Spielkonstrukte besitzen als besonderen Spielreiz eine denkerische Herausforderung. Um das Spielziel zu erreichen, müssen die Spieler verschiedene Probleme lösen: Die Lösung für eine Denkaufgabe finden, Mit Hilfe von Karte und Kompass zu einem bestimmten Punkt im Gelände gelangen, auf dem Schachbrett der Bedrohung durch die gegnerische Dame entgehen, gestellte Rätsel lösen.

Werfen wir nun noch einmal einen Blick auf die Abbildung „Reizkonfiguration von Spielkonstrukten". Ein konkretes Spielkonstrukt lässt sich als Reizkonfiguration beschreiben. Das Konstrukt besitzt in der Regel mehrere Reizquellen in unterschiedlichen Ausprägungsgraden. Dies wird durch die Abbildung deutlich: Wie Strahlen dehnen sich die verschiedenen Reizquellen vom Mittelpunkt des Sterns aus, einige sehr stark, andere weniger stark. Die „Färbung" der Reize, ihre Intensität, und Nachhaltigkeit sowie ihre Kombination mit anderen Reizen kennzeichnet die spezifische Eigenart des jeweiligen Spielkonstrukts in Hinblick auf die Motivationen der Spieler. Mit anderen Worten: Das Spielkonstrukt kommt durch seine Reizkonfiguration den motivationalen Erwartungen der Spieler in spezifischer Weise entgegen. Von daher ist es nicht unwichtig, die Reizkonfigurationen konkreter Spielkonstruktionen zu kennen.

Abbildung 4:

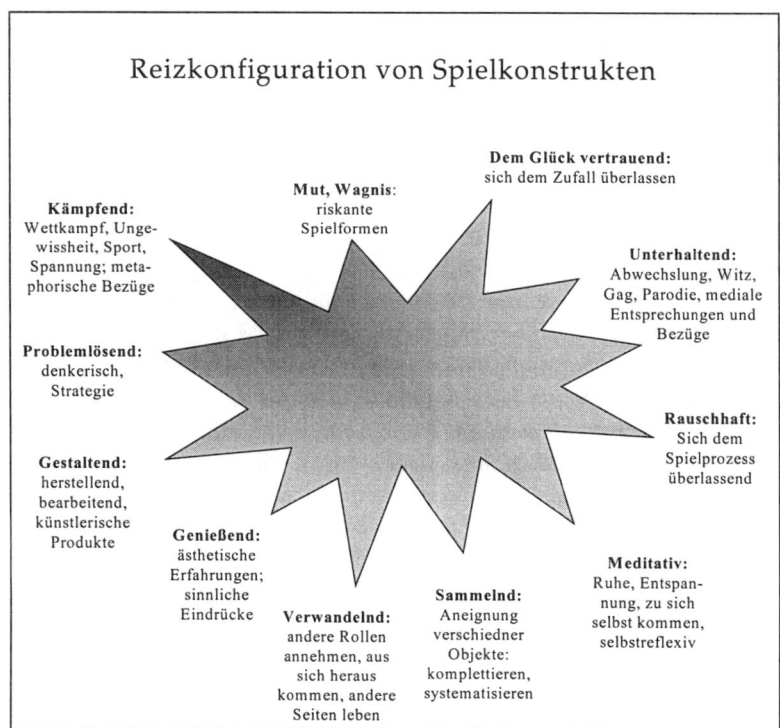

Hilft das Modell der Reizkonfiguration bei der Unterscheidung der verschiedenen Spielkonstrukte? Sicherlich gewinnen wir ein sehr differenziertes Bild von den einzelnen Konstrukten, und es gelingt dadurch, die Unterschiede zwischen den Konstrukten deutlich zu machen. Schwieriger wird es, aus einer solchen Analyse bestimmte Spielformen oder Spieltypen zu gewinnen. Bezeichnungen wie „Bauspiel", „Brettspiel", „Bewegungsspiel",, „Rollenspiel" sind recht grobe idealtypische Orientierungsrahmen, die allenfalls helfen können, sich einen ersten Eindruck vom Spielkonstrukt zu verschaffen. Hierzu ein Beispiel, das man bei grober Einschätzung zu den „Sportspielen" rechnen könnte:

Das Spielkonstrukt wurde „Strandolympiade" genannt. Die Spielgruppe von ca. 40 Jungen und Mädchen wird durch ein spielerisches Verfahren (Ziehen von Losen) in vier Mannschaften eingeteilt. Jede Mannschaft erhält zunächst die Aufgabe, für sich eine möglichst phantasievoll klingende Nationalität zu bestimmen, aus bereit gestellten Materialien eine Fahne herzustellen, eine „Nationalhymne" zu komponieren und einzustudieren, sowie einen Schlachtruf zum Anfeuern der eigenen Mannschaft zu entwickeln. Dann erhält jede Mannschaft Verkleidungsmaterialien, um sich als Sportler kenntlich zu machen. Inzwischen haben die Spielleiter einen Strandabschnitt mit Seilen, Bändern und Luftballons als Sportarena verwandelt. Die „Strandolympiade" beginnt mit einer feierlichen Eröffnungsrede und dem Entzünden des olympischen Feuers. Die Tribüne für die Journalisten ist mit Fotografen und Kameraleuten gut besetzt. Dann starten die einzelnen Wettkämpfe. Die vier Mannschaften treten gegeneinander an und messen ihr Können in recht unterschiedlichen Disziplinen: a) Es muss Wasser von Hand zu Hand weiter gegeben werden, bis der Eimer gefüllt ist. b) Ein mit Bällen abgesteckter Slalom muss von allen in der Mannschaft durchlaufen werden. c) Ein Schubkarren-Rennen schließt sich an. d) Dann messen die Mannschaften ihre Kraft im Seilziehen. e) Jeweils zwei Mannschaften stehen sich mit „Wasserbällen" gegenüber; sie haben das Ziel möglichst viele Treffer beim Gegner zu landen. f) In vier abgesteckten Feldern müssen die Mannschaften versuchen, so schnell als möglich einen „Schatz" zu finden. Während aller Wettkämpfe notieren die Schiedsrichter den Punktestand, so dass jede Mannschaft weiß, wie gut (oder wie schlecht) sie gerade steht. Am Ende stehen Punkte und Sieger fest. Es kommt zu einer Siegerehrung mit der Verleihung der Medaillen. Die Siegermannschaften singen ihre Nationalhymne und schwenken ihre Fahne. Während der ganzen Zeit sind Fotografen und Kameramänner beim aktuellen Geschehen dabei, machen ihre Bilder und ihre Videoaufzeichnungen. Während alle von der „Strandolympiade" ausruhen, müssen sie das Bildmaterial sichten, um am Abend in der „Sportschau" über das Ereignis zu berichten und die Wandzeitung mit Informationen zu versehen.

Eine solche komplexe Spielaktion setzt sich aus zahlreichen Einzelkomponenten mit recht unterschiedlichen Reizkonfigurationen zusammen. Das bietet den Vorteil, dass das Spielkonstrukt insgesamt vielen unterschiedlichen Erwartungen der Spieler gerecht werden kann. Im Vordergrund stehen sicher der Wettkampf und die Spannung, welche Mannschaft das Rennen macht. Mut und Wagnis sind bei der Zusammenstellung der einzelnen Sportdisziplinen weniger gefragt. Aber diese Reizquelle, wenn sie denn erwartet wird, lässt sich durch eine Modifikation einzelner Wettkämpfe noch einbringen. Bei Wettkämpfen spielt das Glück nur eine Nebenrolle. Aber was nützt das größte Geschick und die erhebliche Anstrengung, wenn einer der Mannschaftskameraden das Pech hat, im entscheidenden Moment auszurutschen und die Erwartung auf den Sieg damit zunichte macht? Die Sportdisziplinen wurden so ausgewählt, dass nicht alles „bierernst" wird, dass auch Witz, Gag und Parodie Raum haben, unterhaltend zu wirken. Manche der Sportdisziplinen bieten die Möglichkeit, sich ganz dem Spielprozess zu überlassen, nahezu rauschhaft mit dem Spielgeschehen zu verschmelzen. Für Ruhe und Entspannung bietet dieses Spielkonstrukt wenige Möglichkeiten. Diese Reizquelle passt vermutlich auch nicht besonders gut zu einer Olympiade. Die Spieler haben sich durch die Spielvorgaben, die Verkleidung und der Gestaltung des Spielraums verwandeln können in Athleten von Sportmannschaften. An ästhetischen Reizen bietet das Spielkonstrukt eine wunderschöne Strandlandschaft, die sich durch farbige Elemente (Luftballons, Seile) in eine ansehnliche Sportarena verwandelt hat. Eine weitere Reizquelle waren die gestalterischen Aufgaben gleich zu Beginn der Spielaktion. Zum Wettkampf gehören auch Prozesse des Problemlösens. Die Mannschaften mussten beraten und durchdenken, wie sie die jeweiligen Aufgaben am besten bewältigen können.

Fazit dieser kurzen Analyse ist, dass die Reizkonfiguration dieses Spielkonstrukts sehr breit und vielfältig angelegt ist, so dass viele Spieler mit ihrer ganzen Unterschiedlichkeit die Spielreize vorfanden, die ihren Wünschen und Erwartungen entsprachen. Gibt es noch andere Möglichkeiten, Spielkonstrukte miteinander zu vergleichen und damit die Erkenntnisse über Konstrukte und Spielprozesse zu erweitern? Der Ausgangspunkt könnte diesmal die Frage sein, woran sich Spielkonstrukte orientieren, wonach sie sich ausrichten, was ihr Kristallisationspunkt ist, was sie strukturiert und ihnen Gestalt gibt.

2.2. Orientierungsbereiche von Spielkonstrukten

In Anlehnung an Jean Piaget hat sich die Tradition herausgebildet, von drei wesentlichen Spielformen auszugehen: von den psychomotorischen bzw. den sensumotorischen Spielen (auch Funktionsspiele genannt), den Symbolspielen und den Regelspielen.[8] Zu den Symbolspielen gehören die häufig in den Mittelpunkt gerückten Rollenspiele und die Bauspiele bzw. die Konstruktionsspiele. Diese Unterteilung bietet eine grobe Orientierung, um konkret beobachtbare Spielformen benennen zu können. Sie lassen sich , so

---

8 So z.B. bei Einsiedler, Wolfgang: Das Spiel der Kinder. Zur Pädagogik und Psychologie des Kinderspiels, Verlag Julius Klinkhardt, Bad Heilbrunn 1991; Mogel, Hans: Psychologie des Kinderspiels, Springer-Verlag, Berlin 1994; Oerter, Rolf: Psychologie des Spiels, Quintessenz Verlag, München 1993. Grundlage bilden die Arbeiten von Jean Piaget, insbesondere sein Buch „Nachahmung, Spiel und Traum", Klett Verlag, Stuttgart 1969.

scheint es zumindest, recht gut den Entwicklungsphasen eines Kindes zu-ordnen: erst die psychomotorischen Spiele, dann die sensumotorischen Spiele und schließlich die Regelspiele.

Handelt es sich bei diesen Sammelbezeichnungen wirklich um „Spielfor-men" oder geht es um etwas ganz anderes?[9] Bevor ein Spielprozess beginnt und die Spieler ihr Handeln nach den Vorgaben einer Spielwelt ausrichten, muss sich ein Spielkonstrukt entwickelt haben, das den Spielrahmen dafür herstellt. Was sind die Orientierungspunkte des Konstrukts? Auf was bezie-hen sich die Konstrukte, um als Konstrukte erkennbar zu werden? Zweifel-los sind dies Symbole und Regeln. Symbole und Regeln legen den Hand-lungsrahmen der Spieler fest und bestimmen die internen Ziele des Spiel-prozesses. Körperbewegungen und Denkprozesse sind weitere Orientie-rungs- bzw. Kristallisationspunkte von Spielkonstrukten.

Spielkonstrukte können sich also an vier Bereichen orientieren, sich an die-sen Punkten heraus kristallisieren, sich nach diesen Bereichen ausrichten: Symbole, Regeln, Körperbewegungen und Denkprozesse. Alle vier Orien-tierungsbereiche müssen, so rudimentär auch immer, berücksichtigt werden, damit ein wirkungsvolles Spielkonstrukt entstehen kann. Die Abbildung „Orientierungsbereiche von Spielkonstrukten" verdeutlicht das Feld der vier Orientierungsbereiche, in dem ein konkretes Spielkonstrukt positio-niert, je nachdem, wie stark dieses Konstrukt durch die vier Bereiche be-stimmt wird. Es gibt Konstrukte, die sehr stark auf den Bereich „Körperbe-wegung" ausgerichtet sind (z.B. einfache Funktionsspiele zur Körperbe-herrschung), andere orientieren sich sehr deutlich am Punkt „Symbol" (z.B. Spiel mit Handpuppen), wieder andere sind eher auf Regeln bezogen (z.B. Kartenspiele wie „Skat"). Eine Sonderstellung nimmt der Orientierungsbe-reich „Denkprozesse" ein. Dieser Punkt liegt in der Mitte, auf der Spitze der Pyramide. Je stärker ein Spielkonstrukt sich auf „reine" Denkprozesse kon-zentriert, desto weniger wird dieses Konstrukt von den Bereichen „Sym-bol", „Regel" und „Körperbewegungen" bestimmt (wie z.B. bei einem ma-thematischen Rätsel). Andererseits kommt kein Spielkonstrukt, und sei es noch so einfach, ohne Denkprozesse aus.

Das dreidimensional angelegte Modell ermöglicht es, die verschiedenen Spielkonstrukte in Hinblick auf seine Ausrichtung zu den vier Bereichen zu unterscheiden. Diese Unterscheidung ist nicht Selbstzweck. Sie verhilft zu einem Einblick in die innere Struktur von Spielkonstrukten und vermittelt wichtige Erkenntnisse für die Entwicklung und Beurteilung von Spielkon-strukten. Die vier Bereiche dienen weniger dazu, „Spielformen" daraus her-zuleiten oder eine Klassifikation zu ermöglichen. Wir werden nun das Mo-

---

9 Für Piaget handelt es sich bei „Übung", „Symbol" und „Regel" „um drei große Typen von Strukturen, die die kindlichen Spiele charakterisieren und die die Klassifikation im Detail bestimmen" (Piaget, Jean: Nachahmung, Spiel und Traum, Klett Verlag, Stuttgart 1969, S. 146).

dell detaillierter in Blick nehmen, indem wir Spielkonstrukte von ihren jeweiligen Orientierungsbereichen bzw. Kristallisationspunkten her vorstellen und beurteilen.

Abbildung 5:

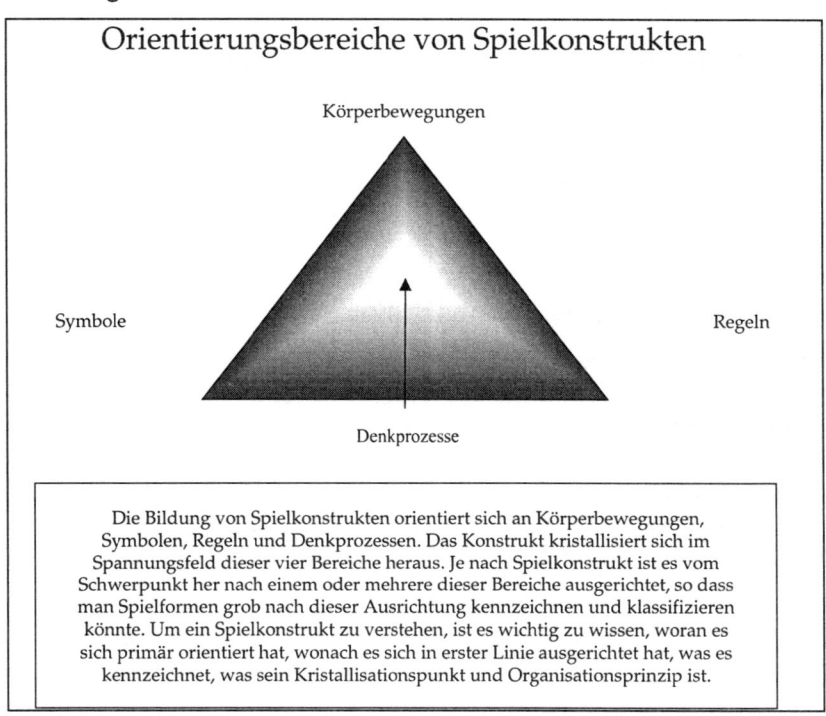

Orientierungsbereiche von Spielkonstrukten

Körperbewegungen

Symbole

Regeln

Denkprozesse

Die Bildung von Spielkonstrukten orientiert sich an Körperbewegungen, Symbolen, Regeln und Denkprozessen. Das Konstrukt kristallisiert sich im Spannungsfeld dieser vier Bereiche heraus. Je nach Spielkonstrukt ist es vom Schwerpunkt her nach einem oder mehrere dieser Bereiche ausgerichtet, so dass man Spielformen grob nach dieser Ausrichtung kennzeichnen und klassifizieren könnte. Um ein Spielkonstrukt zu verstehen, ist es wichtig zu wissen, woran es sich primär orientiert hat, wonach es sich in erster Linie ausgerichtet hat, was es kennzeichnet, was sein Kristallisationspunkt und Organisationsprinzip ist.

2.3. Spielkonstrukte und Körperbewegungen

Was wir sind, sind wir auch durch unseren Körper. Der Beginn des menschlichen Lebens ist durch Körperbewegungen gekennzeichnet. Das Kind erfährt durch die Bewegungen seinen eigenen Körper und seine Funktionsmöglichkeiten: es strampelt mit den Beinen, bewegt seine Arme, richtet seinen Kopf auf, stößt Laute hervor. Für diese Köperbewegungen werden in der Fachliteratur Begriffe wie „sensomotorisches Spiel", „Übungsspiel", „Funktionsspiel", „psychomotorisches Spiel" verwendet. Das relativ absichtslose Verhalten des Kindes ist sicher noch kein Spielkonstrukt. Vielmehr handelt es sich um Körperbewegungen, die das Kind vermutlich aus Freude an der Bewegung ausführt, und so nach und nach die Funktionen seines Körpers lernt. Rudimentäre Vorformen eines Spielkonstrukts kristallisieren sich im Bereich der Körperbewegungen dann, wenn das Kind gelernt hat, Verursacher seiner Bewegungen zu sein. Mit Beginn des Greifens (etwa ab dem 3. Monat) vermag es das Kind, Gegenstände in seine Bewegungen einzubeziehen: es zieht die Gegenstände zu sich hin, schüttelt sie, wirft sie weg, schlägt mit ihnen. Diese „Übungen" erlauben es, Informationen über Gegenstände zu gewinnen. Die Kinder entdecken, wie sie sich verhalten, welche wahrnehmbaren Qualitäten sie besitzen und welche Effekte man mit ihnen erzeugen kann. Dies alles hilft beim Aufbau von einfachen Handlungsschemata.

Bereits diese ersten Betätigungen des Kindes sind an Denkprozesse gekoppelt. Einsiedler[10] weist darauf hin, dass Kinder bereits im ersten Lebensjahr Erwartungsstrukturen aufbauen. Sehr bald „wissen" Kinder bereits etwas von ihrer Umwelt und können sich auf erwartete Ereignisse einstellen. Dies wird deutlich in Spielkonstrukten mit deutlichem Spannungsbogen, z.B. bei „Kniereitern", „Kitzelspielen" und „Guck-Guck-Spielen". Durch „Üben" von Körperbewegungen erwerben Kinder bereits sehr früh eine Vorstellung von Ursache und Wirkung. Sie lernen, bestimmte Effekte (z.B. die Geräusche einer Rassel) auf ihre eigenen Verhaltensweisen zurückzuführen.

Das Entwickeln von Erwartungsstrukturen und das Entdecken des Kausalschemas schaffen die rudimentären Voraussetzungen, um Regeln zu erfassen und elementare Planungskompetenzen zu entwickeln. Die Explorationen des Kindes münden dann ein in Spielkonstrukte, die man als „Bewegungsspiele" bezeichnen könnte: Laufen, Fangen, Verstecken, Springen, Klettern, Wegtragen. Das Kind schafft sich Spielkonstrukte, indem es bestimmte Körperbewegungen mit Zielvorstellungen koppelt. Dazu ein Beispiel:

1. *Ein fünfjähriger Junge und sein älterer Bruder stehen vor einer Leiter. Der Jüngere sagt, dass er die Leiter bis zur höchste Sprosse hinauf klettern kann. Mit einiger Mühe und etwas Anstrengung schafft er es. Oben angekommen ist er sehr stolz und freut sich.*

Hier hat ein Junge für sich ein Spielkonstrukt geschaffen. Er will oben auf der Leiter ankommen. Dabei muss er seine Körperbewegungen geschickt koordinieren und die bereits gelernten Handlungsschemata angemessen einsetzen. Hauptmotiv für den Jungen ist die Freude an seinen Körperbewegungen und der damit verbundenen Spannung und Entspannung beim Erreichen des selbst gesetzten Ziels. Er empfindet sich selbst als Handlungsträger und ist selbst bestimmt bei der Ausgestaltung seines Konstrukts. Die Selbstverpflichtung des Kindes, ein bestimmtes Ziel zu erreichen, bildet den Kern des von ihm geschaffenen Spielkonstrukts, auch gegen Schwierigkeiten und Ängste die oberste Stufe der Leiter zu erreichen. Auch im folgenden Beispiel geht es um eine Selbstverpflichtung des Kindes:

2. *Ein Sechsjähriger schaut einer Gruppe älterer Jungen beim Bau einer Höhle zu, die aus großen Ästen zusammen gefügt wird. Es werden noch große Äste benötigt, um den Weiterbau zu gewährleisten. Der Junge*

---

10 Einsiedler, Wolfgang: Das Spiel der Kinder, Verlag Julius Klinkhardt, Bad Heilbrunn 1991, S. 61.

sucht im Wald einen passenden Ast und findet ihn nach einiger Zeit. Es ist für ihn sehr schwer, diesen Ast aus einem großen Haufen von Zweigen und Laub herauszuziehen. Die älteren Jungen beachten ihn nicht. Der Sechsjährige setzt sich das Ziel, den großen Ast zur Höhle zu tragen. Er überlegt, was zu tun ist, um den Ast frei zu bekommen. Er entfernt Laub und entdeckt, dass einige Zweige des Astes sich mit umher liegenden Zweigen so verhakt haben, dass alles Ziehen nicht hilft, um den Ast frei zu bekommen. Der Junge bricht einige Zweige ab und versucht es dann erneut. Als es auch diesmal nicht klappt, schafft er weiteres Laub beiseite, bricht weitere Zweige ab und zieht dann mit aller Kraft am Ast. Jetzt gelingt es. Stolz schleift er den Ast zur Höhle und freut sich über seinen Erfolg.

Auch hier sind Körperbewegungen mit einer selbst bestimmten Zielvorstellung verbunden. Um das Ziel zu erreichen, muss der Junge schon zahlreiche Handlungsschemata verfügen und im Problemlösungsverhalten fortgeschritten sein. Das sperrige Material erfordert es, die Hemmfaktoren zu erkennen und Lösungen zu entwickeln, um sie zu vermindern. Das Spielkonstrukt ist zwar immer noch sehr stark von Körperbewegungen bestimmt, der Orientierungsbereich „Denkprozesse" hat dagegen an Bedeutung erheblich zugenommen. Interessant ist die Frage, was diese Tätigkeit für das Kind ist: „Spiel" oder „Arbeit". Das hängt vermutlich damit zusammen, was das Kind gelernt hat, unter diesen Begriffen zu verstehen. Wenn es die Rahmungsschemata seiner Eltern übernommen hat, wird es sein Tun als „Spiel" bezeichnen. Wenn es gelernt hat, nur ein „So-tun-als-ob" als Spiel zu bezeichnen, wird es sein Handeln als „Mithilfe" an einem „Bauprojekt" rahmen.

Die Spielkonstrukte der beiden Beispiele wirken recht rudimentär. Sie sind jedoch wichtige Ausgangspunkte in der Entwicklung der Kompetenz von Kindern, komplexere Spielkonstrukte zu entwickeln. Eine Entwicklungslinie geht in Richtung auf Spielkonstrukte, die gemeinsam mit anderen Kindern entwickelt und vereinbart werden und die von zunächst noch recht einfachen Regeln bestimmt sind: Nachlaufen, Fangen, Verstecken, Hüpfspiele, Seilspringen. Dies mündet dann ein in Sportspiele mit kodifizierten Regelwerken und komplexen Sozialorientierungen.

Die andere Entwicklungslinie, die vom Orientierungsbereich der Körperbewegungen ausgeht, sind Tätigkeiten, die sich auf Objekte beziehen: Gegenstände der Umwelt bis hin zum Spielzeug. Die Kinder untersuchen die Objekte, finden ihre Funktionen und Effekte heraus und entwickeln aus diesen Kenntnissen Handlungsschemata, die sie wiederholend einüben. Der Reiz dieser Objekte für Kinder hängt sowohl von ihrer Vielfältigkeit als auch von ihren Reaktionsmöglichkeiten ab. Objekte mit unterschiedlichen Formen, Farben, Materialeigenschaften und Oberflächen laden Kinder zum Erkunden geradezu ein. Objekte, die bei Berührung bestimmte Effekte erzeugen (z.B. eine Kinderrassel, ein Topf, eine Glocke), erregen die Aufmerksamkeit der Kinder und fördern die Entwicklung des Kausalschemas: Die Kinder erfahren, dass ihre Körperbewegungen die Ursache eines bestimmten Effektes sind.

Das explorative Verhalten der Kinder bietet eine wichtige Grundlage für die Entwicklung möglicher Spielkonstrukte. In der Fachliteratur werden Exploration und Spiel als voneinander abgrenzbare Verhaltenstypen beschrieben: „Exploration hat eine andere Funktion als Spiel: Es dient stärker der Bewältigung von Unbekanntem, explorierendes Verhalten ist deshalb vorsichtiger und angespannter. Spiel ist eher zweckfreier Umgang mit Bekanntem und deshalb lebhafter und vergnüglicher. Exploration und Spiel sind von unterschiedlichen physiologischen Prozessen begleitet. (...) Die Herzratenvariabilität bei Exploration ist geringer, d.h. die Kinder sind angespannt, der sensorische Apparat ist auf hohe Informationsverarbeitung eingestellt. Während des Spiels ist die Herzratenvariabilität höher, d.h. die Kinder sind entspannt, die Informationsaufnahme sinkt, der Körper ist auf Erholung und Stoffwechselaktivitäten eingestellt."[11]

Kenntnisse über die Objekte und das Entwickeln von Handlungsschemata im Umgang mit ihnen führen dann zu Spielkonstrukten, wenn sich die Kinder Handlungsziele als Form von Selbstverpflichtung setzen. „Während bei den frühen Funktionsspielen noch die Freude am Tun als solchem das Spielgeschehen bestimmte, entstehen nun allmählich zielorientierte Spielhandlungen: herauszubekommen, was passiert und wie es vor sich geht. Spielen wird zum Probehandeln. Dabei werden die erreichbaren Gegenstände der näheren Umwelt aktiv manipuliert, auf ihre Funktionsweise hin erprobt (etwa das Fallenlassen eines Gegenstandes)."[12] Das nachfolgende Beispiel macht dies deutlich:

3. *Ein 20 Monate alter Junge wirft nacheinander verschiedene Gegenstände in einen großen Topf. Er freut sich jedes Mal über die Geräusche und klatscht vergnügt mit den Händen.*

Der Junge hat Handlungsschemata im Umgang mit verschiedenen Objekten erworben und Kenntnisse über Materialeigenschaften erlangt. Das einfache Spielkonstrukt hat als Kern das Ziel, durch Fallenlassen von Objekten in einen Klangkörper Geräusche zu erzeugen. Durch den Spielprozess festigt der Junge seine Schemata und zugleich genießt er den Erfolg, Verursacher von Effekten zu sein, die er willentlich hervorgerufen hat.

Eine Weiterführung des Objektspiels stellen die Bauspiele (bzw. die Konstruktionsspiele) dar. „Durch das Konstruktionsspiel entwickeln sich lebenswichtige Kompetenzen, derer es in komplexen Gesellschaften unbe-

---

11 Einsiedler, Wolfgang: Das Spiel der Kinder, Verlag Julius Klinkhardt, Bad Heilbrunn 1991, S. 73 f.
12 Mogel, Hans: Psychologie des Kinderspiels, Springer-Verlag, Berlin 1994, S. 100.

dingt bedarf. Angenommen, das Kind möchte sein Konstruktionsziel tatsächlich erreichen, z.B. Bau und Fertigstellung einer bestimmten Burg, dann setzt das Konstruktionsspiel voraus, dass das Kind Ziele bildet und plant, wie es sie erreichen kann. Die Ergebniserwartung motiviert also die Handlungsabfolge, deren Einzelschritte das Kind selbst bestimmt."[13] An die Stelle der unspezifischen Verwendung von Objekten, bei denen die Materialeigenschaften im Mittelpunkt stehen, treten nun Handlungen des Kindes, die eine spezifische Bedeutung haben. Bauklötze werden nun nicht mehr einfach beklopft, aufgestellt, fallen gelassen, sondern so aneinander gefügt, dass sie eine bestimmte Bedeutung haben, z.B. ein Haus, einen Turm, ein Bett, ein Zimmer darstellen sollen. Bei den Bauspielen verlagert sich dadurch der Fokus der Spielkonstruktion vom Orientierungsbereich „Körperbewegungen" zum Bereich „Symbol".

2.4. Spielkonstrukte und Symbole

Die Lebenswelt der Menschen erschließt sich ihnen durch Symbole: durch Sprache, Religion, Wissenschaft, Kunst, Geld, ... und nicht zuletzt auch durch Spiel. Symbolisches Handeln als ein wesentliches Merkmal menschlicher Existenz fordert von jedem Menschen die Entwicklung seiner Symbolisierungsfähigkeit als eine grundlegende, ja unverzichtbare Qualifikation. Spielkonstrukte, die symbolische Aktivitäten fordern und fördern, sind daher notwendig für die Entwicklung jedes Menschen.

Ab etwa 18 Monaten entwickeln Kinder Spielkonstrukte, in denen sie Gesehenes nachspielen: Sie legen sich ins Bett und tun so, als wollten sie schlafen; sie nehmen ein Glas zur Hand, führen es zum Mund, als wollten sie daraus trinken. Diese Konstrukte sind zwar noch an den Bereich der Körperbewegungen orientiert, bewegen sich aber schon recht deutlich in den Bereich „Symbol". Damit ist gemeint, dass die Spielkonstrukte „Stellvertreter" von abwesenden Objekten und Situationen besitzen, die es dem Kind ermöglichen, im Spielprozess so zu tun als ob es ein Geschehen aus der realen Welt wäre.

Die Fähigkeit, Spielkonstrukte dieser Art zu entwickeln, ist an bestimmte Entwicklungsfortschritte des Kindes geknüpft. Es muss die Vorstellung der „Objektkonstanz" entwickeln, also lernen, dass ein Gegenstand auch dann noch existiert, wenn er ihn im Moment nicht mehr sehen kann. Wird ein anregender Gegenstand beispielsweise mit einem Tuch verdeckt, geht ein Kind, das die Fähigkeit zur Objektkonstanz erlangt hat, davon aus, dass dieser Gegenstand noch weiter existiert. Am Ende des ersten Lebensjahres haben Kinder in der Regel diese Kompetenz erlangt.

---

13 Mogel, Hans: Psychologie des Kinderspiels, Springer-Verlag, Berlin 1994, S. 56.

Mit etwa 18 Monaten verfügen Kinder über die „Symbolbildungsfunktion": Sie sind dann in der Lage, ein Objekt oder eine Handlungssequenz durch ein anderes Objekt oder durch eine andere Sequenz zu ersetzen (zu „substituieren"). Wir sprechen dann von „Objektsymbolismus" bzw. „Handlungssymbolismus". Am Anfang stehen Spielkonstrukte, in denen die Kinder hauptsächlich die Erwachsenen nachahmen, ohne dabei ein Bewusstsein vom fiktiven Gehalt ihres Spiels zu haben. Mit dem zweiten Lebensjahr machen Kinder ihre Eltern schon genauer nach: „Essen kochen", „Staubsaugen", „Geschirrspülen". Für reale Handlungen sind Kinder meist noch zu klein. Zudem sind viele Tätigkeiten, in den Augen der Eltern, für die Kinder potentiell gefährlich. Von daher werden Kinder (zunächst) von der Beherrschung ihrer Umwelt fern gehalten und angeregt, Spielkonstrukte zu entwickeln und ihren Betätigungsdrang in Spielprozessen auszuleben.

Gegen Ende des zweiten Lebensjahres entwickeln die Kinder Spielkonstrukte, bei denen sie Objekte verwenden, die als Zeichen für gedachte, in der realen (und medialen) Welt erlebte Materialien, Handlungen und Situationen stehen. Sie „trinken" aus einem Bauklotz und nennen den Klotz ihre „Tasse". Später, im Laufe des dritten Lebensjahres, werden sie zu Darstellern in ihren eigenen Spielkonstrukten: Sie spielen Vater und Mutter und greifen dabei auf Gegenstände mit hohem Symbolwert zurück, die ihnen das Handeln im Spielprozess erleichtern: Eine Puppe, die zum Kind wird, eine Spielzeugflasche, mit der das Kind gefüttert werden kann, eine Decke, auf die das Kind zum Schlafen gelegt wird. Spielkonstrukte dieser Art tragen die Bezeichnung „Als-ob-Spiele". „Als-ob-Spiele setzen voraus, dass ein abwesender Gegenstand in der Vorstellung präsent ist, und beruhen auf Fähigkeiten der Repräsentation, die im zweiten Lebensjahr erworben werden. Beim Als-ob-Spiel ist das Kind nicht länger an konkrete und offensichtliche Eigenschaften von Gegenständen gebunden, sondern verwendet Objekte allein, in Kombination oder in Folge - unabhängig davon, wie es die Objekte wahrnimmt -, geleitet von seinen Ideen über die Objekte. Das zweijährige Kind kann Gegenstände anstelle von anderen Objekten verwenden, ohne dass die Objekte sich ähneln müssen."[14]

Am Ende des dritten Lebensjahres gehen auch Gefühle in die Konzeption des Spielkonstrukts ein: Das Kind benimmt sich frech und wird von der Mutter bestraft; der Vater verbietet dem Kind etwas. Im vierten Lebensjahr verleihen die Kinder ihren Personen Persönlichkeitseigenschaften und statten sie mit unterschiedlichen Gefühlen aus: die besorgte Mutter, der beschäftigte und gereizte Vater, die neugierige Tante. Mit Hilfe ihrer Spielsachen entwickeln die Kinder kleine „Gesellschaften". Mitunter verändern sie ihre Stimme, wenn sie ihre Spielfiguren oder Puppen wechseln. Bemer-

---

14 Bornstein, Marc H.: Symbolspiel in der frühen Kindheit: verhaltensanalytische, experimentelle und ökologische Aspekte; in: Papousek, Mechthild und Gontard, Alexander von: Spiel in Kreativität in der frühen Kindheit, Pfeiffer bei Klett-Cotta, Stuttgart 2003, S. 78.

kenswert an diesen Spielkonstrukten ist, dass die Kinder ihre Lebenssituation und ihre Gefühle vollständiger als auf irgendeine andere Weise zum Ausdruck bringen können. „Jedenfalls sind sie nicht in der Lage, mit Worten so umfassend auszudrücken, was sie denken und fühlen. Auch in Zeichnungen gelingt ihnen das nicht. Als eine Form der Selbstdarstellung ist das Spiel diesen anderen Ausdrucksweisen weit voraus. Offensichtlich ermöglicht ihnen das Spiel mehr als alles andere, nicht nur flexibel zu sein, weil sie Macht haben, sondern auch auszudrücken, was die Welt für sie bedeutet."[15]

Vierjährige sind in der Lage, Phantasierollen wie Märchenfiguren, Comicgestalten, Filmhelden, Tiergestalten u.a. nachzuempfinden: „Diese neuen Phantasiegeschöpfe und Phantasiegefährten erlauben den Kindern, ihr Verhalten in alle möglichen Aktivitäten hinein zu erweitern, die nicht Teil des normalen Ablaufs von Ereignissen sind. Sie können sowohl verbotenes als auch unmögliches Verhalten in Erwägung ziehen. Ihre Einbildungen leisten ihrem Denken insofern gute Dienste, als sowohl das Mögliche als auch das Unmögliche einbezogen werden kann. Solange sie über diese Fähigkeit verfügen, sind sie nicht in eine einzige schmale Bahn annehmbaren Denkens hineingezwängt."[16] Dieses Phantasieren im Spielraum des selbst geschaffenen Spielkonstrukts ist eine „Poesie der Möglichkeiten", die als Kraft gegen die Widrigkeiten der Umwelt gesetzt werden kann. Spielkonstrukte mit einem breiten Raum spielerischer Möglichkeiten stärken das Vertrauen in das Leben und geben Zuversicht, weil sie Gelegenheiten bieten, zu erspielen, wie die Welt und das Leben sein *könnten*.

Spielkonstrukte mit deutlicher symbolischer Orientierung ermöglichen gefahrloses Ausprobieren von unbekannten Situationen, attraktiven Rollen und verbotenen Verhaltensweisen. Sie bieten die Chance, sich von einer engen Situationsgebundenheit zu lösen und neue Schemata probeweise zu entwickeln. Kinder bauen in Spielkonstrukten, die am Symbolbereich orientiert sind, kognitive Landkarten („maps") und Repräsentationen von Handlungsabläufen des Alltags („scripts") auf. „Diesen Aufbau sollte man sich nicht als lineare Erweiterung vorstellen, sondern entsprechend den Befunden der Wissensforschung gibt es eine beständige Wechselwirkung zwischen episodischem Wissen und allgemeineren Konzepten sowie eine planvolle Ansteuerung von Einzelaktivitäten (z.B. Essen und Trinken) als Konsequenz des Rahmenscripts (z.B. Geburtstagsparty)."[17] Dies schließt nicht aus, dass im Spielprozess phantasievolle Problemlösungen entstehen können und Handlungsmuster angelegt werden, die sich deutlich von den be-

---

15 Sutton-Smith, Brian und Shirley: Hoppe, hoppe, Reiter ... Die Bedeutung von Kinder-Eltern-Spielen, Piper Verlag, München 1986, S. 31.
16 Sutton-Smith, Brian und Shirley: Hoppe, hoppe, Reiter ... Die Bedeutung von Kinder-Eltern-Spielen, Piper Verlag, München 1986, S. 145.
17 Einsiedler, Wolfgang: Das Spiel der Kinder, Verlag Julius Klinkhardt, Bad Heilbrunn 1991, S. 80.

kannten Scripts unterscheiden. „In der Tendenz entstehen aufeinander aufbauende Handlungssequenzen, die immer weiter von den Alltagshandlungen abweichen und gerade deshalb erlauben, innere Bilder und Regungen ins Spiel zu bringen. (...) Damit haben sich die spielenden Kinder eine Spielweise erobert, die gestattet, innere Vorstellungen in die Außenwelt zu bringen, sie spielbar und damit erfahrbar zu machen und sie spielend anderen mitzuteilen."[18]

Spielkonstrukte, die sich tendenziell nach Symbolen ausrichten, ermöglichen den Spielern unterschiedlich große Handlungsspielräume, je nachdem wie verbindlich das Script für die Kinder ist. Das Spielscript und die darauf bezogenen Rollen gewinnen mit zunehmender Spielerfahrung zunächst an Verbindlichkeit, wenn sie sich auf reale Begebenheiten beziehen.[19] Etwas ältere Kinder achten z.B. bei einem Einkaufs-Script sehr genau darauf, dass alles wie in der realen Welt geschieht, also den idealtypischen Vorstellungen von Kindern über eine Einkaufssituation entspricht. Sind damit die Rollenvorgaben in Symbol orientierten Spielkonstrukten so etwas wie „Regeln" oder haben sie in Teilbereichen nur ähnliche Funktionen? Oder bleiben sie, bei aller Festlegung des Spielverhaltens, etwas gänzlich Anderes als Spielregeln in Spielkonstrukten, die wir „Regelspiele" nennen? Wir werden zu dieser, in der Fachliteratur kontrovers geführten Diskussion noch eine eigene Auffassung entwickeln. Zuvor ist es jedoch notwendig, sich genauer mit Spielkonstrukten zu befassen, die primär an Regeln orientiert sind.

2.5. Spielkonstrukte und Regeln

Was sind „Regeln"? Regeln signalisieren Regelmäßigkeit. Etwas bleibt, wie es war, kehrt wieder, wie wir es erwarten konnten. Regeln schaffen Sicherheit in einer unsicheren Welt, weil sie die Grundlage von Erwartbarkeiten sind, was Umwelt, Menschen und Situationen anbelangt. Kennt man die in der Welt herrschenden Regeln, kann man sich darauf einstellen, wird nicht von ihnen beherrscht, sondern kann mit dieser Kenntnis herrschen. Regeln bestimmen das Zusammenleben der Menschen. Der Ursprung des Wortes „Regel" verweist sowohl auf „regula" (Richtholz, Richtschnur, Maßstab, Regel) als auch auf das Klosterwort „Ordensregel"[20] und verdeutlicht das Bemühen des Menschen, Regelungen (und d.h. auch: Erwartbarkeiten und Verlässlichkeiten) für das Zusammenleben zu schaffen.

---

18 Merkel, Johannes: Spielen, Erzählen, Phantasieren. Die Sprache der inneren Welt, Verlag Antje Kunstmann, München 2000, S. 156.
19 Vgl. Oerter, Rolf: Psychologie des Spiels, Quintessenz Verlag, München 1993, S. 138 f.
20 Vgl. Duden. Das Herkunftswörterbuch, Dudenverlag, Mannheim, Wien und Zürich 1963, S. 557.

Regeln in Spielkonstrukten sind im Grunde nichts anderes - nur begrenzter und auf kurze Zeiträume abgestimmt und nicht mit Konsequenzen in der realen Welt behaftet. Die Regeln in den Spielkonstrukten regeln den Spielraum, in dem sich entfalten kann, was sich nach dem Wunsch der Spieler entfalten soll. Sie legen fest, was das Ziel spielerischen Bemühens sein soll (z.B. möglichst viele Bälle ins Tor zu schießen), und sie bestimmen, welche Verhaltensweisen zur Erreichung dieses Ziels gebilligt werden und welche nicht.

Die Regeln bewirken, dass sich ein Spielprozess in Zeit und Raum ausfaltet, einen Beginn und ein Ende hat, räumliche Grenzen berücksichtigt und sich innerhalb dieser Grenzen entwickelt. Die Spielregeln „rahmen" ein Geschehen innerhalb unserer Wirklichkeit als „Spiel", weil diese Regeln andere Regelungen vorsehen, als sie sonst üblich sind. Das „unübliche Verhalten" wird durch die Spielregeln nicht nur gebilligt, sondern ausdrücklich gefordert. Um den Spielraum gegenüber der Außenwelt zu markieren, bedarf es bestimmter „Rahmungssignale". Nur so können die am Spielprozess Unbeteiligten verstehen, dass es sich um ein spielerisches Geschehen handelt und nicht um Handlungen „innerhalb" der realen Welt.

Ein Spielkonstrukt, das sich nach Regeln orientiert hat, legt weder den Spielprozess insgesamt noch das Verhalten der einzelnen Spieler im Detail fest. Regeln im Rahmen eines Spielkonstrukts sind etwas anderes als ein „Drehbuch" oder Rollenzuweisungen im Rahmen eines auf Symbole hin ausgerichteten Spielkonstrukts. Das Verhalten der Spieler bleibt im Rahmen der Regeln prinzipiell offen. Ablauf und Ergebnis des Spielprozesses bleiben in der Schwebe. Dieses Maß an Freiheit (in der Begrenzung) und Unbestimmbarkeit (des am Ziel orientierten Handelns) macht den Reiz von Spielkonstrukten aus, die ihren Kristallisationspunkt in den Regeln besitzen. Die Spannung zwischen Freiheit und Unbestimmbarkeit einerseits und der Festlegung auf einen Handlungs- und Zielkanon andererseits schafft eine Motivationsquelle für die Spieler, diese prinzipielle Offenheit und Unabgeschlossenheit durch ihr Verhalten im Spielprozess auszufüllen und durch ein (für sie positives) Ende des Spiels abzuschließen. In den Regeln des Spielkonstrukts ist keimhaft die Unendlichkeit spezifischer Spielwelten eingefangen: Welten, die sich durch den konkreten Spielprozess immer wieder neu ausfalten und die Spieler in ihren Bann ziehen können.

Die Spieler kontrollieren in an Regeln orientierten Spielkonstrukten den Spielrahmen und den Spielprozess durch ihre Fähigkeiten und durch ihr Handeln. Ferner abstrahieren diese Spielkonstrukte einzigartig vom umfassenden Gewebe des sozialen Lebens. Sie vermitteln „Kindern ein einfaches Muster von der Art und Weise, wie Menschen Gegensätze bewältigen, und zwar geschieht das viele Jahre, bevor die Kinder selbst fähig sind, mit solchen Gegensätzen im gesellschaftlichen Zusammenhang geschickt umzugehen. (...) Nichts ist natürlich genauso wie im Leben, aber jedes Spiel ist eine Metapher, wie es mit anderen Menschen zugehen kann. Die Vorstellungen, die diese Regelspiele vermitteln, werden zur Grundlage für unsere weniger differenzierten Erwartungen an andere Menschen."[21]

Spielkonstrukte mit dem Kristallisationspunkt „Regeln" sind recht vielgestaltig. Da sind zunächst Konstrukte, die noch eine deutliche Orientierung in Richtung des Bereichs „Körperbewegungen" besitzen: von einfachen Bewegungsspielen, die durch Regeln gesteuert werden, über soziale Gruppenspiele mit deutlichem Regelanteil (z.B. Kreisspiele, Geländespiele, New Games) bis hin zu sportlich orientierten Wettbewerbsspielen und Mannschaftsspielen. Eine mindestens ebenso große und bedeutsame Gruppe von Spielkonstrukten sind die „Gesellschaftsspiele" (Würfelspiele, Kartenspiele, Brettspiele). Allein dieser Bereich ist so groß, dass Klassifikationen angebracht erscheinen, um die Vielfalt zu ordnen und zu systematisieren.[22] Die „Gesellschaftsspiele" besitzen neben der starken Orientierung an Regeln teilweise auch deutliche Ausrichtung an Symbolen (z.B. bei Brettspielen mit ausgeprägtem Spielinhalt) und Denkprozessen (z.B. Kartenspiele wie „Skat" oder Brettspiele wie „Schach" und „Go"). Die aktuellen Video- und Computerspiele bilden in ihrer fortgeschrittenen Form eine eigene Welt (die virtuelle Welt), die sich mit den Maßstäben der Spielwelt nicht beurteilen lässt. Im Kapitel 10 des Buches gehen wir speziell auf die Spielkonstrukte der virtuellen Welt ein.

Die Fähigkeit von Kindern, Regeln zu erkennen und Erwartbarkeiten aufzubauen, bildet den Beginn der Entstehung von Spielkonstrukten, die sich an Regeln orientieren. „Bereits das Guck-guck-Spiel im 1./2. Lebensjahr und andere Versteck- und Suchspiele kennen klare Regelmäßigkeiten und Spielabläufe, allerdings sind sie meist von Erwachsenen strukturiert oder von ihnen übernommen."[23]Mit dem Erwerb bestimmter sensomotorischer Fähigkeiten entwickeln Kinder Spielkonstrukte mit einfachen Regeln, in denen sich diese Fähigkeiten beweisen und sich weiter ausbilden können: Eine enge Straße entlang laufen, ohne die Häuserwände zu berühren; eine Treppe hinausgehen, ohne die Hände zu benutzen.[24] Diese „Selbstverpflichtung" der Kinder bildet den Übergang zu Spielkonstrukten, bei denen die Verpflichtung zur Einhaltung von Regeln durch die Mitspieler kontrolliert wird. Damit erhalten diese Konstrukte eine deutliche soziale Komponente, wie sie auch Konstrukte besitzen können, die an Symbolen orientiert sind

21 Sutton-Smith, Brian und Shirley: Hoppe, hoppe, Reiter ... Die Bedeutung von Kinder-Eltern-Spielen, Piper Verlag, München 1986, S. 239.

22 Ein Vorschlag hierzu stammt von Kramer, Wolfgang: Was macht ein Spiel zu einem Spiel? Erfahrungen und Ansichten eines Spieleautors; in: Zeitschrift für Semiotik, Band 23, H. 3-4, 2001, S. 286 ff.

23 Einsiedler, Wolfgang: Das Spiel der Kinder, Verlag Julius Klinkhardt, Bad Heilbrunn 1991, S. 124.

24 Vgl. dazu auch unsere Beispiele 2 in Kap. 1.2. und 1 in Kap. 2.3.), die zeigen, wie Kinder durch „Selbstverpflichtung" erste Formen von Spielkonstrukten entwickeln, die sowohl von Körperbewegungen als auch von Regeln bestimmt sind.

und die über diese Orientierung ein gemeinsames Spiel mit mehreren Kindern möglich machen. Wenn die Regel den Kristallisationspunkt von Spielkonstrukten abgibt, wird diese Regel zu einer objektivierten sozialen Vereinbarung, die dem Konstrukt Verlässlichkeit gibt, wechselseitige Erwartbarkeiten schafft und eine relative Dauerhaftigkeit gewährleistet, die über den aktuellen Spielprozess andauern kann: Die Kinder können zu einer anderen Zeit unter der Maßgabe ihres Spielkonstrukts erneut einen Spielprozess in Gang setzen. In den auf Regeln hin orientierten Spielkonstrukten geht es also nicht mehr nur um das Zeigen und Entwickeln von Fähigkeiten, sondern auch um das Herstellen sozialer Strukturen: die Bildung einer Gruppe, die unter sich ausmacht und kontrolliert, was nach welchen Regeln gespielt wird.

Die in gegenseitiger Absprache und allseitigem Einvernehmen getroffenen Vereinbarungen über das Spielkonstrukt und die es bestimmenden Regeln sind, im Gegensatz zu den Vorschlägen und Verboten aus dem Elternhaus, „eigene" Regeln des Kindes und drücken vielfach schon Selbstbeherrschungs- und Selbstbestimmungsverhalten aus: So kann sich ein Kind beispielsweise vornehmen, in diesem Spiel wirst du nicht hinschauen, wenn sich die anderen verstecken, oder: du darfst nicht zu schnell zählen, sonst mogelst du. Dadurch entstehen Situationen, in denen das Kind zwischen zwei Zielen wählen muss: entweder die Spielregeln einzuhalten oder sich durch das Übertreten der Regeln Vorteile zu verschaffen. (...) Da jedoch die Teilnahme an der Spielgruppe und die Konformität mit den Mitspielern einen recht hohen Belohnungscharakter besitzen, weist es momentane Impulse zur Regelübertretung immer häufiger zurück und hält sich an die Absprachen."[25]

Die Entwicklung der Kompetenzen des Kindes von der Bewältigung einfacher Spielkonstrukte zum selbst gesteuerten, sozial eingebundenen Konstrukt ist langwierig und erstreckt sich über einen Zeitraum von mehr als zehn Jahren. William Stern (1921) und Jean Piaget (1954) haben die wichtigsten Entwicklungslinien dargestellt.[26] Stern hat beschrieben, wie Kinder schon mit zwei Jahren durch ihre Nachahmungsfähigkeiten in eine Spielgemeinschaft mit Erwachsenen oder anderen Kindern hineingezogen werden. Das Kleinkind wird vom Spielgeschehen angesteckt, imitiert, „macht mit" und wirkt dadurch auch auf die anderen zurück. Die Gemeinsamkeit steht im Mittelpunkt: Lärm machen, herum rennen. Diese Phase der „sozia-

---

25 Schmidtchen, S. und Erb, A.: Analyse des Kinderspiels. Ein Überblick über neuere psychologische Untersuchungen, Verlag Kiepenheuer & Witsch, Köln 1976, S. 35.
26 Stern, William.: Psychologie der frühen Kindheit, Leipzig 1921; Piaget, Jean: Das moralische Urteil beim Kinde, Zürich 1954; vgl. Flitner, Andreas: Spielen - Lernen. Praxis und Deutung des Kinderspiels, Piper Verlag, München 1972, S. 83 f. und 86 f. Eine systematische Darstellung der Entwicklung des Spielens mit Regelspielen findet sich auch bei Einsiedler, Wolfgang: Das Spiel der Kinder, Verlag Julius Klinkhardt, Bad Heilbrunn 1991, S. 127 ff.

len Ansteckung" verläuft parallel mit dem „egozentrischen Stadium": „Dieses Stadium beginnt mit dem Augenblick, wo das Kind von außen das Beispiel festgelegter Regeln erhält, d.h. je nachdem zwischen 2 und 5 Jahren. Jedoch spielt das Kind, auch wenn es Beispiele nachahmt, entweder ganz alleine, ohne sich Mitspieler zu suchen, oder mit anderen, ohne zu versuchen, sie zu besiegen, d.h. ohne die verschiedenen Spielarten zu vereinheitlichen."[27]

In der nächsten Phase der Entwicklung entsteht die Fähigkeit, an Kreis- und Reigenspielen teilzunehmen.[28] Bereits dreijährige Kinder werden von der „Chor-Wirkung" des gemeinsamen Tuns angesprochen und in die gemeinsamen Bewegungen und Ausdrucksformen herein gezogen. Diese Spielformen haben in jeder Gesellschaft, die wir kennen, eine vorrangige Rolle gespielt. In diesen Spielen sind die Kinder eins miteinander und unmittelbar in den Spielprozess einbezogen. Bewegung, Sprechen und Gesang bilden eine Einheit.

Wie entwickeln sich diese Spielkonstrukte weiter? In einem nächsten Schritt sehen die Regeln vor, dass die Kinder nicht alle das Gleiche tun, sondern dass die Funktionen im Spiel aufgeteilt werden und sich die Kinder abwechseln. Dies kann sich in folgenden Stufen zeigen: Die Kinder wechseln sich ab, tun aber das Gleiche. Ein Kind klatscht z.B. in die Hände, während die anderen still sind. Dann kommt das zweite Kind, wiederum allein, an die Reihe. Der nächste Schritt in der Entwicklung der Spielkonstrukte besteht darin, dass sich die Kinder zwar abwechseln, jedes Kind aber etwas anderes tut, wenn es an der Reihe ist. Bei „Der Plumpsack geht rum" hat jeweils ein Kind eine hervor gehobene Aufgabe: Es geht alleine im Kreis herum und kann bestimmen, wohin der Plumpsack gelegt wird. Dies führt dann in der Weiterentwicklung dazu, dass die Aufgaben im Spiel noch deutlicher getrennt werden, z.B. beim Versteckspiel. Die Forderungen an die Spieler sind hier ungleich höher: Sie müssen sowohl die Gesamtaufgabe erfassen als auch ihre einzelne Spielfunktion selbständig wahrnehmen und dabei die eigene Spontaneität mindestens so weit eingrenzen, dass sie das gemeinsame Spiel voran bringt und es nicht stört.

Mit Spielformen dieser Art entsteht die Forderung an die Kinder, sich in die Mitspieler hinein zu denken und die eigene Spielstrategie auf die der Mitspieler abzustimmen. Diese Fähigkeit zum „Perspektivenwechsel" beginnt etwa mit dem 6. Lebensjahr.[29] Dann können Kinder zwar die Spielfunktionen der Mitspieler wahrnehmen, jedoch sehr undifferenziert und ohne Be-

---

27 Flitner, Andreas: Spielen - Lernen. Praxis und Deutung des Kinderspiels, Piper Verlag, München 1972, S. 87.

28 Umfassende Erörterungen und viele Beispiele finden sich in Stöcklin-Meier, Susanne: Lebendiges kreisspiel, Orell Füssli Verlag, Zürich 1982.

29 Vgl. Einsiedler, Wolfgang: Das Spiel der Kinder, Verlag Julius Klinkhardt, Bad Heilbrunn 1991, S. 132.

zug auf sich selbst. Ab etwa 8 Jahren können viele Kinder bereits die verschiedenen Zustände der anderen Mitspieler in ihr Kalkül einbeziehen und sich auch die Wechselseitigkeit des Hineinversetzens bewusst machen: ich weiß, dass er weiß, dass ich weiß ... Erst ab etwa 10 Jahren können die Kinder ihre Spielhandlungen mit Blick auf die Perspektiven aller Spieler flexibel koordinieren.

Dies sind wichtige Kompetenzen, um mit Spielkonstrukten zurechtzukommen, die deutlich auf Konkurrenz und Wettbewerb ausgerichtet sind. Kinder im Alter zwischen 7 und 8 Jahren treten im Allgemeinen noch nicht in einen unmittelbaren Wettkampf miteinander ein, da die direkte Form der Konkurrenz für sie häufig noch zu belastend ist. Das Verlieren lässt sich einfacher ertragen, wenn mehrere miteinander spielen und nur ein Kind gewinnt. Sie sind zwar in diesem Alter am Gewinnen interessiert, schrecken jedoch vor einer zu großen Herausforderung zurück. Bei Mädchen z.B. sind Seilspringen, Ballhüpfen und Ähnliches sehr beliebt. Ziel dieser Spiele ist es, langsam durch eine Reihe von Spielhandlungen voranzuschreiten und dabei keine Fehler zu machen. Bei diesen Spielformen verliert man nicht im eigentlichen Sinne. Vielmehr nimmt man das spielerische Handeln jedes Mal dort wieder auf, wo man einen Fehler gemacht hat. Gewonnen hat zwar das Mädchen, das als Erste die Reihe von Handlungen beendet hat, die anderen kommen jedoch auch weiter.

Im Alter zwischen 9 und 12 Jahren rücken Spielkonstrukte in den Mittelpunkt des Interesses, bei denen das Gewinnen und Verlieren deutlich konturiert sind und einen direkten Leistungsvergleich zwischen den Spielern ermöglichen. Neben einer direkten Konfrontation „Spieler gegen Spieler" entstehen auch die ersten Mannschaftsspiele. Zunächst finden sich kaum organisierte kleinere Gruppen in lockerer Weise zusammen, um z.B. ein Fußballspiel nach „verkürzten Regeln" auszutragen. Erst später, durch Schule und Vereinsaktivitäten beeinflusst, wenden sich die Jugendlichen Spielkonstrukten mit fest kodifizierten Regelvorgaben zu, um sportliche Kompetenzen miteinander zu vergleichen.

Eine ähnliche Entwicklung der Spielkompetenzen von Kindern zeigt sich bei den stärker kodifizierten Gesellschaftsspielen, also bei den Würfel-, Karten- und Brettspielen. Diese Spielkonstrukte orientieren sich bei starker Ausrichtung nach Regeln auch auf die Denkprozesse.

2.6. Spielkonstrukte und Denkprozesse

An Denkprozessen orientieren sich alle Spielkonstrukte, von den sehr einfachen „Bewegungsspielen" bis zu hoch komplexen und schwierigen Regelspielkonstrukten. Die Spielformen, die sich primär auf Denkprozesse ausrichten, besitzen - unverzichtbar - auch Anteile in den Orientierungsbereichen „Körperbewegungen", „Symbole" und „Regeln". Schauen wir uns dies anhand eines einfachen Ratespiels an:

1. *Eine kleine Gruppe von Jungen und Mädchen im Alter zwischen 6 und 8 Jahren haben ein einfaches Ratespiel vereinbart: Ein Kind aus der Gruppe führt eine Bewegung aus, ohne dabei zu sprechen (z.B. „Hände waschen", „ein Glas Wasser trinken", Staubsaugen). Die anderen müssen raten, was gemeint ist. Das Kind, das richtig geraten hat, darf sich etwas ausdenken und es der Gruppe vorführen.*

Das Spielkonstrukt hat eine deutliche Ausrichtung auf Denkprozesse. Die Kinder müssen verstehen, was gemeint war. Sie müssen ihr Scriptwissen einsetzen, um aus den Körperbewegungen das Gemeinte erschließen zu können. Die ihnen präsentierten Bruchstücke müssen sie einem angemessen Rahmen zuordnen können. Dabei lernen sie im Spielprozess, von signifikanten Details auf ein komplexeres Script zu schließen. Um das Spielkonstrukt realisieren zu können, sind Körperbewegungen des vorführenden Kindes unverzichtbar, obwohl sie nicht als der zentrale Orientierungspunkt der Konstruktion angesehen werden können. Die pantomimischen Vorführungen der Kinder sind symbolische Präsentationen. Die Körperbewegungen symbolisieren eine reale Handlung, sie drücken, ohne Sprache zu gebrauchen, einen bestimmten Sachverhalt aus. Das Spielkonstrukt funktioniert nur dann, wenn die Zuschauer gelernt haben, ihre Lebenswelt durch Symbole zu erschließen. Und auch an Regeln orientiert sich das Spielkonstrukt. Der Ablauf des Spiels ist klar geregelt: erst ohne Sprache vorführen, dann raten, dann neue Vorführung von dem Kind, das richtig geraten hat.

Das Beispiel zeigt, dass alle Orientierungsbereiche bei der Spielkonstruktion einen Anteil haben, der eine mehr, der andere weniger. Wie sieht es nun bei folgendem Beispiel aus:

2. *Drei Jungen im Alter von 10 bis 12 Jahren stellen einander Denkrätsel. Das geschieht recht locker. Derjenige, der eins weiß, stellt das Rätsel, die anderen versuchen, es zu lösen. Die Lösungen sind meist so verblüffend, dass die Jungen sie fast nie raten können, wenn sie die Lösung nicht vorher wussten. Eines dieser Denkrätsel lautet: „Was sieht Gott nie, ein König selten, ein Lehrer fast jeden Tag?"*

Das Spielkonstrukt orientiert sich fast ausschließlich an Denkprozessen. Körperbewegungen haben in diesem Konstrukt keine Bedeutung. Auch die Ausrichtung nach Regeln ist allenfalls marginal. Wohl aber spielen Symbole, in diesem Falle Sprachsymbole eine Rolle. Im Grunde ist das Konstrukt ein Spiel mit Sprache. Das wird uns bei der Lösung des Rätsels deutlich. Diese lautet: „Seinesgleichen". Das Rätsel selbst ist recht pfiffig konstruiert. Die Art der Frage lockt den Rätsellöser auf eine falsche Fährte. Aus der Art der Frage könnte man schließen, dass ein konkreter Gegenstand als

Lösung in Betracht kommt. Eine weitere falsche Fährte ist der Begriff „Lehrer", der die (falsche) Antwort „Schüler" geradezu provoziert.

Die Gedächtnisfähigkeit wird von vielen Spielkonstrukten gefordert (und gefördert). Dies gilt speziell von den unendlichen Varianten der Memory-Spiele. Die Kinder müssen Karten aufdecken, sich das Symbol merken und Kartenpärchen herausfinden. Diese Spielkonstrukten sind deutlich auf den Bereich „Denkprozesse" ausgerichtet. Die wenigen Regeln dienen lediglich dazu, einen hinlänglich geordneten Spielprozess zu gewährleisten. Die auf den Karten befindlichen Symbole haben lediglich eine funktionale Bedeutung: Sie sollen das Wieder erkennen gleicher Zeichen ermöglichen und die Merkfähigkeit der Spieler stimulieren.

Gesellschaftsspiele, also Würfel-, Karten- und Brettspiele, sind zwar deutlich (und unverzichtbar) an Regeln orientiert. Diese Regeln bauen jedoch auf Denkprozessen auf oder fordern komplexes Problemlösungsverhalten. Bei einfachen Würfelspielen genügt es vielfach schon, Würfelaugen richtig zu erkennen und Kombinationen voneinander zu unterscheiden. Schwieriger wird es schon, wenn durch Würfeln verschiedene Gewinnkombinationen erreicht werden müssen (so z.B. bei den verschiedenen Varianten von „Mäxchen"). Um zu gewinnen, müssen die Spieler ihre Gewinnchancen bei den einzelnen Kombinationen kennen und, mit Blick auf die Ergebnisse ihrer Mitspieler, die Kombinationen versuchen zu erreichen, mit denen sie am ehesten das Spiel gewinnen können.

Für Kartenspiele gelten ähnliche Denkforderungen und damit ihre deutliche Orientierung an den Bereich „Denkprozesse". Schon bei einfachen Kartenspielen ist von den Spielern eine besonders wichtige Denkfähigkeit gefordert: das mit der Kompetenz des Perspektivenwechsels verbundene „interaktive Denken". Die Spieler müssen den Spielprozess genau verfolgen, sich merken, welche Karten bereits gefallen sind, Hypothesen darüber bilden, welche Karten die Mitspieler noch in den Händen halten und was sie jetzt vermutlich als Nächstes tun und wie sie auf das eigene spielerische Verhalten reagieren werden. Diese hohen, miteinander verflochtenen denkerischen Anforderungen machen den besonderen Reiz komplexerer Kartenspiele wie „Skat" und „Doppelkopf" aus.

Dies kennzeichnet in gleichem Maße auch die Brettspiele. Das beginnt bereits mit einfachen Spielkonstrukten wie „Tic-Tac-Toe", bei dem das Spielziel darin liegt, drei eigene Steine so zu legen, dass sie eine Reihe bilden (waagerecht, senkrecht oder diagonal). Dieses sehr abstrakte, nur von Regeln, Spielsymbolen und Denkprozessen bestimmte Spielkonstrukt lässt sich auch als ein etwas bewegungsreicheres Gruppenspiel organisieren:

3. Es werden zwei Mannschaften zu jeweils 5 Spielern gebildet. In die Mitte des Raumes werden 9 Stühle gestellt, jeweils 3 in eine Reihe. Abwechselnd setzt sich jeweils 1 Spieler auf einen freien Stuhl. Ziel ist es, 3 Spie-

ler der eigenen Mannschaft auf Stühle zu platzieren, die in einer Reihe stehen (waagerecht, senkrecht oder diagonal). Die Spieler, wenn sie an der Reihe sind, können sich ihren Platz aussuchen, dürfen sich aber mit den Spielern ihrer Mannschaft beraten.

Beide Mannschaften stehen vor der Aufgabe, ihre Spielzüge auf das mögliche Handeln ihrer gegnerischen Mannschaft abzustimmen: „Wenn ich mich jetzt auf diesen Stuhl setze, was könnte dann die andere Mannschaft tun, und wohin müssten wir uns dann setzen, um zu gewinnen?" Diese Denkprozesse verbinden sich in unserem Beispiel nicht mit Spielmaterialien und ihren abstrakten Symbolen (z.B. Spielsteinen, Spielbrettern, Spielkarten), sondern mit Körperbewegungen und Materialien des täglichen Lebens (in diesem Falle: Stühle).

Untersucht man die Spielkonstrukte, die wir „Gesellschaftsspiele" nennen, dann fallen, in Hinblick auf unsere Orientierungsbereiche, folgende Besonderheiten auf:

- Die Orientierung an Denkprozessen ist ein zentrales Bestimmungsmerkmale dieser Konstrukte. Der Bereich denkerischer Herausforderung ist außerordentlich weit gespannt und umfasst nahezu alle Kognitionen des Menschen (von der Merkfähigkeit, den Begriffsbildungen, dem Zahlenverständnis, der räumlichen Orientierung, ... bis hin zur komplexen, interaktiven Problemlösung).

- Die mit den Denkforderungen korrespondierenden Regeln sind im Normalfall nicht locker zwischen den Spielern vereinbart, sondern relativ fest kodiert und auf die Spielmaterialien bezogen, die unverzichtbarer Bestandteil des Konstrukts sind.

- Die Spielmaterialien selbst sind in ihrer symbolischen Funktion sehr begrenzt. Die über das Spielkonstrukt hinaus weisende Bedeutung ist, wenn überhaupt vorhanden oder erkennbar, von sekundärer Bedeutung. Entscheidend sind die pragmatischen Funktionen der Materialien (Karten ausspielen, Spielsteine setzen) und ihre Bedeutung im Rahmen des Regelwerks. Wenn es überhaupt inhaltlich bestimmbare und über das Spielkonstrukt hinaus weisende Symbole gibt, dann besteht ihre Aufgabe in erster Linie darin, die Spielregeln dadurch verständlich zu machen, dass sie als inhaltlich sinnvoll erscheinen. Ein im Grunde abstraktes Spielkonstrukt wird aus spieldidaktischen Erwägungen mit inhaltlich deutbaren Symbolen „befrachtet".

- Die Körperbewegungen sind, dem Spielmaterial angemessen, deutlich minimalisiert und haben im Grunde nur eine Hilfsfunktion, nämlich das auszuführen, was in den Denkprozessen beschlossen wurde.

- Spielkonstrukte aus dem Bereich der Gesellschaftsspiele haben sich weit gehend von den konkreten Spielprozessen und den Vereinbarungen der

Spieler abgelöst und stehen den Spielern als ein geschlossenes Konstrukt aus Materialien und Regeln gegenüber, das den Rahmen möglicher Spielwelten bereits verbindlich abgesteckt hat. Diese „geronnene" Form eines Spielkonstrukts bietet den Vorteil, in immer wieder neuen Kontexten und neuen Spielpartnern Spielwelten ähnlicher Gestalt und Dynamik entstehen zu lassen.

- „Geronnene" Spielkonstrukte können relativ unabhängig von konkreten Spielprozessen in Hinblick auf ihre möglichen Wirkungen, Funktionen und denkerischen Herausforderungen beurteilt werden. Möglich wäre es auch, sich auf bestimmte Beurteilungskriterien für Spielkonstrukte dieser Art zu einigen und Gesellschaftsspiele danach zu beurteilen.[30]

2.7. Konstruktionsspiele als besondere Kategorie

Unter den Begriffen „Konstruktionsspiel" und (gleichbedeutend) „Bauspiel" versteht man ein Spielkonstrukt, dass das Ziel hat, mit Materialien ein Objekt herzustellen. Bei den Materialien kann es sich um traditionelle Bausteine ebenso handeln wie um komplette Bausätze und Baukästen, um Naturmaterialien wie Sand, Holz und Steine in gleicher Weise wie um Plastik, Metall und Stoffe. Alles, was geeignet erscheint, ein beabsichtigtes Objekt zu erstellen, kann beim Konstruktionsspiel verwendet werden.

Am Ende des ersten Lebensjahres gehen die Kinder zunächst unspezifisch, mit ihren Bauspielmaterialien um (Untersuchung der Spielmaterialien, ohne dass ein Objekt geformt wird). Zwischen dem zweiten und vierten Lebensjahr beginnt eine Phase des spezifischen Bauens: „Die Kinder bilden aufmerksam Würfelreihen, bauen mit Sorgfalt Türme und verwenden beim Matador-Kasten die Steckverbindungen zur Konstruktion von Gebilden."[31] Dann werden dreidimensionale Bauprodukte ohne bestimmtes Bauziel erstellt. Die Kinder beginnen damit, einfache Bauformen zu benennen und die Ergebnisse vorzuzeigen. Ab Mitte des vierten Lebensjahres sind klare Bauabsichten erkennbar. Die Kinder haben einen Handlungsplan und können benennen, was sie zu bauen beabsichtigen.[32] Beim Konstruktionsspiel bleibt es dann nicht. Die Kinder entwickeln mit ihren Bausteinen kleine Landschaften, die die Kulisse für phantasievolle Geschichten und Figurenspiele abgeben. Dabei gehen die unterschiedlichen Aktivitäten nahtlos ineinander über.

---

30 In der Zeitschrift „Spielbox" geht es u.a. darum, Brettspiele nach solchen Kriterien zu beurteilen, um den Lesern Informationen zu diesen Spielen zu vermitteln.
31 Einsiedler, Wolfgang: Das Spiel der Kinder, Verlag Julius Klinkhardt, Bad Heilbrunn 1991, S. 108.
32 Umfassende empirische Ergebnisse zum Bauspiel der Kinder finden sich bei Einsiedler, Wolfgang: Das Spiel der Kinder, Verlag Julius Klinkhardt, Bad Heilbrunn 1991, S. 109 ff.

Der Hamburger Hafen: seine Schiffe, Werften, Anlegstellen, ... hat mich seit meiner frühen Kindheit interessiert und fasziniert. Diese Begeisterung habe ich mit meinem Bruder und unseren Freunden geteilt. Schon während der Grundschulzeit haben wir Häfen, Werften und Anlegestellen aus Holz und Pappe gebastelt. Hinzu kamen kleine Schiffe aus Holz und Metall, die wir anfangs selbst herstellten (und später durch kleine Schiffsmodelle ersetzten). Mit diesen Spielmaterialien entwickelten wir phantasievolle Spielgeschichten, die wir über Stunden, später das ganze Wochenende spielen konnten. Es ging um Entdeckungsfahrten, Besiedelung der „Welt", kriegerische Verwicklungen und Seeschlachten, Piraterie, friedlichen Handel, Finanzsysteme, Erschließung von Rohstoffen, technische Entwicklungen, ... Die ganze Wohnung diente uns als „Welt" für unsere spielerischen Aktivitäten. Um immer neue Spielideen zu haben, mussten wir viel lesen, den Hamburger Hafen besuchen (insbesondere, wenn interessante Schiffe aus aller Welt anlegten) und unsere Informationen (meist im Spielprozess) austauschen. Damit spannende Spiele entstanden, entwickeln wir Regeln für das Entdecken neuer Erdteile, für den technischen Fortschritt und insbesondere für das Austragen von Seeschlachten. Dazu beschafften wir und Informationen zu den einzelnen Schiffstypen (Geschwindigkeit, Bewaffnung, Panzerung). Parallel dazu befassten wir uns recht intensiv mit Modellbau von Schiffen. In akribischer Arbeit entstanden aus vielen Bögen Pappe ansehnliche Schiffsmodelle, die wir mit Stolz präsentieren konnten und die uns einen Eindruck verschafften von den Schiffen, mit denen wir phantasievoll spielten.

Das Beispiel aus meiner eigenen Kindheit zeigt sehr deutlich, dass ein Konstruktionsspiel sehr geeignet ist, andere Spielaktivitäten auszulösen und zu einem komplexen Spielprozess zu verschränken. Die Orientierungsbereiche „Körperbewegungen", „Symbole", „Regeln" und „Denken" waren gleichermaßen beteiligt und aufeinander abgestimmt. Interessant ist auch, dass der Spielprozess von seinen Inhalten her zunehmend stärker mit den Gegebenheiten der realen Welt in Beziehung gebracht wurde.

Mit zunehmendem Alter der Kinder dehnt sich das Konstruktionsspiel über den häuslichen Rahmen hinaus aus. Es werden Hütten, Schiffchen, Autos gebaut. Dies mündet dann ein in anspruchsvollere Formen des Modellbaus. „Besondere Bedeutung hat in dieser Hinsicht das Hüttenbauen, das in allen Kulturen zu beobachten ist und wohl mit dem Bedürfnis nach Geborgenheit, Sicherheit und Schutz zusammenhängt. Die Formen der Hütten werden immer differenzierter, je geübter Kinder im Gebrauch von Werkzeug und Material sind. Aus einfachen Hütten unter Sträuchern werden richtige Baumhütten und Häuser aus Brettern."[33]

---

33 Renner, Michael: Spieltheorie und Spielpraxis. Eine Einführung für pädagogische Berufe, Lambertus Verlag, Freiburg 1995, S. 74 f.

Aus diesen wenigen Anmerkungen zum Konstruktionsspiel wird deutlich, warum Pädagogen und Psychologen Schwierigkeiten haben, diese Spielform eindeutig zuzuordnen und zu klassifizieren. Für Piaget stellt das Konstruktionsspiel eine besondere Kategorie zwischen sensumotorischem und symbolischem Spiel dar. Zugleich ist es für ihn eine „Grenzkategorie" zwischen Spiel und (intelligenter) Arbeit.[34] Das von uns entwickelte Modell kann die Komplexität von Konstruktionsspielen angemessen abbilden. Diese Spielform nimmt eine Position etwa in der Mitte des Modells ein - mit Ausdehnungen in alle vier Richtungen. Ob es sich im konkreten Einzelfall um ein Spielkonstrukt handelt oder um ein Verhalten in der realen Welt, kann vom Modell des Spielkonstrukts nicht beantwortet werden. Es handelt sich vielmehr um eine Rahmungshandlung, also um eine andere Analyseebene. Wie wir es schon an anderen Beispielen gezeigt haben, hängt die Beurteilung davon ab, wie die Beteiligten das Geschehen selbst rahmen. Für die Kinder, die sich eine Laubhütte bauen, handelt es sich um Arbeit (ebenso der Bau eines Schiffsmodells in unserem Beispiel), für die Eltern und Erwachsenen erscheint dieses Tun möglicherweise als etwas Anderes; sie rahmen das Verhalten ihrer Kinder als „Spiel", weil es für sie wenig mit den für die reale Welt üblichen Verhaltensmustern zu tun hat und das Ergebnis eher als „Spiel" und weniger als „nützliches Produkt" für die reale Welt anzusehen ist.

Kommen wir abschließend auf unsere Abbildung „Orientierungsbereiche von Spielkonstrukten" zurück. Das Modell ist dreidimensional angelegt und hat die Form einer Pyramide, mit den Eckpunkten „Körperbewegungen", „Symbole", „Regeln" und „Denkprozesse". Die Spielkonstrukte lassen sich jetzt „innerhalb" dieser Pyramide positionieren, je nachdem wie stark sie sich nach den jeweiligen Eckpunkten ausrichten. Damit sind zugleich auch die Spielforderungen (und Förderbereiche) der Spielkonstrukte in ihren jeweiligen Kombinationen kenntlich gemacht. Anstelle recht grober Differenzierungen in „Funktionsspiele", „Symbolspiele", „Regelspiele" und „Denkspiele" treten nun Spielkonstrukte mit ihren jeweiligen Mischungsverhältnissen aus allen Orientierungsbereichen. Und in der Tat stecken in jedem Spielkonstrukt Elemente aus allen vier Bereichen, jedoch in sehr unterschiedlichen Anteilen und Mischungsverhältnissen.

Was hat es mit „Körperbewegungen", „Symbolen", „Regeln" und „Denkprozessen" auf sich, wenn wir diese Orientierungsbereiche *außerhalb* von Spielkonstrukten betrachten? Diese Bereiche sind wesentliche Elemente menschlicher Existenz. Ohne Körperbewegungen, Symbole, Regeln und Denkprozesse ist menschliches Leben in unserer Gesellschaft kaum vorstellbar. Die Kompetenz in allen vier Bereichen ist unverzichtbar, um An-

---

34 Piaget, Jean: Nachahmung, Spiel und Traum, Klett Verlag, Stuttgart 1969, S. 146 und 150 f.

teil am Leben dieser Gesellschaft haben zu können. Insofern enthalten alle Spielkonstrukte Elemente aus der Fülle des menschlichen Daseins.

3. Wie Spieler ihre Spielwelten organisieren

3.1. Entwicklung sozialer Kompetenzen

Im vorigen Kapitel sind wir von Spielkonstrukten ausgegangen und haben erörtert, wie sie sich voneinander unterscheiden lassen. Nun wechseln wir die Perspektive und schauen uns die sozialen Prozesse an, die zur Bildung von Spielkonstrukten und Spielrahmen notwendig sind.

Welche Voraussetzungen müssen gegeben sein, damit ein gemeinsames Spiel in der Gruppe möglich ist? Kinder können nicht ohne weiteres mit anderen zusammenspielen und ihre Spielprozesse koordinieren. Vielmehr sind verschiedene Entwicklungsschritte notwendig, bis es dazu kommt.[1]

---

1 Hinweise auf empirische Untersuchungen zu den Entwicklungsschritten bei Kindern in Hinblick auf die soziale Organisation von Spielwelten finden sich bei Schmidtchen,

Jüngere Kinder (zwischen zwei und drei Jahren) sind von ihren sozialen Fähigkeiten zunächst noch nicht in der Lage, an einem gemeinsamen Spielprozess mitzuwirken. Bei ihnen überwiegen das Einzelspiel und das Parallelspiel. Das Parallelspiel ist dadurch gekennzeichnet, dass Kinder in unmittelbarer Nähe beieinander sind, einander zugucken, sich auch gegenseitig in Gang halten, aber nicht aufeinander als Spielpartner bezogen sind. Die Kinder können sich ganz auf ihren Spielprozess konzentrieren und Sozialkontakte nach Belieben aufnehmen und wieder beenden. Das Parallelspiel ist nicht auf jüngere Kinder beschränkt, sondern findet sich auch bei Kindern im Vorschulalter.

Eine Bekannte kommt zu Besuch und bringt den beiden Kindern ihrer Freundin (zwei Jungen im Alter von drei und fünf Jahren) kleine Geschenke mit. Diesmal sind es zwei Spielzeugautos, die man mit wenigen Handgriffen zusammenbauen kann. Jedes der Kinder bekommt eines der Autos. Sie ziehen sich mit ihrem Spielzeug in eine Ecke des Wohnzimmers zurück und erproben die Spielmöglichkeiten. Dabei schaut der Jüngere gelegentlich zu seinem Bruder hin und beobachtet, was er gerade macht. Der Jüngere macht nach, was er bei seinem Bruder sieht und bewegt sein Auto so ähnlich, wie er es bei seinem Bruder gesehen hat.

Aus Erfahrungen klug, bringt die Freundin nicht für beide Kinder ein gemeinsames Geschenk mit, sondern für jeden sein eigenes. Dabei achtet sie darauf, dass die Geschenke einander ähnlich sind. Das vermeidet Streit unter den Brüdern. Die beiden Jungen konzentrieren sich (zunächst) ganz auf ihren eigenen Spielprozess. Dabei nimmt der Jüngere gelegentlich Anregungen von seinem älteren Bruder auf, um für sich selbst neue Spielmöglichkeiten zu erproben. Nach einer Phase des Parallelspiels kann es vorkommen, dass beide Kinder Formen des Zusammenspiels mit beiden Autos organisieren. „Das Parallelspiel bereitet das kompliziertere soziale Spiel, vor allem das Rollenspiel, in mehrfacher Hinsicht vor. (...) Die Kinder beobachten ihr Tun wechselseitig und imitieren sich. Sie lernen vom anderen dessen Umgang mit dem Gegenstand kennen und probieren die beobachtete Handlungsmöglichkeit am eigenen Gegenstand aus. (...) Während des Spiels andere zu beobachten, ist bei größeren Gruppen eine wichtige Strategie, da die Interaktion dort erschwert und mit größeren Konflikten und Ängsten verbunden ist. (...) Das Handeln, das nebeneinander herläuft, zeigt bereits eine gewisse Koordination: die Bezüge zum Objekt werden parallelisiert. Da jedes Kind noch seinen eigenen Gegenstand hat, gelingt diese Koordination leicht, etwaige Fehler schlagen nicht zu Buche."[2]

Stefan und Erb, Anneliese: Analyse des Kinderspiels. Ein Überblick über neuere psychologische Untersuchungen, Verlag Kiepenheuer & Witsch, Köln 1976, S. 52 ff.
2 Oerter, Rolf: Psychologie des Spiels. Ein handlungstheoretischer Ansatz, Quintessenz Verlag, München 1993, S. 98 f.

Bei etwas älteren Kindern (zwischen dreieinhalb und viereinhalb Jahren) geht der Anteil des Einzelspiels und des Parallelspiels deutlich zurück. Stattdessen beteiligen sich die Kinder an höher organisierten Gruppenaktivitäten. Sie spielen ähnliche Spiele wie ihre Nachbarn (assoziatives Spiel). Das unstrukturierte Neben- und Miteinanderspielen ähnelt von außen gesehen bereits einer Gruppe. Pseudo-Gruppen dieser Art finden sich oft in Sandkästen, wo die Kinder - durch die Umstände bedingt - dicht nebeneinander spielen und das Gleiche tun. Das Gruppenspiel ist in diesem Alter noch recht selten. Erst bei Kindern ab fünf Jahren entwickeln sich soziale Spielsysteme in Form von Spielpaaren. Hier nehmen die Kinder wechselseitig Bezug zueinander. Handlungen des einen lösen Reaktionen des anderen Kindes aus. Es findet eine gegenseitige Abstimmung und Koordination des Verhaltens statt.

Schulkinder sind in der Lage, aus Spielpaaren soziale Gruppen von mehreren Kindern zu bilden. Mit etwa neun Jahren entstehen daraus enger zusammengeschlossene Gruppen mit etwas sechs bis sieben Mitgliedern, gleichen Geschlechts und Alters, die meist in enger Nachbarschaft wohnen. In solchen Gruppen bilden sich Strukturen heraus, in denen jeder Einzelne eine bestimmte Position hat. Spielgruppen dieser Art sind häufig unbeständig und von Zerfall bedroht. Starke äußere Faktoren sind notwendig, damit eine genügend feste Beziehung unter den Kindern entstehen kann. Dies kann häufig dadurch geschehen, dass ein älteres Kind Führungspositionen einnimmt. Mit dem Entwickeln gemeinsamer Unternehmungen bilden sich weitere Rollen und Funktionen in Spielgruppen heraus und verleihen ihnen Konstanz.

3.2. Rituale und Skripts als Stützen der Spielwelten

Was nutzen Kinder, wenn sie ihre Spielwelten organisieren wollen? Worauf greifen sie zurück, wenn sie einen gemeinsamen Rahmen für ihre Spielprozesse benötigen? Kern der Organisation von Spielwelten sind feste Erwartbarkeiten. Die Spieler können durch wiederkehrende Elemente im Spielablauf das mögliche Geschehen vorwegnehmen und so Erwartbarkeiten aufbauen. Bei der Wiederholung des Spiels erwarten die Spieler die gleichen (meist als lustvoll empfundenen) Effekte, die sie zuvor erlebt haben. Die Erwartbarkeiten schaffen für die Spieler eine emotionale Sicherheit, die es ihnen ermöglicht, sich auf neue (und gefährlich anmutende) Situationen einzulassen.

1. Sehr beliebt bei kleinen Kindern ist „Engelchen fliet!" Zwei Erwachsene nehmen ihr Kind in die Mitte und fassen seine Hände an. Nun laufen sie gemeinsam los und „Engelchen ... flieg!" Bei „flieg" ziehen sie gemeinsam die Arme des Kindes hoch und laufen noch ein Stück weiter. Dabei „fliegt" das Kind ein Stück durch die Luft.

Die regelmäßige Wiederkehr von Sprache, Handlung und Effekt schafft für das Kind eine lustvolle Spannung und zugleich auch eine emotionale Sicherheit. Es kann sich auf das nun folgende Geschehen einstellen und auf den Spielprozess hin feste Erwartbarkeiten entwickeln. Häufig sind es die Eltern und Erwachsene, die bestimmte rituelle Formen des Spiels einführen und die Kinder damit vertraut machen.

Catherine Garvey hat sich umfassend mit der Ritualisierung als Stützen von Spielwelten befasst.[3] Rituale können sich an Unterschiedlichem orientieren: Bewegung, Objekte, Sprache, soziale Konventionen. Selbst Regelspiele können in ritualisierter Form ablaufen. „Ein Ritual ist also nicht durch seinen Inhalt oder das ihm zugrunde liegende Mittel definiert, sondern durch seine distinkte Form, die kontrollierte Wiederholung. Die Kontrolle ist meist rhythmischer Natur, und das Verhalten gewinnt eine vorhersagbare Regelmäßigkeit des Tempos."[4]

2. Zwei Brüder streiten sich darüber, ob ein Freund von ihnen am Sonntag
   Geburtstag hat oder nicht. Es entsteht folgendes Wechselgespräch:
   a1) Hat Geburtstag am Sonntag   ÷   *b1) Hat er nicht*
   a2) Hat doch Geburtstag   ÷   *b2) Hat er nicht*
   a3) Und doch hat er Geburtstag ÷   *b3) Hat er eben nicht*
   a4) Hat er eben doch   ÷   *b4) Hat er eben nicht*
   a5) Hat doch Geburtstag   ÷   *b5) Hat er nicht*
   a6) Wetten doch?   ÷   *b6) Wetten nicht?*
   a7) Hat doch Geburtstag   ÷   *b7) Hat er eben nicht*

Inhalt der Interaktionen ist ein bestimmter Austauschtyp: Behauptung und Gegenbehauptung. Dabei signalisieren die beiden Brüder, wann der jeweils andere seinen „Einsatz" hat. Für die beiden Kinder ist dieses Hin und Her von kurzen Sätzen mit Spaß verbunden und wird um seiner selbst willen getan. Es geht nicht um einen Informationsaustausch oder die Beilegung von Meinungsverschiedenheiten. Die Wiederholungen und die nahezu rhythmische Ausführung der Interaktionssequenzen kennzeichnet ein Verhalten, das nicht der realen Welt, sondern der Spielwelt zuzurechnen ist. Für die beiden Kinder ist ihr Tun „Spiel". Zugleich kann man in diesem Verhalten auch eine „Übung" der Kinder sehen, sich auf die verbalen Austauschmuster von Menschen einzustellen, sie zu erproben, zu variieren und zu modifizieren. „Überraschend an den Ritualen ist das Ausmaß, in dem Teilnehmer fähig sind, die Austauschmuster, das Abwechseln im Einsetzen, das Run-

3 Garvey, Catherine: Spielen. Das Kind und seine Entwicklung, Verlag Klett-Cotta, Stuttgart 1978, insbesondere S. 133 ff.
4 Garvey, Catherine: Spielen. Das Kind und seine Entwicklung, Verlag Klett-Cotta, Stuttgart 1978, S. 133.

den-Sequenzieren und das präzise Timing zustande zu bringen und durchzuhalten."[5]

Die Organisation von Spielwelten über Rituale gewährleistet, durch den Charakter von Wiederholungen in den Interaktionssequenzen, dass der Spielprozess über eine längere Zeit aufrechterhalten werden kann. Wenn das Kind das Spielritual bereits kennt, kann es von sich aus den Spielprozess einleiten. „Besonders bemerkenswert dabei erscheint, dass schon in diesem frühen Alter gilt, was für spätere Entwicklungsabschnitte selbstverständlich ist: Die impliziten Regeln der Kommunikationsspiele leiten die Handlungen der Spielpartner. Das Kind, das in diesem Alter noch weit davon entfernt ist, längere Handlungsketten aufgrund eines eigenen Plans auszuführen, vermag dies bereits, indem es sich an die Regeln des Kommunikationsspiels hält."[6]

Eine ähnliche Funktion haben auch „Spielskripts". Das sind thematisch angelegte „Drehbücher", nach denen die Spieler ihre Interaktionen ausrichten. Skripts bilden den Rahmen für einen gemeinsamen Spielprozess. Beliebte Skripts bei Kindern sind z.B. das „Einkaufen", der „Arztbesuch", das „gemeinsame Essen". Die Skripts erlauben längere Wechselgespräche und Interaktionssequenzen. „Da das Skript als gemeinsamer Rahmen existiert, können auf seiner Grundlage auch neue Episoden entwickelt werden, das Skript kann also transformiert werden."[7] Auf der Grundlage eines Spielskripts können sich auch jüngere Kinder im Spielprozess beteiligen. Während sie im Alter von drei bis vier Jahren noch Schwierigkeiten haben, ihr Verhalten nach den eher abstrakten Regeln eines Regelspiels auszurichten, können sie mitspielen, wenn sie einen konkreten inhaltlichen Rahmen vorfinden. Ihre Spielhandlung wird also durch die Spielidee bestimmt, die durch ihre konkrete inhaltliche Bestimmung für das Kind mehr Sinn macht, als das Befolgen abstrakter Regeln, die zu wenig stützende Hinweisreize enthält, wie man sich im Rahmen des Spielprozesses verhalten sollte.[8] Von daher ist es sinnvoll, abstrakt wirkenden Regelspielen eine konkrete inhaltliche Einkleidung zu geben, so dass jüngere Kinder sich mit ihren konkreten Lebenserfahrungen (und medialen Kenntnissen) im Spielprozess „wieder finden" können.

3. Die Spielidee: Kleine Mäuschen haben großen Hunger. Sie suchen nach Leckereien, dürfen sich aber nicht von der Katze erwischen lassen. Kommt sie an, müssen die Mäuschen schnell im Mausloch verschwinden.

---

5 Garvey, Catherine: Spielen. Das Kind und seine Entwicklung, Verlag Klett-Cotta, Stuttgart 1978, S. 143.

6 Oerter, Rolf: Psychologie des Spiels. Ein handlungstheoretischer Ansatz, Quintessenz Verlag, München 1993, S. 134.

7 Oerter, Rolf: Psychologie des Spiels. Ein handlungstheoretischer Ansatz, Quintessenz Verlag, München 1993, S. 128.

8 Vgl. Oerter, Rolf: Psychologie des Spiels. Ein handlungstheoretischer Ansatz, Quintessenz Verlag, München 1993, S. 137.

Die Rollenverteilung: Die kleineren Kinder sind die Mäuschen, ein Kind ist die Katze. Die Erwachsenen sind die Mauselöcher. Dazu stellen sich jeweils zwei Erwachsene gegenüber auf, spreizen die Beine und legen die Hände auf die Schultern ihres Gegenübers. Auf der Spielfläche werden, in buntem Papier eingewickelt, kleine Süßigkeiten verteilt. Spielhandlung: Eine „Maus" saust los und versucht, möglichst viele „Käsestückchen" zu erwischen. Kommt die „Katze", muss die „Maus" schnell in einem „Mauseloch" verschwinden. Spielregel: Wird eine „Maus" von der „Katze" abgeschlagen, scheidet die „Maus" erst einmal aus, und die nächste „Maus" versucht ihr Glück. Im „Mausloch" ist die „Maus" vor der „Katze" sicher und kann sich, wenn die „Katze" weit genug weg ist, wieder auf die Suche machen. Zu Beginn des Spiels „schläft" die „Katze" in ihrem „Körbchen" und wacht erst dann auf, wenn die „Maus" aus ihrem „Mauseloch" kommt.

Das Skript „Katze jagt Maus" ist eine wichtige Stütze in der Spielwelt. Rollenverteilung, Spielhandlung und Spielregeln beziehen sich auf diesen Spielinhalt und bilden insgesamt ein Spielkonstrukt, das sich sowohl an Symbolen als auch an Körperbewegungen und Regeln orientiert. Die Regelmäßigkeit des Spielablaufs macht es Kindern leicht, ihr Verhalten angemessen zu regulieren. Das Spielkonstrukt baut sowohl auf den medialen Kenntnissen der Kinder auf (Zeichentrickfilme nach dem Muster „Tom and Jerry") als auch auf ihre Erfahrungen mit Fangspielen.

Das „Bedrohungsskript", das wir im Beispiel 3.2.3.) kennen gelernt haben, ist typisch für „Spielpläne" von Kindergruppen.[9] Ein solcher Spielplan besteht aus Ereignissen oder Aktionen, die die Kinder aus einer dazu passenden Rolle darstellen und zu der sie charakteristische Requisiten beisteuern.

4. Spielidee: Der Teddy hat sich beim Essen den Magen verdorben und ist krank. Er muss behandelt werden, damit er nicht stirbt. Ein Arzt führt eine Untersuchung durch, stellt eine Diagnose, verschreibt ein Medikament und verabschiedet die Mutter mit ihrem Teddy. Rollenverteilung: Die Mutter mit ihrem Teddy, der Arzt, besorgte Patienten im Wartezimmer. Requisiten: Gegenstände, die in Behandlungsinstrumente transformiert werden (Beispiel: ein Schlauch wird zu einem Stethoskop, mit dem der Arzt den Teddy abhorcht). Spielhandlung: Mutter und Teddy beim Essen; der Teddy isst sehr viel; die Mutter erzählt, dass es dem Teddy nicht gut geht und sie einen Arzt aufsuchen muss; im Wartezimmer erzählt sie den anderen Patienten, dass es dem Teddy nicht gut geht; der Arzt fragt die Mutter, was der Teddy gegessen hat und führt eine Untersuchung durch; der Arzt stellt eine Diagnose und schreibt ein Rezept aus; er beruhigt die Mutter und verabschiedet sie.

---

9 Vgl. Garvey, Catherine: Spielen. Das Kind und seine Entwicklung, Verlag Klett-Cotta, Stuttgart 1978, S. 115 ff.

Das Skriptwissen der Kinder ist die Grundlage eines länger andauernden Spielprozesses. Dabei besitzen die Kinder ein Repertoire von Handlungsplänen, die sie nur kurz andeuten müssen, damit daraus eine Spielsequenz entsteht, die sich über zahlreiche Schritte fortsetzt. Pläne dieser Art sind z.B. „Einen Ausflug machen", „Reparieren", „Kochen". Jeder dieser Pläne hat einen eigenen Bestand an Handlungssequenzen, die für sich alleine stehen können oder aber mit anderen Handlungsplänen zu längeren Sequenzen verbunden werden können. So könnte sich an dem Handlungsplan „Arztbesuch mit krankem Teddy" das Skript „Einkaufen" anschließen, in dem die Mutter in der Apotheke das Rezept vorlegt und dafür ein Medikament erhält.

Welche Handlungspläne entwickelt und auf welche Skripte zurückgegriffen wird, hängt von verschiedenen Faktoren ab: Reizvolle Requisiten, beeindruckende Erfahrungen und Erlebnisse, spontane Spielimpulse. Letztlich entscheidend sind die Abstimmungsprozesse innerhalb der Spielgruppe.

3.3. Spielwünsche in der Gruppe aushandeln

Kinder versuchen, Mitspieler für sie wichtige Handlungspläne und Spielthemen zu finden. Sie üben Macht und Einfluss aus, um die Spielgruppe für ihr Spielinteresse zu gewinnen. Schon im Alter von drei Jahren bilden Kinder bestimmte Taktiken heraus, um ihre Interessen an bestimmten Spielaktivitäten durchzusetzen: „Sie benutzen körperliche und verbale Mittel sowie auch Strategien. Manchmal rufen sie einfach um Hilfe. Sie schreien, strecken ihre Hände aus, bitten, fragen, tun so, als ob sie weinten, oder bieten Geschenke dar. Sie drohen, andere auszuschließen, oder bieten ihnen an, sie in die Gruppe hineinzulassen. Sie versuchen selbst in eine Gruppe hinein zukommen, indem sie lächeln, bestechen, bitten, argumentieren, andere Kinder ablenken oder die Aufmerksamkeit auf jemand anderen lenken."[10]

Kleinere Kinder lösen das Problem der Beteiligung, indem sie sich älteren oder dominanteren Kindern unterordnen und die festgelegten Regeln befolgen. Ältere beginnen einfach ein Spiel mit einem Spielangebot, das auch für die anderen Kinder attraktiv sein könnte: „Ich bin jetzt der Vater und komme müde nach Hause, und ihr seid Mutter und Kinder und wartet mit dem Abendessen auf mich." Eine solche Spielinitiative funktioniert in der Regel besser als die Frage: „Kann ich mitspielen?" Kinder, die in einer Gruppe mitspielen möchten, schauen zunächst zu, entdecken dann „Nebenrollen", die sie anbieten zu spielen. Sind sie dann integriert, versuchen sie zu einem späteren Zeitpunkt interessantere Rollen zu übernehmen.

---

10 Sutton-Smith, Brian und Shirley: Hoppe, hoppe, Reiter ... Die Bedeutung von Kinder- Eltern-Spielen, Piper Verlag, München und Zürich 1986, S. 119.

Generell lässt sich sagen, dass das gemeinsame Spiel nur funktioniert, wenn die Abstimmungsprozesse in der Gruppe zufrieden stellend verlaufen. Die Mitglieder der Spielgruppe müssen die Anforderung meistern, „sich immer genauer auf die Erwartungen der anderen einzustellen, ohne die eigenen Ansprüche aufzugeben, und sich dazu ständig innerhalb und außerhalb der Spielfiktion zu verständigen."[11] Dazu ist es notwendig, dass die Spieler innerhalb und außerhalb des Spielprozesses einen Perspektivenwechsel vornehmen können, also in der Lage sind, sich selbst mit den Augen der anderen zu sehen und das Verhalten der anderen aus ihrer je eigenen Perspektive zu verstehen. Die wechselseitigen Absprachen, das Entwickeln von Beziehungsnetzen und das Verständnis für die Positionen und Vorstellungen der anderen sind wichtige Bedingungen, um eine Spielwelt zu etablieren und über eine längere Zeit aufrecht zu erhalten. Dabei sind diese Spielwelten störungsanfällig, weil Spielinhalte und Spielverläufe auf die unterschiedlichen Spielinteressen der Gruppenmitglieder Rücksicht nehmen müssen und verhindert werden muss, dass sich die Spieler in der sich entfaltenden Spielwelt nicht mehr mit ihren Spielwünschen wieder finden. Daraus erwächst das Erfordernis, Spielinhalte und Rollenzuweisungen, Requisiten und Spielhandlungen von Sequenz zu Sequenz miteinander abzustimmen, die Erwartungen an die Mitspieler zu äußern und eine für alle akzeptable Lösung für den Fortbestand der Spielwelt zu finden.

Die Organisation von Spielwelten und die Entwicklung sozialer Beziehungen sind unter Kindern sehr eng miteinander verwoben. Ein misslingendes Spiel hat deutliche Auswirkungen auf (zumindest zeitweise) misslingende soziale Beziehungen. Um dies zu vermeiden, entwickeln Kinder Auswahlkriterien für Spielpartner: Sympathie und Unterstützung ihrer Sympathiewahl durch die Eltern, körperliche Vorzüge der Spielpartner (z.B. körperliche Stärke), besondere materielle Vorteile, die die Spielpartner bieten können (z.B. attraktives Spielzeug oder besonders günstige Spielgelegenheiten).[12] Ferner bilden sie Verhaltensstrategien aus, um den stets gefährdeten Zusammenhalt der Spielgruppe sicherzustellen, so z.B. die Vermeidung von Streit und Eifersucht in der Gruppe, die Betonung der individuellen Fähigkeiten einzelner Gruppenmitglieder und die Distanzierung gegenüber anderen Spielgruppen.

3.4. Mit Regeln die Spielwelt regeln

Um gemeinsam eine Spielwelt organisieren zu können, müssen Kinder nicht nur lernen, sich als Gruppe zu strukturieren, sondern sie müssen auch

---

11 Merkel, Johannes: Spielen, Erzählen, Phantasieren. Die Sprache der inneren Welt, Kunstmann Verlag, München 2000, S. 139.
12 Vgl. Bissigkummer-Moos, Stefanie: Spiel und Spielgegenstände aus der Perspektive zehnjähriger Kinder; in: Renner, Erich u.a. (Hrsg.): Spiele der Kinder, Deutscher Studien Verlag, Weinheim 1997, S. 145 ff.

in der Lage sein, Regeln zu verstehen, ihnen zu folgen, neue Regeln zu entwickeln und sie auf die Bedürfnisse der Gruppenmitglieder abzustimmen. Bis etwa zum zehnten Lebensjahr verwenden sie etwa genauso viel Zeit für die Auseinandersetzung um die Organisation wie auf den Spielprozess selbst. In den Diskussionen entscheiden die Kinder beispielsweise, welche Regeln beim Fangspiel gelten sollen, wer als nächster mit dem Fangen dran ist, ob jemand gemogelt hat, ob jemand ausscheiden soll oder weiter mitmachen darf. In der Organisation einer auf Regeln basierten Spielwelt erfährt das Kind die Begrenzungen des Lebens und die Notwendigkeit, im Rahmen dieser Grenzen seine Fähigkeiten zu entfalten. Regeln und Grenzen sind jedoch nicht willkürlich gemacht, sondern eine Folge von Organisationsprozessen in der Gruppe. Sie sind somit auch veränderbar. Die Einigungsformeln zur Regelung der Spielwelt haben einen vorläufigen Charakter und bieten die Chance, zu den eigenen Impulsen und Spielhandlungen Distanz zu gewinnen und den Spielprozess so zu organisieren, dass alle Beteiligten daran Spaß haben. In der Regelung der Spielwelt beginnen die Kinder aufzuhören, ihre eigene Sicht und ihre eigenen Impulse für die einzig möglichen und gültigen zu halten. Es entwickeln sich deutliche Impulse, Sichtweisen und Vorstellungen der Mitspieler zu verstehen und in die eigenen Spielvorschläge einzubeziehen.

In der Organisation der Spielwelt, in der Vereinbarung und Entwicklung von Regeln gehen die latenten Handlungsbereitschaften der Spieler ein, werden die verschiedenen Kräfte, die auf das sich bildende Spielkonstrukt einwirken können, aktualisiert und finden eine angemessene Form, sich auszudrücken. Die Spielkonstrukte werden zu „Einigungsformeln" zwischen den Spielern und den sie bestimmenden Kräften und Einflussgrößen. Durch die Organisation der Spielwelt entwickelt sich aus dem Chaos unterschiedlicher Strebungen, Bedürfnisse und Vorerfahrungen Ordnung - wenn gleich mühsam errungen, ständigen Gefährdungen ausgesetzt und stets Veränderungen unterworfen. Neben tradierten Formen von Spielkonstrukten und aktuellen Ereignissen ist es insbesondere die Lebenssituation der Kinder, die Einfluss auf die Organisation der Spielwelt hat: die Situation in der Familie, die Wohnumwelt, die Anregungen durch die reale Welt und nicht zuletzt die medialen Erfahrungen und die Geschlechtszugehörigkeit. Man kann diese Kräfte als Einflussfaktoren in einem Feld ansehen, die *gemeinsam* die Spielinteressen der Kinder bestimmen.

Wenn Kinder und Jugendliche nicht alleine, sondern zu mehreren in einer Gruppe Spielwelten organisieren, erhöht sich recht schnell das Ausmaß unterschiedlicher Einflüsse. Gleichwohl findet man in Gruppen recht häufig „Lieblingsspiele", die innerhalb eines längeren Zeitraumes eindeutig in der Gruppe bevorzugt werden. In der Wahl dieser „Lieblingsspiele" in einer Gruppe artikuliert sich das Maß an Gemeinsamkeit zwischen den verschiedenen Spielern: Alle sind mehr oder weniger von bestimmten Einflüssen, Impulsen, Lebenssituationen betroffen, die sich im Spielkonstrukt wieder finden lassen. Wir werden uns jetzt einige dieser Spielkonstrukte von speziellen Gruppen vorstellen und erläutern, wie die Regeln dieser Konstrukte die Spielwelt so regelt, dass sich die Spieler in ihr wieder finden können.

1. Zublinzeln: In fünften und sechsten Klassen wird dieses „Partnerwahlspiel" teilweise mit einer wahren Begeisterung gespielt. Die Hälfte der Gruppe sitzt auf Stühlen in einem Kreis; ein Stuhl bleibt frei. Hinter jedem Stuhl (also auch hinter dem unbesetzten) stellt sich jeweils ein Spieler aus der anderen Hälfte der Gruppe und verschränkt die Arme auf dem Rücken. Aufgabe des Spielers hinter dem unbesetzten Stuhl ist es nun zu versuchen, einen der sitzenden Mitspieler auf seinen Stuhl zu bekommen. Dazu blinzelt er einen der sitzenden Spieler an, der nun versuchen muss, so schnell wie möglich auf den freien Stuhl zu gelangen. Sein „Wächter" hinter dem Stuhl verhindert dies, indem er blitzschnell an die Schulter seines Mitspielers packt und so ein Entkommen unmöglich macht. Verliert ein „Wächter" seinen vor ihm sitzenden Mitspieler, muss er seinerseits versuchen, einen anderen durch Zublinzeln zu bekommen. Gelingt dies, werden die Plätze getauscht. Der Wächter setzt sich auf seinen Stuhl, der herbei geblinzelte Mitspieler wird zu seinem „Wächter".

Was löst gerade bei Elf- bis Dreizehnjährigen die starke Faszination dieses Spielkonstrukts aus? Die Kids finden in der abstrakten Form und Dynamik des Konstrukts wesentliche Aspekte ihrer gegenwärtigen Lebenssituation wieder: Partner wählen, sich anstrengen und sie auch bekommen, Partner verlieren, um das Bleiben des Partners bemüht sein, Partner verlassen, andere kennen lernen. Diese Handlungsskripts haben Ähnlichkeit mit Situationen, vor denen Kids stehen: Partner wählen, sich um sie bemühen, sie „festhalten", sich aus Beziehungen befreien, andere Beziehungen eingehen. Im Spielkonstrukt „Zublinzeln" können sich die Spieler auf diese Aspekte ihrer Lebenssituation in einer Spielwelt einstellen und mit ihnen vertraut werden. Im Spielprozess haben sie die Möglichkeit, diese Aspekte kennen zu lernen, sie spielerisch zu erproben, Einstellungen dazu zu gewinnen und möglicherweise in der realen Welt eine eher „spielerische" Einstellung zur Partnerwahl zuzulassen. Das Spielkonstrukt selbst bietet neben diesen Anknüpfungspunkten zahlreiche Möglichkeiten für die eigenen Spielhandlungen. Man kann beispielsweise sein Vergnügen darin finden, den „Besitzansprüchen" der verschiedenen „Wächter" zu entkommen, man kann Spaß daran haben, möglichst viele Mitspieler für kurze Zeit in seine Einflusszone zu bekommen, man kann sein Bestreben ausleben, seinen Partner wie einen „Besitz" zu bewachen und nicht entkommen zu lassen, man kann Talente entwickeln, Mitspieler möglichst geschickt, schnell und unbemerkt für sich zu gewinnen. Kurzum: Jeder Spieler kann sich in einer für alle Mitspieler ähnlichen Lebenssituation mit seinen Fähigkeiten, Wünschen und Handlungsabsichten in diesem Spielkonstrukt wieder finden. Und das erklärt, warum dieses Konstrukt zu einer „Einigungsformel" für Kids dieses Alters werden konnte. Die Regeln dieses Konstrukts regeln Spielhandlungen, in denen die Spieler ihre Wünsche und Interessen miteinander einvernehmlich regeln können.

2. *Lord extra: Das Spielkonstrukt ist ein „Lieblingsspiel" für Mädchen im Alter zwischen 15 und 17 Jahren, die in einem Heim für „dissoziale Jugendliche" leben. Von seinen Grundregeln handelt es sich um ein einfaches Fangspiel. Die „Fängerin" versucht eine Mitspielerin abzuschlagen, die darauf die „Fänger"-Funktion übernimmt. Vor dem Abschlagen kann man sich schützen, wenn man rechtzeitig eine Zigarettenmarke ruft, z.B. „Lord extra".*

Warum können sich die Mädchen in diesem Konstrukt wieder finden? Generell ist „Fangen" ein bedeutendes Spielkonstrukt der Menschheit. Es kommt in fast allen Kulturen vor und kennt mehr Abwandlungen als irgendein anderes Spiel. Worin liegt die Faszinationskraft dieses Konstrukts? Das Spielskript knüpft an elementare Handlungsmuster im menschlichen Leben an: zu einer Bezugsperson gelangen und sie für sich haben, etwas bekommen wollen, jemanden erreichen, vor einer Bedrohung fliehen, sich einem Kontakt entziehen. Dies gilt auch im Grundsatz für die Mädchen, die „Lord extra" mit besonderer Vorliebe spielen. Das Spielkonstrukt baut einen Spannungsbogen auf zwischen der Bedrohung und der Notwendigkeit zu fliehen und dem Schutz vor der Bedrohung durch eine „magische Formel" (Nennung des Namens einer Zigarettenmarke). Das Fliehen und Verfolgen artikuliert Handlungsorientierungen des Bedroht seins und des selber Bedrohens. Daran sind Vorstellungen geknüpft, vor wem man fliehen muss (dessen Kontakt man meiden muss und von dem eine Bedrohung ausgeht) und wen man seinerseits verfolgen kann (den man selbst bedrohen kann). Jugendliche mit problematischem sozialen Hintergrund (schwierige „Heimkinder") - zumal Mädchen - haben in der Regel nur selten Gefühle der Geborgenheit und des Schutzes erleben dürfen. Sie sind vielmehr ständig in der Gefahr, verfolgt und beeinträchtigt zu werden. Ihr Überleben hängt in großem Maße davon ab, Gefahrensituationen rasch und richtig zu erkennen und damit angemessen umzugehen.

Die Situation im Heim ist für die Mädchen möglicherweise eine Folie, auf der sich diese Strukturen und Dispositionen ebenfalls abbilden. In der Spielwelt suchen die Mädchen nach einer Möglichkeit, sich davon zu entlasten und ein Stück weit Distanz zu gewinnen. Das Spielkonstrukt kommt diesem Bedürfnis entgegen. Im Spielprozess erleben die Mädchen zwar die permanente Situation des Verfolgt-werdens und der Bedrohung. Sie sind aber es zugleich auch, die verfolgen können, aggressiv sein dürfen. Entscheidend am Spielkonstrukt ist die „Freimal"-Regelung. Die Nennung einer Zigarettenmarke schützt vor Bedrohung und Verfolgung. Im Spielprozess können sich die Mädchen also durch ihr „Wissen", durch ihre „Geistesgegenwärtigkeit" und durch ihre „Schlagfertigkeit" schützen - Fähigkeit, die auch im Leben vor Bedrohung schützen können.

Warum gerade Zigarettenmarken als sprachliches Symbol für Schutz vor Bedrohung? Zigaretten gelten unter Jugendlichen solcher Heime als eine Art „Währung" (wie in der Nachkriegszeit in Deutschland). Gegen Zigaretten kann man andere Dinge tauschen (bis hin zu kleinen Gefälligkeiten). Zigaretten sind im Heim verboten, zumindest nicht gern gesehen. Der Besitz von Zigaretten stellt mehr oder weniger einen wesentlichen , frei konvertierbaren Vermögenswert im Heim dar, mit dem man sich „schützen" kann: vor Beeinträchtigungen durch andere Mädchen, vor eigenen Stimmungsschwankungen und „miesen" Gefühlen. Zugleich sind Zigaretten eingewoben in das „Verfolgungssystem" des Heimes, in dem das Rauchen verboten oder zumindest verpönt ist. Die Mädchen haben also durch Spielregeln und Spielsymbole ein Spielkonstrukt gebildet, das es ermöglicht, die *gemeinsamen* Spielwünsche der Mädchen zu realisieren, Wünsche, die Ausdruck einer alle betreffenden, problematischen Lebenssituation sind.

3. Volleyball: Viele Studentinnen und Studenten im Fach „Sozialpädagogik" haben großes Interesse an diesem Spiel. Auf auswärtigen Seminaren spielen sie Volleyball sehr gerne in der Freizeit, sei es in der Mittagspause oder am Abend. Teilweise geht das über mehrere Stunden täglich, Tag für Tag, sofern das Wetter es zulässt. Die Organisation der Spielprozesse ist denkbar locker: Es gibt keine festen Mannschaften; jeder, der Lust hat, kann mitspielen. In der Regel wird nicht nach Punkten gespielt. Starke Spieler und Anfänger sind gleichermaßen willkommen. Man hilft einander; Kritik an der Spielweise einzelner Spieler ist selten und wenn, dann eher scherzhaft als ernst gemeint.

Was macht die Faszination des so organisierten Volleyballspiels bei Studentinnen und Studenten aus? Die Spieler finden sich in dieser Organisation des Spielkonstrukts und den locker gefassten Regeln mit ihren Wert- und Lebensorientierungen wieder. Sie spielen wie sie studieren möchten: wenig Konkurrenz orientiert, gemeinschaftlich, auf Gruppenleistung und nicht auf Einzelleistung ausgerichtet, mit viel Spaß und wechselseitiger Anerkennung. Volleyball ist für die Studentinnen und Studenten kein hartes Wettbewerbsspiel, sondern Ausdruck ihres Gemeinschaftsgefühls. Leistungen werden wohl anerkannt, genießen aber nicht den absoluten Stellenwert. Also keine Abkehr vom Leistungsprinzip (ohne das Bemühen um spielerische Leistung würde der Spielprozess sehr bald versanden), wohl aber dessen angemessene Relativierung. Insofern spiegelt sich im Spielkonstrukt und in der Spielorganisation etwas von den Erwartungen wider, die man an zukünftige Lebens- und Berufssituationen stellt: frei und gleichermaßen verbunden zu sein, engagiert aber nicht vom Leistungswettbewerb beeinträchtigt. Mit der Regelung ihrer Spielwelt durch Regeln, regeln die Studentinnen und Studenten zugleich auch ihre Studien- und Berufsvorstellungen so, dass eine hohe soziale und emotionale Befriedigung möglich werden kann.

3.5. Rahmungssignale geben

Zur Organisation einer Spielwelt gehört unabdingbar, dass die Spieler sich - wie auch immer - darüber verständigen, dass ihr Handeln nicht der realen Welt, sondern der Spielwelt zuzurechnen ist: Der Interaktionsprozess ist nicht „ernst" gemeint; es ist „nur" ein „Spiel". Um reale Welt und Spielwelt deutlich zu trennen, sind „Rahmungssignale" notwendig, die die Beteiligten verstehen und die es ihnen möglich machen, die nachfolgenden Handlungen richtig einzuordnen. „Rahmungssignale" können explizite Sprachäußerungen sein: „Wollen wir jetzt mit dem Auto spielen?". Sie können eine Rollenverteilung ausdrücken: „Ich bin jetzt die Biene Maja" oder durch Gesten und die Art des Sprechens zu signalisieren, dass bereits eine Spielhandlung begonnen wurde.

In der Spielwelt bilden die Spieler weitere Rahmen, in dem sie Gegenstände transformieren: Dieses „Auto" ist der „Präsidentenwagen" und das ist eine „kugelsichere Scheibe"; der Besenstil wird zur „Rakete" erklärt und dann wird er in ein „Schwert" transformiert. Rahmungshandlungen dieser Art werden möglich, weil Kinder über die Fähigkeit zur Symbolbildung verfügen und diese nutzen, um den Spielrahmen mit ihren Spielwünschen auszufüllen. Im Spielprozess lernt das Kind, die Elemente und Gegenstände in unterschiedlicher Weise zu transformieren und sie in den Rahmen einer Spielwelt zu integrieren.

Garvey und Berndt haben anhand von Spielbeobachtungen mit Kindergartenkindern verschiedene Formen von Rahmungssignalen gefunden, die die Kinder nutzen, um ihre Spielwelt zu organisieren[13].

- Negation des Spielrahmens (z.B. „Ich bin *nicht* mehr die Biene Maja"),

- Darstellung der Spielrolle durch Handlungen, Gesten, Tonfall,

- Spielsignale geben, die deutlich machen, dass man sich in einer Spielwelt befindet (z.B. Lächeln, Kichern, Blinzeln),

- Vorbereitungshandlungen (z.B. Spielgegenstände verteilen und Rechte daran absprechen),

- Eigene und fremde Spielrollen verbal festlegen (z.B.: „Ich bin jetzt die Mutter und du das Kind, das Hunger hat"),

- Spielskripte vereinbaren (z.B.: „Wir essen jetzt gemeinsam, und dir schmeckt die Suppe nicht"),

---

13 Vgl. Wegener-Spöhring, Gisela: Aggressivität im kindlichen Spiel, Deutscher Studien Verlag, Weinheim 1995, S. 184 f.

- Spielobjekten Bedeutungen zuweisen (z.B.: „Das ist ein Gewehr"; der Spieler zeigt auf einen Besenstiel).

Kinder erwerben bereits sehr früh die Fähigkeit, Ernsthandlungen von spielerischen Absichten zu unterscheiden. Bereits dreijährige Kinder sind dazu in der Lage. Begleitet man eine an sich aggressive Geste (ein Objekt wegnehmen oder mit geballter Faust drohen) mit übertriebenem Gelächter, rahmt das Kind dies als Spielhandlung und reagiert nicht abwehrend.[14] Durch die Kenntnis von Rahmungssignalen lernt das Kind, die reale Welt von der Spielwelt zu unterscheiden. Die Rahmungskompetenz, die das Kind in Spielprozessen erwirbt, ist eine Fähigkeit, die notwendig ist, um das komplexe Rahmungsverhalten in der realen Welt zu verstehen. Die Elemente der realen Welt sind nicht eindeutig. Erst durch Rahmung wird deutlich, was gemeint ist und wie es gemeint ist. Ein Stuhl in der Küche ist etwas anderes als ein Stuhl auf dem Müllplatz. Der Satz: „Ich finde dich toll" kann, je nach dem wie, wann und in welchem Zusammenhang gesprochen, mal ein Lob, das andere mal eine Kritik ausdrücken - eine Liebeserklärung oder eine Abweisung. In Spielprozessen kann das Kind einen Zugang zu Rahmungshandlungen gewinnen, weil das Kind dort mit vielfältigen Bedeutungen und Rahmungen spielen kann.

3.6. Spielprozesse steuern

Eine wesentliche Aufgabe in der Organisation von Spielwelten besteht darin, diese Welt aufrecht zu erhalten. Dazu müssen die Spieler die verschiedenen Spielimpulse während des Spielprozesses aufnehmen und integrieren. Um das angemessen tun zu können, müssen die Spieler den „eigentlichen" Spielprozess (also das Eintauchen in die Spielwelt) von den Spielvereinbarungen trennen. Den Bereich der Spielvereinbarungen haben wir im Abschnitt 1.4. bereits erwähnt und „Regieebene" genannt. Regieebene und Spielprozess werden durch Rahmungssignale voneinander getrennt. Die Spieler verstehen, wenn es um den Spielprozess selbst geht und wenn die Steuerung des Spielprozesses von der Regieebene aus erfolgt. Je differenzierter und subtiler die Spieler den Spielprozess zu steuern gelernt haben, umso besser ist es möglich, die verschiedenen Einflussfaktoren so miteinander zu verbinden, dass jeder Spieler sich mit seinen Impulsen und Spielwünschen im Spielprozess wieder findet.

Welche Formen nutzen Spieler, um ihre Spielprozesse aus der Regieebene heraus zu steuern? Häufig kommt es vor, dass neu entstehende Spielvorschläge diskutiert und dann in den Spielprozess einbezogen werden. Um Rollenbesetzungen entstehen auch relativ häufig Auseinandersetzungen auf der Regieebene. Attraktive Rollen werden von mehreren Spielern begehrt.

---

14 Vgl. Garvey, Catherine: Spielen. Das Kind und seine Entwicklung, Verlag Klett-Cotta, Stuttgart 1978, S. 30.

Die Spielgruppe muss sich einigen, wer wann welche Rolle in der nächsten Spielsequenz spielen darf. Häufig findet die Gruppe Kompromisse, mit denen alle einverstanden sind.

1. *Eine Gruppe von vier Kindern hat eine Szene beim Arzt vereinbart und auch die Rollen verteilt. Mitten im Spielprozess äußert eines der Kinder den Wunsch, auch Arzt sein zu dürfen und nicht Patientin. Es entsteht ein kurzer Streit, weil nach Meinung der anderen Spieler nur einer Arzt sein darf. Nach einigem hin und her findet der Vorschlag Zustimmung, dass die Rolle der Krankenschwester noch sinnvoll wäre. Das Kind erklärt sich damit einverstanden. Im nachfolgenden Spielprozess nimmt die „Krankenschwester" die Namen der Patienten auf, fragt nach den Beschwerden und führt eine kurze Voruntersuchung durch.*

Abbildung 6:

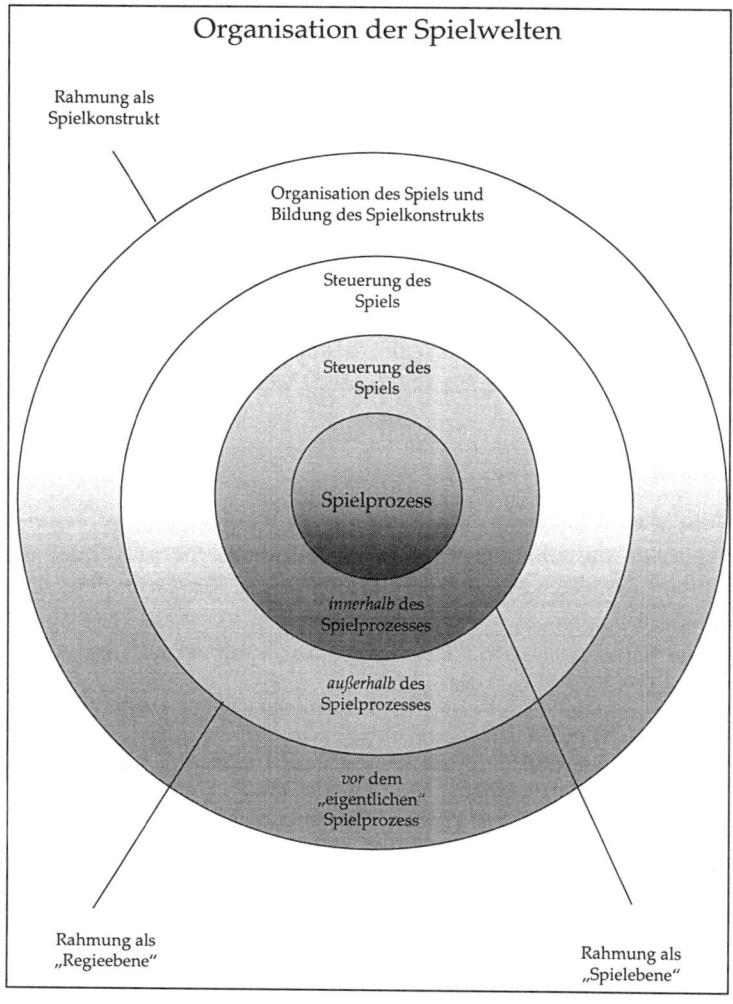

Organisation der Spielwelten

Rahmung als
Spielkonstrukt

Organisation des Spiels und
Bildung des Spielkonstrukts

Steuerung des
Spiels

Steuerung des
Spiels

Spielprozess

innerhalb des
Spielprozesses

außerhalb des
Spielprozesses

vor dem
„eigentlichen"
Spielprozess

Rahmung als
„Regieebene"

Rahmung als
„Spielebene"

Noch geschickter sind Spielsteuerungen, die innerhalb des Spielprozesses stattfinden, weil sie den Spielfluss nicht unterbrechen und in geringerem Ausmaß von Konflikten belastet sind. Griffin hat einige dieser Möglichkeiten zusammengestellt.[15] So teilen Kinder während des Spielprozesses mit, was das Spielthema ist, so dass weitere Kinder wissen, um was es geht und sie die Chance haben, sich angemessen in den Spielprozess einzubringen. Um die Spielabsicht zu verdeutlichen, kommentieren Kinder ihre nachfolgende Spielhandlung: „Ich gehe jetzt in den Spielzeugladen." Um das Umfeld der Spielhandlung den anderen Kindern zu verdeutlichen, beschreiben Kinder was sie (in ihrer Phantasie und bezogen auf das Spielthema) „sehen": „Im Gang ist es sehr dunkel, man kann gar nichts sehen." Um Mitspieler in den laufenden Spielprozess einzubeziehen oder ihren „Einsatz" zu signalisieren, nutzen Kinder das Mittel der „Regieanweisung": „Ganz unerwartet kommt die Tante zu Besuch und hat eine große Tasche dabei." Um verschiedene Szenen miteinander zu verbinden, erzählen Kinder Geschehensabläufe und verzichten darauf, sie szenisch darzustellen: „Nachdem sie im Laden eingekauft haben, verlassen sie das Geschäft, überqueren die Straße und sehen eine große Zoohandlung mit vielen Tieren." Die Abbildung „Organisation der Spielwelten" zeigt, dass sich die Spielorganisation der Kinder wie ein Ring um den „eigentlichen" Spielprozess legt und damit den Rahmen bestimmt, in dem die Spielhandlungen stattfinden.

Für alle Aspekte der Spielsteuerung gilt, dass sich die Spieler bei jeder einzelnen Spielhandlung mit den Spielpartnern und mit der Rolle, die sie sich ausgesucht haben, abstimmen müssen, damit der Spielprozess für alle in befriedigender Weise gelingt. Diese Aufgabe wird erschwert, wenn deutliche aggressive Impulse in die Spielprozesse integriert werden müssen.

3.7. Spielbalance und Aggressivität

Aggressive Impulse können für Spielprozesse problematisch sein - oder auch für Beobachter und Pädagogen, die den Spielinhalt oder das Spielverhalten der Kinder nicht mehr „in Ordnung" finden. Sind Kinder in der Lage, ihr Spiel so zu organisieren, dass die aggressiven Impulse nicht schädigend wirken?

Gisela Wegener-Spöhring hat dieser Frage umfassende Untersuchungen gewidmet.[16] Sie vertritt die Auffassung, dass zwischen Aggressivität in der realen Welt und Aggressivität in einer Spielwelt (in der nur so getan wird, als sei man aggressiv) sehr deutlich unterschieden werden muss. Anhand

---

15 Vgl. Oerter, Rolf: Psychologie des Spiels. Ein handlungstheoretischer Ansatz, Quintessenz Verlag, München 1993, S. 119 ff.

16 Wegener-Spöhring, Gisela: Aggressivität im kindlichen Spiel, Deutscher Studien Verlag, Weinheim 1995 und, bezogen auf unsere spezielle Fragestellung: Gespielte Aggressivität; in: Hoppe-Graff, Siegfried und Oerter, Rolf: Spielen und Fernsehen, Juventa Verlag, Weinheim und München 2000, S. 59 ff.

von protokollierten Spielszenen kann sie belegen, dass Kinder durchaus in der Lage sind, das Aggressive und Beängstigende im Spielprozess so auszubalancieren, dass alle Mitspieler es verkraften können.[17] Die aggressiven Spielhandlungen bleiben in der Spielwelt und sind in den Spielprozess eingewoben. Sie bringen Spaß, weil sie dynamisch, spannend und voller Aktion sind. Sie ermöglichen, dass andere Kinder relativ einfach in das Spiel einsteigen können.

Entscheidend für die Beurteilung eines Spielprozesses ist die Art und Weise, wie Kinder ihr Spiel organisieren und eine Spielbalance wahren, die es möglich macht, dass der Spielprozess nicht zerbricht. „Darüber hinaus ist es notwendig, dass die Spielteilnehmer über verschiedene Spieltechniken verfügen (z.B. Rollen einnehmen und verlassen können, Spielgegenstände identifizieren und umdeuten können) und neue Spielschritte einleiten sowie gute Spielarrangements herstellen können. Nur ein Spiel, in das diese Kompetenzen eingebracht werden, macht allen Beteiligten Spaß; nur eines, das allen Spaß macht, ist ein gutes Spiel. Natürlich möchten Kinder gern gute Spiele spielen, solche, die ihnen Spaß machen; deshalb lernen sie die erforderlichen Kompetenzen bereitwillig und quasi nebenbei.“[18] Viele Kinder beherrschen diese Kompetenzen (noch) nicht. Das ist jedoch kein Grund, von außen in die Spielprozesse einzugreifen, die spielerischen Handlungen der Kinder zu stören, denn damit behindert man, was Kinder entwickeln wollen: ihre Spielwelt so zu organisieren, dass ihre Impulse und Spielwünsche im Spielprozess ausbalanciert sind.

---

17 Wegener-Spöhring, Gisela: Gespielte Aggressivität; in: Hoppe-Graff, Siegfried und Oerter, Rolf: Spielen und Fernsehen, Juventa Verlag, Weinheim und München 2000, S. 63.
18 Wegener-Spöhring, Gisela: Gespielte Aggressivität; in: Hoppe-Graff, Siegfried und Oerter, Rolf: Spielen und Fernsehen, Juventa Verlag, Weinheim und München 2000, S. 70.

4. Was über Spielprozesse gedacht wird

4.1. Schwerpunkte der Diskurse

Das Phänomen „Spiel" bietet zahlreiche Ansatzpunkte zum Nachdenken, zum Forschen und zur Theoriebildung. Vielfältige Fragen begleiten diese Erörterungen: Warum spielt das Kind? Hat das „Spiel" einen Nutzen? In welchem Bezug steht das „Spiel" zum täglichen Leben? Wie werden die Spielprozesse von den Spielern gestaltet? Was spiegelt sich in den Spielprozessen? Wie entwickelt sich das Spielverhalten der Menschen? Welche Spielformen gibt es? Eine generelle Aussage bildet den Kern all dieser Diskurse: Das „Spiel" ist, wie auch immer, in die Lebensbewältigung des Menschen eingebunden.[1] In Spielprozessen und durch das „Spiel" wird die Existenz der Menschen in der Welt thematisiert. Dies gilt insbesondere für das Kind, das in Spielprozessen und in der Konstruktion von Spielen eine Form der Lebensbewältigung findet, die ihm und seinen Möglichkeiten angemes-

---

1 Vgl. Oerter, Rolf: Psychologie des Spiels, Quintessenz Verlag, München 1993, S. 256 und 316.

sen ist. „Jedes Spiel ist in diesem Sinne ein Lösungsmuster, das all diese individuellen und sozialen Kompetenzen zusammenbindet und ihre jeweilige Verschränkung situativ gewichtet. Jedes neue Spiel bildet neue Muster solcher Zusammenhänge, in denen persönliche Kompetenz, soziale Aufträge im Hinblick auf mögliche Zukünfte in der Gegenwart und zum Teil eben auch aus der Sicht der Vergangenheit zusammengefügt werden."[2]

Bei dieser Komplexität des Gegenstandes bietet es sich an, die verschiedenen Argumentationslinien, Wissenschaftsorientierungen und Fragerichtungen zu ordnen und sie verschiedenen Diskursbereichen zuzuordnen. Eine mögliche Form der Zuordnung könnte sich an eher allgemeinen und generellen Forschungsfragen orientieren:

- Was motiviert die Menschen zu spielen?

- Welche Funktionen haben Spielprozesse und Spielkonstrukte?

- Welche individuellen und gesellschaftlichen Einflüsse wirken auf Spielprozesse und Spielkonstrukte ein?

So interessant die an diesen Fragen orientierten Diskurse auch sein mögen, sie besitzen weder genügend Trennschärfe noch erlauben sie es, verschiedene Wissenschaftsdisziplinen genügend deutlich voneinander zu trennen. Ein weiterer Nachteil besteht darin, mit dieser Frageorientierung keinen systematischen Zugang zu den wichtigsten Diskursen zum Bereich „Spiel" zu finden.

Brian Sutton-Smith hat mit seinem neueren Buch u.a. die Absicht, Zusammenhänge im Feld der „Spieltheorien" aufzuzeigen. Er ist der Auffassung, dass einiges von dem Durcheinander auf diesem Feld auf mangelnde Klarheit über die gängigen Diskurse zum Bereich des „Spiels" zurückzuführen ist.[3] Die Lösung besteht für ihn darin, alles, was über Spiel gedacht wurde, sieben verschiedenen „rhetorics" zuzuordnen: „The word *rhetorics* is used here in its modern sense, as being persuasive discourse, or an implicit narrative, wittingly or unwittingly adopted by members of a particular affiliation to persuade others of the varacity and worthwhileness of their beliefs."[4] Die sieben „rhetorics" lauten wie folgt:

1. The rhetoric of play as progress.
2. The rhetoric of play as fate.
3. The rhetoric of play as power.
4. The rhetoric of play as identity.

---

2 Schäfer, Gerd E.: Spielphantasie und Spielumwelt, Juventa Verlag, Weinheim und München 1989, S. 64.

3 Sutton-Smith, Brian: The Ambiguity of Play; Harvard University Press, Cambridge u.a. 1997, S. 7.

4 Sutton-Smith, Brian: The Ambiguity of Play; Harvard University Press, Cambridge u.a. 1997, S. 8.

5. The rhetoric of play as the imaginary.
6. Rhetorics of the self.
7. The rhetoric of play as frivolous.

Mit diesen sieben „rhetorics" ist in der Tat der große Bereich des Nachden-
kens über das „Spiel" in relativ überschaubare Diskurse gegliedert worden.
Die Kriterien, die Sutton-Smith zu Gunsten dieser „rhetorics" anführt, sind
gut nachvollziehbar.[5] Die „rhetorics" beziehen sich auf die historische Abfolge, in denen sie entstanden sind, und auf das jeweilige kulturelle Umfeld,
für das sie Ausdruck sind. Insoweit lassen sich auch die wesentlichen Vertreter der jeweiligen „rhetorics" benennen. Dies gilt auch für die wissenschaftlichen Fachdisziplinen, die man den jeweiligen „rhetorics" zuordnen
könnte. Anhand der „rhetorics" lässt sich auch gut zeigen, wie das „Spiel"
Eingang in die kulturellen Traditionen gefunden hat. Die „rhetorics" bieten
eine gute Möglichkeit, sich in verschiedenen Gruppen (Spieler, Wissen-
schaftler) anhand unterschiedlicher „rhetorics" über die Spielprozesse zu
verständigen.

Gleichwohl wollen wir diese „rhetorics" bei unserem Vorhaben, wichtige
Gedanken zum „Spiel" systematisch aufzuzeigen, nicht nutzen. Die „rhetorics" sind eher historisch und pragmatisch orientiert und betonen unterschiedliche Sichtweisen. Sie sind weniger geeignet, einen systematischen
Zugang zu dem zu finden, was wir über das „Spiel" wissen.

Eine brauchbare Systematik könnte sich darauf beziehen, aus welcher
Blickrichtung die Phänomene des „Spiels" gesehen werden. Orientieren
sich die Diskurse an der Zukunft von Spielprozessen („Hier-und-Dann"),
richten sie sich auf die Vergangenheit („Hier-und-Damals") oder konzentrieren sie sich auf die Gegenwart, also auf das „Jetzt" des Spielprozesses
(„Hier-und-Jetzt")? Ferner kann man unterscheiden, ob sich der Diskurs auf
das „Hier" des Spielgeschehens bezieht oder auf das „Dort" der unmittelbar
erfahrene Umwelt (z.B. in Familie und Kindergarten) bzw. auf das „Stets"
des kulturellen und gesellschaftlichen Umfeldes. Nach dieser Systematik
ließen sich neun verschiedene Betrachtungsstandpunkte der Diskurse voneinander unterscheiden (siehe Abbildung „Blickrichtungen der Diskurse").

In den folgenden Abschnitten dieses Kapitels wollen wir, in der gebotenen
Kürze, einiges von dem Wissen und dem Nachdenken über „Spiel" anhand
dieser Systematik vorstellen. In diesem Kapitel wird einiges von dem aus-
gebreitet, was in den verschiedenen Diskursen über das „Spiel" entwickelt
und erforscht wurde, im Wesentlichen aber geht es aber um das „Nachdenken". Nachdenken heißt, die Gedanken „nach zu denken", die über das
„Spiel" gedacht wurden und gedacht werden. Es wird darauf ankommen,
diese Denklinien deutlich zu machen, sie nach zu verfolgen, den Spuren des

---

5 Sutton-Smith, Brian: The Ambiguity of Play; Harvard University Press, Cambridge
u.a. 1997, S. 15.

Denkens bis in unsere Zeit zu folgen und aufzuzeigen, was diese Diskurse an Erkenntnissen über das „Spiel" erbracht haben.

Abbildung 7:

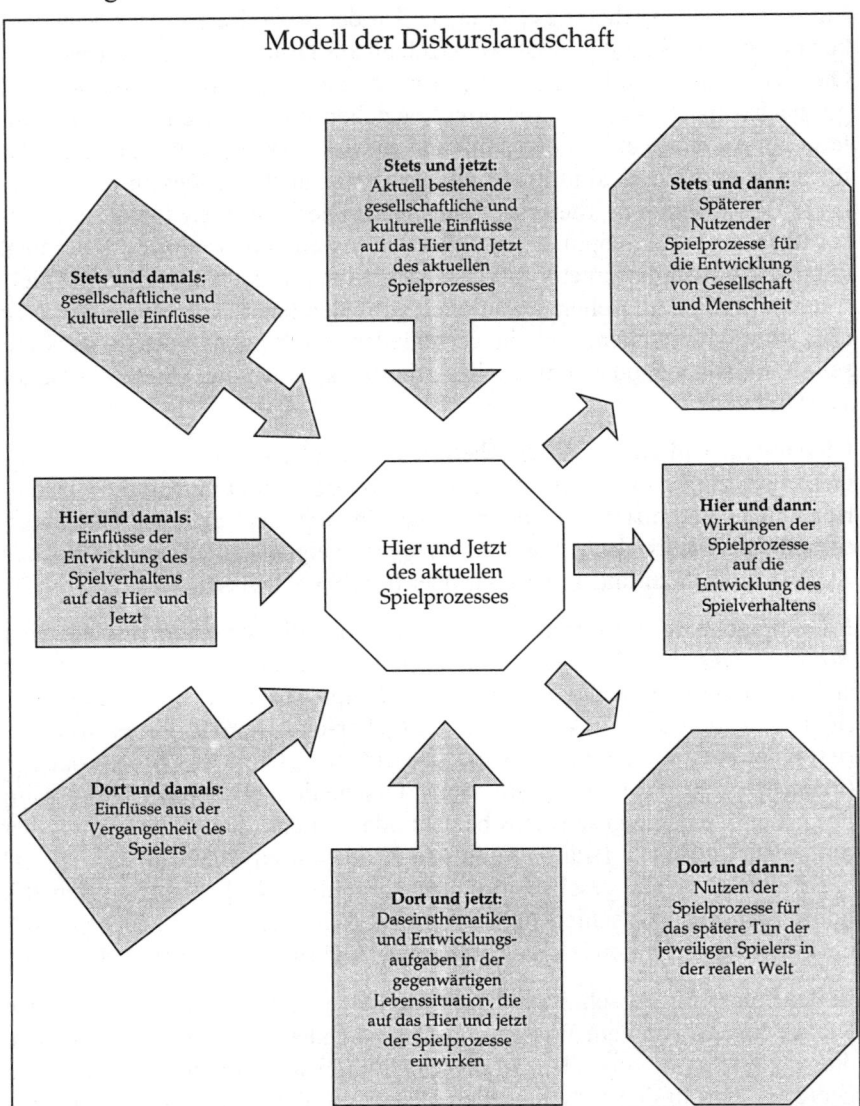

Modell der Diskurslandschaft

Stets und damals:
gesellschaftliche und kulturelle Einflüsse

Stets und jetzt:
Aktuell bestehende gesellschaftliche und kulturelle Einflüsse auf das Hier und Jetzt des aktuellen Spielprozesses

Stets und dann:
Späterer Nutzender Spielprozesse für die Entwicklung von Gesellschaft und Menschheit

Hier und damals:
Einflüsse der Entwicklung des Spielverhaltens auf das Hier und Jetzt

Hier und Jetzt des aktuellen Spielprozesses

Hier und dann:
Wirkungen der Spielprozesse auf die Entwicklung des Spielverhaltens

Dort und damals:
Einflüsse aus der Vergangenheit des Spielers

Dort und jetzt:
Daseinsthematiken und Entwicklungsaufgaben in der gegenwärtigen Lebenssituation, die auf das Hier und jetzt der Spielprozesse einwirken

Dort und dann:
Nutzen der Spielprozesse für das spätere Tun der jeweiligen Spielers in der realen Welt

4.2. Nützlichkeit

Einer der ältesten Diskurse über das „Spiel" konzentriert sich auf die Frage, ob und inwieweit Spielprozesse „nützlich" für das weitere Leben sein könnten. Sie sind nicht auf das „Hier-und-Jetzt" des jeweils aktuellen Spielprozesses gerichtet, sondern auf die Zukunft, auf das „Dann". Im Kern wenden sich die Diskurse von den Spielprozessen insgesamt ab und orientieren an dem „Dort" zukünftiger Lebenssituationen in der realen Welt. Damit gehören diese Diskurse in den Quadranten „Dort-und-Dann". Wie sind diese Diskurse in der Geistesgeschichte Europas verankert?

Parallel zur Verbannung des Spiels in den Bereich der Kindheit zieht sich durch die Geistesgeschichte Europas der Gedanke, das „nutzlose Spiel" für die Erziehung der Kinder zu verwenden, um sie so sicher auf die Wirklichkeit der Gesellschaft festzulegen. Von Aristoteles über die Pädagogen der Renaissance und Aufklärung bis heute, lässt sich die Absicht verfolgen, über Spielprozesse das Kind zum Lernen bestimmter Inhalte und Fähigkeiten zu überlisten, es also dazu zu bringen, sich die reale Welt so anzueignen, wie die Erwachsenen sie verstehen. Pädagogisch domestiziert, so der Kern dieses Gedankens, kann das „nutzlose Spiel" durchaus seinen Nutzen für die Entwicklung des Kindes zeigen.

Ein typischer Vertreter dieser Geistesrichtung ist John Locke (1693): „Alle Spiele und Ergötzungen der Kinder sollten auf gute und nützliche Gewohnheiten hingelenkt werden, andernfalls führen sie zu schlimmen. (...) Ich habe gesehen, wie kleine Mädchen ganze Stunden lang miteinander übten und sich vielen Mühen unterzogen, um sich im Tippsteinspiel, wie sie es nennen, zu vervollkommnen. Während ich das sah, dachte ich, es bedürfte nur einer guten Erfindung, um sie zu veranlassen, dass sie all diesen Eifer auf etwas verwenden, das ihnen nützlich wäre."[6] Diese Auffassung wird bereits in der Aufklärungszeit nicht mehr von allen Pädagogen geteilt. So wird von Rousseau das Spiel nicht nur geduldet, sondern als ureigenstes Recht des Kindes angesehen. Rousseau (1762) hat deutlich herausgestellt, dass das Spiel an sich bereits eine Fülle von Lernmöglichkeiten für das Kind bereithält. Wichtig ist ihm, dass Spiel Spiel bleibt und sich nicht in Arbeit verkehrt: „Übringes muss man immer bedenken, dass dies nichts anderes ist und sein soll als Spiel, leichte und freiwillige Leistung der Bewegungen, die die Natur von ihnen erfordert, eine Kunst, ihre Vergnügungen zu variieren, um sie ihnen angenehmer zu machen, ohne dass jemals der mindeste Zwang sie in Arbeit verkehre."[7]

Die Auseinandersetzung um die Nützlichkeit des Spiels und seiner pädagogischen Indienstnahme hat sich fortgesetzt. Guts Muths (1796) kommt zur Einschätzung, „dass die Spiele auf den Charakter merklich Einfluss haben werden, dass sie daher zu den Erziehungsmitteln ganzer Nationen gehören. (...) Können die Spiele auf ganze Nationen wirken und in ihrem Zustand eine merkliche Veränderung hervorbringen, so sind sie auch ein Erziehungs-

---

6 Zitiert nach: Scheuerl, Hans (Hrsg.): Theorien des Spiels, Beltz Verlag, Weinheim und Basel 1965, S. 18 f.
7 Zitiert nach: Scheuerl, Hans (Hrsg.): Theorien des Spiels, Beltz Verlag, Weinheim und Basel 1965, S. 23.

mittel für die Jugend."[8] Der Zielkatalog von Guts Muths ist recht ansehnlich: „Spiele müssen daher Übungen sein, die für die Jugend, für die Alten auch, auf irgendeine Art vorteilhaft sind. Sie müssen den Körper bald mehr, bald minder bewegen und seine Gesundheit befördern, es geschehen nun durch Laufen, Springen usw. oder durch fröhliches Lachen und sanftere Bewegung. Sie müssen Schnelligkeit, Kraft und Biegsamkeit in die Glieder bringen, den Körper bald zufällig, bald absichtlich gegen Schmerz abhärten und bald diesen, bald jenen Sinn in lebhafte Tätigkeit versetzen. Sie müssen für die Jugend unterhaltsam sein, bald ihre Erwartung, bald ihre Ehrliebe, bald ihre Tätigkeit spannen, bald ihre zu große Empfindlichkeit abstumpfen, ihre Geduld prüfen, ihre Besonnenheit und ihren jugendlichen Mut gewissermaßen auf die Probe stellen. Sie seien endlich Übungen für Beobachtungsgeist, Gedächtnis, Aufmerksamkeit, Phantasie, Verstand usw. Wir haben kein Spiel, das diesen viel sagenden Forderungen allein und vollkommen Genüge leistet, aber doch viele, die sich diesem Bilde sehr nähern, wenigstens bald dieser, bald jener Forderung entsprechen."[9]

Um 1900 brachte Karl Groos zwei Bücher heraus, die die Diskurse um die Nützlichkeit des Spiels nachhaltig beeinflussen sollten: „Die Spiele der Menschen" und „Die Spiele der Tiere". Der Kerngedanke von Groos ist, dass Spielprozesse nützlich seien, weil in ihnen eine „absichtslose Selbstausbildung" der Menschen (und höherer Tiere) erfolge. Im Spiele erlerne das Kind durch Experiment und Nachahmung wesentliche motorische, sensorische, psychische und soziale Fähigkeiten. „Die Selbstausbildung, von der wir hier reden, vollzieht sich aber (natürlich ohne bewusste Absicht) vor allem im Spiel. Das ist die erste und ursprünglichste Form, in der uns der gewaltige Lebenswert des Spielens entgegentritt: das Spiel als Einübung, als Selbstausbildung des heranwachsenden höheren Lebewesens."[10]

Der Nutzen des Spiels erweist sich für Groos u.a. in seinem Nutzen für das spätere Tun des Kindes. Neben der Orientierung am „Dort-und-Dann" sind für Groos auch weitere Funktionen der Spielprozesse wichtig: die Ergänzung des Lebens, die Erholung von der Arbeit und schließlich die „Erlösung aus aller Unvollkommenheit des Wirklichen."[11] In der Rezeption der Arbeiten und Gedanken von Groos zeigte sich eine Verengung auf den Aspekt der Einübung in Richtung auf eine „Pädagogisierung des Spiels", die bereits bei Groos angelegt ist: „Die Erziehung hat die Aufgabe, an jene absichtslose Selbstausbildung durch das Spiel anzuknüpfen und von da aus

---

8 Zitiert nach: Scheuerl, Hans (Hrsg.): Theorien des Spiels, Beltz Verlag, Weinheim und Basel 1965, S. 23.
9 Zitiert nach: Scheuerl, Hans (Hrsg.): Theorien des Spiels, Beltz Verlag, Weinheim und Basel 1965, S. 29.
10 Das Spiel. Zwei Vorträge von Karl Groos, Verlag Gustav Fischer, Jena 1922, S. 4.
11 Das Spiel. Zwei Vorträge von Karl Groos, Verlag Gustav Fischer, Jena 1922, S. 18.

den Zögling zu der bewussten Selbsterziehung hinüberzuführen, deren Forderungen den Menschen bis an sein Ende begleiten."[12]

Die Begründung des Spiels aus seinen äußeren, auf die Zukunft im Dort-und-Dann gerichteten Zwecken wird insbesondere unter dem Gesichtspunkt kritisiert, dass damit ein tief greifendes Missverständnis der Spieltätigkeit des Kindes verbunden sei. Dieses Missverständnis „besteht im Wesentlichen darin, gar nicht das Spielen als eine selbst hervorgebrachte, eigenaktive Tätigkeit des Kindes zu thematisieren; es besteht außerdem darin, zu übersehen, dass das Spielen zumeist als eine eigene kindliche Verhaltensform funktioniert, die ihren Erlebens- und Verhaltenswert in sich selbst trägt, indem sie die kindliche Gegenwart als solche gestaltet, und besonders dadurch gekennzeichnet ist, frei von äußeren Zwecken zu sein."[13] Diese Kritik an Groos kommt nicht aus der Diskurs-Arena des „Dort-und-Dann", sondern aus der des „Hier-und-Jetzt". Es sind zwei unterschiedliche Perspektiven, aus der Spielprozesse gesehen werden - und jede Perspektive kann gute Gründe für ihre Legitimation heran führen.

Bleiben wir also noch einige Zeit in der Diskurs-Arena des „Dort-und-Dann". Der Gedanke einer generellen und unspezifischen *sozialen* Nützlichkeit des „Spiels" ist von Geoge Herbert Mead (1956) herausgestellt worden. Das Ich des Spielers findet seine Identität durch das Verständnis der Rolle des Anderen: „Wenn wir dem kindlichen Spielen die Situation in einem Spiel, das nach Regeln stattfindet, gegenüberstellen, finden wir als entscheidenden Unterschied, dass das Kind in einem Spiel nach Regeln bereit sein muss, die Haltung eines jeden Beteiligten zu übernehmen und dass diese verschiedenen Rollen zueinander in einer ganz bestimmten Beziehung stehen müssen. (...) Das Spiel ist also ein Beispiel für die Situation, aus welcher eine organisierte Persönlichkeit entsteht. In dem Maße, in dem das Kind tatsächlich die Haltung des anderen übernimmt und die Haltung des anderen darüber bestimmen lässt, was es, bezogen auf ein gemeinsames Ziel, tun wird, wird es ein organisches Mitglied der Gesellschaft."[14]

Die Vorstellung, dass im Spiel auch soziale Fähigkeiten gelernt werden können, hat sich auf die Pädagogik recht befruchtend ausgewirkt. Mit Beginn der siebziger Jahre ist eine schier unübersehbare Flut von Büchern auf den Markt gelangt, die „soziale Spiele" (vornehmlich Rollenspiele) in den Mittelpunkt didaktischer und methodischer Erörterungen gerückt hat. Mit Hilfe von gezielt ausgewählten und methodisch angemessen gehandhabten Rollenspielen sollten die sozialen Fähigkeiten von Kindern bewusst ausgebildet und soziale Defizite behoben werden. Dieser Nützlichkeitsgedanke in Hinblick auf „soziale Spiele" hat teilweise zu einer ausdifferenzierten „Le-

---

12 Das Spiel. Zwei Vorträge von Karl Groos, Verlag Gustav Fischer, Jena 1922, S. 11.
13 Mogel, Hans: Psychologie des Kinderspiels, Springer-Verlag, Berlin u.a. 1994, S. 22
14 Mead, George Herbert: Sozialpsychologie, Luchterhand Verlag, Neuwied 1969, S. 276 f.

gitimierungspraxis" geführt: Jede Methode, jede Spielplanung, jedes einzelne Spiel wurde mit einem Lernzielkatalog versehen, als ob Spielprozesse immer aufs Neue ihre Nützlichkeit belegen müssten.

Zunächst steckt hinter der „Pädagogisierung des Spiels" die Angst, dass da etwas Unkontrolliertes sich entwickeln könnte und dass man nicht alle Einflussmöglichkeiten genutzt hätte. Andererseits verknüpft sich bei einer Orientierung am „Dort-und-Dann" mit den geplanten Spielprozessen die Hoffnung, das Kind angemessen zu fördern und seine Entwicklung voranzubringen. Ziel allen Bemühens ist es, das Kind zur Übernahme der eigenen Wirklichkeitsvorstellungen zu bewegen. Es soll in Spielprozessen lernen, die Welt „richtig" zu sehen und sich in ihr angemessen zu verhalten. Die entscheidende Frage ist, ob das Spiel - zumal das „pädagogisch domestizierte" - dazu etwas Wesentliches beitragen kann oder ob der „pädagogische Optimismus" die Möglichkeiten des Spiels falsch einschätzt. Eine andere wichtige Frage ist, ob mit diesen Erwartungen den Spielprozessen nicht etwas zugemutet wird, was ihrer Eigenart im Grunde zuwider läuft.

Diese Fragen können aus der Diskurs-Arena des „Dort-und-Dann" allein nicht angemessen beantwortet werden. Die mit anderen Perspektiven gewonnenen Erkenntnisse müssten mit einbezogen werden, um zu ausgewogenen Antworten zu gelangen.

4.3. Gegenwärtigkeit und Lebendigkeit

In deutlichem Gegensatz zum Aspekt der Nützlichkeit betont der Bezug auf das „Hier-und-Jetzt" der Spielprozesse seine „vitalisierenden" Kräfte, die keiner Legitimierung in der Zukunft bedürfen und für sich allein schon Grund genug sind, Spielprozesse als sinnvoll anzusehen. Schleiermacher (1826) wendet sich entschieden gegen den Gedanken, die Gegenwart des Spiels von seinem zukünftigen Nutzen abhängig zu machen: „Darf man überhaupt zugestehen, dass ein Lebensaugenblick als bloßes Mittel für einen anderen diesem anderen könne aufgeopfert werden?"[15] Für Schleiermacher gehört zum Spiel die Befriedigung des Moments ohne Rücksicht auf die Zukunft.

Hundert Jahre später knüpft Karl Bühler (1927) an diesen Gegenwartsbezug des Spiels an: „Die Natur opfert nicht wie ein schlechter Schulmeister die Gegenwart der Zukunft. Das Kind erlebt zum mindesten im Spiel die Erfüllung seines Denkens in der Gegenwart, die Motivation seines Handelns muss aus der Gegenwart verstanden werden."[16] Diese Gegenwart im Spiel-

---

15 Zitiert nach: Scheuerl, Hans (Hrsg.): Theorien des Spiels, Beltz Verlag, Weinheim und Basel 1965, S. 43.
16 Bühler, Karl: Die Krise der Psychologie, Verlag Gustav Fischer, Jena 1927, S. 105; zitiert nach: Scheuerl, Hans (Hrsg.): Theorien des Spiels, Beltz Verlag, Weinheim und Basel 1965, S. 96.

prozess ist durch „Funktionslust" gekennzeichnet, also durch Spaß am angemessenen Funktionieren des Körpers, der Anreiz zu immer neuer Betätigung ist. Für Bühler ist der Spielprozess eine Tätigkeit, die mit Funktionslust ausgestattet ist und von dieser Funktionslust direkt oder um ihretwillen aufrechterhalten wird. Spielprozesse sind damit Ausdruck der Lebenskraft und der Lebensfreude.

Damit Spielprozesse entstehen können, damit Lebenskraft und Lebensfreude sich einstellen, müssen Möglichkeiten gegeben sein, die gesamte Aufmerksamkeit auf gerade diese Tätigkeit zu richten, ohne dass sich die Umwelt störend bemerkbar macht: „Wir werden nicht gezwungen, auf die vielen verschiedenen Dinge Acht zu geben, wir brauchen keine Aufmerksamkeit auf die unzähligen Nebenereignisse und Ablenkungen des täglichen Lebens zu richten, sondern wir beschränken uns lediglich auf einen ganz kleinen Bereich: die Sandkiste, das Spielzimmer, den Sportplatz, das Schachbrett. Diese geben uns eine unmittelbare Rückmeldung. Jede unserer Handlungen ist in diesem Spielbereich bedeutsam, jede Handlung führt zu einem Ergebnis. (...) Alles ist sehr klar, obwohl es von Augenblick zu Augenblick aufregend und ungewiss ist. (...) Unsere Gefühle und die Gegenstände außerhalb unserer selbst sind eins. Kinder verwandeln Holzklötze unter Gefühlsbeteiligung in Autos; Tennisspieler müssen den Flug des Balles *fühlen,* wenn sie angemessen reagieren sollen. Spiel löscht Absonderung und alle Formen von Sachlichkeit und Objektivität aus, mit denen der Weg zur wissenschaftlichen Weisheit gekennzeichnet ist. Das erzeugt das Gefühl der Lebendigkeit. Wenn das Spiel vorbei ist, berichten wir stets, dass wir Freude daran hatten. Freude ist offensichtlich die Reaktion auf das Gefühl der Lebendigkeit."[17]

Häufig sind die Vollzüge des täglichen Lebens so, dass man sich darin nicht in vollem Umfang wieder finden und so sein ganzes Selbst hineinlegen kann. Oftmals ist das Leben mit seinen immer wiederkehrenden Routinen geradezu langweilig. Spielen unterbricht den täglichen Alltag, bringt Abwechslung und macht das Leben interessanter. Andere Möglichkeiten der Wirklichkeit klingen an und erlauben es, sich anders als sonst zu erfahren: mit ganzem Herzen dabei, ungeteilt, lebendig.

Warum ist es gerade im Spiel möglich, sein ganzes Selbst hineinzulegen und das Gefühl der Lebendigkeit zu erfahren? Im Gegensatz zu den Routinen des täglichen Lebens erfüllt das Spiel ein lustvolles Spannungsbedürfnis der Menschen. Diese lustvolle Spannung, weder zu stark und bedrohend noch zu schwach, wird im Spiel gesucht und in den Spielhandlungen immer neu aufgerichtet. Die Spannungsmomente des Spiels sind für Heinz Heckhausen (1963) in *Aktivierungszirkeln* gebunden. Heckhausen stellt zwei Haupteigenschaften des Aktivierungszirkels heraus: „Die Erste besteht dar-

---

17 Sutton-Smith, Brian und Shirley: Hoppe Hoppe Reiter. Die Bedeutung von Kinder-Eltern-Spielen, Piper Verlag, München und Zürich 1986, S. 233 f.

in, dass das Affekterleben ständig um einen mittleren Spannungsgrad herumpendelt, der gleich weit entfernt ist von matter Langeweile einerseits und überwältigendem Affekt andererseits. (...) Ein mittlerer Aktivierungsgrad und ein rascher Aktivierungszirkel werden als ausgesprochen angenehm, unterhaltsam, ja lustvoll erregend empfunden. Anregungskonstellationen, durch welche sie ausgelöst werden, wirken anziehend und werden spontan aufgesucht."[18]

Welche Anteile im Spiel bewirken diese Anregungskonstellationen? Heckhausen bezeichnet sie als Diskrepanzen: Ungleichheiten, Unterschiede, Abweichungen, Unverträglichkeiten, Brüche, Unstimmigkeiten und Widersprüche. Heckhausen unterscheidet vier Kategorien solcher Diskrepanzen, die auf ihre Weise das Spiel in Gang halten und bestimmen:

- Abweichungen zwischen gegenwärtigen und früheren Wahrnehmungen. Darauf baut sich eines der stärksten menschlichen Motive auf: Die Neugierde. Ein Spiel wird als spannend empfunden, wenn es für den Spieler etwas Neues bietet.

- Widersprüche zwischen Wahrnehmungen und Erwartungen. Das Spiel gewinnt seinen Reiz durch Überraschungen.

- Unstimmigkeiten zwischen Teilen des gegenwärtigen Wahrnehmungsfeldes. Solche Unstimmigkeiten werden als Verwickeltheit wahrgenommen und ziehen die Aufmerksamkeit auf sich. Der Spieler bemüht sich, Zusammenhänge wahrzunehmen und gemäß dieser Erkenntnisse auf das Spielgeschehen einzuwirken. Viele Denk- und Rätselspiele gewinnen durch die Verwickeltheit ihren Spielreiz.

- Unterschiede zwischen verschiedenen Erwartungen. Diese Unterschiede bewirken Gefühle von Ungewissheit und Spannung. Spiele, deren Ausgang ungewiss ist (Glücksspiele) und die Risiken enthalten (Mutproben), führen gerade wegen dieser Ungewissheit zu lustvoll erlebten Aktivierungszirkeln. Günstig ist ein „mittlerer Ungewissheitsgrad". Spiele dieser Art weisen einen Schwierigkeits- oder Gefährlichkeitsgrad auf, dessen Bewältigung keineswegs schon gesichert ist, sondern immer noch eine gewisse Wahrscheinlichkeit des Scheiterns enthält.

Die von Heckhausen entwickelte Theorie des „Aktivierungszirkels" gibt Aufschluss darüber, wie ein Spielkonstrukt von seiner Struktur her beschaffen sein muss, damit Spannung aufkommen kann, die als lustvoll erlebt wird: Es muss die Neugierde ansprechen, Überraschungen bieten, Problemlösungsverhalten stimulieren oder Momente von Ungewissheit und Risiko enthalten. Nicht erklären kann diese Theorie, warum es zu großen Unterschieden bei der Wahl gleich spannender Spielkonstrukte kommen kann.

---

18 Heckhausen, Heinz: Entwurf einer Psychologie des Spielens; in: Flitner, Andreas: Das Kinderspiel, Piper verlag, München 1973, S. 137 f.

Ungeklärt durch diese Theorie bleibt auch, warum manche Kinder ausgeprägte Vorlieben für bestimmte Spielkonstrukte haben, die für diese Kinder nach so häufigen Spielprozessen gewiss nicht mehr Neugierde auslösen oder Überraschungen bieten können. Die Theorie des „Aktivierungszirkels" erklärt das „Entgegenkommen" von Spielkonstrukten, sie klärt jedoch nicht die „Erwartung" der Spieler an das Spielkonstrukt und den Spielprozess hinreichend auf. Dazu bedarf es anderer Blickwinkel, die sich nicht (nur) auf das „Hier-und-Jetzt" des aktuellen Spielprozesses begrenzen.

Unter Rückgriff auf die von Csiksentmihalyi entwickelte „Flow-Theorie" lassen sich die Faszinationskraft des Spielprozesses, das Aufgehen in diesem Prozess, die Verschmelzung der Spielenden mit der Umwelt und das Gefühl der Selbsterweiterung recht gut erklären. Schauen wir uns dies anhand der Elemente von „Flow" etwas genauer an:[19]

1. Sicheres Kennzeichen von „Flow" ist das *Verschmelzen von Handlung und Bewusstsein*. Die ungeteilte Aufmerksamkeit gilt ganz der Tätigkeit. Ablenkende Nebengedanken treten nicht auf. Auch wird die eigene Person während des Flow-Zustandes nicht reflektiert. Dies kann bis zum Verlust des Bewusstseins seiner selbst gehen: „Was gewöhnlich im *flow* verloren geht, ist nicht die Bewusst-heit des eigenen Körpers oder der Körperfunktionen, sondern lediglich das Selbst-*Konstrukt,* die vermittelnde Größe, welche wir zwischen Stimulus und Reaktion einzuschieben lernen."[20]

Dieses Merkmal des Verschmelzens von Handlung und Bewusstsein ist typisch für Spieler, die ganz in ihrem Spielprozess versunken sind und sich daraus nicht entfernen möchten, ja selbst Hunger und Müdigkeit als „Störungen" des gewünschten Gefühls empfinden. Ganz „verschmolzen" mit der Tätigkeit achten sie auch nicht auf die Zeit, auf Verpflichtungen in der realen Welt oder auf die Folgen lang andauernden Spielens.

2. Damit es zu einem Flow-Gefühl kommt, muss die *Aufgabe zu bewältigen* sein. Ist sie zu schwierig, stellen sich Gefühle von Angst, Wut und Ärger ein. Von daher kommt „Flow" am häufigsten bei Aktivitäten mit klar umrissenen Handlungsregeln vor, bei denen überschaubar ist, was auf einen zukommen kann und ob die Aufgabe im Bereich der eigenen Leistungsfähigkeit liegt. „Flow" wird dann erlebt, wenn ein Gleichgewicht zwischen den Handlungsforderungen und den eigenen Fähigkeiten und Handlungsmöglichkeiten besteht. Flow-Aktivitäten sind also mit denen

---

19 In Hinblick auf diese Elemente beziehen wir uns auf Csikszentmihalyi, Mihaly: Das Flow-Erlebnis, Verlag Klett-Cotta, Stuttgart 1992, S. 61ff. und Csikszentmihalyi, Mihaly: Das *flow*-Erlebnis und seine Bedeutung für die Psychologie des Menschen; in: Csikszentmihalyi, Mihaly und Isabella S.: Die außergewöhnliche Erfahrung im Alltag, Verlag Klett Cotta, Stuttgart 1991, insbesondere S. 44 ff.
20 Csikszentmihalyi, Mihaly: Das Flow-Erlebnis, Verlag Klett-Cotta, Stuttgart 1992, S. 67.

für eine Person optimalen Herausforderungen verwoben. Sind die Herausforderungen zu gering, tritt Langeweile ein, steigen sie deutlich über die eigenen Möglichkeiten, kommen Angst und Wut auf. Welche Herausforderungen optimal sind, hängt von der subjektiven Wahrnehmung sowohl der Herausforderung als auch der eigenen Fähigkeiten ab. Mit der selbst bestimmten Wahl der Herausforderung kann versucht werden, eine Situation festzulegen, in der „Flow" auftreten kann. Dabei ist zu berücksichtigen, dass man die Schwierigkeit ständig ein klein wenig erhöhen muss, um das Flow-Gefühl nicht zu verlieren. Die Flow-Dynamik veranlasst den Menschen, immer neue Herausforderungen zu suchen und die dafür notwendigen Fähigkeiten zu entwickeln.

Klar umrissene und überschaubare Handlungsregeln sind ein typisches Merkmal von Regelspielen. Zur Spannung im Spiel gehört es, ob man die Spielforderungen erfüllen kann oder nicht. Sehr starke emotionale Wirkungen treten in Hinblick auf den Erfolg im Spiel auf. Das Regelspiel muss also mit Leistungsforderungen verknüpft sein, die die Spieler gerade noch unter Anstrengung bewältigen können. Nur dann können Flow-Erlebnisse eintreten: Dann gelingt „alles", und alles läuft wie geschmiert. Aus diesem Grunde suchen sich die Spieler gleichwertige Gegner aus, also Gegner, bei denen der Spielausgang ungewiss ist.

3. Das Flow-Gefühl erfordert *große Konzentrationsleistungen*. Alle Probleme und Handlungsimpulse müssen außerhalb der „eigentlichen" Tätigkeit verbleiben. Gefordert ist die Zentrierung der Aufmerksamkeit auf ein beschränktes Stimulusfeld. Aus diesem Grunde müssen auch alle möglichen „Störstimuli" außerhalb des Aufmerksamkeitskreises gehalten werden. Das gilt auch für Gedanken, die mit den Folgen der Tätigkeit verbunden sind (z.B. Geld- und Prestigegewinn; Einbußen an Gesundheit). Idealerweise tritt Flow beim „reinen" Aufgehen in der Tätigkeit ein, also unter Ausschluss jeglicher Gedanken über Resultate, Belohnungen und Wirkungen.

Bestimmte Spielprozesse fordern in erheblichem Maße diese „ungebrochenen" Konzentrationsleistungen. Während des Spielprozesses existiert nichts anderes als eben dieses „Spiel" und die damit verbundenen Tätigkeiten. Im Grunde handelt es sich um einen selbst verstärkenden Aktivierungszirkel. Der Spieler erfährt, dass durch seine Konzentrationsleistung (die im Wesentlichen eine Selbstkontrolle ist) die Kontrolle des Spiels und damit auch eine Kontrolle des Erfolges möglich werden. Indem der Spieler lernt, den Spielprozess zunehmend zu beherrschen, gewinnt er auch Herrschaft über sich: seine Konzentrationskraft macht ihn gelassen und ruhig; er ist ganz im Hier-und-Jetzt. Sein Erfolg im Spielprozess ist eine erfolgreiche Meisterung der unmittelbaren Gegenwart. Die ungebrochene große Konzentrationsleistung führt dazu, die Umwelt während des Spiels weitgehend auszugrenzen. Auch das kann für bestimmte Spielprozesse wirksam werden.

4. Das Gefühl, in der Situation *alles unter Kontrolle* zu haben, gehört zu den wichtigen Merkmalen des Flow-Erlebens. Erst wenn man „alles im Griff" hat, kann sich „Flow" einstellen. Beunruhigend sind allemal Situationen, die man nicht unter Kontrolle hat. Man muss dann Distanz zur Situation und zu den eigenen Gefühlen aufbauen, um wieder handlungsfähig zu werden. Erst wenn man das sichere Gefühl erlangt hat, die Herausforderungen bewältigen zu können, kann man mit der Tätigkeit verschmelzen, weil dann nicht mehr die Notwendigkeit besteht, aus der Aktivität reflektierend herauszutreten.

In bestimmten Regelspielen (insbesondere solche mit starker Wettbewerbsorientierung) mündet die Leistungsforderung in die Notwendigkeit ein, alles unter Kontrolle zu bekommen. Das Motiv, den Spielprozess zu beherrschen, indem man die Spielabläufe kontrolliert, steht im Mittelpunkt des spielerischen Interesses. Erst wenn das „Kontrollmotiv" erfüllt ist, kann sich im Spielprozess „Flow" einstellen. Aus diesem Grunde kann der Kampf um die Kontrolle des Spiels besonders heftig und emotional belastend werden (so etwa bei Sportspielen mit deutlichem Wettbewerbscharakter).

5. Eine weiteres wichtiges Merkmal von „Flow" ist, dass damit *eindeutige Handlungsanforderungen und ebenso eindeutige Rückmeldungen* verbunden sind. In einer Tätigkeit, die „Flow" hervorruft, weiß man genau, was angemessen ist und was nicht. Fehler treten sofort und klar zutage. Der Mensch ist nicht mit unterschiedlichen, sich oft widersprechenden Erwartungen konfrontiert, mit denen er nur distanzierend und reflektierend umgehen kann. Ist man „eingewoben" in eindeutige Handlungsnotwendigkeiten und den damit verbundenen eindeutigen Rückmeldungen, verliert man ein Stück weit das Gefühl, von der Umwelt getrennt zu sein. Man handelt nun in Harmonie und Verbundenheit mit der einen umgebenden Welt.

Der besondere Reiz vieler Spielkonstrukte liegt in der Eindeutigkeit der Handlungsanforderungen. Man bekommt schnell heraus, um was es geht; und man erfährt unverzüglich, ob die Spielhandlungen für das Spielziel angemessen oder unangemessen gewesen sind. Nach einigen Experimenten und Spielerfahrungen haben sich die Spielhandlungen in Bezug auf das Spielgeschehen automatisiert. Der Spieler hält im „Flow" also nicht inne, sondern ist vom spielerischen Erleben so ausgefüllt, dass er nicht mehr distanzierend nachdenkt, sondern handelnd denkt: im spielerischen Handeln sein Denken ungebrochen einfließen lässt.

Oerter sieht im Flow-Erlebnis den Kern der auf die Spieltätigkeiten zentrierten Motivation.[21] Sowohl die Verschmelzung des Spielers mit der Umwelt als auch ein gesteigertes Existenzbewusstsein, z.B. durch die Meisterung der Spielaufgaben, sind in Spielprozessen beobachtbar. „Selbsterhöhung und -erweiterung haben wir in Spielen vor uns, die Risiko und Wettbewerb anbieten, wie z.B. die Regelspiele, oder andere Erfahrungen von Spannung und Lösung, wie die Partnerspiele in der frühen Kindheit (Hoppe, Hoppe, Reiter; Versteckspiele). Verschmelzungserlebnisse, wie sie auch noch von Erwachsenen erfahren werden können, gibt es vor allem bei motorischen Spielen, etwa beim Ballspiel, Surfen, Bergsteigen usw. (...) Gewöhnlich gehen beide Erlebnisformen Hand in Hand. Das Risiko und die Erfahrung seiner Meisterung vermitteln Existenzsteigerung, die Tätigkeitszentrierung führt dagegen zur Erfahrung der Aufhebung der Ich-Schranken. Phantasie- und Rollenspiele liegen bei solchen Grunderfahrungen mehr im Mittelbereich. Die Erfahrung der Existenzsteigerung wird im Konstruktionsspiel auf andere Weise vermittelt. Dort führt die Schaffung neuer Gegenstände (Bauwerk, Knetfigur, Bild) zur Selbsterfahrung, etwas aus eigener Kraft geschaffen zu haben, etwas, das von einem selbst kommt (zu kommen scheint). Dieses Schöpferbewusstsein bildet die Grundlage der erfahrenen Existenzsteigerung.“[22]

Die Betrachtung der Spielprozesse aus der Perspektive des Hier-und-Jetzt ermöglicht es zu verstehen, warum von diesen Prozessen überaus viel Motivationskraft ausgehen kann. Diese Perspektive bleibt jedoch ergänzungsbedürftig, weil sie nicht umfassend genug erklären kann, warum bestimmte Spielkonstrukte bevorzugt und Spielprozesse in je eigener Weise organisiert werden. Ungeklärt bleibt auch, warum insbesondere Kinder über einen längeren Zeitraum bestimmten Spielvorlieben nachgehen und der Spielreiz nicht so rasch erlischt. Offensichtlich spiegelt sich etwas in diesen Vorlieben, was nicht allein mit Blick auf das Hier-und-Jetzt erklärt werden kann.

4.4. Übertragung von Konflikten

Der Gedanke, dass etwas aus der Vergangenheit im Spiel aufscheint, ist relativ neu. Die Perspektive des „Dort-und-Damals“ nimmt z.B. Hall (1906) ein. Er sieht in bestimmten Spielkonstrukten Widerspiegelungen der Lebensweise der Urahnen, die uns seit Äonen von Geschlechtern vererbt sind. Das Ausleben „gespeicherter“ Impulse steht im Mittelpunkt der „Katharsis“-Theorie von Harvey Carr (1902): Idem man spielt, „reinigt“ man sich vom Überschuss drängender instinktiver und triebhafter Zwänge und findet im Spielprozess ein harmloses Auslass-Ventil.

---

21 Oerter, Rolf: Psychologie des Spiels, Quintessenz Verlag, München 1993, S. 7.
22 Oerter, Rolf: Psychologie des Spiels, Quintessenz Verlag, München 1993, S. 7.

Der bedeutsamste Beitrag zur Erkenntnis, dass sich im Spiel Vergangenes, nämlich konflikthafte Situationen aus der Lebensgeschichte des Menschen widerspiegelt, stammt von Freud: „Man sieht, dass die Kinder alles im Spiele wiederholen, was ihnen im Leben großen Eindruck gemacht, dass sie dabei die Stärke des Eindrucks abreagieren und sich sozusagen zu Herren der Situation machen."[23] Die zufälligen und begrenzten Beobachtungen von Freud gaben die ersten Anregungen dafür, sich von den Grundgedanken und Begriffen der Psychoanalyse her auch den Erscheinungen der Spielprozesse zuzuwenden. Neben der Erkenntnis, dass das Kinderspiel eine Fülle von Befriedigungen des Luststrebens möglich macht (z.B. Übernahme attraktiver Rollen wie Vater und Mutter, spielerische Inszenierung lustvoll erfahrene Erlebnisse wie etwa eine Feier), trat die Einsicht, dass viele Kinderspiele auch „jenseits des Lustprinzips" liegen und Unangenehmes und Spannungsvolles enthalten (z.B. Arztbesuch, körperliche Strafen, Reise der Mutter). Die psychoanalytische Theorie der Spielprozesse gründet sich auf die Beobachtung, dass das Kind seine Erlebnisse im Spiel verarbeitet: „Das zur Verarbeitung gelangte Material ist jedenfalls erlebtes Material, also etwa die erlebte Situation zwischen Mutter und Kind zwischen Vater und Mutter, zwischen Lehrer und Schüler usw."[24]

Um die Verarbeitung unlustvoller Situationen in einem Spiel zu erklären, stützt sich die psychoanalytische Theorie des Spiels auf die Lehre vom „Wiederholungszwang". Dabei geht sie davon aus, dass der seelische Organismus die Reize der Außenwelt nur bis zu einer bestimmten Stärke aufnehmen und assimilieren, d.h. psychisch verarbeiten kann. Ist der Außenreiz zu stark und zu mächtig oder tritt er sehr überraschend innerhalb kurzer Zeit auf, ist der seelische Organismus überfordert und behilft sich mit dem Wiederholungszwang: Das traumatische Ereignis taucht in neuer Gestalt wieder auf; der Mensch steht unter dem Zwang, eine von ihm nicht verarbeitete Situation immer wieder neu inszenieren zu müssen. Die Situation der nicht bewältigten Ohnmächtigkeit gegenüber einer übermächtigen Vaterfigur wird z.B. auf andere Situationen des späteren Lebens übertragen: auf Beziehungen zu Lehrern, Geistlichen, Vorgesetzten. Die nicht oder nur unzureichend verarbeiteten Erlebnisse mit dem Vater lasten wie ein Druck auf dem seelischen Organismus und drängen ihn, sich erneut damit zu beschäftigen, und zwar in der Reproduktion dieser Erlebnisse.

Vom Ich des Menschen her gesehen ist dieser Wiederholungszwang ein Versuch, durch „Neuinszenierungen" die nicht verarbeiteten Erlebnisse doch noch zu assimilieren - also nicht nur Schicksal, sondern auch aktiver Versuch, die Beeinträchtigungen der Psyche Schritt für Schritt durch Ver-

---

23 Freud, Sigmund: Jenseits des Lustprinzips, Internationaler Psychoanalytischer Verlag, Leipzig, Wien, Zürich 1921, S. 10; abgedruckt in: Scheuerl, Hans (Hrsg.): Theorien des Spiels, Beltz Verlag, Weinheim und Basel 1965, S. 82.
24 Waelder,R.: Die psychoanalytische Theorie des Spiels; in: Flitner, Andreas (Hg.): Das Kinderspiel, Piper Verlag, München 1973, S. 51.

arbeitung aufzuheben. Es ist, als ob die Psyche den zu großen Brocken der traumatischen Erfahrung in kleine Portionen zerlegte und diese nach und nach verdaute.

Die Spielprozesse, in denen das Kind unlustvolle Situationen inszeniert, sind mit dem Mechanismus des Wiederholungszwanges vergleichbar. Das Kind versucht, in den Spielprozessen seine übermächtigen Lebenseindrücke psychisch zu bewältigen, indem es das übermächtige Erlebnis durch „Neu-inszenierungen" in kleine Stücke zerlegt, die es dann nach und nach assimilieren kann. Durch die Tatsache, dass das Kind eine passiv erlebte (und erduldete) Situation in einem Spielprozess neu inszeniert, schafft es einen Übergang von der Passivität zur Aktivität. Dies kann sich noch verstärken, wenn das Kind die Rolle, die es in der realen Welt gehabt hat, im Spielprozess gegen eine andere (also aktivere) vertauscht. Beispiel: Musste das Kind einen schmerzhaften Zahnarztbesuch erdulden, wird es im Spielprozess selbst der Zahnarzt, der seinen Teddybären behandelt. Das Einnehmen einer aktiven Rolle erleichtert den Assimilationsvorgang. Dadurch entsteht eine seelische Distanz zum schmerzvollen Erlebnis und macht das Kind zum „Herren der Situation". Indem das Kind mit Hilfe solcher Spielprozesse Belastendes verarbeitet und integriert, gewinnt es eine innere Freiheit, die zu seiner Entfaltung und Weiterentwicklung notwendig ist. Mit den von ihm inszenierten Spielprozessen besitzt das Kind eine Möglichkeit, die von der Außenwelt heranstürmenden Erregungsmengen, die zu stark oder zu rasch auf den Organismus einwirken, in stufenweise vor sich gehenden Assimilationen aufzufangen. Diese Fähigkeit des Kindes, überwältigende Eindrücke in Spielprozessen zu verarbeiten und in die psychische Struktur zu integrieren, setzt die bei Kindern noch vorhandene Plastizität des Seelischen voraus: „Wenn diese Plastizität abgenommen hat, und wenn die Möglichkeiten eingeengt sind und einer reicher durchgebildeten Wirklichkeit Platz gemacht haben, wenn der weitgehend formlose seelische Organismus Struktur geworden ist, dann treten, so scheint es, andere weniger Erfolg verheißende Verfahren an die Stelle des Spiels."[25]

Mit der Vorstellung, dass in Spielprozessen konflikthafte Situationen übertragen und bewältigt werden, entwickelten sich Verfahren, Kinderspiele aus dieser Perspektive zu deuten. Lili E. Peller (1952) führt anhand von Beisielen auf, warum Kinder im Spiel attraktive Rollen übernehmen, bestimmte Rollen einem unbelebten Gegenstand übertragen, die Rolle des Verlierers übernehmen, Tiere mit großem Symbolgehalt spielerisch darstellen, Clownerien veranstalten oder Rache in den Spielprozessen umlenken.[26] So deutet sie z.B. das Versteckspiel des kleinen Kindes als Versicherung: Wann immer die Mutter außer Sicht ist, kann ich doch in kurzer Zeit wieder mit ihr

---

25 Waelder, R.: Die psychoanalytische Theorie des Spiels; in: Flitner, Andreas (Hg.): Das Kinderspiel, Piper Verlag, München 1973, S. 60.
26 Peller, Lilli E.: Modelle des Kinderspiels; in: Flitner, Andreas (Hg.): Das Kinderspiel, Piper Verlag, München 1973, S. 62 ff.

zusammenkommen. *Ich* bin es, der die Trennung herbeiführt, aber *ich* kann auch unsere Vereinigung wieder zustande bringen." In seinen Spielprozessen wiederholt das Kind eine alltägliche Erfahrung, um Sicherheit zu gewinnen, dass es *immer* gut ausgehen wird und dass es in seiner eigenen Macht liegt, einen guten Ausgang herbeizuführen. Das Kind kann seine Trennungsangst durch die von ihm inszenierten Spielprozesse allmählich assimilieren.

Die Perspektive des „Dort-und-Damals" bietet eine Verstehensbrücke zur psychischen Welt des Kindes und hat sich insbesondere in der analytisch orientierten Spieltherapie (Anna Freud, Hans Zulliger) als fruchtbar erwiesen. Damit liegt jedoch kein „Generalerklärungsprinzip" für die motivationalen Hintergründe von Spielprozessen vor. Es ist vielmehr eine Möglichkeit, insbesondere bei deutlichen psychischen Beeinträchtigungen die Ursachen der Traumatisierungen besser zu erkennen. Parallel dazu bietet es sich an, Spielprozesse aus der Perspektive des „Dort-und-Jetzt" zu betrachten, zu deuten und „Übersetzungsregeln" zu entwickeln, um dadurch die „Daseinsthematiken" des Kindes besser zu verstehen.

4.5. Daseinsthematiken

Was sind „Daseinsthematiken" und was haben sie mit Spielprozessen zu tun? Dies ist eine der Kernfragen in den Überlegungen von Oerter.[27] „Wichtige existentielle Thematiken dieser Art sind beim Kind: groß sein wollen, Macht und Ansehen besitzen wollen wie die Erwachsenen, seine eigene Geschlechtsrolle richtig einnehmen wollen u.a.m."[28] Diese Daseinsthematiken spiegeln sich im Spiel. Sie bilden, nach der Terminologie von Oerter, den „übergeordneten Gegenstandsbezug" (ÜG) in Spielprozessen. Sie sind ein wichtiges Motiv bei der Wahl bestimmter Spielkonstrukte und der Gestaltung von Spielprozessen. Die Daseinsthematiken stellen eine Abstraktion und Verdichtung von Erfahrungen dar, die das Kind in seinem Leben gemacht hat. Für das Kind selbst sind diese in dieser Form jedoch nicht gegenwärtig und wirksam. Vielmehr werden räumlich lokalisierte und persönlich erfahrene Ereignisse als Episoden im Gedächtnis gespeichert und zu einer persönlichen Biografie vereinigt. In den Spielprozessen spiegeln sich diese Episoden (z.B. der Besuch bei einem Arzt; die Durchsetzung eines Verbots durch die Mutter; kleine Geschenke von einer Tante) und verdichten sich allmählich zu Schemata. Indem das Kind in seinen Spielprozessen seine Daseinsthematiken „ins Spiel bringt", fügt es bislang unverbundene und daher auch unverstandene Teile seiner Erfahrung zusammen und schafft sich damit wirksame Wahrnehmungs- und Handlungsmuster.

---

27 Oerter, Rolf: Psychologie des Spiels, Quintessenz Verlag, München 1993, S. 255.
28 Oerter, Rolf: Psychologie des Spiels, Quintessenz Verlag, München 1993, S. 182.

Was wir in den Spielprozessen zunächst wahrnehmen, sind Episoden, die die spielenden Kinder beeindruckt haben. In der Deutung dieser Spielprozesse gelangen wir zu „Daseinsthematiken", wenn wir das Spiel aus der Perspektive des „Dort-und-Jetzt" betrachten, also von der Unmittelbarkeit des „Hier-und-Jetzt" des aktuellen Spielprozesses ein Stück weit abrücken. Das Erkenntnisinteresse ist darauf gerichtet, zu erfassen, welche Elemente aus dem „Dort-und-Jetzt" auf die Spielprozesse einwirken. Doch wie erkennt man die das Kind und damit seine Spielprozesse bestimmenden Daseinsthematiken? Neben der Häufigkeit und Intensität, mit denen ein Kind bestimmte Spielprozesse initiiert, sind es vor allem die Beziehungsmuster, die durch die Spielhandlungen ausgedrückt werden, die uns einen Einblick in die Daseinsthematiken ermöglichen.

Im Kindergarten spielen zwei Jungen recht häufig mit Tierpuppen. Sie geben ihnen „Befehle", die sie ausführen müssen. Sind die Tiere nicht folgsam, werden sie „bestraft".

Beide Jungen haben noch ältere Geschwister, mit denen sie sich häufig, auch recht aggressiv, auseinander setzen. In den Spielprozessen im Kindergarten tritt die Daseinsthematik der Geschwisterrivalität zu Tage. In den Spielhandlungen können die beiden Jungen ihre Wut auf die Geschwister ausdrücken und Machtwünsche artikulieren. Die Organisation der Spielprozesse gelingt, weil beide Jungen den Wunsch haben, eine ähnliche Thematik „ins Spiel" zu bringen.

Regelspiele bieten die Möglichkeit, Daseinsthematiken in abstrakter und verdichteter Form zu inszenieren. So können „Lieblingsspiele" in bestimmten Gruppen Hinweise geben, welche Daseinsthematiken mit ihrer Hilfe ins Spiel kommen. Unsere Beispiele 1-3 in Kap. 3.4 zeigen, inwieweit „Lieblingsspiele" zu Verständnisbrücken werden können, wenn man sie unter der Perspektive des „Dort-und-Jetzt" betrachtet.

Die Analyse von Spielkonstrukten (insbesondere von Regelspielen) ermöglicht Einblicke in Grund legende Daseinsthematiken, die in diesen Konstrukten in abstrakter Form als „spielerische Dynamiken" enthalten sind. So ist „Schach" ganz wesentlich durch die spielerische Dynamik des Kampfes gekennzeichnet: Die Spielhandlungen zielen darauf ab, in einer aggressiven Auseinandersetzung den Gegner zu schlagen und seine Handlungsmöglichkeiten entscheidend zu schwächen. Neben dem Muster des Kampfes finden sich (in anderen Spielkonstrukten) spielerische Dynamiken wie „Verbreitung" (z.B. im „Go"), „Wettlauf", „Bereicherung" und „Ordnung".[29]

Was ist der Erkenntnisgewinn, wenn wir Spielprozesse aus der Perspektive des „Dort-und-Jetzt" betrachten? Diese Perspektive ermöglicht Verstehens-

---

29 Ausführliche Untersuchungen zu den in Brettspielen enthaltenen „Grundmustern" finden sich in Fritz, Jürgen: Spielzeugwelten, Juventa Verlag, Weinheim und München 1989, S. 105 ff.

brücken zu den Daseinsthematiken (Konflikten, Problemen, Entwicklungsaufgaben, Beziehungsmustern) der Spieler. Zudem kann diese Sichtweise helfen, eine weitere wichtige Funktion von Spielprozessen genauer in Blick zu nehmen: Spielprozesse können episodische Erfahrungen zu Schemata integrieren und damit neue Person-Umwelt-Beziehungen bilden: „eine neue Erfahrungsgrundlage für das Selbst, die für die Weiterentwicklung bedeutsam werden kann und die aktuelle Problemlage meistern hilft."[30]

4.6. Entwicklung des Spielverhaltens

Bei der Bedeutung, die Spielprozesse für Menschen haben, ist es nicht unwichtig, wie sich die Fähigkeiten entwickeln, an diesen Prozessen teilzunehmen und sie zu gestalten. Die Perspektive, aus der die Entwicklung des Spielverhaltens betrachtet wird, ist das „Hier" der Spielwelt. Der Bogen der Betrachtungen erstreckt vom „Hier-und-Damals" des bislang abgeschlossenen Entwicklungsverlaufs bis zum „Hier-und-Dann" zukünftiger Entwicklungen, um die Selbstausbildung des Menschen in Spielprozessen voranzutreiben. Anhand dieses Bogens lassen sich idealtypische Entwicklungsverläufe beschreiben und durch Beispiele von prägnanten Spielkonstrukten, die von den Kindern in bestimmten Lebensaltern bevorzugt werden, konkretisieren. Eine der anschaulichsten Darstellungen zur Entwicklung des Spielverhaltens stammt von Sutton-Smith.[31] Die Autoren beschreiben, wie in bestimmten Lebensaltern ganz typisches Spielverhalten auftritt, wie sich dieses Verhalten im Laufe der Entwicklung verändert und mit welchen Spielkonstrukten dieses Verhalten verbunden ist.

Die Entwicklung des Spielverhaltens bezieht sich auf drei wichtige Kompetenzbereiche:

- In erster Linie erlangt das Kind in unterschiedlichen Fähigkeitsbereichen eine spielerische Kompetenz. Zunächst bildet das Kind durch Körperbewegungen sein Spielverhalten aus. Wir sprechen dann von „psychomotorischen Spielen" (vgl. Abschnitt 2.3.). Sehr bald erwirbt das Kind die Kompetenz, Symbole in sein spielerisches Handeln einzubeziehen (vgl. Abschnitt 2.4.). Einen weiteren Kompetenzbereich erschließt sich das Kind durch Spielkonstrukte, die auf Regeln basieren (vgl. Abschnitt 2.5.). Schließlich gelingt es dem Kind, komplexe Denkprozesse mit seinem spielerischen Handeln zu verbinden (vgl. Abschnitt 2.6.).

- Parallel zur Entwicklung von spielerischen Kompetenzen lernt das Kind, die Spielwelt von der realen Welt zu unterscheiden. Es weiß dann, dass sein spielerisches Handeln zu einer anderen Welt gehört als seine Verrichtungen des täglichen Lebens. Im früheren Lebensalter sind reale Welt

---

30 Oerter, Rolf: Psychologie des Spiels, Quintessenz Verlag, München 1993, S. 272.
31 Sutton-Smith, Brian und Shirley: Hoppe Hoppe Reiter. Die Bedeutung von Kinder-Eltern-Spielen, Piper Verlag, München und Zürich 1986.

und Spielwelt noch ein ungeschiedenes Ganzes, das sich erst im Rahmen eines „kulturellen Trainings" in zwei verschiedene Welten ausdifferenziert. Hat das Kind diese Unterscheidung gelernt, hat es eine wichtige „Rahmungskompetenz" erlangt (vgl. Abschnitt 3.5.).

- Um gemeinsam mit anderen Kindern spielen und um Spielprozesse organisieren zu können, entwickelt das Kind soziale Kompetenzen, die es ihm schließlich möglich machen, in Gruppen zu spielen und dort seine Spielwünsche mit anderen Kindern auszuhandeln (vgl. Abschnitte 3.1. und 3.3.). Dazu gehört auch, den vereinbarten Regeln zu folgen oder durch Regeln den Spielprozess so zu organisieren, dass alle Spaß daran haben (vgl. Abschnitt 3.4.).

Um die Entwicklung des Spielverhaltens etwas anschaulicher darzustellen, wollen wir dies am Beispiel des Fangspiels konkretisieren. Fangen ist ein bedeutendes Spiel der Menschheit. Es kommt in fast allen Kulturen vor und kennt mehr Abwandlungen als irgendein anderes Spiel. Woran liegt das? Zunächst drückt sich im Spiel der Kontaktwunsch des Kindes aus, zu seiner Mutter zu gelangen und sie für sich zu haben. Fangen und Fliehen zu spielen, verlagert die konfliktreiche Trennungsproblematik auf eine für das Kind bewältigbare Spielebene. Die im Fangspiel enthaltenen „spielerischen Dynamiken" (vgl. Abschnitt 4.5.): etwas bekommen wollen, jemanden erreichen, vor einer Bedrohung fliehen sind wichtige Handlungsorientierungen im menschlichen Leben schlechthin.

In der Entwicklung des Spielverhaltens von Kindern taucht dieses Spielmuster schon sehr früh (in Vorformen) auf. Sobald Kinder hinlänglich sicher laufen gelernt haben, also im 2. Lebensjahr, fangen sie auch an, ihre Eltern zu fangen. „Zu dieser Zeit sind die Kinder ausschließlich Fänger. Sie haben noch nicht gelernt wegzulaufen. Das ist ein ganz wichtiger Punkt. Er weist darauf hin, dass Kinder beim Lernen des Sozialverhaltens zunächst einmal nur die eine Seite der Beziehung üben und erfassen. Später dann lernen sie auch die andere Seite, und noch später fügen sie beide zusammen und vereinen sie. Und genau in diesem Sinne lernen Kinder bei diesem Spiel die soziale Beziehung zwischen Fangen und Entkommen: zunächst nur das Fangen, dann nur das Entkommen und später beides zusammen."[32] Im dritten Lebensjahr reichert sich das Fangspiel mit Symbolen an: Die Kinder „verwandeln" sich in gefährliche Tiere, die hinter den Eltern herjagen und ihnen mächtig Angst einjagen. Die Kinder können so das Gefühl der Bedrohung angemessen verarbeiten. Sie erfahren Macht und Überlegenheit im Spiel und erleben die Eltern in einer machtlosen Position. In diesem Alter sind Kinder auch schon in der Lage, im Spiel die Rollen zu wechseln, also nacheinander Fänger und Gejagter zu sein.

---

32 Sutton-Smith, Brian und Shirley: Hoppe Hoppe Reiter. Die Bedeutung von Kinder-Eltern-Spielen, Piper Verlag, München und Zürich 1986, S. 65.

Im 4. Lebensjahr beginnen Kinder, einfache Fangspiele selbst zu organisieren und mit Symbolanteilen zu verbinden: Ein Bauer jagt die Hühner; die Kinder fliehen vor einem Löwen. Die symbolische „Einkleidung" gelingt insbesondere dann, wenn ein etwas älteres Kind dabei ist, das die zentrale Position des Spiels einnimmt. Bei zwischen 4 und 7 Jahre alten Kindern vermengen sich die Fangspiele mit den Themen „Gewalt" und „Schießen". Die aggressive Umgebung und der Wunsch, mächtig zu sein, schaffen bei Kindern Spielanlässe, um sich mit dieser Problematik zu befassen.

Im 6. und 7. Lebensjahr rückt das Problem des Akzeptierens und Zurückweisens noch deutlicher in den Mittelpunkt der Spielprozesse. Das drückt sich in den selbst organisierten Fangspielen aus, bei denen die Mädchen die Jungen (oder umgekehrt) jagen, wobei sie sich am Ende umfassen, festhalten und manchmal küssen. In diesem Alter gelingt es den Kindern, sich auf deutliche und strenge Regeln zu einigen und auch zu verstehen, dass es zwei verschiedene Rollen gibt, die aufeinander bezogen sind.

Im Alter von 7 und 8 Jahren probieren Kinder aus, was sie gegen Autoritäten unternehmen können - sei es zu Hause oder in der Schule -, indem sie die Erwachsenen durch „freche" Reden herausfordern. Dies drückt sich auch in den Fangspielen aus. So bringen sie sich z.B. nicht mehr nur in Sicherheit, sondern „befreien" auch die anderen Kinder und necken den Fänger. Interessant an diesen Spielveränderungen ist, dass der zentralen Figur jetzt von den übrigen Mitspielern zugesetzt wird. Hier wird die Daseinsthematik deutlich, sich von Machtfiguren möglichst unabhängig zu machen und diese Autoritäten in Frage zu stellen. Im Spielraum des Fangspiels haben die Kinder die Möglichkeit, mit diesen Wünschen (und Entwicklungsaufgaben) in begrenzter Weise zu „spielen".

Mit 9 und 10 Jahren spielen Kinder Fangspiele, in denen Gruppenbildungen eine Rolle spielen. Bei manchen Spielkonstrukten nimmt die Gruppe der Fänger kontinuierlich zu, weil jeder abgeschlagene Spieler zum Fänger wird. Die Aufmerksamkeit richtet sich jetzt nicht mehr so stark auf die zentrale Fängerperson, sondern auf den Spieler, der zuletzt übrig bleibt, der bis zuletzt den Fangversuchen Widerstand entgegensetzen konnte. Die symbolischen Einkleidungen nehmen ab, stattdessen verstärkt sich der direkte körperliche Kontakt (das Schlagen, Festhalten, Zupacken). Das Spiel wird dadurch heftiger und aggressiver und bietet damit den Kindern eine Möglichkeit, ihre aggressiven Impulse kennen zu lernen und in einem geregelten Spielraum damit umzugehen.

Bei noch etwas älteren Kindern (ab etwa 11 Jahren) werden gleich zu Beginn des Spiels zwei Mannschaften gebildet, die miteinander Fangen spielen. Im Mittelpunkt stehen das Verfolgen und Kämpfen. „Räuber und Gendarm" und „Schnitzeljagden" sind bei Kindern dieser Altersgruppe sehr beliebt. Später kommen Geländespiele mit differenzierteren Rollen hinzu. Beim „Schmugglerspiel" steht der Mannschaft der Schmuggler die Mannschaft der Zöllner gegenüber. Beide Mannschaften haben bei ihren unterschiedlichen Rollen auch unterschiedliche Handlungsmöglichkeiten und Aufgaben. Damit ist der Weg gebahnt, dass Kinder in sportlichen Mannschaftsspielen mit differenzierter Aufgabenverteilung mitwirken können.

Am Beispiel der Fangspiele kann man nicht nur die Entwicklung des Spielverhaltens zeigen, die die Aspekte „Körper", „Symbol", „Regel" und „Denken" in ihren unterschiedlichen Ausprägungsformen umfasst. Zugleich spielen in diese Entwicklungen die jeweils aktuellen Daseinsthematiken der Kinder hinein und bilden mit ihnen komplexe Verwebungen.

4.7. Spielprozesse im Spiegel gesellschaftlicher Strukturen

Bisher haben wir Diskurse über Spielprozesse vorgestellt, die sich auf die Ebene des „Hier" der Spielwelt und des „Dort" der unmittelbar erfahrenen realen Welt bezogen haben. Nun geht es um die Ebene des „Stets". In diesen Diskursen wird erörtert, welche Einflüsse das gesellschaftlich-kulturelle Umfeld auf die Spielprozesse hat und wie Spielprozesse auf Kultur und Gesellschaft einwirken.

Die auf die Ebene des „Dort" bezogenen Diskurse thematisieren die individuellen Einflüsse des unmittelbar erfahrenen Umfeldes (insbesondere die Familie, der Kindergarten und die Schule) auf die Formung von Spielprozessen. Diese individualisierende Betrachtungsweise lässt Gemeinsamkeiten aus dem Blick geraten, denen Kinder einer *gleichen* Kultur, einer *gleichen* sozialen Schicht, eines *gleichen* Geschlechts ausgesetzt sind. Die die Spielprozesse prägenden Einflüsse sind - so der Kerngedanke der auf das „Stets" bezogenen Diskurse - nicht nur zufällig, sondern weisen strukturelle Gemeinsamkeiten auf. In den Spielprozessen spiegeln sich gesellschaftliche Einflüsse mit ihren Normen, Rollenstrukturen und übergreifenden Wertvorstellungen wider. Diese gesellschaftlichen Einflüsse kann man sich als eine übergreifende Struktur vorstellen, die sich, vermittelt über Familien, Gruppen und Institutionen bis auf das einzelne Individuum erstreckt. Insofern spiegeln sich auch in Spielprozessen gesellschaftliche Strukturen wider, wenn gleich „gefiltert" und „gebrochen".

Eine relativ frühe Form der Diskurse aus dem Blickwinkel des „Stets-und-Jetzt" stellt die Vorstellung dar, dass Spielprozesse, als „Gegenwelt" zur Mühsal täglicher Lebensvollzüge, der Erholung des Menschen dienen mögen. Diese „Erholungstheorie", zunächst von Lazarus (1883) formuliert und von Patrick (1916) erweitert, findet sich schließlich auch bei Groos (1922): „Wir alle erholen uns im Spiel nicht so sehr von der Mühe als von dem Zwang zur Arbeit. In der Befreiung von dem Druck und Zwang des Ernstlebens gewinnt die Erholungstheorie erst ihre tiefe Bedeutung. (...) Die Sphären des Ernstlebens stehen ja dauernd unter dem Druck der realen

Zwecke. Alles, was wir vollbringen, ist stets nur Mittel zu solchen uns vorschwebenden Zielen, die immer wieder in die Zukunft hinausrücken, wie der Horizont vor dem eilig Vorwärtsstrebenden in der Ferne zurückweicht. Ja, wir werden selbst zu solchen Mitteln, zu dienenden Gliedern in dem ungeheuren Maschinengetriebe der Kultur. Im Spiele aber befreien wir uns von dem harten Zwange des Müssens."[33]

Das „Spiel", als „Gegenwelt" postuliert, spiegelt das unabgegoltene Bedürfnis wider, ohne Zwang des Müssens sich entfalten zu können. Diese Entfaltung in frei bestimmten Spielprozessen greift auf die bekannten gesellschaftlichen Muster zurück, ohne jedoch den „Ernstcharakter", der für die reale Welt typisch ist: „Man findet in Spielen die gleichen Motive und die gleichen sozialen Gefüge wie außerhalb, jedoch ohne die üblichen Lasten und Ärgernisse und ohne die üblichen Risiken und Verwicklungen. Am Ende eines Arbeitstages oder der Arbeitswoche ist unser Wunsch, Erfolg zu haben, durch Müdigkeit und andere Probleme abgeschwächt. Wenn man nun eine klare und intensive Gelegenheit hat, ohne die Schwierigkeiten des normalen Daseins Erfolg zu haben, zu kämpfen, zu wetteifern, mutig zu sein, zu fintieren, zu bluffen, schneidig zu sein, dann gibt einem dies ein Gefühl der Befreiung. Vorausgesetzt, wir gewinnen dann und wann, stellt uns ein Lebenshochgefühl wieder als das zuversichtliche Mitglied unserer Kultur, das wir ja sind, her und befähigen uns, optimistischer als zuvor auf dem bisherigen Kurs weiterzusteuern."[34]

Ein anderer Gedanke im Diskurs des „Stets-und-Jetzt" bezieht sich auf die Koppelung gesellschaftlicher Strukturen mit den Spielkonstrukten. Diese sind häufig so gestaltet, dass der in unserer Gesellschaft bestehende Gegensatz zwischen Gewinnen und Verlieren, Erfolg und Erfolglosigkeit in den Spielprozessen „aufgehoben" ist. Alle Spieler können abwechselnd gewinnen oder verlieren. Man kann seinen Status behaupten und Macht ausüben - und dies, ohne Angst vor realen Konsequenzen haben zu müssen. Allgemein kann man sagen, dass Spielkonstrukte etwas von den Kräften widerspiegeln, die unsere reale Welt ausmachen. Im Gegensatz zu den Strukturen der realen Welt kann der Spieler in den Spielprozessen diese Kräfte kontrollieren und auf sie einwirken. Zugleich findet sich der Spieler mit seiner emotionalen Verankerung in der realen Welt in diesen Prozessen wieder, weil die Konstrukte so gestaltet sind, dass sie vom umfassenden Gewebe des sozialen Lebens einzigartig abstrahieren können. Die Spielkonstrukte bieten „spieldynamische Muster" (z.B. verfolgen, fliehen, angreifen, sich ausdehnen, sich bereichern, Dinge miteinander verknüpfen, Aufgaben erledigen), die sich als Grundstrukturen menschlichen Handelns in unserer Gesellschaft ausmachen lassen. Spielkonstrukte bilden nicht die Vielschichtig-

---

33 Groos, Karl: Das Spiel. Zwei Vorträge, Verlag Gustav Fischer, Jena 1922, S. 16 f.
34 Sutton-Smith, Brian: Die Dialektik des Spiels, Verlag Karl Hofmann, Schorndorf 1978, S. 199.

keit des gesellschaftlichen Handelns und der gesellschaftlichen Strukturen ab, sondern „beschränken" sich auf die Grundmuster, die dem gesellschaftlichen Handeln zugrunde liegen. Diese Grundmuster tauchen als „spieldynamische Muster" in Spielkonstrukten auf und bestimmen ganz wesentlich die Spielprozesse. Diese „spieldynamischen Muster" werden für die Kinder sowohl zu einer Möglichkeit, ihre Eindrücke aus der realen Welt zu verarbeiten, als auch zu einem wichtigen Element, sich mit der realen Welt handelnd auseinander zu setzen, ja sie überhaupt zu verstehen.

Reizvoll wird jetzt die Frage, welche Spielkonstrukte (mit welchen „spieldynamischen Mustern") in welchen Kulturen vorherrschen und was dies über die Kultur möglicherweise aussagen könnte. Dieser Aspekt des Diskurses findet sich sehr ausführlich und umfassend in den Forschungsarbeiten von Brian Sutton-Smith. Danach gibt es signifikante Beziehungen zwischen der Existenz bestimmter Spielkonstrukte und anderen kulturellen Variablen: „Mit verschiedenen Spieltypen (Strategie, Glück, Geschicklichkeit und zentrale Person) gehen verschiedenartige Beziehungsformen einher. Das Fehlen von Spielen wie auch das Vorhandensein vieler Spieltypen in einer Kultur ist ebenfalls durch bestimmte Beziehungsmuster gekennzeichnet."[35] In Kulturen tropischer Regionen, die ihr Überleben durch Jagd und Fischen sichern, kamen häufig nur Geschicklichkeitsspiele: etwa in Form von Speerwerfen und Bogenschießen, also Techniken, von denen das Überleben jener Gesellschaften abhängt. „Glücksspiele zeigten sich am häufigsten in Verbindung mit verschiedenen Formen der Ungewissheit, wie etwa unsichere Nahrungsmittelversorgung und starke zeitliche Klimaschwankungen; Glücksspiele stellten in solchen Kulturen, deren Lebensbedingungen so ungewiss waren, dass man keine besseren instrumentellen Verfahren zur Entscheidungsfindung hatte, offenbar eine Möglichkeit dar, mit Hilfe eines gütigen Schicksals eine Entscheidung zu erhalten."[36] Strategiespiele schließlich kamen in komplexeren Kulturen vor, die über eine höher entwickelte Technologie und ein soziales Schichtungssystem verfügten. Sie verkörpern für diese Kulturen eine Form sozialen Lernens, die zum Überleben notwendig ist.

Im Rahmen dieses Diskurses wird die Bedeutung des Fangspiels für Kulturen von Jägern deutlich. Für Menschen dieser Kulturen ist es besonders wichtig, dass die Gegensätze von Verfolgen und Fliehen erfasst werden: Manche Tiere und manche Menschen werden verfolgt, vor anderen flieht man. Es entstünde ein Nachteil für das Überleben, wenn man es den Kindern überlassen würde, diese Sachverhalte unmittelbar in der realen Welt zu erfahren: Viele würden diese Erfahrung nicht überleben. In Spielprozessen besteht die Möglichkeit, das Muster von Verfolgen und Fliehen aus ihrem

---

35 Sutton-Smith, Brian: Die Dialektik des Spiels, Verlag Karl Hofmann, Schorndorf 1978, S. 105.
36 Sutton-Smith, Brian: Die Dialektik des Spiels, Verlag Karl Hofmann, Schorndorf 1978, S. 118 f.

gewohnten und häufig gefährlichen Zusammenhang zu lösen und spielerisch zu üben, so dass die Kinder sich dieses Muster gefahrlos aneignen können. Diese Überlegung ist es nur noch ein kleiner Schritt entfernt vom Diskurs über die Nützlichkeit des Spiels.

Indem sich gesellschaftliche Notwendigkeiten und gesellschaftliche Strukturen in den Spielkonstrukten spiegeln, bieten diese Konstrukte Potentiale für Lernprozesse der Kinder. Unter diesem Blickwinkel erlangen Spielkonstrukte eine besondere Bedeutung: „Sie stellen Modelle der Verfahren dar, die Erfolg über andere oder Einfluss auf sie ermöglichen, sei es durch magische Macht (wie in Glücksspielen) oder durch Kraft (wie in Geschicklichkeitsspielen) oder durch Klugheit und Raffinesse (wie in Strategiespielen). Daraus kann man folgern, dass Kinder in Spielen all jene unentbehrlichen Kniffe für Listen und Schliche, Täuschungen, Störmanöver, Prophezeiungen und auch das Falschspielen lernen, die ihnen ihre Lehrer und Erzieher nicht vermitteln, die aber in manchen, ,erfolgreichen' zwischenmenschlichen Beziehungsverhältnissen, in Ehe, Geschäftsleben und Krieg nicht unwichtig sind."[37]

Der Gedanke, dass Spielkonstrukte Spiegel gesellschaftlicher Strukturen und Machtverhältnisse sind, kann auch in kritischer Absicht entfaltet werden. Die westlichen Industrienationen sind durch die Konkurrenzverhältnisse, den Wettbewerb untereinander und die Verwandlung von Gegenständen, Gütern und menschlichen Beziehungen in Ware gekennzeichnet. Und genau dies spiegelt sich in bestimmten Spielkonstrukten auch wider. Es gibt eine Reihe von Einzeluntersuchungen, die diesen Zusammenhang versuchen, detailliert zu belegen, so z.B. zum Flipperautomaten[38] und zum amerikanischen Baseball[39]. Die Warenförmigkeit von Spielprozessen findet ihren Ausdruck insbesondere in den Spielwaren: „Industriell hergestellte Spielgegenstände sind Waren, die in das Funktionieren kapitalistischer Marktgepflogenheiten einüben und die Bedürfnisstruktur über Waren- und Marktmechanismen im Sinne des Großkapitals von frühester Kindheit an beeinflussen."[40]

Komplexe Gesellschaften spiegeln in ihren Spielkonstrukten allerdings auch recht unterschiedliche und teilweise gegenläufige Tendenzen wider. Die in den USA am Ende des Vietnamkrieges entstandene und nicht unbedeutende Spielbewegung der „New Games" und der „Kooperationsspiele"

---

37 Sutton-Smith, Brian: Die Dialektik des Spiels, Verlag Karl Hofmann, Schorndorf 1978, S. 121.
38 Warneken, B.J.: Der Flipperautomat. Ein Versuch über Zerstreuungskultur; in: Segmente der Unterhaltungsindustrie, Suhrkamp Verlag, Frankfurt 1982, S. 77 ff.
39 Hamer, H.E.: Möglichkeiten der Selbstverwirklichung im Spiel; in Kreuzer, K.J. (Hg.): Handbuch der Spielpädagogik, Band 1, Schwann Verlag, Düsseldorf 1983, S. 515 ff.
40 Meyer-Bendrat, Klaus-Peter: Die Warenförmigkeit kindlicher Spielarbeit, Verlag Peter Lang, Frankfurt 1987, S. 204.

wendet sich entschieden gegen die ins Absurde gesteigerte Wettbewerbs-orientierung in den Spielkonstrukten und Spielprozessen: „Amerikanische Kinder sind so auf Wettbewerb hin konditioniert, dass sie selbst in Situationen konkurrieren, wo Zusammenarbeit angebracht wäre. Ihr Konkurrenztrieb ist stärker als ihr Eigeninteresse. Ein solcher Wettkampf ist irrational."[41] Die entwickelten Spielkonstrukte der „New Games" machen deutlich, dass nicht nur eine „Konfliktsozialisierung" im Spielprozessen möglich ist, sondern auch die Entwicklung alternativer Spielerorientierungen.

Was ist das Fazit dieses Diskurses? In den Spielprozessen werden die wichtigen und aktuellen Themen und Muster des persönlichen Lebens (des Einzelnen sowie der Gruppe) so formuliert, dass sich in ihnen die kulturellen und gesellschaftlichen Einflüsse in „gebrochener" Form widerspiegeln. Die Menschen müssen in ihren Spielprozessen die nachhaltigen kulturellen, gesellschaftlichen und sozialen Einflüsse einbeziehen, wenn sie sich in ihnen wieder finden wollen. Individuelles und Gesellschaftliches sind auch in Spielprozessen untrennbar miteinander verknüpft.

4.8. Innovative Kraft

Gesellschaften tragen Keime für ihre Weiterentwicklung in sich. In den Spielprozessen übersteigen die Spieler Vorfindliches und formulieren Probleme und ihre Lösungen in neuartiger Weise. Ohne diese Möglichkeit würden die Spielprozesse für die Spieler langweilig werden. So wohnt in jedem Spielprozess eine Tendenz zu anderen und neuartigen Formulierungen von Themen und Problemen des Lebens inne. Dieser Diskurs auf der Ebene des „Stets-und-Dann" postuliert, dass in Spielprozessen Antworten gefunden werden könnten, wie das Leben, die Handlungsmuster, die Strukturen und Werte der Gesellschaft aussehen könnten.

So werden Spielprozesse als eine Möglichkeit gesehen, „nicht entfremdete Arbeit" zu leisten und damit etwas vorweg zu nehmen, was in den heutigen Gesellschaften noch nicht realisiert ist: „Das Besondere am Spiel ist seine Möglichkeit, ausschnittweise die Freiheit des Noch-Nicht-Gewordenen einer utopischen Gesellschaftsform zu vermitteln. (...) Das Spiel repräsentiert den dialektischen Vorgriff und die Antizipation wirklicher Tätigkeiten in herrschaftsfreien gesellschaftlichen Bezügen."[42]

Hinter dem Diskurs, in Spielprozessen einen Vorgriff auf künftiges Verhalten in der realen Welt zu sehen, steckt die Hoffnung, menschliche Arbeit ließe sich, zumindest in vielen Bereichen, als „spielerisches Verhalten" (vgl. Abschnitt 2.1.) realisieren. Gewiss eine utopische Vorstellung, die die

---

41 Orlick, Terry: Zusammen gewinnen und lernen, Ettlinger Verlag, Ettlingen 1983, S. 29.

42 Meyer-Bendrat, Klaus-Peter: Die Warenförmigkeit kindlicher Spielarbeit, Verlag Peter Lang, Frankfurt 1987, S. 29.

heutigen Möglichkeiten und Grenzen unserer kulturellen und gesellschaftlichen Strukturen unberücksichtigt lässt und die notwendigen Grenzen zwischen realer Welt und Spielwelt zu verwischen droht.

Die innovative Kraft entfaltet sich im „spielerischen Verhalten". Dort steckt das Potential für Veränderungen und Verwandlungen. Und dieses Verhalten finden wir sowohl in Spielprozessen (wo es sich im „geschützten Rahmen" von Spielwelten entwickeln kann), also auch in der realen Welt, also im Beruf, in der Familie und bei Freizeitaktivitäten.

4.9. Erklärungswert der Diskurslandschaft für Spielprozesse

Fassen wir nun anhand der Abbildung „Modell der Diskurslandschaft" zusammen, was über Spielprozesse gedacht wird und wie diese Denklinien und Diskurse zueinander in Beziehung stehen. Bei der Gliederung der Diskurslandschaft haben wir drei Ebenen unterschieden:

1. Die Ebene des „Hier"
Auf dieser Ebene sind alle Diskurse vorgestellt worden, die sich unmittelbar auf die Spielprozesse beziehen. Die Erörterungen über die Entwicklung des Spielverhaltens verlaufen vom „Hier-und-Damals" bis zum „Hier-und-Dann" und beantworten die Fragen, welche Kompetenzen für die Gestaltung von Spielprozessen notwendig sind, wann sie ausgebildet werden und wie die einzelnen Kompetenzen ineinander greifen. Breiten Raum nimmt die Diskursarena des „Hier-und-Jetzt" ein, in der erörtert wird, welche unmittelbaren Motive Ausschlag gebend sind, sich auf Spielprozesse einzulassen. Ferner geht es darum, die emotionalen Wirkungen von Spielprozessen genauer in Blick zu nehmen und diese theoretisch zu erklären.

2. Die Ebene des „Dort"
Die außerhalb der Spielwelt erfahrene und erfahrbare reale Welt (in Familie, Freundeskreis, Kindergarten, Schule, Beruf) wird hier in Beziehung zu Spielprozessen gesetzt. Die zentrale Aussage auf dieser Ebene beinhaltet, dass „etwas" aus der unmittelbar erfahrenen realen Welt in die Spielprozesse „hinein spielt" und Auswirkungen sowohl auf die Auswahl der Spielkonstrukte als auch auf die Spielorganisation und die Spielverläufe hat. Je nach Blickrichtung können es prägende Einflüsse aus der Vergangenheit sein, also aus dem „Dort-und-Damals" stammen. Handelt es sich um „Daseinsthematiken" und „Entwicklungsaufgaben", die die Spielprozesse bestimmen, sind sie dem „Dort-und-Jetzt" zuzuordnen. Die Blickrichtung des „Dort-und-Dann" thematisiert die Nützlichkeit von Spielprozessen für die Zukunft der Spieler in der dann unmittelbar erfahrbaren realen Welt.

Abbildung 8:

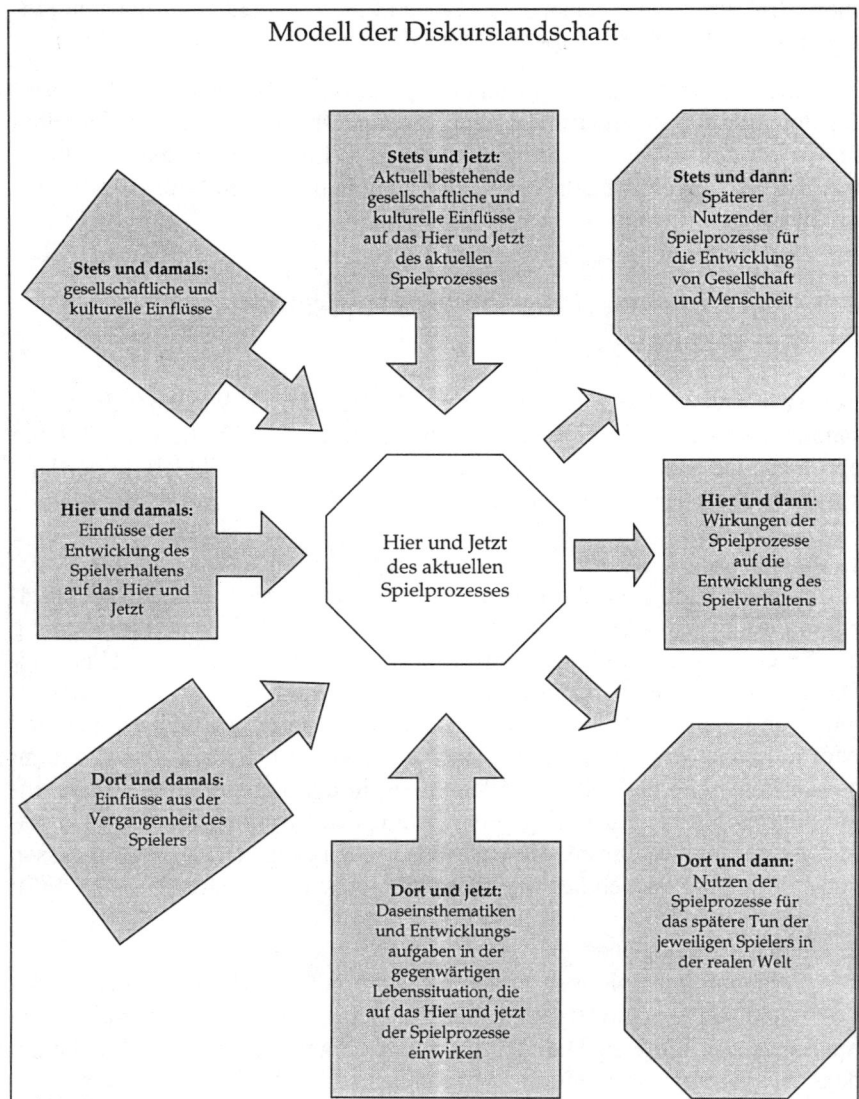

Modell der Diskurslandschaft

Stets und jetzt:
Aktuell bestehende
gesellschaftliche und
kulturelle Einflüsse
auf das Hier und Jetzt
des aktuellen
Spielprozesses

Stets und dann:
Späterer
Nutzender
Spielprozesse für
die Entwicklung
von Gesellschaft
und Menschheit

Stets und damals:
gesellschaftliche und
kulturelle Einflüsse

Hier und damals:
Einflüsse der
Entwicklung des
Spielverhaltens
auf das Hier und
Jetzt

Hier und Jetzt
des aktuellen
Spielprozesses

Hier und dann:
Wirkungen der
Spielprozesse
auf die
Entwicklung des
Spielverhaltens

Dort und damals:
Einflüsse aus der
Vergangenheit des
Spielers

Dort und jetzt:
Daseinsthematiken
und Entwicklungs-
aufgaben in der
gegenwärtigen
Lebenssituation, die
auf das Hier und jetzt
der Spielprozesse
einwirken

Dort und dann:
Nutzen der
Spielprozesse für
das spätere Tun der
jeweiligen Spielers in
der realen Welt

3. Die Ebene des „Stets"

Hier geht es um die kulturellen und gesellschaftlichen Einflüsse auf die
Spielprozesse. Die Ausprägungsformen von Spielkonstrukten und Spielprozessen werden weniger aus der individuellen Lebens- und Lerngeschichte
der Spieler erklärt als vielmehr durch Muster, Normen, Werte der Kultur
und der Gesellschaft. Damit ist auch eine historische Betrachtung verbunden: Welche Spielkonstrukte haben sich wann entwickelt und für welche
kulturellen Besonderheiten sind sie Ausdruck? Die Ebene des „Stets" er-

116

streckt sich bei dieser Betrachtungsweise vom „Stets und Damals" bis zum „Stets und Jetzt" und bietet Erklärungen für eine enge Verknüpfung von Spielwelten und realer Welt. Die Diskurse des „Stets-und-Dann" betonen die Funktionen von Spielprozessen und spielerischem Verhalten für die Entwicklung der Kulturen und Gesellschaften und beinhalten dadurch ein antizipatorisches bzw. utopisches Element.

Nachdem wir die Diskurslandschaft etwas näher kennen gelernt haben, entsteht die Frage, ob sich diese unterschiedlichen Diskurse ausschließen oder ergänzen. Jeder der Diskurse besitzt ausreichend Plausibilität, vielfach auch empirisches Hintergrundwissen. Keiner der Diskurse beansprucht für sich, eine „Generalerklärung" für Spielprozesse zu besitzen. Somit schließen die Diskurse den Geltungsanspruch der anderen nicht aus. Aus diesem Grunde ist es nahe liegend anzunehmen, dass die verschiedenen Diskurse sich in ihren Erklärungsmöglichkeiten wechselseitig ergänzen und bereichern könnten. In welchem theoretischen Rahmen wäre dies möglich?

Die in den verschiedenen Diskursen beschriebenen Wirkkräfte spielen bei der Etablierung von Spielwelten, der Entwicklung von Spielkonstrukten und den Verläufen von Spielprozessen eine bestimmte, im Einzelnen spezifizierbare Rolle. In der Gesamtheit ihres Zusammenwirkens bilden sie ein „Feld". Wie in der von Kurt Lewin (1944) formulierten Feldtheorie steht dahinter die Annahme, dass Spielprozesse von einer Vielzahl gleichzeitiger Wirkkräfte abhängig sind, die in ihrer Gesamtheit des Zusammenwirkens das Phänomen eines konkreten Spielprozesses erst ausmachen. „Dieses Feld enthält solche Tatsachen, wie etwa die Bedürfnisse der handelnden Person, die Ziele und Wünsche des Individuums; die Art und Weise, wie das Individuum Vergangenheit und Zukunft sieht; die Art und Lage von Schwierigkeiten; ferner die Gruppen, zu denen das Individuum gehört; seine Freunde und seine eigene Position unter ihnen."[43] Für Lewin repräsentiert das „Feld" eine Vielzahl von Bereichen, die alle zur gleichen Zeit existieren und untereinander in Wechselwirkungen stehen.

Hinter den Diskursen zu den Spielprozessen steht die Erkenntnis, dass es eine Vielzahl von Einflussfaktoren gibt, die alle zur gleichen Zeit, nämlich im „Hier-und-Jetzt" der aktuellen Spielprozesse, existieren und untereinander in Wechselwirkungen stehen. Stern (1929) sieht die einzelnen Elemente und Wirkfaktoren dauerhaft in die Psyche des einzelnen Menschen eingebettet. Damit besitzen Spielprozesse für den Menschen einen ihm unbewussten Tiefensinn: „Ja, es ist ein ganzes Sinn-System, das aus der Verknüpfung aller oben erwähnten einseitigen Sinndeutungen des Spiels hervorgeht."[44] Für Stern sind die Zukunfts-, Vergangenheits- und Gegenwarts-

---

43 Lewin, Kurt: Werkausgabe, Band 4 (Feldtheorie), Hans Huber Verlag und Klett-Cotta-Verlag, Bern und Stuttgart 1982, S. 25.
44 Stern, W., zit. nach Scheuerl, Hans (Hrsg.): Theorien des Spiels, Beltz Verlag, Weinheim und Basel 1965, S. 100.

bedeutungen der Spielprozesse miteinander verknüpft. Jede dieser einzelnen Ausdeutungen der Spielprozesse enthält nur einen Teil der Wahrheit.

Wie sind nun die verschiedenen Einflussgrößen, die die Spielprozesse bestimmen, miteinander verknüpft? Genauere empirische Forschungen dazu liegen nicht vor, zu sehr sind die einzelnen Forschungsvorhaben mit vorab getroffenen Festlegungen zu recht einseitigen Blickrichtungen verbunden. Es lässt sich mithin nur mutmaßen, welche Merkmale eine solche Verknüpfung besitzen muss, damit sich Spielprozesse entfalten können. Schiller (1793) sieht im gleichzeitigen Vorhandensein verschiedener Triebimpulse (des sinnlichen Triebs und des Formtriebs) einen Weg, um Spielprozesse zu ermöglichen: Dass der Mensch „in voller Bedeutung des Wortes Mensch ist, kann er nie in Erfahrung bringen, solange er nur einen dieser Triebe ausschließend oder nur einem nach dem anderen befriedigt. (...) Sobald nämlich zwei entgegengesetze Grundtriebe in ihm tätig sind, so verlieren beide ihre Nötigung, und die Entgegensetzung zweier Notwendigkeiten gibt der Freiheit den Ursprung."[45]

Geht man von dieser theoretischen Position aus, würde dies für Spielprozesse bedeuten, dass keine der in den Diskursen thematisieren Einflussgrößen so mächtig und drängend werden darf, dass alle anderen sofort an Bedeutung und Einfluss verlieren. Es scheint vielmehr notwendig zu sein, dass sich diese Einflüsse in einem dauernden Hin und Her befinden und Spannung auch deshalb entsteht, weil es unentschieden bleibt, welche davon sich in welcher Phase des Spielprozesses durchsetzen werden. So bleibt der Spielprozess auch in der Psyche der Spieler in der Schwebe. Dazu ist ein Spielrahmen notwendig, der frei von äußeren Zwängen und sekundären Zweckbestimmungen ist. In einem solchen Feld wäre es möglich, dass sich die Intensität einzelner Einflussgrößen so vermindert, dass sie sich wechselseitig durchdringen und verknüpfen.

Die Abschwächung der Intensität der einzelnen Kräfte, die auf den Spielprozess einwirken können, ist jedoch nur eine der Bedingungen für das Gelingen des Spiels. Das Feld dieser Kräfte aller Spieler bildet insgesamt so etwas wie die „Erwartung" an einen gelingenden Spielprozess. Das Spielkonstrukt, für das sich die Spieler schließlich entscheiden, muss so beschaffen, dass sich die Kräfte entfalten und dann auch verwandeln können. Dieses „Entgegenkommen" des Spielkonstrukts, „formuliert" in Regeln, Inhalten, Materialien und Handlungsmöglichkeiten, muss zu den „Erwartungen" passen, sie hervor locken und sie an sich binden.

Wodurch wird das möglich? Was ist das „Gelenkstück", das die „Erwartungen" der Spieler an den Spielprozess und das „Entgegenkommen" des

---

45 Schiller, Friedrich: Über die ästhetische Erziehung des Menschen, Wilhelm Fink Verlag, München 1967; zit. nach Scheuerl, Hans (Hrsg.): Theorien des Spiels, Beltz Verlag, Weinheim und Basel 1965, S. 35 und S. 38.

Spielkonstrukts miteinander verbindet? Es sind Schemata, die sowohl die „Erwartungen" zum Ausdruck bringen, als auch als „spieldynamische Muster" das „Entgegenkommen" des Spielkonstrukts ausmachen. Wie wir an anderer Stelle bereits erläutert haben, sind „spieldynamische Muster" Gestalten, Handlungsfiguren und typische Abläufe, die die Dynamik eines Spielprozesses ganz wesentlich bestimmen: verfolgen, fliehen, angreifen, verteidigen, Besitz anhäufen, Dinge miteinander verknüpfen, Sachverhalte ordnen, Aufgaben erledigen. Diese Form des „Entgegenkommens" trifft auf der Seite der Spieler auf Schemata, in denen diese Handlungsorientierungen als Kernstücke enthalten sind. Die Faszination von Spielprozessen besteht nun darin, dass sich „Erwartungen" und „Entgegenkommen" in einer Spielwelt, in einem entspannten Spielrahmen miteinander koppeln. Sie ermöglichen es dem Spieler, sich im Spielprozess wieder zu finden und herauszulassen, was an Handlungsimpulsen in ihm steckt. Damit vermitteln die Spielprozesse dem Menschen das Empfinden von „Vollständigkeit" und das Gefühl der Lebendigkeit. In dieser Funktion ist der Spielprozess ein auf Integration und Verwandlung abzielender Handlungsablauf, der äußere und innere Kräfte an sich bindet und zu neuen Ordnungen fügt.

Versuchen wir, uns diese Funktion von Spielprozessen anhand eines komplexen Beispiels klar zu machen:

1. *Zu Beginn ihres Studiums als Sozialpädagogen nehmen Studentinnen und Studenten im ersten Semester an einem viertägigen Blockseminar in der Hochschule teil. Die Gruppengröße beträgt etwa 20 Personen. Ziele des Seminars sind es, mit der Hochschule vertraut zu werden, untereinander Kontakt zu knüpfen und verschiedene Spielmöglichkeiten in Theorie und eigenem Erleben kennen zu lernen. Nach drei Tagen waren die Teilnehmer gut miteinander, den Räumlichkeiten und den Möglichkeiten des Seminars gut vertraut und hatten zahlreiche Spielformen kennen gelernt: Bewegungsspiele, Rollenspiele, Brettspiele, Geschicklichkeitsspiele, Pantomimen, „New Games", Simulationsspiele, Kooperationsspiele. Für den vierten Tag war vorgesehen, eine Spielgeschichte zu erproben und Musik einzubeziehen.*

Als diese Absicht den Studenten zu Beginn des vierten Tages mitgeteilt wurde, sprachen sie sich entschieden dagegen aus. Sie wollten lieber den Tag mit der Erprobung der reichlich vorhandenen Brettspiele gestalten. So geschah es auch. In kleineren Gruppen suchten sich die Studierenden Spiele aus (ihnen bekannte aber auch gänzlich neue und unbekannte). Es wurden Kaffee und Tee gekocht. Ein Student hatte Kekse mitgebracht. Es entstand eine ruhige, entspannte, friedliche und sehr angenehme Stimmung. Bestimmte Vorlieben bei der Wahl der Brettspiele stellten sich heraus. Eine Gruppe spielte den ganzen Tag „Die Siedler von Catan", zwei Studentinnen waren mehr oder weniger nur an „Kniffel" interessiert. Nach einigen Spielrunden mit bekannten Spielen wandte sich eine andere Gruppe einem ihnen gänzlich unbekannten Spiel zu, das sie sich von seinen Regeln her aneignete und dann sehr lange spielte. Erstaunlich war, dass einige Studentenpaare großes Interesse an „Go" entwickelten und es recht lange mit großer Konzentration spielten. Zwei Studentinnen spielten die gesamte Zeit gemeinsam sehr viele verschiedene Spiele und zwar stets solche, die ihnen bereits von den Regeln her bekannt waren. Eine Dreiergruppe fand ein Spiel, das für drei Personen konzipiert ist („Abilane"), „arbeitete" sich durch das recht komplexe und unübersichtlich gestaltete Regelwerk und spielte dann sehr lange und intensiv dieses Brettspiel und war recht stolz, es für sich entdeckt und erschlossen zu haben.

Am Ende des Tages, als über das Seminar insgesamt gesprochen wurde, kam die Frage auf, warum die Brettspiele der Favorit des letzten Tages geworden war. Die Antworten waren recht erhellend. Einige der Studenten meinten, dass sie grundsätzlich Spaß an diesen Spielen hätten, aber nur selten Gelegenheiten und (vor allem) Mitspieler dazu fänden. Andere waren vom großen Bestand der zur Verfügung stehenden Brettspiele angetan und sahen es als eine gute (vielleicht auch unwiederbringliche) Möglichkeit, vieles auszuprobieren und sich einen Eindruck davon zu verschaffen. Fast einstimmig waren die Studenten der Meinung, dass man sich bei diesen Spielen sehr gut (und in anderer Weise) kennen lernen und Kontakte knüpfen könne. Viele verabredeten sich für den Abend, etwas Gemeinsames zu unternehmen.

Welche Erkenntnisse lassen sich aus dem wenig spektakulär erscheinenden Seminartag gewinnen? In einem relativ entspannten Gesamtrahmen fanden die Studenten den ihnen gemäßen und ihren Wünsche und Erwartungen angemessenen Spielrahmen. Zunächst war wichtig, dass sie selbst entscheiden konnten, wie sie den Tag verbringen wollten. Die Entscheidung für Brettspiele war aus verschiedenen Blickwinkeln her motiviert. Besonders wichtig war das Bedürfnis der Studierenden, sich näher kennen zu lernen und Kontakt zueinander zu finden. Das Eintauchen in eine Spielwelt ist relativ unverfänglich und mit wenig Ängsten verbunden. Die unterschiedlichen Spielkonstrukte ermöglichten es, für die eigenen Erwartungen das entsprechende Entgegenkommen zu finden. Schauen wir uns dazu die einzelnen Brettspiele an, die von den Studenten gewählt wurden. Das Spiel „Die Siedler von Catan" bietet eine Spielwelt, die nicht umsonst eine große Anhängerschaft gewonnen hat. Wie die Studenten zu Beginn ihres Studiums ihren „Raum" finden und entfalten müssen, so müssen die Spieler bei dem Brettspiel durch Bau von Straßen und Ortschaften die Voraussetzungen für Einnahmen schaffen und sich dadurch langsam weiter entwickeln. Insofern koppeln sich die spieldynamischen Muster des Brettspiels mit den Grund legenden (zunächst abstrakten) Schemata, die für die Anfangssituation in einem Studium erforderlich sind: seinen eigenen Wirkungskreis aufbauen, Ressourcen durch kluge Entscheidung erwirtschaften, mit anderen verhandeln und kooperieren, um die eigenen Chancen zu verbessern, und schließlich auch: Auf das eigene Glück vertrauen. Auch das Spiel „Go" enthält Muster, die als Koppelungsangebote für die Erwartungen der Studenten in Betracht kommen können: die eigenen Einflusszonen abstecken und entwickeln, dabei darauf achten, dass die eigenen Bereiche genügend „Freiheiten" behalten und nicht „erstickt" werden. Im Spiel „Kniffel" geht es darum, bestimmte Würfelkombinationen zu erzielen, um Punkte zu machen. „Anpassungsleistungen" dieser Art, nämlich in verschiedenen Fächern die richtigen Ergebnisse erzielen, kommen im Studium auch auf die Studenten zu. Indem die Studenten das ihnen bekannte Spiel „Kniffel" spielen, gehen sie kein Risiko ein. Sie kennen es und können es spielen. Sie sind damit vertraut und insofern schafft „Kniffel" bei den Studenten eine Art von Zuversicht, auch Unbekanntes im Studium durch Geschick und Glück meistern zu können. Insoweit spiegeln sich in der Wahl der Brettspiele die „Daseinsthematiken" der Studenten wider.

Die Brett- und Würfelspiele sind für die Studenten nicht sonderlich neu. Sie setzen relativ ungebrochen ihre „Spielsozialisation" fort, indem sie Anregungen und Impulse bieten, den Bereich an Kenntnissen und Fähigkeiten in Spielprozessen weiter zu entwickeln. Daher waren die Studenten auch sehr stolz, sich die Regelwerke „neuer" Brettspiele selbst angeeignet und in spielerisches Handeln umgesetzt zu haben. Der große Spaß, den die Studenten mit „ihren" Brettspielen gehabt haben, macht deutlich, dass im „Hier-und-Jetzt" der aktuellen Spielprozesse „Aktivierungszirkel" aufgebaut wurden, die teilweise Gefühle des „Flow" bei manchen Spielern auslösten. Und auch die „utopische Funktion" lässt sich in den Spielprozessen ausmachen. Möglicherweise kann man sich ein Studium so vorstellen, wie es am letzten Tag des Seminars gestaltet wurde: selbst bestimmt, kooperativ, an den eigenen Interessen und Bedürfnissen orientiert, entspannend und spannend zugleich, miteinander verbunden, sozial und emotional befriedigend, kognitiv bereichernd, in einem geschützten Rahmen, der Wachstum und Entfaltung möglich macht.

Damit endet der erste Teil dieses Buches. Ziel war es, eine Bestandsaufnahme dessen vorzustellen, was über „Spiel" gedacht und geforscht wurde. Ferner kam es uns darauf an, Begriffe einzuführen und zu verwenden, mit deren Hilfe wir unser Untersuchungsfeld genauer in Blick nehmen konnten. Die als vorläufiges Ergebnis formulierten Umrisslinien einer „Feldtheorie der Spielprozesse" bedürfen sorgfältiger empirischer Untersuchungen, um ihre Brauchbarkeit nachzuweisen.

Zuvor erscheint es mir erforderlich, den theoretischen Status von „Spielwelt", „Spielkonstrukt", „spielerischem Verhalten" und „Spielprozess" zu bestimmen. Dies müsste in Abgrenzung zu anderen Arealen aus der Lebenswelt von Menschen geschehen. Erst so ist es möglich, die verschiedenen Einflüsse, die das „Feld" der Spielprozesse ausmachen, in ihren Wechselwirkungsprozessen genauer zu erfassen. Es geht darum, die Bedeutung von Spielwelten in der Lebenswelt der Menschen zu untersuchen und dabei Abgrenzungen, Verwebungen und Austauschprozesse insbesondere in Hinblick auf die reale Welt und die mediale Welt aufzuzeigen. Das wird, in groben Zügen, die Aufgabe des nun folgenden zweiten Teils dieses Buches sein.

5. Was Wirklichkeit ist und wie sie wirksam wird

5.1. Wirklichkeit

Mit dem Begriff „Wirklichkeit" haben wir so unsere Schwierigkeiten. Unabhängig von den Menschen und ihrer Wahrnehmung scheint es „etwas" geben zu müssen, auf das wir Augen, Nase, Hände, Ohren richten können. Dieses „Etwas" nennen wir „*die* Wirklichkeit". Aber eben *diese* „Wirklichkeit" können wir gar nicht wahrnehmen. Das hängt mit der Eigenart unserer Wahrnehmung zusammen.

Was wir „Wahrnehmung" nennen, ist ein vielschichtiger und ineinander verwobener Prozess der Auswahl und Deutung von Sinneseindrücken im menschlichen Gehirn. So erscheint er uns jedoch nicht. Wir haben vielmehr den Eindruck, dass unsere Wahrnehmung in direktem Kontakt mit der „Wirklichkeit" steht. Das, was wir sehen, scheint uns unmittelbar gegeben zu sein, Töne und Geräusche dringen unvermittelt an unser Ohr, und das, was wir betasten und begreifen, erfahren wir unmittelbar als Gegenstände unserer „Wirklichkeit". Wenn wir wahrnehmen, empfinden wir nichts Vermittelndes zwischen uns und der mit den Sinnen erfahrenen Welt.

Ganz anders sieht es aus, wenn wir „Wahrnehmung" nicht von den Sinneseindrücken her betrachten, sondern aus der Perspektive der Gehirntätigkeit. Aufgrund der sensorischen Reizung in den Sinnesorganen entsteht eine neuronale Erregung, die zum Gehirn weitergeleitet wird. Diese Nervenimpulse als solche sind sensorisch unspezifische Signale. „Die spezifische Modalität, auf der unsere Sinneswelt zu beruhen scheint, ist 'hinter' den Sinnesorganen offenbar verschwunden. Die Sinnesorgane übersetzen die ungeheure Vielfalt der Welt in die 'Einheitssprache' der bioelektrischen Ereignisse (Nervenpotentiale), denn nur diese Sprache kann das Gehirn verstehen. (...) Man kann leicht einsehen, dass diese Übersetzung in die neuronale 'Einheitssprache' etwas für die Funktion von Nervensystemen Unabdingbares ist, denn wie könnten sonst im Dienste der sensorische Verhaltenssteuerung Auge und Muskeln, aber auch Auge und Ohr, Gedächtnis und Geruch miteinander kommunizieren, d.h. Instanzen, die äußerst unterschiedlich gebaut sind und ebenso unterschiedlich funktionieren. Die 'neuronale Einheitssprache' ist die Grundlage der Integrationsleistung von Nervensystem und Gehirn."[1]

Welche Bedeutung hat dies für unsere Wahrnehmung? Unsere Sinnesempfindungen entstehen nicht in den Sinnesorganen, sondern im Gehirn und zwar als Ergebnis eines internen Verarbeitungsprozesses. Das menschliche Gehirn ist nicht „weltoffen", sondern ein kognitiv in sich abgeschlossenes System. Es deutet und bewertet nach eigen entwickelten Kriterien neuronale Signale, von deren „wahrer" Herkunft und Bedeutung es im absoluten Sinne nichts weiß. Die von uns durch die Wahrnehmung erschlossene sinnliche Welt ist demnach ein Konstrukt des Gehirns. Die uns zugängliche Welt erscheint uns so, weil das Gehirn seine „Elemente" zu „unserer" Realität zusammengefügt hat. Wir nehmen „wahr", weil wir gelernt haben, diese Konstrukte, in Übereinstimmung mit anderen Mensch, als „wahr" zu nehmen.

In diesem Prozess der Realitätsbildung besteht die Funktion der Sinnesorgane darin, das Gehirn (das nur die „Sprache" der Nervenimpulse „versteht"), für die unterschiedlichen Umweltereignisse, ihre Modalitäten, Qualitäten und Intensitäten empfänglich zu machen, nicht aber Wirklichkeit „abzubilden". Alle „Erzeugnisse" des menschlichen Gehirns sind hergestellt. Alle Eigenschaftsunterschiede der Wahrnehmungsinhalte, sei es nun Hören, Sehen, Fühlen, seien es nun bestimmte Qualitäten wie Farben, Bewegungen, Tonhöhen oder auch Intensitäten, sind nicht direkt mit den Eigenschaften der Umweltereignisse verbunden. „Auf der Ebene der Rezeptoren existiert keinerlei Abbildung der Welt, sondern ein Mosaik elementarer Erregungszustände. Zum Beispiel repräsentieren die Erregungszustände der Photorezeptoren weder Gestalten noch Bilder und Szenen, nicht einmal Konturen, Linien oder Kontraste, die im Allgemeinen als 'einfache' Komponenten des Sehens angesehen werden. Selbst Bewegung und (relative)

1 Roth, Gerhard: Erkenntnis und Realität: Das reale Gehirn und seine Wirklichkeit; in: Schmidt, Siegfried J. (Hrsg.): Der Diskurs des Radikalen Konstruktivismus, Suhrkamp Verlag, Frankfurt 1987, S. 232f.

Größe eines visuellen Reizes als scheinbar einfachste Bausteine visueller Wahrnehmung existieren nicht auf dieser Ebene. Alle diese Komponenten werden in nachgeschalteten visuellen Zentren aus der Aktivität der Rezeptoren mithilfe zentraler Erregung 'errechnet' und erzeugt."[2]

Dazu sind Lernprozesse notwendig. Das menschliche Gehirn muss erfahren, welche Merkmalskombinationen in der Umwelt regelmäßig auftreten, was wahrscheinlich zu erwarten ist und was nicht. Treten Kombinationen bestimmter Merkmale zur selben Zeit und am selben Ort immer wieder auf, so verstärken sich bestimmte Verknüpfungen. Das visuelle System lernt auf diese Weise die Strukturierung der visuellen Welt in Objekte und „sinnvolle" Prozesse. Es entsteht dann eine erhöhte Bereitschaft, auf Strukturen und Ereignisfolgen, die sich in früheren Erlebnissen als geordnet und „sinnvoll" erwiesen haben, zu reagieren. Das Gedächtnis ergänzt die sensorischen Fragmente zur kompletten Wahrnehmung. Dazu verwendet es „Regeln", die sich im Laufe der menschlichen Entwicklung als sinnvoll (für das Überleben) erwiesen haben. Damit ist das Gedächtnis das wichtigste „Sinnesorgan": „Das meiste, was wir wahrnehmen, stammt aus dem Gedächtnis. Wir nehmen stets durch die ‚Brille' unseres Gedächtnisses wahr, denn das, was wir wahrnehmen, ist durch frühere Wahrnehmungen entscheidend mitbestimmt."[3] Es wird also nicht nur „schlicht" wahrgenommen, sondern diese Wahrnehmung *ist* Deutung, ist für den Menschen bedeutsam. Sonst hätte er sie nicht gemacht. Der Mensch hat gelernt, bedeutsame Wahrnehmungen zu machen, Wahrnehmungen, die in seiner Sinnwelt, in seiner Kultur etwas zu bedeuten haben, sich also von dem abheben, was diese Bedeutung nicht hat.

Eine solche Sichtweise von Wahrnehmung hat Auswirkungen auf unser Verständnis von „Wirklichkeit". Über *„die Wirklichkeit als solche"* - also unabhängig vom Menschen - sind keine Aussagen möglich. In Bezug auf das Konzept von Wahrnehmung und Konstruktion der Welt im menschlichen Gehirn kann man *Wirklichkeit* als eine ungeschiedene, nicht bestimmbare Kraft verstehen, die unspezifisch und ungeordnet, weil grundsätzlich offen für alle Sichtweisen, wirkt. Eine solche begriffliche Bestimmung von *Wirklichkeit* folgt den mystischen Vorstellungen eines Niklaus von Kues, der 1453 in seiner Schrift „De visione Dei" („Vom Sehen Gottes") Gedanken zur Wahrnehmung der *Wirklichkeit* entwickelt hat.[4] Kues bezeichnet das „Sehen Gottes" als das absolute Sehen, „von dem jedes Sehen der Se-

---

2 Roth, Gerhard: Das konstruktive Gehirn: Neurobiologische Grundlagen von Wahrnehmung und Erkenntnis; in: Schmidt, Siegfried J.: Kognition und Gesellschaft, Suhrkamp Verlag, Frankfurt 1992, S. 290.
3 Roth, Gerhard: Das konstruktive Gehirn: Neurobiologische Grundlagen von Wahrnehmung und Erkenntnis; in: Schmidt, Siegfried J.: Kognition und Gesellschaft, Suhrkamp Verlag, Frankfurt 1992, S. 317.
4 Die Übersetzung aus dem Lateinischen findet sich in: Kues, Nikolaus von: Vom Sehen Gottes. Ein Buch mystischer Betrachtung, Artemins Verlag, Zürich und München 1987, insbesondere S. 13 - 16.

henden herstammt, alle Schärfe, Schnelligkeit und Kraft aller tatsächlich Sehenden und aller, die zu Sehenden werden können, übertrifft." Dieses Sehen ist absolut, weil es als losgelöstes Sehen begriffen wird, als eine von den Sinnesorganen abgelöste Wahrnehmung. Dahinter steht die Erkenntnis, dass das menschliche Sehen, „während es das eine betrachtet, nicht das andere oder alles in absoluter Weise betrachten kann." Die Wahrnehmung der *Wirklichkeit* ist ein „von aller Verschränkung losgelöstes Sehen"; es „umfasst zugleich und auf einmal alle und jede einzelne Weise des Sehens." Damit ist es dem Menschen verwehrt, die *Wirklichkeit* wahrzunehmen. Sein Sehen umfasst nicht in sich „alle Maßweisen des Sehens, und zwar so, dass es alle wie jede Einzelne in sich begreift."

Wirklichkeit, so verstanden, ist ungeschieden, ungeordnet, unverschränkt und daher für den Menschen nicht wahrnehmbar. Erst indem der Mensch aus seinen Reizeindrücken seine Lebenswelt konstruiert: ein für sein Überleben notwendiges Ordnungsgefüge entwickelt, findet er einen ihm angemessenen Zugang zur Wirklichkeit: Sie erscheint ihm als *seine* Welt. Sie wird für ihn zu *seiner* „Wirklichkeit", dies umso mehr, als er sie in wesentlichen Aspekten mit anderen Menschen teilen kann. *Wirklichkeit* ist der „Grundstoff", aus dem Menschen ihre Welten bauen, auf dass *Wirklichkeit* wirke, wie Menschen wollen, dass sie wirkt. *Wirklichkeit* ist also eine „eingefaltete" Wirkkraft, die sich in Welten wirkungsvoll entfalten kann. Ein möglicher Aspekt der Wirklichkeit wird nur erkennbar, wenn er in Welten wirkt: als Auswirkung der Wirkkraft, nicht als *Wirklichkeit* selbst. *Wirklichkeit* ist zwar in Welten eingebunden, wird jedoch nie zu diesen Welten, weil die Eigenart von *Wirklichkeit* ihre prinzipielle Offenheit für alle möglichen Welten ist.

Damit wird eine Beziehung des Menschen zur *Wirklichkeit* nicht bestritten. Der Mensch könnte ohne eine solche *Wirklichkeit* nicht existieren und nichts erkennen. Die *Wirklichkeit* ist den Menschen also *nur kognitiv* unzugänglich. Sie ist eine prinzipiell offene Schöpfung, die sich durch das menschliche Gehirn gesellschaftlich und d.h. durch Kommunikation in eine „sinnvolle" Welt verwandelt. Nur in Form einer *Welt*, also gesellschaftlich transformiert, können wir mit der *Wirklichkeit* umgehen und sie dabei so (und so „real existierend") wahrnehmen, wie es der gesellschaftliche Transformationsprozess vorsieht. Oder um es wieder in den Worten des Niklaus von Kues zu sagen: „Ohne Verschränkung aber wird nichts verschränkt. So ist die absolute Schau in jedem Sehen, weil durch sie jede verschränkte Schau ist und ohne sie in keiner Weise sein kann." Die Materie, die Objekte sind, was wir wollen oder besser: was wir zu wollen gelernt haben. Die Gesetzmäßigkeiten dieser äußeren Welt sind unsere Gesetze, die wir in das hineinsehen, was für uns unbegreiflich ist, immer unbegreiflich bleiben wird, und das wir nur deshalb zu greifen gelernt haben, weil wir uns unsere eigenen Zugänge dazu geschaffen haben.

Die Kausalität als ein Prinzip von Gesetzmäßigkeiten ist von uns geschaffen worden, weil im „Spiel" unserer Schöpfungen dieses Prinzip bislang geholfen hat, unser Überleben in einer uns unbegreiflichen Welt zu sichern, weil wir uns damit in dieser Welt eingerichtet haben und uns zurecht finden können. Die Menschheit schafft sich „Schlüssel" dieser Art, mit denen die Menschen ihre Welt „aufschließen", sie sich erschließen. Die „Schlüssel" bilden sich im Entwicklungsprozess der Menschheit heraus, indem die Menschen Muster aus ihrer Umwelt herauslösen: Erwartbarkeiten entwickeln, Ähnlichkeiten feststellen, Wiederholungen bemerken. Mithilfe dieser Muster erkennen sie „ihre" Welt, nicht jedoch die *Wirklichkeit*. Ausgestattet mit schier unbegrenzten „Schlüsselbunden" dehnen die Menschen ihre Welten aus, Hand in Hand mit der Ausdehnung ihrer Erkenntnismöglichkeiten. Nur wenn sie an Grenzen stoßen, wenn ihre „Schlüssel" nicht mehr passen, konstruieren sie sich neue, entwickeln sie neue Sichtweisen und neue Erkenntnisräume. Bis dahin nutzen sie ihre „Schlüssel", schließen auf, was ihnen mit Hilfe dieser „Schlüssel" möglich ist und erschließen alles Neue nach den Mustern des Bekannten. So bauen sie ihre Welten aus den für sie unfassbaren Bausteinen der *Wirklichkeit*.

Die Konstruktionsleistung des Menschen, die *Wirklichkeit* in Welten zu fassen, ist nicht statisch sondern dynamisch. Mit der Entwicklung und Ausfaltung von Welten wächst auch das Ausmaß an Anteilnahme an der *Wirklichkeit*. Ohne *Wirklichkeit* je wahrnehmen zu können, tragen Menschen doch dazu bei, dass sich diese *Wirklichkeit* durch neue Sichtweisen und neue Welten im Bewusstsein weiter entfalten kann. Das Entwickeln von Toleranz und Verständnis für andere Welten und unterschiedliche Wahrnehmungen sind Möglichkeiten des Menschen, Schritte auf den Horizont dieser *Wirklichkeit* zuzugehen, ohne ihn je erreichen zu können, weil er für Menschen immer unerreichbar bleiben wird.

In diesem Prozess der Ausfaltung von *Wirklichkeit* kommt der Lebenswelt des Menschen, also dem Netzwerk seiner Welten das entscheidende Gewicht zu. Die *Wirklichkeit* ist für den Menschen unerreichbar. Er hat deshalb keine andere Möglichkeit, als *seine* Realität zu konstruieren. Die Erkenntnisse des Menschen, seine Wahrnehmungen, das, was er für „wirklich" hält, sind eine spezifische Sichtweise von allem, was sein kann. Der Mensch verwandelt im „Spiel der Schöpfung" das, was sein kann, in *seine* Realität. Und er kann es nur, indem er diese Realität auf seine Lebenswelt bezieht, sie auf der Folie dieser Lebenswelt für sich verständlich macht. Die besondere menschliche Sichtweise von *Wirklichkeit*, aus seiner Begegnung mit dem Gegenüber entfaltet, hat Blumen, Wälder, Vögel, Menschen, den Ozean, die Berge, die Meere und den stillen See geschaffen. Die mit ihrer Lebenswelt verbundene Sichtweise ist endlich. Ohne die Menschen schließt sich das Auge, das alles dies sehend geschaffen hat. Mit dem Ende der Menschheit endet nicht das Gegenüber, unfassbar in den Möglichkeiten, es zu sehen und sich dazu in Beziehung zu setzen. Es endet nur eine dieser

Möglichkeiten: die menschliche Sichtweise von *Wirklichkeit*. Die Wirklichkeit der Pflanzen, der Tiere, der Berge, des Meeres, des Windes dauert fort, wirkt fort und entfaltet sich in anderen Sichtweisen. Unerfahrbarbar für den Menschen bleibt die Möglichkeit unbegrenzter Verschränkungen der *Wirklichkeit* mit einem wahrnehmenden Gegenüber. Unerfahrbar auch, dass *seine* Realität sterblich ist, sterblich, und zugleich aufgehoben im Blick Gottes. Alle Möglichkeiten der Verschränkung von *Wirklichkeit* sind nur bei Gott, damit seine Schöpfung das Maß an Offenheit bietet, das zur Selbstentfaltung dieser Schöpfung notwendig ist.

5.2. Netzwerk der Lebenswelt

Die *Wirklichkeit* haben wir als ungeschiedene, unverschränkte Wirkkraft begrifflich zu fassen versucht, also als ein begriffliches Konstrukt, das der Mensch durch Wahrnehmung nicht erfahren kann. Die Offenheit von *Wirklichkeit* steht dem Erfordernis der Menschen entgegen, ihr Überleben zu sichern. Die zentrale Bedeutung des Überlebens macht es notwendig, die Reizeindrücke „sinnvoll" zu ordnen, also sowohl mit den Sinnen zu koppeln als auch in der Weise, dass die so geschaffene Ordnung Sinn macht. Mit Hilfe seines Ordnungsgefüges kann sich so der Mensch angemessen zu seiner Umwelt in Beziehung setzen, also eine Wahrnehmung und ein Verhalten entwickeln, das sein Überleben sichert. Die so „geordnete" Welt nimmt der Mensch als „Realität" wahr: als eine für ihn nicht hintergehbare Erfahrungswirklichkeit, die „vorhanden" ist. „Diese Umwelt wird über Wahrnehmung, Sensomotorik, Kognition, Gedächtnis und Emotion, über kommunikatives und nicht-kommunikatives Handeln informationell (‚sinnhaft') von Menschen erzeugt und erhalten. (...) Jedes Individuum wird schon in eine sinnhaft konstituierte Umwelt hinein geboren und auf sie hin sozialisiert und geht nie mit ‚der Realität als solcher' um. Wahrnehmen, Denken, Fühlen, Handeln und Kommunizieren sind somit geprägt von den Mustern und Möglichkeiten, über die der Mensch als Gattungswesen, als Gesellschaftsmitglied, als Sprecher einer Muttersprache und als Angehöriger einer bestimmten Kultur verfügt."[5] Dieses System kollektiven Wissens ist das „Realitätsmodell", das Kinder im Laufe ihres Sozialisationsprozesses erlernen und das ihre Welt konstituiert.

Durch „Realitätskonstruktionen" schaffen Menschen ihre Welt und legen damit das Spektrum dessen fest, was innerhalb dieser Welt wahrgenommen werden kann und welche Vorstellungen über die Realität dort gelten. Deshalb kann Realität „nur ein internes Korrelat der Systemoperationen sein - und nicht etwa eine Eigenschaft, die den Gegenständen der Erkenntnis zusätzlich zu dem, was sie nach Individualität oder Gattung auszeichnet, au-

---

5 Schmidt, Siegfried J.: Konstruktivismus in der Medienforschung: Konzepte, Kritiken, Konsequenzen; in: Merten, Klaus u.a. (Hrsg.): Die Wirklichkeit der Medien, Westdeutscher Verlag, Opladen 1994, S. 594.

ßerdem noch zukommt. Realität ist denn auch nichts weiter als ein Indikator für erfolgreiche Konsistenzprüfungen im System."[6]

Dieser Prozess der Realitätskonstruktion verläuft keineswegs willkürlich oder planvoll, noch ist er als ein in jeder Phase bewusst gesteuerter Prozess aufzufassen. Er erfolgt in Auseinandersetzung mit der Umwelt und gemäß den konkreten biologischen, kognitiven und sozio-kulturellen Bedingungen, denen Menschen in ihrer sozialen wie natürlichen Umwelt unterworfen sind. Da das Individuum über viele dieser Bedingungen überhaupt nicht verfügen kann und viele ihm gar nicht bewusst sind, widerfährt dem Menschen diese Realitätskonstruktion mehr, als dass er sie bewusst einsetzen könnte. So entwickelt sich in der Sozialisation eine „naturwüchsige" Wahrnehmung, die zu den Realitätskonstruktionen der Gesellschaft passt.

Im Rahmen dieser Konstruktionen hat die Lebenswelt des Menschen die zentrale Bedeutung. Die Lebenswelt ist der für den Menschen fassliche und d.h. geordnete Wirklichkeitsbereich, an dem er in unausweichlicher, regelmäßiger Wiederkehr teilnimmt, den er als schlicht gegeben vorfindet und als fraglos erlebt.[7] Sie ist die „phänomenale Wirklichkeit" des Menschen, also die sinnvoll geordnete Welt der Erscheinungen. Diese Lebenswelt ist von ihrer Struktur her ein Ordnungsgefüge von Geschehensabläufen, in die die Menschen eingebunden sind. Die Lebenswelt bildet den Rahmen für die „sinnvolle" Ordnung von Wahrnehmungen und Handlungen. Sie bildet kein umfassendes Ganzes, sondern gliedert sich in ein Netz von Welten (und Subwelten), die sich vielfach überschneiden und überlagern und sich weder hierarchisch anordnen noch teleologisch ausrichten lassen.[8] Neben der realen Welt unterschieden wir die mentale Welt, die Traumwelt, die medialen Welten, die Spielwelten und die virtuellen Welten.

Alle Welten, auf die ein Mensch bezogen ist, bilden ein „Netzwerk der Lebenswelt", den Kosmos dessen, was der Mensch als *seine* Realität versteht. Es sind „Sinnprovinzen", die einen spezifischen kognitiven Zugang besitzen. Jeder Mensch hat durch seine Fähigkeiten und Erfahrungen Anteil an seinem je individuell konfigurierten Netzwerk seiner Lebenswelt, die für ihn *die* Welt ist. Verhaltensweisen, Regeln, Einstellungen, Beurteilungen und Wertvorstellungen wechseln, je nachdem, in welcher seiner Welten sich der Mensch gerade aufhält und welche er „durchwandert". Die einzelnen Welten sind eine „Kontextur". Sie sind in sich geschlossen und insofern abgrenzungsfähig. Die einzelne Welt bildet einen Rahmen, innerhalb dessen Operationen definiert und angewendet werden können. Außerhalb die-

---

6 Luhmann, Niklas: Die Realität der Massenmedien, Westdeutscher Verlag, Opladen 1996, S. 19.

7 Umfassende Untersuchungen zur Lebenswelt finden sich bei Schütz, Alfred und Luckmann, Thomas: Strukturen der Lebenswelt, Band 1 und 2, Suhrkamp Verlag, Frankfurt 1979.

8 Vgl. Waldenfeld, Bernhard: In den Netzen der Lebenswelt, Suhrkamp Verlag, Frankfurt 1985, S. 27.

ser Welt und des sie konstituierenden Rahmens haben die dort gültigen Verhaltensweisen, Regeln, Einstellungen usw. keine oder nur geringe Geltung.[9] Insofern kann man das „Netzwerk der Lebenswelt" mit Günther[10] als „Poly-Contexturality" bezeichnen. Die einzelnen „Sinnprovinzen" sind deutlich voneinander abgegrenzt, so dass das „Netzwerk der Lebenswelt" insgesamt ein diskontexturales Gebilde ist, das sich auch fragmentarisch und polymorph darstellen kann. „Trotzdem verorten sich Menschen über solche Strukturen, indem sie die verschiedenen Welten, an denen sie Teil haben, in einer bestimmten Beziehung zueinander relationieren. Die verschiedenen Welten bilden sozusagen eine *Konstellation*. Diese Konstellation ist dann Ausdruck einer sinnhaften biographischen Selbstkonstruktion einer Person, die aber (...) in sich gebrochen ist."[11]

Was hält dieses „Netzwerk der Lebenswelt" in seinem Inneren zusammen? Es sind Schemata. Schemata sind kulturelle und sozialisatorische Leistungen der Menschheit, aus der überwältigenden Vielfalt ihrer Umwelt die für das Überleben relevanten Regelmäßigkeiten und Strukturen herauszulösen (Wahrnehmungsschemata) und regelmäßig wiederkehrende Handlungen als Muster oder Sequenzen einzuüben (Handlungsschemata). Ähnlich den „rekursiven Schleifen" in Computerprogrammen entlasten sie das kognitive System des Menschen von der Aufgabe, regelmäßig Wiederkehrendes immer wieder neu durchdenken zu müssen. Wie ein Unterprogramm werden Schemata unter vorgegebenen Bedingungen (z.B. bestimmten Reizen) „aufgerufen". „Schemata sind keine passiven Wissensrepräsentationen, sondern aktive Strukturen, ohne die es keine Bezugnahme zu Objekten der Außenwelt gibt. Schemata sind wahrnehmungs- und handlungsleitende Strukturen, die nach ihrer Aktivierung aufgrund von Hinweisreizen gespeicherte Daten über zu erwartende Situationen und Handlungen bereitstellen, die Verarbeitung neuer Informationen steuern und erleichtern, Komplexität reduzieren und Sinn stiften."[12] Diese Funktionen machen Schemata zu den elementaren kognitiven Bausteinen der Lebenswelt der Menschen. Ohne das Geflecht der Schemata wären Wahrnehmungen und Handlungen der Menschen nicht möglich. Die prinzipielle Weltoffenheit des Menschen wird durch die Ausbildung von Schemata sowohl begrenzt als auch ermöglicht. Als dynamisch organisiertes Wissen unterliegen Schemata einem ständigen Wandlungsprozess: Sie verändern sich und differenzieren sich aus, wenn

9 Vgl. Marotzki, Winfried: Digitalisierte Biographien?; in: Lenzen, Dieter und Luhmann, Niklas: Bildung und Weiterbildung im Erziehungssystem, Suhrkamp Verlag, Frankfurt 1997, S. 188.
10 Günther, Gotthard, Life as Poly-Contexturality; in: ders: Beiträge zur Grundlegung einer operationsfähigen Dialektik, Band 2, Hamburg 1979, S. 283 - 306.
11 Marotzki, Winfried: Digitalisierte Biographien?; in: Lenzen, Dieter und Luhmann, Niklas: Bildung und Weiterbildung im Erziehungssystem, Suhrkamp Verlag, Frankfurt 1997, S. 188 f.
12 Vitouch, Peter und Tinchon, Hans-Jörg (Hrsg.): Cognitive Maps und Medien, Verlag Peter Lang, Frankfurt 1996, S. 164.

neue Wahrnehmungen oder Handlungsnotwendigkeiten mit dem bestehenden Vorrat an Schemata nicht in Übereinstimmung gebracht werden können. So wächst die Lebenswelt des Menschen in dem Maße, wie seine Schemata sich weiterentwickeln und ausdifferenzieren.

Zur Veranschaulichung der Erörterungen dient die Abbildung „Netzwerk der Lebenswelt". Der Gesamtkomplex der Lebenswelt umfasst, neben der realen Welt, die Traumwelt, die mentale Welt, die Spielwelt, die mediale Welt und schließlich die virtuelle Welt. Die verschiedenen Welten sind Teile des Netzwerks der Lebenswelt des Menschen; sie existieren nicht für sich, sondern sind wechselseitig aufeinander bezogen.

Abbildung 9:

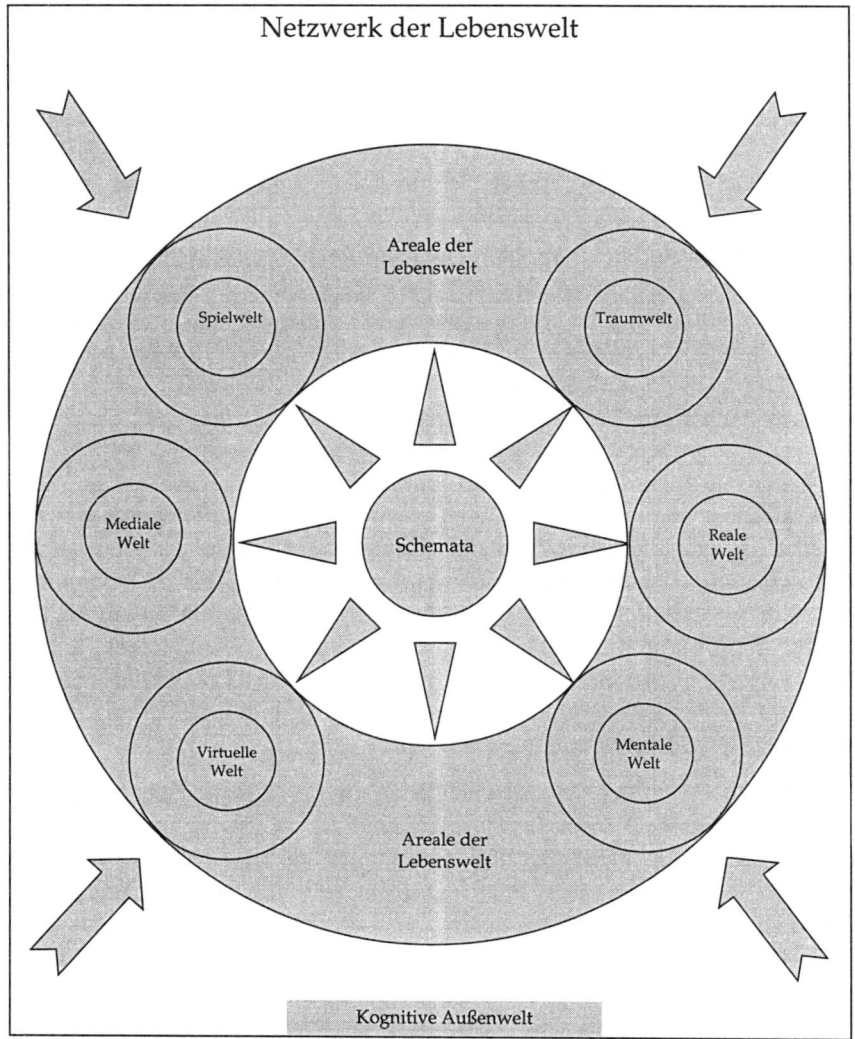

Das Modell beabsichtigt keine starren „Grenzziehungen" zwischen den Welten, sondern bezeichnet lediglich „Orte", in denen spezifische Umgehensweisen mit den Reizeindrücken stattfinden. Die Welten sind Ergebnis sozialer Vereinbarungen, wie die Reizeindrücke zuzuordnen sind: Was zur jeweiligen Welt gehört, wie es zu verstehen ist, woran man erkennt, dass man sich der Welt aufhält und dass man sie wieder verlässt. Mittelpunkt des Netzwerks bilden die Schemata. Wie mit einer Drehscheibe werden die angemessenen Schemata den jeweiligen Welten nach einem internen Transformations- und Modifikationsprozess zugewiesen und steuern dann, in der jeweiligen Welt die Wahrnehmung und das Verhalten.

5.3. Ausfaltung der Lebenswelt

Die Lebenswelt ist nicht ein für die Menschheit und den einzelnen Menschen schlicht Vorgegebenes, das fraglos existiert. Sie bildet sich vielmehr erst in einem kulturellen und sozialisatorischen Prozess heraus und gewinnt dadurch Festigkeit und Verlässlichkeit. Wir wollen uns jetzt ansehen, wie sich die Lebenswelt eines Menschen im Laufe seiner Entwicklung ausfaltet und welchen Anteil Spielwelt und Spielprozesse daran haben.

Zu Beginn der Entwicklung kann das Kind noch nicht zwischen „Ich" und „Nicht-Ich", zwischen „Innenwelt" und „Außenwelt" unterscheiden. Seine Lebenswelt bildet ein Ungeschiedenes und Undifferenziertes „Ganzes", in das das Kind eingewoben ist und ein Empfinden fast wie im Mutterleib auslöst. „Die nach der Geburt rasch in ihrer Vielfältigkeit und Menge zunehmenden Außenreize empfindet es jedoch wohl immer noch, als ob sie von ihm selbst kommen. Eine Differenzierung gelingt erst allmählich. (...) Dieses Erleben von sich selbst und der ganzen Welt um das Kind herum, die es hört, spürt, sieht und erlebt, ist - wie wir annehmen müssen - noch eine Einheit. Es gibt noch keine Unterscheidung zwischen der eigenen Person, dem Ich, mit all seinen Empfindungen von Wärme und Kälte, Hunger und Sattsein, Weichheit und Härte, Geborgenheit und Verlassensein auf der Seite und allem übrigen, was es mit seinen Sinnen wahrnehmen kann, auf der anderen. Erst allmählich, beginnend wohl im zweiten Lebensjahr, fängt es an zu unterscheiden zwischen dem eigenen Ich und dem Anderen, der Umwelt, zwischen Innenwelt und Außenwelt."[13]

Das Zerbrechen einer als „ganzheitlich" empfundenen Lebenswelt setzt dann ein, wenn das Kind erstmals die Mutter als „Nicht-Ich" erfährt. „Nach der völligen Verschmelzung mit der Mutter tritt das Kleinkind in eine Phase, in der es die Mutter vom eigenen Selbst trennt und in der die Mutter das Ausmaß ihrer Anpassung an die Bedürfnisse des Kindes einschränkt, um sich selbst nach weitestgehender Identifizierung mit dem Kind wieder zu

---

13 Lempp, Reinhart: Das Kind im Menschen, Verlag Klett-Cota, Stuttgart 2003, S. 29 ff.

finden und weil sie auf das veränderte Bedürfnis des Kindes, sie jetzt als unabhängiges Wesen zu erleben, eingeht."[14] Mit der Überwindung der Vorstellung einer „ganzheitlichen Lebenswelt" wird das Kind fähig, die reale Welt als wesentlichen Teil seiner Lebenswelt zu verstehen, indem es seine Reizeindrücke in angemessener Weise dieser Welt zuordnet und sie so rahmt, dass sie den Rahmungskonventionen der Erwachsenenwelt entsprechen.

Das Kleinkind kann diesen Entwicklungsschritt in der Ausfaltung seiner Lebenswelt gehen, weil es zwischen der realen Welt (also zunächst der Mutter) und seinem inneren Erleben keine unüberbrückbare Kluft gibt. Es entsteht vielmehr, als notwendige Abpufferung im Differenzierungsprozess, ein Zwischenbereich, der sowohl Bestandteile der inneren als auch der äußeren Welt enthält und geeignet ist, als „Brücke" beide Areale der Lebenswelt miteinander zu verbinden. Winnicott bezeichnet dieses neue Areal als „intermediären Bereich", der eine Frühform einer Spielwelt darstellt. Zwischen dem vierten und dem zwölften Lebensmonat beginnt sich die Spielwelt als „intermediärer Bereich" durch das Auftreten von „Übergangsphänomenen" zu entfalten: Der Säugling steckt den Daumen in den Mund, ergreift nach den Zipfeln der Bettwäsche, an denen er kaut. Diese „Repräsentanten der weiblichen Brust" bilden für das Kind die ersten Elemente für den Aufbau seines „intermediären Bereiches" und erlangen für das Kind in der Zeit des Schlafengehens eine wichtige Bedeutung als Abwehr gegen Ängste. „Übergangsobjekte" wie Läppchen, Stofftiere und Schnuller sind Ausdruck des kindlichen Bemühens, die innere und äußere Welt miteinander zu verbinden. Das Übergangsobjekt ist sowohl (von seiner Herkunft) Teil der realen Welt als auch (in seiner Verwendungsform) Ausdruck der Innenwelt des Kindes, also seiner Impulse, Wünsche und Gefühle. Es tritt an die Stelle der Mutter und gleicht aus, was durch die allmählich sich vermindernde Sorge der Mutter für das Kind verloren geht. Um das Gefühl persönlicher Sicherheit zu garantieren, muss das vom Kind frei gewählte Übergangsobjekt zur Stelle sein, wenn es gebraucht wird, und ein Vielerlei an Wunschhandlungen und emotionaler Befriedigung zulassen. Mit Hilfe des Übergangsobjekts und seiner emotionalen Besetzung beginnt das Kind, Objekte der realen Welt aktiv zu gebrauchen und damit zugleich innere Welt und reale Welt zu unterscheiden und miteinander zu verbinden. Dies ist einer der ersten Schritte des Kindes bei der Entfaltung seiner Lebenswelt: die Differenzierung in realer Welt (die nun als „äußere Welt" erlebt wird) und mentaler Welt (als Welt der Wünsche, Gefühle und Phantasien) sowie (in Form von Übergangsobjekten) die ersten Schritte hin zur Ausbildung einer Spielwelt.

---

14 Winnicott, Donald W.: Vom Spiel zur Kreativität, Verlag Klett-Cotta, Stuttgart 1979, S. 124 f.

Um die Bedeutung von Spielwelten für die Entfaltung der Lebenswelt von Menschen besser zu verstehen, müssen wir berücksichtigen, dass das Kind in den ersten Lebensjahren lernt, seine Lebenswelt in seinem Denken, Fühlen und Handeln zwei verschiedenen Arealen zuzuordnen. Die eine bezeichnen wir als „mentale Welt", als die Welt der Wünsche, Gefühle, Phantasien und Tagträume, die andere als „reale Welt", die Welt, die sich mit ihren „realen Objekten" spürbar zu erkennen gibt und die man mit anderen Menschen teilt. Beide Welten sind für das Kind „wirklich", weil wirksam, und damit durchaus „real". Zwischen beiden Welten bestehen jedoch für das Kind unüberbrückbare Barrieren. Es besitzt noch nicht die Fähigkeiten, reale Welt und mentale Welt angemessen zueinander in Beziehung zu setzen. Dies ist der Zeitpunkt, an dem Spielwelten entstehen, die für die Kinder die Funktion haben, Reales und Mentales miteinander zu verschränken. In Spielwelten ist „die Trennungslinie zwischen Innen und Außen vorübergehend aufgehoben, (so) dass Teile der inneren Welt mit Teilen der äußeren Welt verschmelzen (können). Das Subjekt kann dann - wie im Flow-Erleben - ganz in einer Sache ‚aufgehen' und sich doch im höchsten grade ‚bei sich' befinden, genauso wie Teile der umgebenden Welt völlig von Aspekten des Selbst aufgesogen erscheinen: das Kind *ist* ein Auto, ein Computer, ein Löwe usw. Wegen dieser begrenzten Verschmelzung muss der Spielbereich von anderen Bereichen abgegrenzt werden."[15]

Voraussetzung für die Entfaltung von Spielwelten ist eine vertrauensvolle und verlässliche Beziehung zur Mutter oder zum Vater: „Die Mutter passt sich an die Bedürfnisse ihres Kindes an, das allmählich Persönlichkeit und Charakter entwickelt; die Anpassung gibt ihr ein bestimmtes Maß an Verlässlichkeit. Das Kleinkind, das diese Verlässlichkeit über einen bestimmten Zeitraum hin erlebt, entwickelt ein Gefühl des Vertrauens. Erst das Vertrauen auf die Verlässlichkeit der Mutter und damit die anderer Menschen und Objekte ermöglicht die Abtrennung des Nicht-Ich vom Ich. Trennung wird jedoch gleichzeitig dadurch vermieden, dass der potentielle Raum mit kreativem Spiel, mit Symbolen und dem, was allmählich das kulturelle Erleben ausmacht, erfüllt wird."[16] In diesem Falle verläuft der Trennungsprozess zwischen Ich und Nicht-Ich deshalb nicht so schmerzhaft, weil sich die Spielwelt allmählich aus einer gelösten inneren Haltung entwickeln kann. Damit sich Spielwelten entfalten können, bedarf es also eines entspannten Feldes, das frei sein muss von allzu großen Ängsten und bedrängenden Impulsen.

Hand in Hand mit der Entwicklung von Spielwelten entwickeln sich die Vorstellungen des Kindes von der realen Welt. Mit Hilfe der Spielprozesse können Elemente der realen Welt für das Kind eine persönliche Bedeutung

---

15 Schäfer, Gerd E.: Spielphantasie und Spielumwelt, Juventa Verlag, Weinheim und München 1989, S. 29 f.
16 Winnicott, Donald W.: Vom Spiel zur Kreativität, Verlag Klett-Cotta, Stuttgart 1979, S. 126 f.

bekommen. Das Kind gewinnt über die Teilnahme an Spielprozessen einen Zugang zu seiner mentalen Welt und kann dadurch seine Gefühle, Wünsche, Phantasien und Impulse mit der realen Welt verknüpfen. Spielprozesse verlocken das Kind, sich mit der realen Welt zu beschäftigen und sie sich anzueignen. Das Kind kann die reale Welt nicht „wirklich" erleben, wenn es ihm nicht gelingt, sie mit Hilfe von Spielprozessen nach zu erschaffen und nach zu empfinden. „Man kann zwar Realitäten außerhalb seiner selbst wahrnehmen, objektiv registrieren. Als Nicht-Ich-Realitäten aber erleben, ernst nehmen, kennen lernen kann man sie wohl nur, wenn man versucht, sie mit den eigenen subjektiven Mitteln nachzuvollziehen. Ich habe deshalb davon gesprochen, dass man Realität *für sich* realisieren muss, d.h. für sich erschaffen und derart mit subjektiven Bedeutungshaftigkeiten verknüpfen muss, damit sie sich subjektiv als wirklich anfühlt."[17]

In den Spielprozessen spiegeln sich die Bezüge der Kinder zur realen Welt. „Selbst wenn sie dabei noch so phantasiereich agieren, durch die Art ihrer Spielgestaltung von manchen Gewohnheiten abweichen, zuweilen das ignorieren, was sie im sonstigen Alltag unentwegt beachten müssen - es ändert nichts: Das Spiel ist die kindliche Art und Weise, den eigenen, persönlichen und somit individuellen Wirklichkeitsbezug aktiv zu schaffen, zu gestalten und für die Dauer des Spiels aufrecht zu erhalten."[18] Damit wird die Spielwelt zu einer Bühne, auf der die Kinder ihre individuellen Beziehungsmuster zur realen Welt inszenieren und erproben können. Diese Beziehungsmuster gründen sich häufig nicht unmittelbare Erfahrungen in der realen Welt, sondern auf „Vorstellungsbilder" zur realen Welt. Die Kinder inszenieren Spielprozesse, von denen sie meinen, dass sie in der realen Welt so ablaufen könnten. Insofern sind manche Inhalte von Spielprozessen lediglich idealtypische Schemata, die sich die Kinder als Vorstellungen über die reale Welt angeeignet haben. Ein Rollenspiel wie „Mörder und Detektiv" weist den spielenden Kindern Rollen zu, von denen sie glauben, dass diesen Personen ein solches Verhalten in der realen Welt angesonnen wird. Vor-Bild ist also vielfach nicht der unmittelbare Eindruck in der realen Welt, sondern ein Schema.[19]

Dies macht u.a. deutlich, dass die Kinder bei der Ausfaltung ihrer Lebenswelt nicht nur lernen, reale Welt von Spielwelt und mentaler Welt zu unterscheiden, sondern auch mit anderen Arealen ihrer Lebenswelt (in einem späteren Alter) Kontakt aufzunehmen: mit der medialen Welt (Bilder, Filme, Texte, Comics u.a.) und der virtuellen Welt (z.B. Computer- und Vi-

---

17 Schäfer, Gerd E.: Spiel, Phantasie und Selbstbezug; in: Kreuzer, K.J.: Handbuch der Spielpädagogik, Band 1, Schwann Verlag, Düsseldorf 1983, S. 346.
18 Mogel, Hans: Psychologie des Kinderspiels, Springer-Verlag, Berlin und Heidelberg 1994, S. 201.
19 Ausführliche Erörterungen dazu finden sich in Scholz, Gerold: „Als-Ob-Spiele von Kindern". Eine Interpretation in Anlehnung an Gregory Bateson; in: Renner, Erich u.a.: Spiele der Kinder, Deutscher Studienverlag, Weinheim 1997, S. 48 ff.

deospiele). Viele der in den Spielwelten entfalteten Spielprozesse greifen auf Schemata zurück, die die Kinder in medialen oder virtuellen Welten kennen gelernt haben. In den folgenden Kapiteln werden wir noch ausführlich darauf eingehen.

Abbildung 10:

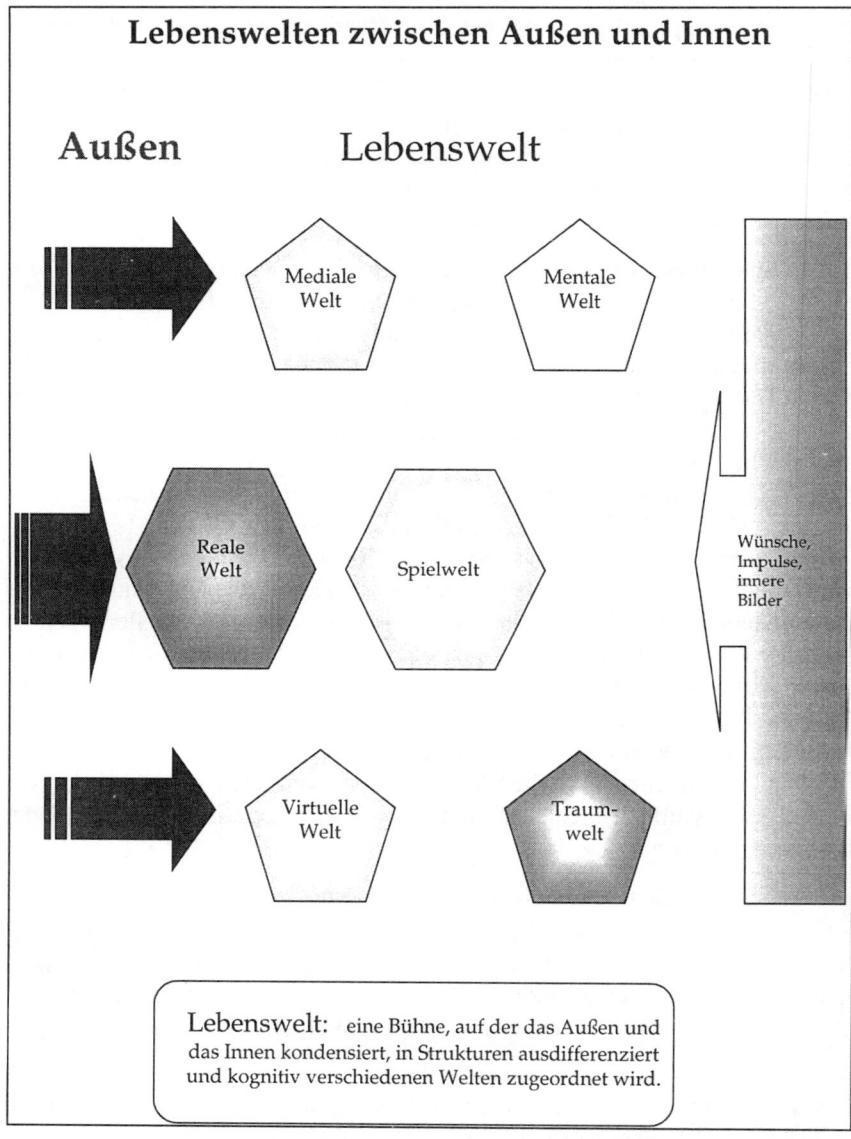

Lebenswelten zwischen Außen und Innen

Außen   **Lebenswelt**

Mediale Welt

Mentale Welt

Reale Welt

Spielwelt

Wünsche, Impulse, innere Bilder

Virtuelle Welt

Traum- welt

Lebenswelt: eine Bühne, auf der das Außen und das Innen kondensiert, in Strukturen ausdifferenziert und kognitiv verschiedenen Welten zugeordnet wird.

Die Abbildung „Lebenswelten zwischen Außen und Innen" veranschaulicht, wie sich die Lebenswelt zwischen der Innenwelt der Kinder und ihrer Außenwelt entfaltet und dabei verschiedene Areale bildet, die sich durch verschiedene Wirklichkeitsvorstellungen und daran geknüpfte Wahrnehmungs- und Handlungsschemata unterscheiden. Deutlich wird aus der Abbildung, dass die Spielwelt eine ganz besondere Mittlerfunktion sowohl zwischen Innen und Außen als auch zwischen den verschiedenen Arealen der Lebenswelt einnimmt. Aufgabe der Folgekapitel wird es sein, dies umfassend zu erörtern.

5.4. Rahmungskompetenz und Überstiege

Kinder, die eine Spielwelt betreten, wissen, dass sich diese Welt von der realen Welt unterscheidet, dass für beide Welten unterschiedliche Perspektiven und Maßstäbe gelten und dass beide Welten Überstiege von der einen in die andere ermöglichen.

Auf einem Waldspaziergang findet ein 5-jähriger Junge ein großes A-hornblatt. Er bewegt es hin und her und macht Flugzeuggeräusche dazu. Er erzählt, dass er mit seinem „Flugzeug" über einen großen „Wald" und dann über einen „See" (eine Pfütze) fliegt. Der „Pilot" beeilt sich, um rasch zum „Flughafen" zu kommen, um dort landen zu können. Dort wartet man auf ihn, um rechtzeitig mit dem Essen anzufangen. Unterwegs treten „Defekte" beim „Flugzeug" auf (das Blatt zerfleddert sich). Das „Flugzeug" stürzt ab, und der Pilot muss sich ein neues „Flugzeug" suchen, das er auch bald findet (ein neues großes Blatt). Und so kann die Reise fortgesetzt werden.

Dem Jungen war während des Spielprozesses klar, dass es sich um ein Blatt handelt und dass er nicht „wirklich" ein Pilot ist. Ein noch so intensives Erleben hätte diese Rahmungskompetenz nicht ernsthaft gefährdet. Der Junge verfügt über ausgeprägten Kompetenzen, sich zwischen den Welten zu bewegen. Vermutlich gewinnt der Spielprozess bei diesem Beispiel seine besondere Attraktivität, weil Spielwelt und reale Welt deutlich miteinander verwoben sind (der Junge wollte rasch nach Hause, weil er Hunger hatte und wusste, dass zu Hause pünktlich gegessen wird), und der Junge souverän zwischen den beiden Welten hin- und herwechseln konnte. Obwohl die Rahmungskompetenz von Vorschulkindern beim Aufbau ihrer Wirklichkeitsvorstellungen gut belegt ist, bestehen Ängste, Kinder könnten ihre Spielwelt nicht deutlich von der realen Welt unterscheiden. „Es gibt gute Gründe anzunehmen, dass dieses Misstrauen eher fördert, was es vermeiden möchte: Wo Phantasien nicht in symbolischer Form ausgelebt und bearbeitet werden können, droht die unvermittelte Projektion in die Außenwelt, die wahnhaft verblendete Durchsetzung innerer Bilder. (...) Indem Kinder in ihren Fiktions- und Phantasiespielen in artistischer Geschicklichkeit an dieser Grenze entlang tänzeln, erkunden sie den Unterschied zwischen ‚echt' und ‚ausgedacht', und das heißt, zwischen der eigenen, individuell erfahrenen

Innenwelt und der von verbindlichen Normen dominierten sozialen Außenwelt.“[20]

Wie erwerben Menschen die Fähigkeit, ihre vielfältigen Eindrücke sinnvoll zu ordnen und d.h. auch: sie in angemessener Weise den jeweiligen Welten zuzuordnen? Die Menschen erfahren im Verlaufe ihrer Entwicklung ihre verschiedenen Welten als in sich geschlossene „Sinngebiete“, für die jeweils spezifische Zuordnungsmuster gelten: in der Traumwelt beispielsweise andere als in der medialen Welt. Die Struktur der einzelnen Wahrnehmungselemente „kippt“ um, wenn man sie auf eine andere Welt beziehen will. Man könnte dieses Phänomen vergleichen mit den bekannten „Umkehrtäuschungen“, bei denen man beispielsweise einmal eine alte Frau, das andere mal eine junge Frau sehen kann, je nachdem, wie sich die Wahrnehmungseindrücke gerade ordnen. Im Fernsehgerät (oder in einem Buch) können wir ein Objekt der realen Welt sehen, das sich bewegen lässt, das ein bestimmtes Gewicht hat und eine spezifische Materialbeschaffenheit aufweist. Die Objekthaftigkeit des Geräts wird in dem Moment „ausgeblendet“, wenn ich den Fernseher zum Fernsehen verwende und d.h. die auf dem Bildschirm erscheinenden Bilder und die damit verbundenen Töne der medialen Welt zuordne.

Jede dieser Welten ist Teil meiner Lebenswelt. Je nachdem, wohin ich meine Aufmerksamkeit lenke, befinde ich mich mit meinem Bewusstsein in der realen oder aber in der medialen Welt. Verteile ich meine Aufmerksamkeit, kann ich in verschiedenen Welten zugleich sein. So kann ich beispielsweise zugleich einer Fernsehsendung folgen, ein Scheibe Brot essen, in einem Bildband blättern und mich mit einem Freund angeregt unterhalten. Dies gelingt nur, wenn meine Aufmerksamkeit alle diese Welten zugleich umfassen kann und ich in der Lage bin, die Reizeindrücke angemessen zu ordnen und geordnet zu halten.

Ich kann die verschiedenen Welten „betreten“ und wieder „verlassen“, weil ich über einen Vorrat früherer Erfahrungen verfüge, der es mir gestattet, Schemata im Umgang mit den Welten zu entwickeln. „Alle meine Erfahrungen in der Lebenswelt sind auf dieses Schema bezogen, so dass mir die Gegenstände und Ereignisse in der Lebenswelt von vornherein in ihrer Typenhaftigkeit entgegentreten.“[21] Dies hat neurobiologische Gründe. Das menschliche Gehirn ist in der Lage, verschiedene Reizeindrücke miteinander zu verknüpfen. Treten bestimmte Merkmale zur selben Zeit und am selben Ort immer wieder auf, so verstärken sich bestimmte Verknüpfungen. „Das visuelle System lernt auf diese Weise die Strukturierung der visuellen Welt in Objekte und Prozesse. Es antwortet dann mit erhöhter Bereitschaft

20 Merkel, Johannes: Spielen, Erzählen, Phantasieren, Kunstmann Verlag, München 2000, S. 148 f.
21 Schütz, Alfred und Luckmann, Thomas: Strukturen der Lebenswelt, Band 1, Suhrkamp Verlag, Frankfurt 1994, S. 29.

auf Strukturen und Ereignisfolgen, die sich in früheren Erlebnissen als *geordnet* und *kohärent* erwiesen haben. (...) Wir nehmen stets durch die 'Brille' unseres Gedächtnisses wahr; denn das, was wir wahrnehmen, ist durch frühere Wahrnehmungen entscheidend mitbestimmt."[22] Dabei sind es insbesondere die frühkindlichen Einflüsse und Erfahrungen, die die Rahmenstruktur bilden, die für die Verarbeitung späterer Erfahrungen maßgeblich ist. Solche Rahmen haben eine selbst stabilisierende Funktion. Was passt, wird integriert, das andere ausgesondert.

Der Ausgangspunkt für die Bildung von Schemata „liegt in der Notwendigkeit des Gedächtnisses, in der Flut der Operationen, die ein System beschäftigen, laufend zwischen Vergessen und Erinnern diskriminieren zu müssen, da ohne Vergessen die Kapazitäten des Systems für weitere Operationen sehr rasch blockiert wären (...) Vergessen macht frei. Da aber das Vergessen seinerseits nicht erinnert werden kann, braucht man ein Schema, das regelt, was bewahrt bleibt und wieder verwendet werden kann."[23] Und so gibt es Schemata für Wahrnehmungen, die es ermöglichen, am Vertrauten das Unvertraute zu erkennen - ja überhaupt erst zu erkennen.

Im Umgang mit den verschiedenen Welten und den dort anzutreffenden Situationen haben die Menschen Schemata entwickelt, die sie je nach aktuellem Geschehen auswählen. Schemata sind Ordnungssysteme zur Orientierung und Handlungsoptimierung in unterschiedlichen Lebenskontexten. Sie dienen sowohl bei der Orientierung, welcher Welt die Reizeindrücke zuzuordnen sind, als auch der Beantwortung der Frage, wie ein soziales Geschehen zu verstehen ist. So hat Goffman umfassende Studien vorgelegt, welche Rahmen (frames) in unserer Gesellschaft für das Verstehen von (vornehmlich sozialen) Ereignissen zur Verfügung stehen und wie sie gehandhabt werden.[24]

Neben diesen eher ordnenden und auf Verstehen angelegten Rahmen gibt es auch solche, bei denen die Wissensrepräsentation in zeitlichen Abläufen im Mittelpunkt steht. Bei diesen Rahmen (die man häufig auch als „Script" bezeichnet) geht es um Repräsentationen „konventioneller" Handlungsmuster: z.B. wie ein Geschenk zu überreichen oder willkommene Gäste zu begrüßen sind. „Mit jedem Rahmen sind verschiedenartige Informationen verbunden. Ein Teil dieser Information handelt von der Verwendungsweise des Rahmens; ein anderer Teil gibt an, was als Nächstes zu erwarten ist, und wieder ein anderer handelt davon, was zu tun ist, wenn diese Erwartungen

22 Roth, Gerhard: Neuronale Grundlagen des Lernens und des Gedächtnisses; in: Schmidt, Siegfried J.: Gedächtnis, Suhrkamp Verlag, Frankfurt 1991, S. 147.
23 Luhmann, Niklas: Die Realität der Massenmedien, Westdeutscher Verlag, Opladen 1996, S. 192 f.
24 Vgl. Goffman, Erving: Rahmen-Analyse, Suhrkamp Verlag, Frankfurt 1977.

nicht eintreffen."[25] So gelingt es den Menschen, ihr Handeln auszuformen, in eine zeitliche Abfolge zu bringen und aufeinander abzustimmen.

Mit Blick auf die Ausfaltung der medialen Welt und die technologische Weiterentwicklung der virtuellen Welt rückt die Kompetenz des Menschen in den Mittelpunkt, angemessene Rahmungsstrukturen für ihre verschiedenen Welten zu entwickeln. Wie Kinder lernen, Spielwelt und reale Welt durch ein subtiles System von Rahmungssignalen getrennt zu halten, so müssen die Älteren die Fähigkeit ausbilden, Realität, Medialität und Virtualität durch Rahmen so zueinander in Beziehung zu setzen, dass die Unterschiedlichkeit zwischen den Welten deutlich bleibt. Nur so ist es möglich, souverän zwischen den Welten zu wechseln und diese Überstiege problemlos zu bewältigen. Es bleibt die Frage, ob nicht bei den Überstiegen „etwas" von der einen in die andere Welt „mitgenommen" wird. So wie die Eindrücke aus der realen (oder medialen) Welt auf die Spielwelten der Kinder „durchfärben" können, so könnte es durchaus auch möglich sein, dass die in Spielwelten gebildeten Schemata das Handeln in der realen Welt beeinflussen.

---

25 Minsky, Marvin: Eine Rahmenstruktur für die Wissensrepräsentation; in: Münch, Dieter (Hrsg.): Kognitionswissenschaft, Suhrkamp Verlag, Frankfurt 1992, S. 93.

6. Wie sich Spielwelt und reale Welt verschränken

6.1. Merkmale der realen Welt

Ziel dieses Kapitels wird es sein, den Status der Spielwelt in Bezug auf die reale Welt genauer zu klären und die Überkreuzungsbereiche in Blick zu nehmen.

Wenn Menschen von „realer Welt" oder „Realität" sprechen - etwa wenn sie sagen: „Ich habe meinen Freund im Bus vorbeifahren sehen" -, dann meinen sie eine Wahrnehmung, die sie der Außenwelt zuordnen und der sie den Status der „Realität", also des tatsächlich Existierenden und sich Ereignenden außerhalb von sich selbst zuordnen. Als genauso „real" erleben Menschen die Welt ihres Körper: ihr Körperempfinden, ihre Schmerzen, ihre Körperbewegungen. Das Erleben der realen Welt ist von einer Beschaffenheit, dass Menschen ihr die Eigenschaft „wirklich" zuordnen. Dabei müssen wir uns klar darüber sein, dass damit nicht die *Wirklichkeit* gemeint sein kann, sondern lediglich die Zuordnung des Reizeindrucks zur realen Welt. Die reale Welt ist, wie jede andere Welt auch, eine Konstruktionsleistung des menschlichen Gehirns, das diese Welt durch eine spezifische Ordnung der Reizeindrücke hervorbringt.

Gleichwohl unterscheidet sich die reale Welt in ihrer Bedeutung für das Überleben des Menschen von den anderen Welten. Eine „wirkliche" Gefahr ist eine Gefahr, die den Menschen in seiner realen Welt droht und daher in seinen Auswirkungen als wesentlich erheblicher angesehen wird, als Gefahren in medialen und virtuellen Welten oder in der Spielwelt. Von daher ist es von großer Wichtigkeit zu wissen, ob die Wahrnehmung der realen Welt oder anderen Welten zuzuordnen ist.

Was sind nun die Kriterien, nach denen die kognitiven Systeme des Menschen Wahrnehmungen als „wirklich" ansehen und sie somit der realen Welt zuordnen? Stadler und Kruse haben innerkognitive Faktoren zusammengetragen, die für die Zuweisung des „Wirklichkeitscharakters" von Phänomenen verantwortlich sein können.[1] Stadler und Kruse unterscheiden drei Kriterienklassen, syntaktische, semantische und pragmatische.

1. Syntaktische Wirklichkeitskriterien

Einfache Sinnesqualitäten wie Helligkeit, Kontrast, Farbe sind nicht Bestandteile der *Wirklichkeit*, sondern das Ergebnis neuronaler Prozesse. Eine besondere Ausprägung dieser Sinnesqualitäten führt dazu, die Sinneseindrücke als „wirkliche" Objekte anzusehen und sie der realen Welt zuzuordnen. Danach werden Objekte umso eher als real existierend angenommen, je heller sie gegenüber ihrer Umgebung sind, je kontrastreicher sie sich abheben, je schärfere Konturen sie aufweisen und je strukturell reichhaltiger sie sind (z.B. hinsichtlich der Oberfläche, der Farbe, der Gestalt).[2] Wir sind geneigt, dreidimensionale Objekte eher der realen Welt zuzuweisen als flächige. Wir haben den spontanen Eindruck von Realität, wenn wir Objekte mit unseren verschiedenen Sinnessystemen wahrnehmen können. Ein Tier, das sich bewegt, das sich eindeutig im Raum lokalisieren lässt, das wir anfassen und riechen können und das Laute von sich gibt, wird von uns als real angesehen. Für das kognitive System ist es sehr unwahrscheinlich, dass unterschiedliche Sinnessysteme Fehler in dieselbe Richtung machen.

---

1 Stadler, Michael und Kruse, Peter: Über Wirklichkeitskriterien; in: Riegas, Volker und Vetter, Christian (Hrsg.): Zur Biologie der Kognition, Suhrkamp Verlag, Frankfurt 1990, S. 133 ff.
2 Vgl. Roth, Gerhard: Das Gehirn und seine Wirklichkeit, Suhrkamp Verlag, Frankfurt 1995, S. 286ff.

2. Semantische Wirklichkeitskriterien

Die Zuweisung von Objekten zur realen Welt hängt auch davon ab, ob sie für mich bedeutsam sind. Realen Objekten kann man ohne großen Aufwand eine Bedeutung zuordnen. Weniger real erscheinen Objekte, die man nicht deuten kann oder deren Bedeutung rätselhaft erscheint. So wird man ein Flugzeug eher der realen Welt zuordnen als ein als „UFO" bezeichenbares Lichtphänomen. Wir tendieren dazu, Objekte dann als real anzusehen, wenn sie in den Kontext der anderen Wahrnehmungseindrücke passen.

3. Pragmatische Wirklichkeitskriterien

Objekte, von denen Wirkungen ausgehen, werden eher der realen Welt zugeordnet, als solche, die man nicht in Ursache-Wirkungs-Zusammenhänge einbeziehen kann. Dies gilt insbesondere dann, wenn die Objekte spürbar auf eigene Handlungen reagieren und sich interaktiv zum Beobachter in Beziehung setzen. Real sind für uns auch die Objekte, die Körperlichkeit besitzen, die wir anfassen und bewegen können. Ferner halten wir Dinge und Ereignisse dann für real, wenn sie einer Erwartung oder Vorhersage folgen und nicht unerwartet auftreten. Ein besonders wichtiges pragmatisches Wirklichkeitskriterium ist die Intersubjektivität: Wahrnehmungen, die von mehreren Personen bestätigt werden, gelten als eher real als solche, die nur eine Person gemacht hat. Dies gilt für Zeugenaussagen ebenso wie für wissenschaftliche Forschung. Das Kriterium der Intersubjektivität macht deutlich, dass die reale Welt von Anbeginn intersubjektiv ist: Sie ist eine Sozialwelt.[3]

Aus all dem lässt sich sagen, dass das menschliche Gehirn „entscheidet", ob ein Wahrnehmungseindruck der realen Welt zuzuordnen ist oder nicht. Es tut dies selbstreferentiell, weil es nur seine eigenen Informationen, sein Vorwissen und seine Kriterien besitzt und den Reizeindruck danach deuten muss. Als Ergebnis dieses Prozesses entsteht beim Menschen der subjektive Eindruck von realen Objekten und damit das Bewusstsein, sich in der realen Welt zu befinden. Die Selbstgewissheit, sich in der realen Welt zu befinden, kann für denjenigen Menschen zu einem unekstatischen, stillen Glück werden, „der sich bis zur Grenze des Wahnsinns vorgewagt hatte: dass die Dinge auch nichts anderes als sie selbst sein können, undurchdringlich, widerständig, handhabbar, frei von Gefahr. Und die daraus erwachsende Einsicht: dass es jahrtausendelanger Arbeit, ja der ganzen Menschheitsgeschichte bedurft hatte, um sie - oder doch zumindest viele von ihnen - dorthin zu bringen, ein Vorgang, der sich in jedem Menschenleben, unter elterlicher Geborgenheit, diesmal aber wesentlich im Innern, wiederholt. Die Selbstverständlichkeit der Alltagsdinge, ihre relative Harmlosigkeit und Handhabbarkeit, aufgehoben in einem widerständigen Kern, der ihre Identität gewährleistet, ist also nicht vorgegeben, nicht vorgefunden. Zu leisten

---

3 Vgl. Schütz, Alfred und Luckmann, Thomas: Strukturen der Lebenswelt, Band 1, Suhrkamp Verlag, Frankfurt 1979, S. 26 und S. 38.

ist sie, in der 'Aneignung' der Natur durch den Menschen, und aufrechtzuerhalten in jedem einzelnen Bewusstsein."[4]

Die reale Welt („Realität") lässt sich in zwei große Bereiche teilen: die „Umwelt" (die wir durch „Dinge" außerhalb von uns erfahren) und die „Körperwelt" (die wir uns durch Wahrnehmung unseres eigenen Körpers erschließen). „Die Dingwelt und die Körperwelt unterscheiden sich hinsichtlich ihrer sog. Repräsentation im Gehirn deutlich voneinander: die Nervenbahnen, die von den für Umweltwahrnehmung zuständigen Sinnesorganen (Auge, Ohr, Nase etc.) und von den für Körperempfindungen zuständigen Sinnesorganen (Gleichgewichtssinn, Muskel- und Gelenkrezeptoren, Berührungsrezeptoren, Schmerzrezeptoren usw.) kommen, projizieren zu getrennten Gebieten im Gehirn. Außerdem ist die *Art* der Repräsentation fundamental verschieden: während die Umwelt nur sensorisch im Gehirn repräsentiert ist, ist der Körper sensorisch und motorisch repräsentiert. Jedes motorische Kommando wird sensorisch abgefragt, um zu kontrollieren, ob das Kommando auch ausgeführt wurde. Über die verschiedenen somatosensorischen Rückmeldungen *fühlen* wir unmittelbar, was unser Körper tut. Die Erfahrung des Körpers, auch wenn sie nur gehirn-intern ist, ist daher anderer Natur als die Erfahrung der Umwelt. (...) Für das Gehirn bedeutet dies: alles, was senso-motorisch rückgekoppelt ist, ist Körper, was aber nur zu Erregung in den sensorischen Zentren ohne direkte Rückkopplung führt, ist Umwelt."[5]

Die Gliederung der realen Welt in „Umwelt" und „Körperwelt" erweist sich somit als ein für Menschen sinnvolles Konstrukt des Gehirns. Wir erleben es nur nicht so. „Die Grenze zwischen Körper und Außenwelt erscheint uns fest und scharf gezogen, sie ist aber wie alle 'kognitiven' Grenzen labil und bricht zusammen, wenn sie nicht ständig bestätigt wird. (...) Das Aufrechterhalten unseres so fest erscheinenden Körperschemas benötigt offenbar die ständige Bestätigung durch Körpersensorik und -motorik. Dass es *meine* Hand ist und damit zu meinem Körper gehörig, weiß ich nicht aus ihrem Anblick, sondern dadurch, dass sie sich entsprechend der von mir intendierten Weise bewegt und ich charakteristische Rückmeldungen durch die Somatosensorik erhalte. Mein Gehirn schließt daraus: 'meine Hand'. Ohne diese Rückmeldungen sehe ich sie als 'angenähten' fremden Körperteil an."[6]

Die erlebnismäßige Aufgliederung der realen Welt in „Umwelt" und „Körperwelt" muss erlernt werden, wobei berücksichtigt werden muss, dass es

4 Wulff, Erich: Wahnsinnslogik, Psychiatrie Verlag, Bonn 1995, S. 16.
5 Roth, Gerhard: Erkenntnis und Realität: Das reale Gehirn und seine Wirklichkeit; in: Schmidt, Siegfried J. (Hrsg.): Der Diskurs des Radikalen Konstruktivismus, Suhrkamp Verlag, Frankfurt 1987, S. 236f.
6 Roth, Gerhard: Das Gehirn und seine Wirklichkeit, Suhrkamp Verlag, Frankfurt 1995, S. 281f.

sich dabei um ein genetisch erleichtertes Lernen handelt. „Dies Lernen beginnt spätestens nach der Geburt, wenn ein Säugling anfängt, die Welt zu *begreifen*. Wenn er zum Beispiel einerseits sich selbst und andererseits Objekte der Umwelt anfasst, *erlernt* sein Gehirn den fundamentalen Unterschied zwischen (eigenem) Körper und (äußerer) Welt. Im ersteren Fall erhält er eine doppelte sensorische Rückmeldung von den beiden sich berührenden Körperteilen, im zweiten Fall nur eine. Jeder dieser beiden Bereiche, Körper und Umwelt, wird nun weiter ausdifferenziert, und zwar innerhalb der Vorgaben der anatomischen und funktionalen Grundorganisation des Gehirns, die sich schon vor der Geburt in selbstorganisierend-epigenetischer Weise ausgebildet haben."[7]

Die Bedeutung dieser realen Welt für die Orientierung des Menschen und sein Zusammenleben liegt auf der Hand. Die reale Welt kann für die Menschen unterschiedlich erlebt werden und unterschiedliche emotionale „Tönungen" aufweisen. Gleichwohl ist es möglich, sich auch mit zunächst unbekannten Menschen über die reale Welt zu verständigen, weil alle Menschen diese reale Welt als wirklich vorhanden betrachten und sprachliche Bezeichnungen für die wesentlichen Phänomene dieser Welt gefunden haben. Dies gilt insbesondere für die sehr konkrete, sinnlich fassbare Umwelt. Bei unanschaulichen Sachverhalten (Einschätzungen, Wertungen, Beurteilungen, Überzeugungen, Glaubensgewissheiten) vermindert sich der gemeinsame Bezug zur realen Welt. Er ist dann nicht für alle fraglos gegeben, begrenzt sich vielleicht nur auf bestimmte Gruppen und Religionsgemeinschaften. Vielfach ist es dann notwendig zu akzeptieren, dass es unterschiedliche Sichtweisen über Aspekte der realen Welt, von denen man nicht selbstgewiss sagen könnte, dass sie der realen Welt angemessen oder nicht angemessen sind.

Bei der Einschätzung von Aspekten der realen Welt muss auch berücksichtigt werden, dass die Vorstellungen von Menschen über die Beschaffenheit der realen Welt auch von ihren eigenen Wünschen, Erfahrungen und Vorstellungen abhängt. Diese individuellen „Färbungen" können sich (z.B. bei psychischen Erkrankungen) so stark entwickeln, dass diese Menschen Vorstellungen über die reale Welt ausbilden, die sie kaum noch mit anderen Menschen teilen können.

Vieles, was für die reale Welt gilt, hat auch Bedeutung für Spielwelten. Hier wie dort gibt es eine äußere Welt, über die sich die Menschen verständigen können. Nur sind die Zuschreibungen in ihrem Kern nicht verbindlich festgelegt, sondern vom Grundsatz her veränderbar und bedürfen daher stets einer Vereinbarung der Spieler, damit sie Gültigkeit erlangen können. Doch schauen wir uns dies etwas genauer an.

---

7 Roth, Gerhard: Das Gehirn und seine Wirklichkeit, Suhrkamp Verlag, Frankfurt 1995, S. 282.

6.2. Beziehungen zwischen Spielwelten und realer Welt

Auf den ersten Blick scheinen die reale Welt und die Spielwelt einer gemeinsamen Welt anzugehören. Auch die Spielwelt hat es mit einer „Dingwelt" und einer „Körperwelt" zu tun. Wahrnehmungsprozesse und Handeln finden in beiden Welten in äußerlich ähnlicher Weise statt. Auch neuronal lassen sich keine Unterschiede finden. Selbst im erkenntnistheoretischen Status ähneln sich beide Welten: Beide werden von Menschen konstruiert, gestaltet und bestimmt, und beide lösen sich vom Menschen ab und treten ihm als etwas Äußeres, nicht mehr nur von seinem Wollen Abhängiges gegenüber. Und gleichwohl gibt es erhebliche Unterschiede.[8]

Erwachsene haben ihre Umwelt mit festen Bedeutungen versehen: Eine Mülltonne ist für sie eine Mülltonne: ein Behältnis für Abfall, das einmal in der Woche geleert wird. Kinder, sofern sie sich in eine Spielwelt eintreten wollen, schreiben Dingen ihrer Umwelt sehr verschiedene Bedeutungen und Funktionen zu. Für sie „verwandelt" sich eine Mülltonne in einen faszinierenden Spielgegenstand, um hinauf zu klettern und wieder nach unten zu springen. Eine Mülltonne kann zu einer „geheimnisvollen Schatzkiste" werden, in der sie überraschende Funde machen können. Auch als „Buschtrommel" lässt sich die Mülltonne in eine Spielwelt einbeziehen. Kurz: Für Kinder auf dem Weg in eine Spielwelt ist die Mülltonne nicht nur Mülltonne, sondern alles andere auch, wenn dies in den Spielrahmen passt. Kinder sind in der Lage, Spielwelten dadurch zu schaffen, dass die Objekte der realen Welt neue und andere Bedeutungen erhalten. Sie können sich im Rahmen einer Spielwelt von den festgelegten Bedeutungen der Objekte lösen und andere Bedeutungsmöglichkeiten erproben.

Um die Spielwelt aufzubauen und zu stabilisieren, nutzt das Kind nicht nur Objekte seiner Umwelt, die bestimmte Bedeutungen für die reale Welt haben, sondern auch Spielzeug: also zum Zwecke des Spiels gefertigte Produkte. Das Spielzeug tritt dem Kind als etwas „Objektiviertes" aus der realen Welt gegenüber. Bereits die ersten Spielzeuge in der Menschheitsgeschichte (Tierfiguren, Fahrzeuge, Puppen) bilden etwas von dem ab, was zu Gegenständen der realen Welt geworden ist. Indem Kinder damit spielen, eignen sie sich Elemente der Realitätsvorstellungen ihrer Gesellschaft an. Im Spielzeug wird für die Kinder ein Aspekt der realen Welt verbürgt; spielend lernen sie, sich darauf einzustellen. Zugleich aber können sie das Spielzeug, wenn es nicht allzu festgelegt ist, in neue Zusammenhänge einordnen, es immer wieder anders verwenden und sich damit Möglichkeiten schaffen, andere Sichtweisen zu erfahren.

Das meiste Spielzeug, auf das wir stoßen, ist Ware: Spielware und folgt den Prinzipien und Strukturen, die Waren in unserer Gesellschaft in sich tra-

---

8 Vgl. dazu Abschnitt 1.3. in diesem Buch.

gen.[9] Spielware will verkauft werden und will Folgekäufe ermöglichen. Die Folge der dazu entwickelten Vermarktungsstrategien dürfte sein, dass der Warenbesitz zunehmend wichtiger wird als der spielerische Gebrauch. Je stärker Kinder durch moderne Spielwaren den Warencharakter unserer Gesellschaft in sich aufnehmen, desto eher spiegelt sich dies auch in ihrem Spiel wider.

Spielwaren als Abbilder der realen Welt beziehen sich nicht nur auf unsere dinghafte Umwelt mit ihren Häusern, Bäumen, Autos, sondern auch auf die Hervorbringungen unserer medialen Welt, also des Fernsehens, des Films, der Comics. Dies hat auch für die Spielwaren wichtige Konsequenzen. Sie werden durch Art, Erscheinungsform und medialer Anbindung zu einem Vermittlungsmedium zwischen der mentalen Welt der Kinder und der tagtäglich erlebten medialen Welt. Zunehmend auf mediale Spielwaren festgelegt, entwickeln sich medienbezogene Spiele. Solche Spiele regen nicht mehr dazu an, sich in Aspekte der realen Welt anzueignen, sondern übertragen Muster der medialen Welt auf die Spielprozesse. Insoweit „verweben" sich Spielwelt und (die nachfolgend zu erörternde) mediale Welt.[10]

6.3. Randbereiche von Spielwelten

Wie Kinder allenfalls Randbereiche ihrer Wohnumwelt zu Spielprozessen nutzen dürfen, so sind es gerade die Randbereiche von Spielwelten, die sich dort ansiedeln. Dies gilt insbesondere für die Spielaktivitäten von älteren Kindern und Jugendlichen, die für den erwachsenen Betrachter kaum noch der Spielwelt zugerechnet werden. Beispielsweise bringen manchen Kindern und Jugendlichen die „Kontaktspiele" mit Erwachsenen Spaß: Das Fragen nach der Uhrzeit, um mögliche Reaktionen kennen zu lernen und sich darauf einzustellen; das Klingeln vor der Tür, nicht etwa um wegzulaufen, sondern um sich mit unterschiedlichen Reaktionen auseinander zu setzen; das Ansprechen von Erwachsenen (und das „ungebührliche" Verhalten) in öffentlichen Verkehrsmitteln, um zu sehen, was passiert. All diese Spielmuster machen deutlich, dass Kinder und Jugendliche sich nicht (nur) in einen eigenen, von den Erwachsenen abgegrenzten Spielraum zurückziehen, sondern versuchen, Erwachsene als „Spielpartner" in einen von ihnen initiierten Spielprozess einzubeziehen. Manche merken diese Absicht und „spielen mit", andere fühlen sich provoziert und sind verärgert, weil sie in diesem Verhalten einen auf die reale Welt bezogenen Normenverstoß sehen und nicht bereit sind, das „Spielangebot" anzunehmen und sich in eine Spielwelt zu begeben.

---

9 Dem Aspekt der Warenförmigkeit des Spielzeugs widmet sich ausführlich Meyer-Bendrath, Klaus-Peter: Die Warenförmigkeit kindlicher Spielarbeit, Verlag Peter Lang, Frankfurt, Bern, New York, Paris 1987, S. 204ff.
10 Ausführliche Auseinandersetzungen zu dieser Problematik finden sich in Fritz, Jürgen: Spielzeugwelten, Juventa Verlag, Weinheim und München 1992.

Kinder entwickeln recht früh ein „Grenzbewusstsein" davon, ob sie sich in einer Spielwelt befinden oder nicht. Gleichwohl gibt es Situationen des „Oszillierens" zwischen realer Welt und Spielwelt, in denen unklar ist, ob sich die Beteiligten (noch) in einer Spielwelt befinden oder zur realen Welt übergewechselt haben. Dies gilt speziell für aggressiv anmutende Verhaltensmuster, bei denen für Außenstehende (und manchmal für die Beteiligten selbst) unklar ist, wie das Geschehen zu rahmen ist. Befinden sich Kinder in der Spielwelt, wird deutlich, „dass Schläge, Stöße und Tritte nicht mit voller Wucht ausgeführt werden; damit werden Schmerz und Verletzungen vermieden, außerdem werden anders als bei ernsten Kämpfen Kampfnachteile in Kauf genommen und die Bewegungsfolgen sind oft übertrieben und unökonomisch."[11] Für eine Rahmung als Spielwelt sprechen häufig auch Mimik und Gestik: Oft wird gelacht oder gelächelt.

Aus der Stärke des körperlichen Angriffs lässt sich nicht unmittelbar schließen, ob es sich um die Einleitung eines Spielprozesses oder aber um eine ernsthafte Verletzungsabsicht handelt. Es hängt vielmehr davon ab, wie die Beteiligten das Geschehen rahmen. Wird der Schlag durch einen kaum bemerkbaren Anflug von Lächeln in den Augenwinkeln begleitet, könnte dies vom anderen als „Spaß" gerahmt werden, weil er dies dann nicht als psychisch verletzend oder demütigend erleben würde. Er könnte dann das Spaßangebot annehmen und es mit einer ähnlichen Handlung beantworten, so dass die Interaktionen in eine Spielwelt eingebettet sind. Wütender Gesichtsausdruck und Weinen signalisieren dagegen, dass das Geschehen nicht mehr „Spaß" ist, sondern ein ernsthafter Angriff, der der realen Welt zuzurechnen ist. „Natürlich gibt es auch den Fall, in dem der Schmerz in Indianermanier mit unbewegtem Gesicht weggesteckt und anschließend mit Gleichem vergolten wird. Aber wenn man ein Kind wegen eines körperlichen Angriffs weinen sieht, dann ist dies ein nahezu untrügliches Zeichen für eine psychische Verletzung. Nicht der Schlag ist entscheidend, sondern die Botschaft, dass der Empfangende jemand ist, mit dem man Derartiges machen kann und darf."[12]

Wie eine Handlung von den Beteiligten schließlich gerahmt wird, hängt entscheidend vom Interaktionsverlauf ab. Was als „Spaß" begann, kann in ernsthafte Verletzungsabsichten umschlagen, eine lustige Rangelei kann sich zu einer Schlägerei entwickeln. Erkennen die Interaktionspartner wechselseitig das „Spielangebot", sind die Aussichten gut, dass die Handlungsabfolgen auch weiterhin als Teil einer Spielwelt gerahmt werden. Gleichwohl ist diese Spielwelt ein Randbereich, der auch rasch eine andere

---

11 Oswald, Hans: Zur sozialisatorischen Bedeutung von Kampf- und Tobespielen (Rough and tumble play); in: Renner, Erich u.a.: Spiele der Kinder, Deutscher Studien Verlag, Weinheim 1997, S. 154.
12 Oswald, Hans: Zur sozialisatorischen Bedeutung von Kampf- und Tobespielen (Rough and tumble play); in: Renner, Erich u.a.: Spiele der Kinder, Deutscher Studien Verlag, Weinheim 1997, S. 154.

Gestalt annehmen kann. Schauen wir uns dazu einen typischen Interaktionsverlauf an:

A Lächelt ein wenig und versetzt B einen heftigen Schlag.

B Lächelt zurück, beschimpft A scherzhaft und teilt ebenfalls einen heftigen Schlag aus.

A Reagiert überrascht wegen der Heftigkeit des Schlages, beschimpft B und schlägt noch heftiger zu.

B Nun ist auch B überrascht und ruft dem A zu: „Stell' dich nicht so an!". Er versetzt dem A einen Schlag, der nicht ganz so heftig ausfällt.

A Lächelt wieder ein wenig, schlägt etwas schwächer zu und beschimpft B in scherzhafter Form.

B Lächelt ein wenig zurück und ruft: „Na warte!" Er nimmt A in den „Schwitzkasten".

A Versetzt schlägt mit seinen Fäusten auf B ein und versucht, sich aus dem „Schwitzkasten" zu befreien.

B Lässt los, lächelt ein wenig und gibt A noch einen heftigen Schubs.

Der Interaktionsverlauf ist typisch für eine „Spielwelt auf der Grenze". Das „Angebot" von A bedeutet: „Das ist Spaß!" B nimmt das „Angebot" an. Sein Verhalten wird von A aber als „grenzwertig" gerahmt. Es droht eine Eskalation, weil A sich den besonders harten Schlag nicht gefallen lassen will. B leitet nun eine Deeskalation ein, indem er B einen nicht so heftigen Schlag versetzt. Es liegt nun an A, ob er darauf eingeht oder den aggressiven Austausch weiter eskalieren lässt. A nimmt das „Rahmungsangebot" an und leitet zugleich zu einer neuen Phase des Spielprozesses über, indem er B mit Worten provoziert. Nach der Abschwächung folgt wieder eine Eskalation, der wieder nur bis zu einem bestimmten Intensitätsgrad vorangetrieben wird. Aus dem Interaktionsverlauf lässt sich deutlich ersehen, dass beide Spielpartner das Spielgeschehen nur bis zum „point of no return" vorantreiben, dann deeskalieren, um sich erneut der Grenze zwischen Spielwelt und realer Welt zu nähern.

Um solche Spielprozesse steuern zu können, erfordert es von den Beteiligten ein großes Maß sozialer Fähigkeiten: Rahmungskompetenz, Perspektivübernahme, Sensibilität. Möglicherweise sind „grenzwertige Spielprozesse" wegen dieser Spielforderungen bei Kindern und Jugendlichen so attraktiv. Vor allem werden sie wegen ihres speziellen Spannungscharakters gewählt, nämlich stets auf der Grenze zwischen Spaß und Ernst zu bleiben, die Grenze mit unterschiedlichen Partnern zu finden, die Spannung zu erhöhen oder zu vermindern und sie so auf einem für beide optimalen Niveau auszubalancieren. „Das kann aus situativen Gründen oder mit bestimmten Partnern misslingen mit der Konsequenz, dass die gewollte nichtaggressive

Grenzüberschreitung als aggressive umgedeutet wird und das Spiel in Ernst umschlägt. (...) In unseren Daten gibt es viele Hinweise, dass bei manchen Kindern das Spiel häufiger in Ernst umschlägt als bei anderen. Vor allem Jungen mit niedrigem sozialem Status scheinen oft nicht zu erkennen, ob ihre Angebote willkommen sind. Auch wählen sie nichtakzeptable Eröffnungsstrategien oder ungeeignet Antwortstrategien. Manchmal beantworten sie auch Spaßangebote mit heftigen Attacken, weil sie den Spielcharakter nicht richtig dekodieren. Die Grenzüberschreitungen dieser Jungen liegen an ihren mangelnden Fähigkeiten und sind in diesem Sinne ungewollt."[13]

Auf dem Hintergrund dieser Erörterungen ist es möglich, das folgende typische Geschehen im Schulalltag zutreffend einzuschätzen:

In der „kleinen" Pause zwischen zwei Schulstunden warten die Schüler einer 5. Klasse auf ihren Lehrer. Ein Junge nimmt einem Mädchen das Etui mit den Bleistiften weg und lächelt sie provozierend an. Das Mädchen stürzt sich auf den Jungen und versucht, ihm das Etui zu entreißen, dabei beschimpft sie ihn wüst. Im letzten Moment wirft der Junge das E-tui einem Mitschüler zu, der das Mädchen auffordert: „Na, hol es doch!" Inzwischen sind auch andere aus der Klasse auf das Geschehen aufmerksam geworden. Das Etui wandert von Hand zu Hand. Mitschülerinnen unterstützen das Mädchen, indem sie die Jungen „zur Ordnung rufen" oder sich aktiv daran beteiligen, das Etui von den Jungen wiederzubekommen. Dabei entstehen zwischen den Jungen und Mädchen kleinere Balgereien. Das Geschehen nimmt die Aufmerksamkeit so gefangen, dass die Klasse das Eintreten des Lehrers kaum bemerkt. Dieser greift sofort ein, unterbindet den Tumult und verwarnt die Klasse.

Es besteht keinen Zweifel: Das, was Außenstehende leicht als „Schlägerei" missdeuten könnten, ist ein Spielprozess. Dem Mädchen soll „ernsthaft" nichts weggenommen werden. Vielmehr organisieren die Spielpartner das Spielgeschehen so, dass es spannend bleibt, ob das Etui an die Besitzerin zurück kommt oder nicht. Durch weitere Spielpartner gewinnt der Spielprozess einen zusätzlichen Reiz. Durch die gleichgeschlechtlichen Koalitionen ist es der Klasse möglich, problematische Grenzüberschreitungen zu vermeiden.

---

13 Oswald, Hans: Zur sozialisatorischen Bedeutung von Kampf- und Tobespielen (Rough and tumble play); in: Renner, Erich u.a.: Spiele der Kinder, Deutscher Studien Verlag, Weinheim 1997, S. 164.

6.4. Action spielt mit[14]

Ein weiterer Grenzbereich zwischen realer Welt und Spielwelt sind „ernst-hafte" spielerische Herausforderungen, für die man den Begriff „Action" verwenden könnte.

Was Action ist?

Im Jahre 1967 beschrieb Erving Goffman in seinem Buch „Interaction Ritual"[15] ein Phänomen, das man in der deutschen Sprache mit „waghalsigem Verhalten", „riskantem Tun" oder „Mut zeigen" bezeichnet. Er wählte dafür den Begriff „action". In dieser speziellen Bedeutung ist der Begriff in die deutsche Sprache übernommen worden und meint nun einen „ereignis- oder handlungsreichen Vorgang" bzw. einen „spannenden, dramatischen Handlungsablauf".[16]

Was sind die charakteristischen Eigenschaften von „Action", unter welchen Bedingungen kommt es zu „Action"?

- Untrennbar mit „Action" verbunden ist das *Risiko*. Die Beteiligten gehen ein Wagnis ein, sie riskieren etwas: Geld, Ansehen, Gesundheit, ihr Leben. Beispiel: In einer Gruppe von Jugendlichen geht es darum, wer das Wagnis eingeht, zum ersten Mal vom 10-Meter-Brett ins Wasser zu springen. Die Jugendlichen riskieren möglicherweise ihre Gesundheit, sie müssen ihre Angst vor dem Risiko überwinden. Gehen sie das Wagnis nicht ein, riskieren sie vielleicht einen Verlust an Ansehen in der Gruppe. Sie gelten dann als „Angsthasen" und nicht als „mutig".

- Der Ausgang einer „Action" ist *ungewiss*: Jemand aus der Gruppe hat versichert, dass er vom Turm ins Wasser springen wird. Ungewiss ist, ob er es tatsächlich tut, ob er den Mut dazu hat, das Wagnis einzugehen. Ungewiss ist auch, wie er den Sprung ausführt und ob er dabei zu Schaden kommt oder nicht.

- „Action" ist spannend: Man hält den Atem an, die Zeit scheint für einen Moment still zu stehen, alles ist zum Zerreißen gespannt. Bei aller Risikobereitschaft besteht bei den Akteuren einer „Action" die Zuversicht, dass ihr Handeln gut enden wird.

---

14 Dieser Abschnitt ist eine gekürzte und überarbeitete Fassung von Fritz, Jürgen: Action, Lebenswelten und Transfer; in: „medien + erziehung", H. 1/2003, S. 7 ff.

15 deutsch: Interaktionsrituale. Über Verhalten in direkter Kommunikation, Suhrkamp Verlag, Frankfurt 1971, S. 164 ff.

16 Duden. Das Große Fremdwörterbuch, Dudenverlag, Leipzig, Wien, Zürich, 1994, S. 32. Inzwischen hat der Begriff „Action" im deutschen Sprachraum eine nahezu inflationäre Verwendung gefunden. Sehr unterschiedliche Sachverhalte und Produkte werden mit dem Begriff „Action" versehen, um Spannung, Spaß, Unterhaltung, Attraktivität zu signalisieren.

- Zur „Action" gehört die *Anspannung*: Sie fordert von allen Beteiligten, den Akteuren wie den Zuschauern, eine intensive Form der Aufmerksamkeit und der emotionalen Identifizierung, die sich bis zur Erregung steigern kann. Die Intensität der „Action" ist sowohl von der Höhe des „Einsatzes" abhängig als auch von der Art, wie sich die Spannung aufbaut, sich steigert und sich bis zum Höhepunkt der „Action" entwickelt.

- Die *Freiwilligkeit* ist ein weiteres Merkmal von „Action": Jemand geht bewusst folgenreiche Risiken ein, die er hätte vermeiden können. Die Zuschauer einer „Action" nehmen an dem spannenden Ereignis aus eigenem Entschluss teil und sind nicht, wie bei einem Verkehrsunfall, unfreiwillig in ein bedrohliches Geschehen einbezogen.

„Action" geschieht in der realen Welt und hat reale Auswirkungen auf das Vermögen, die Gesundheit, das Ansehen und vielleicht auch das Leben der Akteure. Gleichwohl erscheint „Action" losgelöst von der alltäglichen Lebenswelt, ihren Routinen und wegorganisierten Risiken. Es ist eine Möglichkeit, aus den Festlegungen der realen Welt und ihrer Langeweile auszubrechen und sich „selbst bestimmt", „lebendig" zu fühlen. Insofern hat „Action" als ein Randbereich der realen Welt deutliche Anknüpfungspunkte zur Spielwelt. „Action" ist eine spezifische Form des an Spielprozessen orientierten Verhaltens in der realen Welt.

Wo „Action" in der realen Welt zu finden ist

Mutproben unter Jugendlichen und risikoreiche Amateursportarten ohne Zuschauer (z.B. Klettern, Segelfliegen, Paragliding, Geländefahrten mit dem Motorrad, Tauchen, Wellenreiten) bieten Möglichkeiten für „Action", die mit realen Gefährdungen verbunden ist. Aber auch Reisen in unbekannte und gefährliche Länder, die Provokationen von Jugendlichen im öffentlichen Raum (Graffiti, „Anmachen" von Passanten, Auslösen von Schlägereien) sind stark auf „Action" bezogen. Bei all diesen Aktivitäten mischen sich Furcht, Lust und Vertrauen in die eigenen Fähigkeiten zu einem intensiven emotionalen Erleben, das man mit „Thrill" bezeichnen könnte.[17] Gesuchtes Risiko und ersehnte Gefahr werden mit den eigenen Fähigkeiten, die Situationen zu meistern, ausbalanciert und machen dann den „Nervenkitzel" aus, den man gewollt hat.

„Action" in der realen Welt ist ein kalkuliertes Risikoverhalten, das sich aus der Suche nach „Nervenkitzel" allein nicht hinreichend erklären lässt. „Action" in der realen Welt ist vielmehr eine Möglichkeit, Charakterstärke (Mut, „Coolness", Selbstbeherrschung) zu zeigen, Selbstwertgefühl zu entwickeln und darin von anderen bestätigt zu werden. Der Sprung von zehn Metern ins Wasser zeigt mir, dass ich meine Angst überwinden kann, dass meine Fähigkeiten ausreichen, den Sprung unbeschadet zu überstehen. Und

---

17 Vgl. dazu Balint, Michael: Angstlust und Regression, Ernst Klett Verlag, Stuttgart 1959.

diese „Mutprobe" macht für meine Freunde aus der Clique deutlich, wer ich bin. Eine schwierige Kletterpartie in Fels und Eis ohne Schaden bewältigt zu haben, stärkt mein Selbstwertgefühl, festigt meine Identität und steigert möglicherweise mein Ansehen in der Klettergruppe. Man begibt sich sowohl bei Mutproben als auch bei risikoreichen Sportarten und bei Reisen in unbekannte Länder bewusst an die eigene Grenze, um sie zu übersteigen, um an dieser „Action" zu wachsen. In jeder „Action" haben die Beteiligten eine kleine neue Chance, etwas aus sich zu machen, ihre Identitätsentwicklung fortzuschreiben und durch ihr Handeln zu belegen, was sie sich selbst und was andere ihnen zuschreiben.

Und genau hier setzt die „Erlebnispädagogik" ein. Sie bietet für die Beteiligten einen Lernraum für das Eingehen auf und das Bewältigen von „Action". Fahrten in Wildwassern, Höhlenbegehungen, Segeln auf offenem Meer, Klettern in Fels und Eis, Skilaufen bieten vielfältige Möglichkeiten für „Action". Die Teilnehmer gehen freiwillig Risiken ein, trauen sich etwas zu, dessen Ausgang ungewiss ist und stehen dabei unter starker Anspannung. Das Ausmaß der tatsächlichen Gefährdung ist bei der „Erlebnispädagogik" minimalisiert. Die Pädagoginnen und Pädagogen sorgen für Sicherheit, so dass bei allem Risiko keine ernsthaften Gefährdungen der Gesundheit und des Lebens auftreten sollten. Ferner besteht die Möglichkeit, über die Erfahrungen zu sprechen und sich mit den anderen in der Gruppe auszutauschen, so dass die Chance, durch „Action" in der Persönlichkeit zu wachsen, begünstigt wird.

Die Gesellschaft stellt kommerzielle „Action"- Räume zur Verfügung, in denen zwar das mit „Action" verbundene Gefühl erlebt werden kann, ernsthafte Gefährdungen jedoch weitgehend ausgeschlossen sind. Man denke zum Beispiel an Freizeit- und Erlebnisparks, an Jahrmarktsattraktionen wie Achterbahn, Geisterbahn, Riesenrad. Wer die Angstlust noch stärker genießen möchte, lässt sich auf „Bungeejumping" ein und stürzt sich kopfüber an einem elastischen Seil in die Tiefe. Aber auch Sportplätze und Schwimmbäder bieten dem Besucher Gelegenheiten, „Action" zu erzeugen: durch gewagte Sprünge, Langstreckentauchen, waghalsige Ballakrobatik oder Kämpfe um den Ballbesitz bei vollem Körpereinsatz.

„Action" aus der Perspektive von Zuschauern

Um als Zuschauer bei einer „Action" innerlich dabei zu sein, müssen die Menschen eine identifikatorische Beziehung zum Geschehen herstellen. Die Risikobereitschaft der Akteure muss auf die Zuschauer überspringen. Ungewissheit und Spannung werden geteilt. Der Zuschauer fiebert mit, ob die „Action" ein gutes Ende findet oder nicht: Gelingt es der „eigenen" Mannschaft den Anschlusstreffer zu erzielen? Schafft es der Reiter, den schwierigen Wassergraben zu überspringen? Kommt der Rennfahrer beim riskanten Überholmanöver zu Schaden oder kann er die gefährliche Situation meistern? „Action" im kommerziellen, auf Wettkampf ausgerichteten Leistungssport findet bei vielen Menschen ein reges Interesse. Welche Gründe könnten hierbei eine Rolle spielen?

Die passive, ausschließlich rezeptive Teilnahme an einer „Action" entlastet den Zuschauer von der Notwendigkeit, ein möglicherweise gefährliches Risiko selbst auf sich nehmen zu müssen. Er wird nicht gefordert, seine Fähigkeiten anzustrengen und etwas zu wagen. Stellvertretend für ihn tut dies ein anderer, einer, der möglicherweise eher die Fähigkeit besitzt, das Wagnis durchzustehen. Trotz dieser Ablösung vom realen Geschehen bleibt der Zuschauer mit der „Action" verbunden: Er verfolgt den Ablauf mit intensiver Aufmerksamkeit und vielleicht auch mit emotionaler Erregung, weil das Geschehen sehr spannend und mit viel Risiko verbunden ist. „Action" bietet damit auch dem Zuschauer eine deutliche emotionale Gratifikation. „Action" ist etwas Besonderes, das sich deutlich vom alltäglichen, ereignislosen Geschehen abhebt und daher die Gefühle von Zuschauern stark berühren kann. Da der Zuschauer selbst nicht gefährdet ist, kann er der „Action" lustvoll folgen, ihren Spannungsverlauf genießen und ästhetische Reize darin entdecken. Bei starker emotionaler Identifizierung mit dem Akteur kann der Zuschauer auch am Erfolg einer gelungenen „Action" teilhaben: Es sind die Spieler „seines" Vereins, die Charakter gezeigt haben, die schwierige Situationen durchstehen konnten und schließlich Erfolg hatten.

„Action" in Spielwelten

Der Begriff „Action" verweist in seinem Ursprung auf eine spezifische Form von Spielkonstrukten: auf das Glücksspiel, das als der Prototyp von „Action" angesehen werden kann.[18] Bedingt durch teilweise hohe Geldeinsätze ist die „Action" im Glücksspiel mit einem relativ hohen Wagnis verbunden. Die Spieler riskieren Geld, Ansehen und manchmal sogar ihre Existenz. Der Ausgang jeder einzelnen Spielpartie ist ungewiss. Ungewiss ist auch, ob man am Ende einen Gewinn einstreichen konnte oder herbe Verluste in Kauf nehmen musste. Dies bedingt beim Spieler eine intensive Form der Aufmerksamkeit und Anspannung. Es ist eben kein folgenloser Spielprozess, sondern Teil der realen Welt. Casino-Glücksspiele bieten eine räumliche und organisatorische Struktur, die die Erzeugung von „Action" erleichtert, ja darauf angelegt ist, dass „Action" stattfindet.

Ein Glücksspiel wie „Poker" oder „Blackjack" ist zunächst ein Regelspiel: Die Regeln legen die Handlungsmöglichkeiten fest, bestimmen die Spielziele und Gewinnmöglichkeiten. Zur „Action" wird ein solches Spiel erst dann, wenn es um einen bedeutenden Einsatz geht, also um einen nicht unbeträchtlichen Geldbetrag. Durch diese „Befrachtung" des Regelspiels ändert sich entscheidend sein Charakter. Das Pokerspiel wird durch diesen „Rahmen" zu einem Geschehen in der realen Welt. Der spielerische Kern

---

18 Goffman, Erving: Interaktionsrituale. Über Verhalten in direkter Kommunikation, Suhrkamp Verlag, Frankfurt 1971, S. 205.

verweist zwar auf die Spielwelt, der äußere Rahmen jedoch legt fest, dass dieses Spiel Teil der realen Welt ist. Dazu das Gegenbeispiel: Ein Pokerspiel im Familienkreis, bei dem nicht „richtiges" Geld, sondern Spielgeld eingesetzt wird. Ein solches Spiel wird von den Spielern der Spielwelt und nicht der realen Welt zugeordnet. Es ist für sie „nur" ein Spiel und damit folgenlos für die reale Welt. Die Rahmenstruktur eines Pokerspiels entscheidet, ob und unter welchen Bedingungen „Action" stattfindet oder nicht. Pokern im Spielcasino bei hohen Einsätzen ist „Action". Beim Familienspiel stehen dagegen Geselligkeit, Zeitvertreib und Unterhaltung im Mittelpunkt.

Unter bestimmten Bedingungen können auch Spielformen in begrenztem Umfang „Action" hervorbringen, die von den Beteiligten als zur Spielwelt zugehörig gerahmt werden. Typisches Beispiel hierfür sind aufwändig gestaltete Geländespiele, in denen die Spieler bestimmte Rollen übernehmen müssen, „Bedrohungssituationen" erleben, aufmerksam und konzentriert sind und sich anstrengen müssen, die gestellten Spielaufgaben zu erfüllen.[19] Unter diesen Bedingungen können die Spieler in ihrer Rolle aufgehen, ganz im Spiel sein und dann bei bestimmten Spielsituationen „Action" erleben. Beispiel: Die Spielergruppe muss in der Nacht im Laufe des Spiels einen dunklen Wald durchqueren und trifft dabei auf bedrohliche „Ungeheuer", „Wassergeister" und „Hexen". Die Spieler wissen zwar jederzeit, dass es sich „nur" um ein Spielgeschehen handelt. Sie erleben die Spielsituation jedoch so intensiv, dass bei ihnen emotionale Reaktionen eintreten, wie sie bei „Action" in der realen Welt typisch sind: Von Anspannung und Aufmerksamkeit bis zur Erregung. Möglicherweise bieten solche Spielszenarien für manche Spieler auch die Möglichkeit, „Charakter" zu zeigen: mutig zu sein, anderen beizustehen, Angst zu überwinden, einen kühlen Kopf zu behalten und das Richtige zu tun.

6.5. Realitätsbewältigung in Spielwelten

Ein wesentlicher Aspekt bei der Verschränkung von Spielwelt und realer Welt ist die Frage, ob und in welchem Umfang Spielprozesse „nützlich" sind, also etwas zur Bewältigung der Anforderungen in der realen Welt beitragen können. Insofern knüpft dieser Abschnitt an die Blickrichtung des „Dort-und-Dann" an (s. Abschnitt 4.2.). Wir wollen nun, in Anlehnung an

---

19 Zahlreiche Beispiele dazu finden sich in Fritz, Jürgen: Erlebnisspiele im Freien, Mathias Grünewald Verlag, Mainz 1994; Fritz, Jürgen (Hrsg.): Rallyes bei Tag und Nacht, Mathias Grünewald Verlag, Mainz 1998; Fritz, Jürgen (Hrsg.): Abenteuerliche Erlebnisspiele, Mathias Grünewald Verlag, Mainz 1998; Fritz, Jürgen und Holfter, Elisabeth: Schlüpf in neue Rollen. Spielaktionen im Freien für Kinder und Jugendliche, Mathias Grünewald Verlag, Mainz 2001.

Oerter[20], etwas näher auf die Formen der Realitätsbewältigung eingehen, die für Kinder und Jugendliche in Spielwelten möglich sind.

- *Nachspielen der Erfahrungen in der realen Welt:* Die Eindrücke, Erlebnisse und Kenntnisse können nicht oder nicht so schnell verarbeitet werden. Es fehlen Schemata, um zu verstehen und emotional nachzuempfinden, was an Eindrücken entstanden ist. Das Kind verwandelt in Spielwelten den *Ein*druck der realen Welt in einen angemessenen *Aus*druck: Das Gesehene und Gehörte wird nachgespielt. Die Spielhandlungen symbolisieren einfache Alltagshandlungen („Prints") wie Kochen, Zähnputzen, Tür aufschließen. Sie umfassen auch komplexere Schemata („Skripts") wie Frühstück zubereiten, Besuch empfangen, Mit dem Hund spazieren gehen, Einkaufen. In der Verdichtung der Erfahrungen in der realen Welt in Schemata unterschiedlich hohen Komplexitätsgrades erwerben die Kinder durch die Inszenierung in der Spielwelt ein Handlungswissen über die sozialen und kulturellen Muster ihrer Umwelt. Dabei spielt es zunächst keine Rolle, ob die Kinder diese Muster in ihrer tieferen Bedeutung verstanden haben oder nicht. Wichtig ist zunächst, dass sie mit diesen Mustern vertraut werden, sich darauf einstellen und sie selbst anwenden können.

- *Modifikationen von Erfahrungen in der realen Welt:* In den Spielwelten inszenieren die Kinder ihre Eindrücke von der realen Welt in bestimmten Aspekten anders, als sie es erlebt haben. Komplexere Geschehensabläufe (z.B. der unerfreuliche Besuch einer Tante, die keine Geschenke mitbringt, sondern das Kind kritisiert) werden in wichtigen Details verändert (z.B. ist die Tante sehr freundlich und bringt viele Geschenke mit; zum Schluss wird die Tante eingeladen, bald wiederzukommen). Die Veränderung ist nicht zufällig, sondern vom Kind bewusst beabsichtigt. „Sie dient der Bewältigung der Alltagsrealität, in der zentrale Anliegen wie Macht, Kontrolle, Sicherheit und Bindung nicht hinreichend gewährleistet sind. Das Kind korrigiert diese Unvollkommenheit des Daseins durch das Spiel."[21]

- *Alternativen zur realen Welt:* Auf der Folie von Erfahrungen in der realen Welt inszeniert das Kind in seinen Spielwelten phantasievolle Begebenheiten und schlüpft in attraktive Rollen. Es erfüllt sich in den Spielprozessen Wünsche, die ihm die reale Welt bislang versagt hat: mächtig zu sein, hilfreiche Freunde an der Seite zu wissen, Neues und Unbekanntes zu entdecken, Gefahren zu meistern. Man mag das „Flucht aus dem Alltag" nennen oder „Kompensation von belastenden Erfahrungen". Gleichwohl sind diese Spielprozesse eine wichtige Möglichkeit des Kindes, seine äußere wie innere Realität zu bewältigen und sie zueinander in Beziehung zu setzen. Diese Spielwelten „bilden ein Refugium, in das die

---

20 Oerter, Rolf: Psychologie des Spiels, Quintessenz Verlag, München 1993, S. 256 ff.
21 Oerter, Rolf: Psychologie des Spiels, Quintessenz Verlag, München 1993, S. 257.

Gebote, Verbote und Anforderungen der Umwelt keinen Zutritt haben. Hier stößt der Sozialisationsdruck an eine unüberwindliche Barriere."[22] Möglicherweise hat das Kind in diesen Spielwelten die Möglichkeit, die eigenen Lebensperspektiven und Entwicklungsmöglichkeiten vorweg zu nehmen und sich mit ihnen auseinander zu setzen.

Eine andere, eher für Jugendliche und Erwachsene mögliche Form der Realitätsbewältigung in Spielwelten ist die *Simulation*. Um etwas zu verstehen, nachzuvollziehen oder sich auf konkretes Handeln in bestimmten Situationen der realen Welt vorzubereiten und sich darauf einzustellen, bildet man möglichst genau die wichtigsten Strukturen der realen Welt nach und bewegt sich als Akteur auf dieser artifiziellen Bühne - und dies mit dem Wunsch, einen Nutzen daraus zu ziehen. So kann man sich beispielsweise auf eine mündliche Prüfung, eine Kaufverhandlung oder ein Bewerbungsgespräch vorbereiten. Im Rahmen von Bildungsprozessen sind Spielkonstrukte entwickelt worden, in denen in Form von Planspielen das Verhalten von sozialen Gruppen simuliert werden soll. Wie sind diese Simulationen einzuschätzen?

Provokant könnte man mit Blick auf die Konstruktion unserer Lebenswelt behaupten, alles sei Simulation, weil wir uns von allem „nur" ein Bild machen können, ohne je in der Lage zu sein, die Wirklichkeit zu erfassen. Selbst „unsere reale Welt" erkennen wir nur durch einen Schleier aus Wahrnehmungsstrukturen, Handlungsmustern, Wertvorstellungen, Anmutungen - in Begriffe und ihre Assoziationshöfe eingefasst. Und weil wir durch diesen Schleier wahrnehmen und zu verstehen suchen, erscheint uns alles so ähnlich, als sei es miteinander verwandt, haben wir Assoziationen und erspüren Querverbindungen. Unsere Welt erfüllt sich mit Sinn, weil die reale Welt, durch unseren Schleier betrachtet, Sinn macht und alles mit allem in Beziehung setzen kann. Bedeutungsvoll erscheinen uns die Zeichen dieser Welt, weil alle Zeichen auf etwas hindeuten, das wir deuten können.

Das, was wir Simulation nennen, ist eine Nachbildung, die aufgreift und verstärkt, was an Zeichen, Wahrnehmungsstrukturen, Handlungsmustern, Gewohnheiten, Wertvorstellungen, Anmutungen vorhanden ist. In der Simulation ordnet es sich spielerisch so, dass wir in den Spielprozessen bestenfalls etwas von der Wirkkraft dieses Schleiers erblicken können.

---

22 Oerter, Rolf: Psychologie des Spiels, Quintessenz Verlag, München 1993, S. 257.

7. Wie Traumwelten ins Spiel kommen

7.1. Merkmale von Traumwelten

Träume gehören zum Tiefgründigsten und Geheimnisvollsten in der Lebenswelt der Menschen. Sie sind ein Vexierbild, das offen ist für Ausdeutungen aller Art: von prophetischen Träumen bis zu einem „Königsweg" zum Unbewussten der Menschen. „Träume sind Schäume!" Dieser Ausspruch will deutlich machen, dass die Traumwelt nicht den Charakter des Realen besitzt. Träume erscheinen uns als eine Art Halluzination, die in bestimmten Phasen des Schlafes (den so genannten REM-Phasen) auftritt. Nach Verlassen der Traumwelt wissen wir, dass wir „nur" geträumt haben. Während des Traums sind wir uns nicht bewusst, dass wir uns in einer Traumwelt aufhalten. Allenfalls vermuten oder hoffen wir, dass „alles nur ein Traum ist". Gewissheit erlangen wir aber erst, wenn der Traum zu Ende ist. Häufig können wir uns an die Träume nicht erinnern. Sie verblassen bereits während wir sie erzählen oder aufzuschreiben versuchen. Allenfalls erlebnisreiche oder stark gefühlsbesetzte Träume bleiben uns nachhaltiger in Erinnerung. Die in der realen Welt erlebte Zeitstruktur erscheint in der Traumwelt aufgehoben. Gegenwart, Vergangenheit und Zukunft haben für den Träumenden keine Bedeutung. Die Ereignisse in der Traumwelt wirken, als seien sie zeitlich ineinander verwoben und nicht aufeinander bezogen. „Die Zeit wird verdichtet, und Darstellungen vergangener Ereignisse in realen oder verzerrten Formen können die Gegenwart als ihren Bezugspunkt haben - oder umgekehrt. Die Muster des Traums sind zeitlos.[1] Erst nach Verlassen der Traumwelt setzt das Bemühen ein, die Traumfragmente in eine sinnvolle zeitliche Abfolge zu bringen.

Auch in Hinblick auf die Handlungsmöglichkeiten des Subjekts gibt es deutliche Unterschiede zwischen der realen Welt und der Traumwelt. „Ein charakteristisches Merkmal der meisten Träume ist, dass der Träumer eine sehr störende Machtlosigkeit empfindet. Er ist in das Traumerleben eingetaucht, doch fühlt er eine frustrierende Unfähigkeit, irgendeine gewünschte Handlung durchzuführen. Natürlich agiert er im Traum, doch mit der Erfahrung, dass er sich dabei wie eine Puppe verhält.“[2] Im Gegensatz zur realen Welt, kann ich die Traumwelt nicht mit anderen Menschen teilen. Im Traum bin ich allein und habe keine Möglichkeit der Kommunikation mit anderen Menschen. Erst wenn ich wieder in der realen Welt bin, kann ich versuchen, die mir in Erinnerung gebliebene Welt meines Traums mitzuteilen.

Träume werden durch neuronale Prozesse hervorgerufen, und zwar in Abwesenheit von äußeren Reizeindrücken. Der bewusstseinsfähige Teil des Gehirns ist sich dann quasi selbst überlassen und wird in „chaotischer“ Weise aktiviert bzw. nicht gehemmt. „Die in den zufällig aktivierten Cortexarealen enthaltenen Gedächtnisinhalte, die normalerweise durch Wahrnehmungen erregt werden, werden nun ‚wahllos‘ hervorgeholt und ins Bewusstsein gebracht. Diese zumindest partielle Zufälligkeit äußert sich in der bekannten Bizarrheit der Träume. Diese Bizarrheit betrifft erstens die *Inkongruenz* des Inhalts: Dinge und Erlebnisse passen irgendwie nicht oder nicht richtig zusammen. Ich weiß, dass es sich um meine Schwester handelt, aber es ist nicht ihr Gesicht und ihre Stimme; ich weiß, ich bin in meiner Wohnung, aber die sieht gar nicht wie meine Wohnung aus. Zweitens ist die *Diskontinuität* des Geschehens auffällig: Es passieren abrupte Ortswechsel oder Transformationen; zuerst bin ich bei mir zu Hause, dann ist mein Aufenthaltsort plötzlich der Bahnhof; ein Seil verwandelt sich in eine Schlange. Und drittens herrscht eine *kognitive Unschärfe* vor: Ich kann etwas nicht richtig erkennen oder verstehen; alles ist wie durch einen Schlei-

1 Bateson, Gregory: Ökologie des Geistes, Suhrkamp Verlag, Frankfurt 1983, S. 543.
2 Popper, Karl R. und Eccles, John C.: Das Ich und sein Gehirn, Piper Verlag, München und Zürich 1982, S. 447.

er, eine Person spricht in einer mir unbekannten Sprache."[3] Während des Traums gelingt es dem „rationalen System" offenbar nur unzulänglich, Sinn in das chaotische Geschehen zu bringen. Möglicherweise kommt die Mischung zwischen Zusammenhang und Zusammenhanglosigkeit im Traum dadurch zustande, dass das Auslese- und Aktivierungssystem während des Schlafs ungenau arbeitet und bei der Konstruktion von Zusammenhängen zwischen den verschiedenen aktivierten Gedächtnisinhalten „danebengreift".

Träume treten am intensivsten in der REM-Phase des Schlafes auf.[4] Im Gegensatz zum Tiefschlaf zeigt das Gehirn in den REM-Phasen eine sehr hohe Aktivität. Sie ist sogar höher als im Wachzustand. Auch verbraucht man während der REM-Phasen mehr Sauerstoff als im Wachen. Der REM-Schlaf ist also ein sehr aktiver Zustand, weit davon entfernt als „Auftanken" oder „Erfrischen" deuten zu wollen.

Aus welchem Grund „investiert" der menschliche Körper so viel Energie, um träumen zu können? Welche Funktion hat die Traumwelt für den Menschen? Ist sie bedeutungsvoll oder eher vernachlässigenswert? Die analytisch orientierten Traumtheorien bemühen sich, durch symbolische Ausdeutungen der Trauminhalte Bestandteile im Unbewussten des Menschen (z.B. seine ihm selbst verborgenen Wünsche und Gefühle) erkennbar und verstehbar zu machen. Manchen Autoren muten diese Versuche, die Traumwelt zur realen Welt in Beziehung zu setzen, an wie nachträgliche Konstruktionsleistungen, um die Lebenswelt des Menschen sinnvoll zu ordnen und konsensuell zu verankern: „Wenn ein Traum gedeutet wird, könnte man vielleicht sagen: er wird in einen Kontext gestellt, in dem er aufhört, rätselhaft zu sein."[5]

Dies greift jedoch zu kurz. Plausibler erscheint die These, „dass der REM-Schlaf eine grundlegende kognitive Aktivität ist. Es ist der Ort, an dem man sich einem imaginären Spiel hingeben, verschiedene Szenarios ausprobieren und neue Möglichkeiten erfinden kann; ein Raum der Erneuerung, wo neue Muster und Assoziationen auftauchen, und das Erlebte noch einmal bearbeitet werden kann. (...) Träumen stellt einen Raum zur Verfügung, wo man nicht einfach nur mit dem im Augenblick Gegebenen zurecht kommen muss, sondern sich alles neu ausdenken, überlegen und vorstellen kann. Es ist eine Art Probevorstellung, die einem erlaubt, mit neuen Möglichkeiten aufzuwarten."[6] Da auch Träume an der Wirklichkeit teilhaben, sind sie

---

3 Roth, Gerhard: Das Gehirn und seine Wirklichkeit, Suhrkamp Verlag, Frankfurt 1995, S. 223f.
4 Zum Kennzeichen des REM-Schlafes vgl. Varela, Francisco: Traum, Schlaf und Tod. Grenzbereiche des Bewusstseins, Eugen Diederichs Verlag, München 1998, S. 34 ff.
5 Wittgenstein, Ludwig: Freuds Irrtümer; in: Bartels, Martin (Hg.): Traumspiele, Junius Verlag, Hamburg 1994, S. 153.
6 Varela, Francisco: Traum, Schlaf und Tod. Grenzbereiche des Bewusstseins, Eugen Diederichs Verlag, München 1998, S. 38.

Konstruktionsleistungen „anderer Art", die beispielsweise helfen können, Probleme zu lösen, künstlerische Eingebungen zu haben oder bei der Vertiefung der Spiritualität zu helfen. Sie haben damit möglicherweise die Funktion, die Grenzen des Bewusstseins auszuweiten, indem sie den Menschen sensibilisieren, vielleicht auch befähigen, „Botschaften" wahrzunehmen, die ihn „unterhalb" seiner für die realen Welt ausgeprägten Schemata erreichen.

Möglicherweise haben Traumwelten auch damit etwas zu tun, Lernprozesse, d.h. neuronale Verknüpfungen und die Bildung von Schemata zu verstärken. Dabei könnten Emotionen mit Handlungsmustern so verknüpft werden, dass „realitätstaugliche" Schemata ausgebildet werden.[7]

Unter neurobiologischer Perspektive erscheint auch die Hypothese plausibel, dass Aufenthalte in der Traumwelt für das gesamte Leben deshalb wichtig sind, weil sie eine Art von „Trainingsprogramm" für Phantasiesysteme darstellen. „Nur im Schlaf können diese Systeme unbehelligt durch äußere Reize und/oder lebenspraktische Anforderungen sich ‚üben' und ihre biologischen Funktionen für das Erschließen neuer ökologischer Nischen am Leben erhalten, die sonst, wie alle physiologischen Funktionen, die funktionell ungenutzt bleiben, der Extinktion, der Löschung bzw. Atropie zum Opfer fallen würden. Phantasiesysteme stehen (...) mit kontrollierenden zensierenden Korrektursystemen in ständigem Widerstreit und werden von diesen während des Wachzustandes praktisch ununterbrochen unterdrückt. Nur im Schlaf besteht die Möglichkeit, dass Phantasiesysteme sich ungehemmt frei entfalten und sich quasi ‚selbst trainieren' können."[8]

Welche Erkenntnis folgt daraus? Die Traumwelt ist das, was Menschen darin sehen wollen: ein Vexierspiegel, der manchen wie ein „Königsweg zum Unbewussten" erscheint und für andere kaum mehr ist als eine neurologische „Entladung". Auf jeden Fall sind Träume „Möglichkeitsräume", also Lebenswelten, in denen das etwas Anderes aufscheint als das, was wir für reale Welt halten. Insofern gibt es eine „innere Verwandtschaft" zwischen Traumwelt und Spielwelt. Schauen wir uns dies etwas genauer an.

7.2. Spielwelt und Traumwelt im Vergleich

In der Spielwelt wie in der Traumwelt verbinden die Menschen ihre Innenwelt und ihre Außenwelt in einer ganz spezifischen Weise. Diese Welten sind ein Artikulationsforum für die Verschränkung der Innenwelt mit der Außenwelt. Triebimpulse, Bedürfnisse, Wünsche und emotionale getönte Eindrücke verweben sich mit Bildern und Erfahrungen aus der Außenwelt.

---

7 Vgl. Traumforschung. Videoclips der Seele; in: „Der Spiegel", H. 40/1996, S. 232 ff.
8 Emrich, Hinderk M.: Konstruktivismus: Imagination, Traum und Emotionen; in: Schmidt, Siegfried J.: Kognition und Gesellschaft, Suhrkamp Verlag, Frankfurt 1992, S. 84

Der das Kind beängstigende Arztbesuch taucht in nächtlichen Angsträumen in verwandelter Form wieder auf. Das Kind träumt, dass hinter einer Tür ein schreckliches Ungeheuer lauert, dass es weglaufen möchte aber es nicht kann und angstvoll abwarten muss, bis sich die Tür öffnet. Ein solcher Alptraum verschmilzt die Erfahrungen des Kindes in der realen Welt mit seiner Gefühlswelt. In der Traumwelt erlebt das Kind den Arztbesuch aus der Perspektive seiner Innenwelt, also emotional höchst bedrohlich und unentrinnbar. Die Traumszene und die in ihr enthaltene Symbolik verweisen zugleich auf ähnliche Situationen, in denen das Kind massive Ängste erlebt und Bedrohungssituationen erfahren hat. Erst wenn das Kind gelernt hat, dass es nicht bedroht wird, dass auch von Arztbesuchen keine Gefährdungen ausgehen, verändert sich allmählich seine Innenwelt mit ihren belastenden affektiven Schemata. In den Lernprozessen, die auf eine bewusste Trennung zwischen Traumwelt und realer Welt abzielen, gewinnt das Kind möglicherweise die „innere Freiheit", mit affektiv belastenden Situationen in der realen Welt „angemessen" umzugehen, d.h. ein „realistisches" Verhalten zu entwickeln und die Angsträume so lange als „Schäume" einzuordnen, bis sie sich allmählich verflüchtigen.

Auch in Spielprozessen finden sich belastende Situationen und ihre affektiven Bewertungen wieder. Im Rollenspiel übernimmt das Kind die Rolle des Arztes und gewinnt so zum einen ein Verständnis für Aspekte der realen Welt und zum anderen ein Gefühl von Handlungsmächtigkeit: eine Bedrohungssituation angemessen wahrzunehmen und ihr nicht schutzlos ausgeliefert zu sein. Im Spielprozess ist das Kind aktiv handelnd und gestaltend, in der Traumwelt muss es das Geschehen in der Regel erdulden. „Anders ausgedrückt: Die Dinge lassen sich im Spiel leichter arrangieren als im Traum."[9] Die Spielwelt bietet einen Rahmen, mit allen Sinnen den Spielprozess zu gestalten. Die Spieler können Elemente der realen Welt einbeziehen und sie in das verwandeln, was für ihr Spielkonstrukt notwendig und sinnvoll ist. Der Verwandlungsprozess ist selbst gewollt und wird durch die Spieler aktiv vollzogen, z.B. indem ein Kind auf eine Zeitung zeigt und erklärt: Das ist unser Floß, wird sind Schiffbrüchige und halten nach einer Insel Ausschau. Im Gegensatz dazu ist dem Kind in der Traumwelt die Kontrolle über den Verwandlungsprozess entzogen.

Während der Spieler in seiner Traumwelt allein mit sich ist, bieten die Spielwelten die Möglichkeit sozialer Teilhabe. Das Entstehen der Spielkonstrukte und die Gestaltung des Spielprozesses sind das Ergebnis von Vereinbarungen unter den Spielern. In diese Vereinbarungen gehen die unterschiedlichen Gefühle und Wünsche ebenso ein wie die Erfahrungen mit der realen Welt. Die „Einigungsformeln" spiegeln so die Innenwelt wie die Außenwelt der Spieler wider und wie sich die unterschiedlichen Welten der

---

9 Piaget, Jean: Nachahmung, Spiel und Traum, Ernst Klett Verlag, Stuttgart 1969, S. 230.

Spieler miteinander arrangiert haben. Der soziale Austausch kann dazu beitragen, dass die Spieler Einblicke in Aspekte ihrer Außenwelt wie ihrer Innenwelt erhalten, die ihnen sonst verwehrt blieben.

Einem Spieler, der sich in der Spielwelt aufhält, ist bewusst, dass das Geschehen nicht der realen Welt zuzurechnen ist. Dies gilt für den Träumer in der Regel nicht. Während des Traums ist dem Träumer vielfach nicht bewusst, dass er sich in einer Traumwelt aufhält. Zumindest von seinem Gefühl her, hält er das Geschehen für „wirklich". Anders ist dies bei „Klarträumen" (luzide Träume). „Ein *luzider Traum* ist ein Traum, in dem man sich aktiv der Tatsache bewusst ist, dass man träumt. In einem solchen Traum, bei den die Bewusstheit, dass man träumt, vom Trauminhalt verschieden ist, kann man sogar damit beginnen, die Geschichte und die Handelnden zu manipulieren, um eine gewünschte Situation zu erschaffen."[10] Eine weitere Möglichkeit, sich mit der Verwobenheit in ein Traumgeschehen zu lösen, ist das Empfinden, „Traumzeuge" zu sein: „Was auch immer der Inhalt des Traumes sein mag, man bleibt in einem ruhigen, inneren Gewahrsein, unabhängig vom Traumgeschehen."[11] Der Traumzeuge könnte zwar in den Traum eingreifen und ihn zu verändern versuchen, er verspürte aber einfach nicht den Wunsch, es zu tun. Der „Traumzeuge" ist Beobachter und erkennt, dass etwas in ihm träumt.

Bei aller Unterschiedlichkeit zwischen Traumwelt und Spielwelt bleibt festzuhalten, dass es sich um Welten handelt, in denen man anders ist und anders sein kann, als in der realen Welt. Es sind Möglichkeitsräume, die das menschliche Potential stimulieren können, sich auf Neues einzulassen, sich in anderer Weise zu erfahren, ungewohnte Erkenntnisse zu gewinnen und sein Verhalten in der realen Welt zu überdenken. Aus dieser Gemeinsamkeit heraus sind Vorstellungen und Ideen sicher reizvoll, Traumwelt und Spielwelt zueinander in Beziehung zu setzen und miteinander zu verzahnen.

7.3. Mit Träumen spielen

Wie kann man mit Träumen spielen, wenn man die Traumwelt verlassen und sich wieder in der realen Welt befindet? In der Traumwelt ist man allein. Erst danach kann man über seine Erlebnisse sprechen, wenn überhaupt noch eine Erinnerung daran besteht.

Was berichten Kinder über ihre Träume? „Wie Träume überhaupt zeigen auch die Träume von Kindern ein weit gespanntes Spektrum an Themen und Formen. Unverstellte Wunscherfüllungen behaupten im kindlichen Traumerleben ebenso ihren Platz wie Schreck- oder Angstvorstellungen,

---

10 Varela, Francisco: Traum, Schlaf und Tod. Grenzbereiche des Bewusstseins, Eugen Diederichs Verlag, München 1998, S. 92.

11 Varela, Francisco: Traum, Schlaf und Tod. Grenzbereiche des Bewusstseins, Eugen Diederichs Verlag, München 1998, S. 97.

während sich in den kindlichen Fiktionen der glückliche Ausgang fast nur nach überstandener Not und Gefahr behaupten kann. (...) Obwohl Kinder auch immer wieder von beglückenden Traumerfahrungen berichten, scheinen doch beängstigende Träume vorzuherrschen. Überblickt man nämlich die Auswertungen kindlicher Traumberichte, dann überwiegen die Angstträume und Schreckvisionen bei weitem die erfreulichen Traumerfahrungen. (...) Was zweitens ins Auge springt, ist der hohe Anteil an Traumerlebnissen, in denen sich Kinder als ausgesetzt, allein gelassen, von übermächtigen oder gespenstischen Figuren verfolgt und zerstört erfahren."[12] Einschränkend lässt sich dazu sagen, dass Kinder nur selten von sich aus Träume erzählen. Die spontanen Traumberichte von Kindern geben wahrscheinlich nur eine bestimmte Auswahl der Erfahrungen aus der Traumwelt wieder. „Es ist anzunehmen, dass alltägliche und banale oder auch idyllische Traumerlebnisse, soweit sie überhaupt bewusst werden, rasch dem Vergessen anheim fallen und nur solche Träume im Gedächtnis haften bleiben, die mit starken Emotionen verbunden sind."[13]

Träume mit starker Dynamik und emotionaler Beteiligung motivieren Kinder, darüber zu sprechen. Sie tun dies, um ihren nächtlichen Erlebnissen etwas von der Bedrohlichkeit zu nehmen und um sich zu versichern, dass die erlebten Szenen in der Traumwelt nicht in die reale Welt hinein ragen. Eine gute Möglichkeit, die Gefühle von Angst und Bedrohung zu mildern, besteht darin, den Kindern Raum für ihre Traumerzählungen zu geben, die Szenen und Traumgestalten ernst zu nehmen und sie dann in spielerischer und vergnüglicher Weise zu verflüssigen. Wie ließe sich dies realisieren?

- Zunächst steht das Kind vor dem Erfordernis, seine diffusen Traumfragmente, soweit sie überhaupt noch erinnerlich sind, in die Form einer Erzählung zu fassen. Das Kind muss also seine Erinnerungen an die Traumwelt nach den Regeln der Erzählbarkeit bearbeiten und wird deshalb von den erlebten Sequenzen partiell abweichen. „Das wird sich zunächst darin auswirken, dass die Erzähler die einzelnen Traumszenen, die ja im Traumerleben meist in harten Schnitten nebeneinander gesetzt werden, in der Erzählung miteinander zu verknüpfen suchen."[14] Aus diesem Grunde sollte sich die Aufmerksamkeit beim Zuhören in einem ersten Schritt auf die einzelnen Szenen und Szenenfragmente richten und weniger auf die logische Struktur der Traumerzählung insgesamt.

- Durch Nachfragen kann man ein Kind dazu bewegen, die Traumbilder anschaulicher auszumalen: Wie sah denn das Ungeheuer aus? War es

---

12 Merkel, Johannes: Spielen, Erzählen, Phantasieren. Die Sprache der inneren Welt, Verlag Antje Kunstmann, München 2000, S. 237 ff.

13 Merkel, Johannes: Spielen, Erzählen, Phantasieren. Die Sprache der inneren Welt, Verlag Antje Kunstmann, München 2000, S. 242.

14 Merkel, Johannes: Spielen, Erzählen, Phantasieren. Die Sprache der inneren Welt, Verlag Antje Kunstmann, München 2000, S. 247.

sehr groß? Woran hat es dich erinnert? Hatte es Ähnlichkeit mit einem Tier? Fragen dieser Art fördern möglicherweise innere Bilder und Erinnerungen des Kindes zutage, die mit den Traumgestalten verknüpft sind und die Einblicke in die affektiven Schemata des Kindes ermöglichen. Diese Phase des Gesprächs bietet die Chance, dass Kinder beginnen, in spielerischer Weise „Beziehungsstrukturen" zwischen den Traumgestalten und anderen inneren Bildern herzustellen. Wenn das Kind Spaß an bildnerischen Darstellungen hat, könnte man es auffordern, die Traumszenen in einem Bild festzuhalten und dieses Bild zu erläutern.

- Im nächsten Schritt geht es um mögliche Alternativen zur Traumhandlung. Man könnte das Kind bitten zu überlegen, der Traumszene einen anderen Verlauf zu geben: Was hättest du tun können, als das Monster auf dich zukam? Gab es in der Nähe ein Versteck? Hätte dir jemand beistehen können? Die Vorschläge des Kindes könnten der erste Schritt sein, die Angst in den Träumen zu vermindern.

- Die szenische Umsetzung der Traumerfahrungen (und ihrer erzählten Alternativen) wäre der nächste Schritt. Gemeinsam mit dem Kind könnte man sich Szenen ausdenken, die Bezüge zum Traumerleben haben. Aus der Bedrohung durch ein Gespenst könnte eine Szene werden, in der das Kind seinen Vater erschreckt und ihn verfolgt. Anstatt wegzulaufen könnte das Kind ein Interview mit dem Monster führen und es fragen, warum es so wenig ansehnlich aussehe und es darauf anlege, harmlose Kinder zu erschrecken. Das beängstigende Traumerleben würde sich so fast unmerklich in eine witzige Angelegenheit verwandeln und zugleich dem Kind einen Zugang zu seinen inneren Bildern und affektiven Schemata ermöglichen. In der Rolle eines interviewten Monsters kann das Kind mit Bewusstsein ausfüllen, was ihm in seiner inneren Welt Angst macht.

Die Möglichkeit, mit Träumen zu spielen, ist auf Kinder nicht begrenzt. Auch Erwachsene können Träume ins Spiel bringen, indem sie miteinander über ihre Traumerlebnisse reden, Assoziationen dazu entwickeln und miteinander Traumszenen spielen. Die Traumszenen belegen und beweisen nichts. Als Teil des Möglichkeitsraumes des Menschen deuten sie allenfalls auf Alternativen hin. Sie sind „Spielmaterial", um in Erzählungen und szenischen Spielen etwas mehr an Kontur und Festigkeit zu gewinnen. Insofern sind auch die psychoanalytisch orientierte Traumanalyse und das freie Assoziieren ein „Spielsetting", das Menschen befähigen kann, ihren Möglichkeitsraum zu erweitern.

8. Was sich in der mentalen Welt abspielt

8.1. Mentale Welt und ihre Grenzen

Wenn Menschen sich geistig etwas vorstellen, das nicht zur aktuellen Wahrnehmung gehört, befinden sie sich in der mentalen Welt. Dazu entwickeln die Menschen Vorstellungsbilder, sie nehmen zukünftige Ereignisse in Gedanken vorweg, durchdenken Handlungsabfolgen, begeben sich in Tagträume oder lassen Phantasiewelten entstehen. Dabei ist es wichtig, dass Menschen zu unterscheiden lernen, ob sie sich in der realen Welt aufhalten oder die mentale Welt betreten haben. „Diese Unterscheidung scheint sich innerhalb der kindlichen Entwicklung nur sehr langsam zu entwickeln, und kleine Kinder treffen offenbar noch keine scharfe Unterscheidung zwischen tatsächlich Wahrgenommenem und bloß Vorgestelltem oder Erinnertem, zwischen Tun oder bloß Gedachtem oder Geplantem. Aber auch dem erwachsenen Gehirn stehen keine absolut verlässlichen Unterscheidungen zwischen ‚Tatsächlichem' einerseits und ‚Vorgestelltem' oder ‚Halluziniertem' andererseits zur Verfügung. (...) Es gibt auch große ethnische und historische Unterschiede in der Ausbildung einer Abgrenzung zwischen Körperlichem und Mentalem, und man kann die relativ scharfe Abgrenzung, wie sie in unserem modernen abendländischen Denken üblich ist, nicht verallgemeinern."[1]

Die Rahmungskompetenz, zwischen realer Welt und ihrer nachprüfbaren Faktizität einerseits und der mentalen Welt mit ihren Vorstellungsbildern und Phantasien, ihren Hoffnungen und Befürchtungen andererseits zu unterscheiden, bildet sich bei Kindern durch ein kulturelles Training heraus. Eltern im westlich geprägten Kulturkreis verpflichten ihre Kinder, die Grenze zwischen Fiktion und realen Tatsachen genau zu beachten und streng zwischen „echt" und „unecht" zu unterscheiden. Dreijährigen macht diese Trennung häufig noch Schwierigkeiten. Sie äußern, was in ihnen vorgeht, was sie beweg und wovor sie sich fürchten. Dabei macht es für sie keinen Unterschied, ob diese Empfindungen der mentalen oder der realen Welt zuzurechnen sind. Wie bei Erwachsenen auch hängen sich Wünsche, Gefühle, Ängste und affektiv besetzte Bilder an sich bildende mentale Konstruktionen und gelangen so ins Bewusstsein. Erwachsene, die eine angemessene Rahmungskompetenz besitzen, können ihre Phantasievorstellungen und Tagträume von der realen Welt unterscheiden, Kinder müssen dies erst lernen.

Bei Phänomen wie z.B. Halluzinationen, Nachtmahren, unsichtbaren Spielgefährten oder UFO-Erscheinungen stoßen wir auf eine Grenzlinie zwischen realer und mentaler Welt. Für Menschen, die unter Drogeneinfluss halluzinieren, die von Nachtmahren heimgesucht werden, die (als Kinder) unsichtbare Spielgefährten besitzen oder Begegnungen mit UFOs haben, sind diese Begebenheiten „real", d.h. sie ordnen sie der realen Welt zu. Für andere Menschen, die diese Phänomene nicht erleben, handelt es sich um Vorstellungsbilder, also um Mentales. Psychiatrische Forschung ist bemüht, dieses Grenzgebiet zu erhellen, d.h. nach Kriterien der Wissenschaftlichkeit zu erklären, warum es zu solchen „Grenzüberschreitungen" kommen kann und wie sie zu verstehen sind.[2]

Im Gegensatz zur Traumwelt betritt der Mensch die mentale Welt mit Bewusstsein und Wollen. Er weiß, dass er sich jetzt in der mentalen Welt befindet, und er will es auch. Er kann seine mentale Welt auch mit anderen Menschen teilen, gemeinsam mit ihnen Vorstellungsbilder entwickeln, Handlungsabfolgen durchdenken oder gar Phantasiewelten im Kopf konstruieren. In der mentalen Welt sind der Handlungsvollzug und die Auseinandersetzung mit der realen Welt zunächst ausgesetzt. „Es gibt keinen Widerstand von mich umgebenden Objekten, der zu überwinden wäre. Ich bin von der Dringlichkeit des pragmatischen Motivs, unter der ich in der natürlichen Einstellung des Alltags stehe, befreit. Die intersubjektive Stan-

---

1 Roth, Gerhard: Das Gehirn und seine Wirklichkeit, Suhrkamp Verlag, Frankfurt 1995, S. 285.
2 Vgl. hierzu: Siegel, Ronald K.: Halluzinationen. Expedition in eine andere Wirklichkeit, Eichbron Verlag, Frankfurt 1995.

dardzeit der alltäglichen Lebenswelt knechtet mich nicht mehr, noch ist die Welt eingegrenzt durch das, was in meiner Wahrnehmung, meiner Erinnerung und meinem Wissen vorliegt. Ereignisse und Situationen, über die ich keine Kontrolle habe, nötigen mir nicht Alternativen auf, zwischen denen ich zu wählen habe. Mein Leistungsvermögen ist nicht eingeschränkt durch äußere Umstände. Allerdings kann ich (...) auch nichts ‚leisten' im Sinne einer Handlung, die in die Außenwelt eingreift und sie verändert."[3]

Die mentale Welt sichert mir einen Freiraum, den die reale Welt nicht bieten kann. Und im Rahmen dieser Freiheit kann ich Vorstellungen nach Wunsch entwickeln, weitertreiben, modifizieren, mich darin verlieren oder von den weitesten Ausschweifungen sogleich zurückkommen und an derer Stelle an dieser Welt weiterweben. Die von mir entfaltete mentale Welt ist kommunizierbar: Sie kann auch anderen Menschen wegen ihrer Wunschorientierung und Offenheit verständlich gemacht werden. Ja, sie kann zum Impuls werden, diese Welt in einem Spiel mit Leben zu füllen. Insofern schafft die mentale Welt wirkungsvolle Übergangszonen zur Spielwelt: zu Rollenspielen, zu Phantasiereisen, zu Strategiespielen.

Traumwelt und mentale Welt trennen „Welten". Die Phantasiegebilde der mentalen Welt sind nicht bedrückend und überwältigend. Es steht im Belieben des Menschen, mit welchen Vorstellungsbildern er seine mentale Welt bevölkern und welchen Ausgang seiner Geschichten er wählen will. Eine „Zensur" gegenüber noch so „anstößige" Wunschbilder findet nicht statt. „Die Tagphantasie startet wie der Nachttraum mit Wünschen, aber führt sie radikal zu Ende, will an den Erfüllungsort."[4]

Die mentale Welt birgt den Aspekt des Noch-Nicht. In den Vorstellungsbildern der mentalen Welt stecken Wünsche auf ein Zukünftiges und Gestaltbares in der realen Welt. Und darin steckt ein wesentlicher Unterschied zur Traumwelt: „Der Nachttraum lebt in Regression, (der Mensch) wird in seine Bilder wahllos hineingezogen, der Tagtraum projiziert seine Bilder in Künftiges, durchaus nicht wahllos, sondern noch bei ungestümster Einbildungskraft dirigierbar, mit objektiv Möglichem vermittelbar. Der Inhalt des Nachttraums ist versteckt und verstellt, der Inhalt der Tagphantasie ist offen, ausfabelnd, antizipierend, und sein Latentes liegt vorn. Er kommt selber aus Selbst- und Welterweiterung nach vorwärts her, ist Besserhabenwollen durchaus. Sehnsucht ist beiden Traumarten gemeinsam. (...) (Jedoch:) Der Tages-Wunschtraum bedarf keiner Ausgrabung und Deutung, sondern der Berichtigung und, sofern er dazu fähig ist, der Konkretion. Kurz, er hat zwar so wenig wie der Nachttraum von Haus aus ein Maß,

3 Schütz, Alfred und Luckmann, Thomas: Strukturen der Lebenswelt, Band 1, Suhrkamp Verlag, Frankfurt 1979, S. 54f.
4 Bloch, Ernst: Tagtraum und Nachttraum; in: Bartels, Martin (Hg.): Traumspiele, Junius Verlag, Hamburg 1994, S. 169.

doch er hat, zum Unterschied vom Nachtspuk, ein Ziel und macht sich zu ihm nach vorwärts heraus."[5]

Die mentale Welt stellt einen Möglichkeitsraum des Menschen dar. Bilder, Gefühle, Gedanken und Impulse der Innenwelt werden dort gesammelt, artikuliert und in Handlungsabläufen kondensiert, indem man Tagträume entwickelt, zukünftige Begebenheiten gezielt durchspielt, sich etwas ausmalt, Wunschträume in Erfüllung gehen lässt oder schlimmste Befürchtungen „Gedankenfreiheit" einräumt. In diesen Ausprägungsformen erscheint die mentale Welt als ein „Spielfeld im Kopf", eine nur in den Gedanken entfaltete Spielwelt.

Was sind die Kräfte und Fähigkeiten, mit deren Hilfe sich die mentale Welt bilden und entwickeln kann?

8.2. Motivation, Vorstellungsvermögen und Phantasie

Die Fähigkeit des Menschen, die reale Welt, die ihm unmittelbar gegeben ist, (kognitiv) zu verlassen und die mentale Welt zu betreten, ist an Voraussetzungen gebunden.

Zunächst muss eine Motivation bestehen, sich von der realen Welt in Gedanken abzuwenden und eine „eigene" Welt zu entwickeln und zu entfalten. Der Motivationsbegriff meint die Gesamtheit der Beweggründe, die jemanden zu einem Verhalten veranlassen. Motivation kann man nie unmittelbar selbst wahrnehmen, sondern immer nur über Anzeichen erschließen. Motivation wird von uns nicht als „kognitives Kunstprodukt" angesehen, sondern erscheint als „reale Gegebenheit". Unsere innere Welt, unser Streben, Wollen, Wünschen, Hoffen, ist uns aus dem eigenen Erleben vertraut. Und wir kennen die Auswirkungen der inneren Welt auf unser Verhalten. „Wenn man einen motivierten Zustand und seine typischen Verhaltensauswirkungen quasi von innen kennt, hat man kaum Zweifel, etwas Ähnliches hinter dem Verhalten anderer Personen zu vermuten, wenn bestimmte Anzeichen darauf verweisen. Dies erscheint uns auf Dauer umso weniger fragwürdig, je öfter wir damit zu richtigen Vorhersagen oder Sinn machenden Interpretationen fremden Verhaltens gekommen sind."[6]

Um welche Motivationen kann es sich handeln, wenn Menschen die mentale Welt betreten?

- Man möchte sich entspannen, positiven Gedanken nachhängen, um sich in eine gute Stimmung zu versetzen.

---

5 Bloch, Ernst: Tagtraum und Nachttraum; in: Bartels, Martin (Hg.): Traumspiele, Junius Verlag, Hamburg 1994, S. 172.
6 Rheinberg, Falko: Motivation, Verlag W. Kohlhammer, Stuttgart 2000, S. 14.

- Man liest einen Roman, schweift ab und entwickelt eigene Gedanken, wie die Geschichte wohl weitergehen könnte oder welche Alternativen im bisherigen Handlungsablauf möglich gewesen wären. Mögliche Motivation wären, sich mit dem Roman vertraut zu machen, ihn mit „innerem Leben" zu erfüllen, die Atmosphäre des Romans genießen und die Details „auskosten".

- Man hat einen spannenden und anregenden Film gesehen, schlüpft danach in die Rolle des Hauptdarstellers, erlebt die Geschichten in Gedanken noch einmal und entwickelt Alternativen dazu. Auch hier kann als Motivation vermutet werden, dass man das Geschehen noch einmal auskosten möchte, um sich in eine gute Stimmung und ein Wohlgefühl zu versetzen.

- Am nächsten Tag steht ein schwieriges Gespräch bevor. In Gedanken spielt man die möglichen Dialoge durch, entwickelt Strategien und stellt sich in Gedanken auf verschiedene Abläufe ein. Die Motivation könnte sein, an Erfolgszuversicht zu gewinnen, Ängste zu dämpfen und sich ein positives, beruhigendes Gefühl zu verschaffen.

- Man hat eine problematische Situation erlebt und geht in Gedanken noch einmal den Ablauf durch. Man bemerkt seine eigenen Fehler und dessen Wirkungen. Man überlegt, was man hätte anders machen und können und entwickelt Gedankenspiele zu alternativen Abläufen und zu ihren möglichen Ergebnissen. Der motivationale Hintergrund zielt auf eine Stärkung des Selbstwertgefühls und eine Weiterentwicklung der Handlungskompetenz. Dies könnte eine negative Stimmungslage aufhellen.

- Man steht vor einer schwierigen Entscheidung und wägt in Gedanken das Für und Wider ab. In einem „inneren Dialog" bringt man Argumente und Gegenargumente vor. Schließlich spielt man in Gedanken die möglichen Resultate der verschiedenen möglichen Entscheidungen durch. Nicht auszuschließen ist, dass man bei diesem „mentalen Spielprozess" auf neue und andere Lösungen kommt, die auf ihre möglichen Auswirkungen mental durchgespielt werden. Auch dieses Beispiel veranschaulicht, dass die mentale Welt aufgesucht wird, um die Erfolgszuversicht zu stärken, die Handlungskompetenz zu steigern und sich ein gutes Gefühl zu verschaffen.

- Stundenlang war man intensiv mit einem Computerspiel beschäftigt und konnte trotz Bemühen bestimmte Probleme nicht lösen. Während einer langweiligen Bahnfahrt gehen einem die Probleme im Spiel nicht aus dem Kopf. In Gedanken geht man nun verschiedenen Lösungsmöglichkeiten nach, spielt sie durch, bis man einige Ideen gefunden hat, die man demnächst ausprobieren möchte. Motivation für diesen „Ausflug" in die mentale Welt ist das unbefriedigende Gefühl, etwas nicht zu Ende gebracht zu haben. Der Aufenthalt in der mentalen Welt dient der „Gefühlsmedikation": Man fühlt sich hinterher besser, weil man mögliche Lösungen ersonnen hat und damit die Erfolgszuversicht steigern konnte.

Die „Stoffe", aus denen die mentale Welt gebildet wird, das zeigen die vorigen Beispiele, stammen aus anderen Welten. Sie müssen vergegenwärtigt werden, um der mentalen Welt zur Verfügung zu stehen. Was heißt das? Nicht die realen Ereignisse, Menschen und Szenen sind wieder da, sondern das subjektive Erleben in der realen (und medialen) Welt. Zwar gehört dieses Erleben objektiv auch der Vergangenheit an, die Vergegenwärtigung durch unser Gedächtnis bewirkt jedoch ein erneutes Erleben. Das Vorstellungsvermögen schafft ein Wiederhaben von Erlebnissen in Form neuer Erlebnisse. Diese „neuen" Erlebnisse lassen sich dann als „Spielmaterial" in die Szenarien der mentalen Welt einfügen.

Bereits der Säugling „speichert" seine Erfahrungen im Gedächtnis. Wenn etwas Wahrgenommenes erneut erscheint, erkennt er es wieder. Der Säugling verfügt also über die Fähigkeit der Rekognition: über ein „Wiedererkennungsgedächtnis". Im ersten Lebensjahr ist das „evokative Gedächtnis" jedoch noch nicht entfaltet. Der Säugling in dieser Zeit ist nicht in der Lage, sich etwas Bekanntes aber Abwesendes (die Mutter oder ein Spielgegenstand) vorzustellen: „Er kann das Abwesende nicht herbeihalluzinieren. Erst *nach* dem Erwerb der Symbolfunktion - mit ca. 12 bis 18 Monaten - ist das möglich. Vorher ist das Denken kleiner Kinder nicht wie das der Erwachsenen oder älterer Kinder, die über das Abwesende nachdenken können, indem sie es symbolisch repräsentieren und dann die Symbole und Phantasien im Sinne ihrer Wünsche und Ängste verändern. Mentale Inhalte können intrapsychisch erst manipuliert werden, wenn sie symbolisch encodiert sind."[7]

Die Entwicklung der Fähigkeit, mentale Welten zu konstruieren, verläuft in mehreren Schritten:

1. Im ersten Lebensjahr entwickelt sich die Fähigkeit des Kindes, vorhandene Lebewesen oder Ereignisse durch seine Körperbewegungen nachzubilden. So kann ein kleines Kind beispielweise die Bewegungen von Haustieren mit Körperbewegungen nachahmen.

2. Etwa zu Beginn des zweiten Lebensjahres erlangen Kleinkinder die Fähigkeit, Ereignisse nachzuahmen, auch wenn sie aktuell nicht vorhanden sind.

3. Die Nachahmungstätigkeiten des Kindes vermindern sich zunehmend. Sie werden kürzer und rudimentärer. Nach einiger Zeit finden die Bewe-

---

7 Dornes, Martin: Wahrnehmen, Fühlen, Phantasieren. Zur psychoanalytischen Entwicklungspsychologie der ersten Lebensjahre; in: Koch, Gertrud (Hrsg.): Auge und Affekt. Wahrnehmung und Interaktion, Fischer Verlag, Frankfurt 1995, S. 25.

gungen, die die Vorstellungen hervorrufen sollen, nur mehr im Geiste statt.

4. Unabhängig von Bewegungsvorstellungen können sich Kinder einen abwesenden Gegenstand bildhaft vorstellen, wenn sie durch andere im Wahrnehmungsfeld real vorhandene Gegenstände daran erinnert werden. Ein Kleidungsstück der Mutter beispielsweise ist ein „Hinweisreiz" für das Kind, sich seine Mutter vorzustellen.

5. Im Alter von etwa 18 Monaten gelingt es den Kindern, sich Objekte auch ohne Hinweisreize vorzustellen. So kann sich das Kind jetzt die abwesende Mutter vorstellen, und dieses Vorstellungsbild kann dann zum Ersatz für die reale Abwesenheit werden.

6. Die Vorstellung umfasst nun mehrere Bilder. Es gelingt den Kindern, diese Bilder zu Sequenzen zu verknüpfen.

7. Das Kind erlangt die Fähigkeit, seine Vorstellungsbilder zu verändern und sie aus dem Zusammenhang, in dem sie ursprünglich aufgetaucht sind, herauszulösen und in einen neuen Kontext einzugliedern.

8. Schließlich gelingt es dem Kind, die Vorstellungen in einer Weise zu verändern, die durch keine eigene Erfahrung gedeckt sind. Indem das Kind zu phantasieren lernt, kann es in seiner mentalen Welt Möglichkeiten außerhalb der real erfahrenen Welt entwickeln. Es besitzt eine Vorstellung davon.

Was sind nun diese „Vorstellungen", die das unverzichtbare „Rohmaterial" für mentale Welten abgeben? Es sind spezielle Gedächtnisleistungen, die durch Anschaulichkeit charakterisiert sind. Dabei kann es sich um die im Bewusstsein ablaufende Repräsentation früher wahrgenommener Gegenstände oder Vorgänge sein. So kann ich mir ein Möbelstück in meinem Büro vorstellen oder mir ein Gespräch mit einem Freund in Erinnerung rufen. Ich kann mir auch einen Gegenstand genau ansehen, dann die Augen schließen und versuchen, ihn mir in allen Einzelheiten vorzustellen. Die Menschen besitzen jedoch auch die Fähigkeit, mit ihrer Vorstellungskraft Bestandteile aus früheren Wahrnehmungen zu etwas Neuem zu kombinieren. Die Vorstellungsfragmente werden zu „Spielmaterial", um in der mentalen Welt entlang den Wünschen der Menschen in Tagträume, innere Dialoge oder Problemlösungsprozesse einzufließen. Dieses Vermögen der Menschen nennen wir „Phantasie".

Was aber ist Phantasie in der mentalen Welt? Zunächst lässt sich Phantasie als eine grundlegende Kompetenz des Menschen beschreiben, die Gegebenheiten der realen Welt nach eigenen Wünschen und Bedürfnissen zu verändern. Diese Phantasietätigkeit kann sich auf das Tun in der realen Welt beziehen (z.B. einen Tisch phantasievoll decken oder sich phantasievoll anziehen), in einer Spielwelt seinen Ort finden (z.B. ein phantasievolles Rollenspiel entwickeln) oder aber in der mentalen Welt ungehemmt entfalten (Tagträume, Wunschphantasien, innere Dialoge). Damit sich Phantasie entwickeln und vom konkret Vorfindlichen ablösen kann, muss den Personen und Gegenständen ein Symbolgehalt zugewiesen werden: Das Stück Holz ist nicht nur ein Stück Holz, sondern (auch) ein Ozeandampfer, mit dem man über das Meer fahren und gefahrvolle Abenteuer erleben kann. Mit Hilfe dieser Imaginationskraft schafft sich der Mensch seine „Spielgegenstände" für seine Spielwelten. In gleicher Weise gelangt er auch zu den „mentalen Spielgegenständen", also den Symbolen, mit denen er in Gedanken spielt, die er zu Szenen kombiniert und zu Geschichten ausfabuliert. Dabei kann es sich sowohl um Phantasiegestalten handeln wie um real existierende Menschen, die man in einem phantasievollen Verwandlungsprozess unterwirft: Der strenge Mathelehrer „verwandelt" sich in der mentalen Welt in einen kleinen Hund, der folgsam an der Leine geht.

Unter dem Aspekt der Phantasie berühren sich mentale Welt und Spielwelt. Beide Welten sind Möglichkeitsräume, die durch die „Flügel der Phantasie" aufgespannt werden und den Menschen Aufenthalte bieten, sich von den Beschwernissen der realen Welt auszuruhen und auf neue Gedanken zu kommen. In diesen Räumen können die Menschen mit den Spielobjekten und Ereignissen uneingeschränkt umgehen und sie den eigenen Bedürfnissen und Wünschen anpassen. In der Phantasietätigkeit sind sie an eigene Erfahrungen nicht unmittelbar gebunden. Vielmehr lassen sich auch vage Vorstellungen und Anmutungen in der Spielwelt wie in der mentalen Welt verwenden, um spielerische Prozesse in Gang zu setzen. Auch die Abfolge der Spielprozesse (in der Spielwelt wie in der mentalen Welt) ist nicht festgelegt. Ihr besonderer Reiz liegt gerade darin, dass immer wieder neue Einfälle und Handlungswechsel in den Prozess einbezogen werden können.

8.3. Landkarte der mentalen Welt

Nachdem wir uns etwas in der mentalen Welt umgeschaut und die Faktoren kennen gelernt haben, die für diese Welt bestimmend sind, wollen wir uns nun ansehen, in welchen Ausprägungsformen wir Zugang zu dieser Welt gewinnen können. Um dies etwas anschaulicher zu gestalten, verwenden wir zur Orientierung eine „Landkarte der mentalen Welt". Die Areale der mentalen Welt können wir zunächst danach bestimmen, wie deutlich ihr Bezug zur realen Welt ist bzw. wie stark unser „Kino im Kopf" von realen Bezügen losgelöst erscheint. Wenn wir uns mental darauf einstellen, ein in Kürze stattfindendes Gespräch im Kopf „durchzuspielen", hat dies einen deutlicheren Bezug zur realen Welt als unser Tagtraum, der sich damit beschäftigt, sich in einen Spielfilm „hinein zu träumen", die Szenen im Kopf noch einmal geschehen zu lassen und emotional befriedigende Alternativen mental zu durchleben. In der waagerechten Achse dieser können wir die „Ortsbestimmung" danach vornehmen, in welchem Ausmaß die Gedankenspielereien eine zusammenhängende Geschichte ergeben oder nur kurze unzusammenhängende Sequenzen sind. Um dazu wieder Beispiele zu bringen: Einen kurzen inneren Dialog, um sich auf eine bevorstehende Verkaufsverhandlung mental einzustellen, wird man eher auf der linken Seite des Koordinatensystems anordnen. Ein langer Tagtraum, der in allen Einzelheiten ein spannendes Abenteuer mit vielfältigen Verwicklungen ausmalt, befindet sich auf der Landkarte auf der rechten Seite.

Abbildung 11:

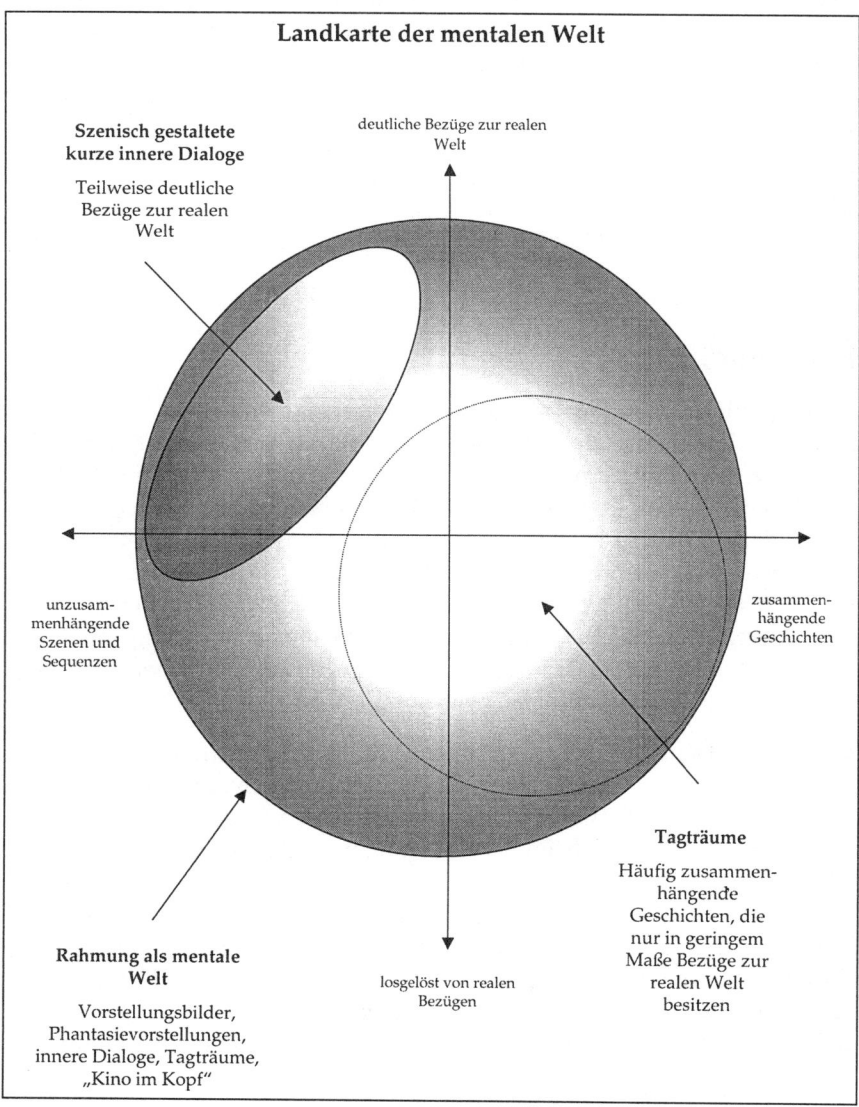

Landkarte der mentalen Welt

Szenisch gestaltete kurze innere Dialoge
Teilweise deutliche Bezüge zur realen Welt

deutliche Bezüge zur realen Welt

unzusammenhängende Szenen und Sequenzen

zusammenhängende Geschichten

Rahmung als mentale Welt
Vorstellungsbilder, Phantasievorstellungen, innere Dialoge, Tagträume, „Kino im Kopf"

losgelöst von realen Bezügen

Tagträume
Häufig zusammenhängende Geschichten, die nur in geringem Maße Bezüge zur realen Welt besitzen

175

Welchen Nutzen bietet diese „Landkarte"? Wir können uns in unserer mentalen Welt besser zurecht finden. Wir können unsere wesentlichen Aktivitäten in der mentalen Welt dort eintragen und uns bewusst darüber werden, womit wir uns mit welcher Intensität in der mentalen Welt beschäftigen. Die „Landkarten" bieten gute Anhaltspunkte, sich mit uns nahe stehenden Menschen über die Inhalte der mentalen Welt auszutauschen und zu erörtern, welchen Stellenwert die einzelnen Areale für uns haben: Wie wir sie „eingerichtet" haben, wie sie sich entfalteten, wann und zu welchen Gelegenheiten sie zum „Leben" erweckt werden und welchen Nutzen sie für uns haben. Die „Landkarten" sind also eine gute Möglichkeit, miteinander ins Gespräch zu kommen, Gedanken und Gefühle auszutauschen, andere an unserer mentalen Welt Anteil nehmen zu lassen und sie in phantasievoller Weise spielerisch fort zu spinnen.

Wie die Abbildung zeigt, nehmen die Tagträume den größten Raum in unserer Landkarte ein. Und vermutlich sind sie es, denen wir die meiste Zeit und die größte Intensität zukommen lassen, wenn wir uns in der mentalen Welt aufhalten.

8.4. Tagträume

Schauen wir uns nun die Tagträume etwas genauer an.[8] Das kognitive System des Menschen gleicht einem Funkenflug an Gedanken, Sinneswahrnehmungen, Gefühlsempfindungen, Vorstellungen, Denkoperationen. Manche dieser Funken blitzen nur kurz auf, um gleich darauf wieder zu verlöschen, andere dauern länger und fesseln den Menschen, bringen ihn dazu, den Bewusstseinsstrom darauf zu konzentrieren. So kommt es durchaus vor, dass sich Menschen ganz ihrem „inneren Sehen" überlassen und vor ihrem inneren Auge Bilder, Handlungen, Geschichten entstehen lassen. Diese sind im Moment so attraktiv, dass sie sich gegen die sinnlichen Eindrücke aus der realen Welt durchsetzen können und so zu einem Tagtraum werden.

Was ist ein Tagtraum? Es ist ein intensives, länger dauerndes Phantasieren in Bildern, Szenen, Geschichten. „Gegenüber den Erinnerungssplittern und kurzen phantasierten Bildern, die in unserem Bewusstsein auf- und rasch wieder untertauchen, ziehen wir uns tagträumend über längere Strecken aus der gelebten Umwelt zurück, ein Rückzug der zwar auch willentlich ausgelöst werden kann, sich aber jedenfalls nicht darauf richtet, Ziele in der Außenwelt zu erreichen. Im Augenblick der Imagination verfolgt der Wachträumer nur die Absicht, sich selbst zu stimulieren. (...) Das anhaltende Ausscheren aus dem äußeren Wahrnehmungsstrom, die Konzentration auf wenige, das ganze Bewusstsein besetzende Vorstellungen, erlaubt dem

---

8 Wir stützen uns hierbei insbesondere auf die Arbeiten von Merkel, Johannes: Spielen, Erzählen, Phantasieren. Die Sprache der inneren Welt, Kunstmann Verlag, München 2000.

Tagträumer, eine eindeutige Gefühlslage zu erzeugen, wie sie im sozialen Erleben, das fast immer von widerstreitenden Gefühlen begleitet ist, nur in seltenen Sternstunden erreichbar scheint."[9]

Neben den Merkmalen: Loslösung von realen Bezügen, emotionale Selbststimulierung, Ausblendung sinnlicher Wahrnehmung und Konzentration auf die mentale Welt ist bemerkenswert, dass der Tagträumer „die Vorstellungsbilder zu zusammenhängenden szenischen Handlungen verknüpft, ohne die sie in Einzelbilder zerfallen und die wachgerufenen Gefühle von dazwischentretenden Vorstellungen oder Eindrücken zerrissen würden."[10] Es entsteht ein „Kino im Kopf": ein sich entfaltendes Areal in der mentalen Welt des Menschen, das so attraktiv ist, das der Mensch motiviert ist, die Aufmerksamkeit immer mehr von der realen Welt abzuziehen und auf die Ausgestaltung und Ausfaltung der mentalen Welt zu richten. Diese mentale Aktivität hat große Ähnlichkeit mit einem Spielprozess - nur dass sich bei einem Tagtraum das gesamte Geschehen im Kopf abspielt. Möglich ist jedoch, und nicht nur bei Kindern beobachtbar, dass Tagträume einem Partner erzählt werden, der Elemente seiner Phantasie in die Tagtraumerzählung einwebt und so dazu beiträgt, dass eine gemeinsame Tagtraumgeschichte erzählend entsteht.

In ähnlicher Weise bereiten Kinder durch gemeinsames Phantasieren und Erzählen einen gemeinsamen Spielprozess vor. Jüngere Kinder benötigen dazu Spielgegenstände, die sie als materielle Stütze nutzen, damit der Strom ihrer Einfälle und Phantasien nicht abreißt. Sie sind noch nicht in der Lage, Tagträume ohne einen Spielprozess zu entwickeln. Die Einfälle, Bilder und Szenen sind bei diesen Kindern noch zu flüchtig. Die Fähigkeit, in der mentalen Welt daraus Geschichten zu bilden und fortwährend zu entfalten, ist noch nicht hinreichend entwickelt. Vielmehr müssen die Kinder, um die Kontinuität ihrer Phantasien zu sichern, diese in einen Spielprozess mit Spielgegenständen (und Spielpartnern) einbinden. Mit dem Ende des Spielprozesses bricht auch der Strom der Phantasien ab, den die Spielenden sowohl erzeugen und entfalten als auch betrachten und sich in ihm wieder finden.

Mit wachsender Fähigkeit, Spielprozesse zu gestalten und darin Wünsche, Vorstellungen und Eindrücke einzubinden, gewinnt das Kind an relativer Unabhängigkeit von seiner Spielwelt. Ab etwa sechs Jahren sind Kinder in der Lage, mit ihren Vorstellungen, Bildern und Schemata in der mentalen Welt spielerisch umzugehen. Sie benötigen die Spielwelt nicht mehr zwingend, um ihren Phantasien Gestalt zu verleihen und sie in Geschichten einzubinden. Die Phantasietätigkeit in der mentalen Welt, die sich in Tagträu-

---

9 Merkel, Johannes: Spielen, Erzählen, Phantasieren. Die Sprache der inneren Welt, Kunstmann Verlag, München 2000, S. 276.
10 Merkel, Johannes: Spielen, Erzählen, Phantasieren. Die Sprache der inneren Welt, Kunstmann Verlag, München 2000, S. 276.

men kondensiert, wird zu einem nach „innen" verlegten Spielprozess, der sich in Erzählungen des Kindes artikulieren kann. „Statt des rollenspielartigen Ausagierens werden die Handlungen versprachlicht, die spielerische Wiedergabe wird durch formalisierte, zeichenhafte Gesten ersetzt. Gleichzeitig wächst die Steuerung durch die inneren Vorstellungsbilder, die nun auch einer festen Struktur gehorchen und darüber die sprachlichen und gestischen Zeichen zu organisieren vermögen."[11]

Tagträume stehen mit der Erzählfähigkeit in einem engen Zusammenhang. Erst über die wachsende Fähigkeit, Phantasien in Erzählbares einzubinden, gewinnt das Kind die Kompetenz, sich mit seinen Tagträumen selbst zu unterhalten und sich damit seinen Wunsch nach emotionalen Gratifikationen zu erfüllen. Ausgedehnte Tagträume setzen sowohl einen „Phantasieproduzenten" als auch einen „inneren Erzähler und Regisseur" voraus, die Hand in Hand Bilder und Monologe zu einem Handlungsfaden verspinnen, dem ein anderer Teil des Menschen mit emotionaler Beteiligung folgt. Der Tagträumer ist also sowohl Produzent von Bildern und Szenen, Erzähler und Arrangeur des Traummaterials als auch Zuhörer und Zuschauer des sich vor seinem „inneren Auge" abspielenden Geschehens. Der Tagträumer spielt mal diese, mal jene Rolle. Als Zuhörer und Zuschauer lehnt er sich zurück und wartet ab, wie sich sein Tagtraum entwickelt. Als Regisseur und Arrangeur greift er in das Geschehen sein, verändert die Geschichte und greift die Szenen heraus, die umzuarbeiten sind. In entspannten Augenblicken steigen Bilder und Szenen aus dem Unbewussten auf, ohne dass der Tagträumer willentlich darauf zurückgegriffen hätte. Er überlässt sich vielmehr dem vor seinem „inneren Auge" ablaufenden Geschehen und segelt mit, ohne zu wissen und ohne zu wollen, wohin die Reise gehen könnte. „Zunächst mag der Träumer nur als Passagier mitsegeln, doch er kann jederzeit das Steuer übernehmen, die Fahrt in die Richtung lenken, die ihm behagt, sie unterbrechen oder gar einstellen. Die bewegliche Lenkbarkeit, die das jeweils gewünschte Ergebnis anzusteuern erlaubt, ohne auf die Widrigkeiten der Außenwelt Rücksicht nehmen zu müssen, macht die attraktive Leichtigkeit dieser Bewusstseinstätigkeit aus."[12]

Was sind die Themen, zu denen Tagträume gesponnen werden? Bei Jugendlichen, die in der Pubertät sich selbst finden (erfinden?) müssen, treten besonders hervor: die Ablösung vom Elternhaus, die beginnende Sexualität, die Erarbeitung eines befriedigenden Selbstbildes und das Vorausträumen in die eigene Zukunft.[13] Dabei träumen sie sich „in die Rolle des erfolgreichen Helden, der sein Schicksal meistert, die Widersacher besiegt und die

---

11 Merkel, Johannes: Spielen, Erzählen, Phantasieren. Die Sprache der inneren Welt, Kunstmann Verlag, München 2000, S. 280.
12 Merkel, Johannes: Spielen, Erzählen, Phantasieren. Die Sprache der inneren Welt, Kunstmann Verlag, München 2000, S. 282.
13 Vgl. Merkel, Johannes: Spielen, Erzählen, Phantasieren. Die Sprache der inneren Welt, Kunstmann Verlag, München 2000, S. 288ff.

Traumfrau erringt, oder in die unwiderstehliche Prinzessin hinein, malen sich Traumschlösser und unbegrenzten Reichtum aus, begegnen im Traumurlaub unter Palmen und bei untergehender Sonne dem Mann des Lebens." Mit Hilfe dieser trivial anmutenden Inhalte versuchen Jugendliche, ihre Lebensperspektiven auszuloten, ihre Fähigkeiten und Möglichkeiten in der mentalen Welt auf den Prüfstand zu stellen, sich von der Umwelt ein Stück weit abzusetzen und Vorstellungen von einem eigenen, selbst gestalteten Leben zu entwickeln. Spielfilme und Fernsehserien bieten reichlich „Füllmaterial" für ihre Tagträume: für Beziehungsromane wie für heldenhafte Bewährungssituationen. Das Musikhören begünstigt die Voraussetzungen für die Entfaltung der mentalen Welt. Die Stimulierung der Gefühle durch selbst gewählte Musikstile entspannt und unterstützt das Entwickeln von inneren Bildern und Wunschphantasien.

Gleichwohl gibt es Grenzen in der emotionalen Befriedigungsmöglichkeit durch Tagträume. Kinder und Jugendliche wollen Tagträume „leben", ohne dabei die Grenze zur realen Welt überschreiten zu müssen. Ihre Tagträume sollen sich quasi objektivieren, visuell und akustisch fassbar werden, ohne dabei reale Welt (mit allen Problematiken) zu sein. Diese Wünsche erfüllen die virtuellen Spielwelten, die in Gestalt von Computerspielen Wunschwelten nach Wahl zur Verfügung stellen. Die Kinder und Jugendlichen können darin Abenteuer erleben, Bewährungsproben bestehen, Macht und Kontrolle ausüben, ihre eigene Welt entfalten und gegen Feinde verteidigen und damit symbolisch das realisieren, was ihre Lebensaufgabe ist: sich selbst zu finden. Die virtuelle Spielwelt erhält so die Funktion einer „Rematerialisierung" von Tagträumen: Der Spieler kann seine Tagräume auf dem Bildschirm inszenieren und auf seine Entfaltung Einfluss nehmen. Doch davon an anderer Stelle mehr. (Kapitel 10).

8.5. Mediales als Objektivation des Mentalen

Die mentale Welt ist „flüchtig" und frei disponibel. In der realen Welt gibt es ein dinghaftes Gegenüber, auf das man sich beziehen kann. Diese Objekte fehlen der mentalen Welt. Um gleichwohl Festigkeit und Verbindlichkeit im Mentalen zu erreichen, mussten Menschen „Objektivationen" ihrer mentalen Welt schaffen, also Gegenstände, die vom rein Subjektivem abgelöst sind und so als „Hinweisreize" für „vergesellschaftet" Vorstellungen verwendet werden können. Von den ersten Höhlenzeichnungen der Menschheit über Texte, Fotos, Filme bis hin zu ausgefeilten Computersimulationen spannt sich das Bemühen der Menschheit, die Vorstellungswelt objekthaft deutlich und intersubjektiv verständlich werden zu lassen. Die „Objektivation des Mentalen" ist der Versuch, die Menschen einer Gesellschaft auch im Mentalen einander anzugleichen und die Bedürfnisdispositionen an bestimmte „mentale Muster" zu binden - und zugleich auch den Möglichkeitsraum der mentalen Welt für die Unterschiedlichkeit der Menschen zu öffnen. So gesehen sind beispielsweise „Texte und Dokumente keine Bedeutungsspeicher, sondern Anlässe für subjektgebundene semantische Operationen, für Nachdenken und Erinnern. Sie bieten Anlässe, Wahrnehmungen und Erfahrungen zu objektivieren und weitere Wahrnehmungen und Erfahrungen daran anzuschließen."[14]

Das Menschheitsprojekt der „Objektivation des Mentalen" hat sich in einer Weise ausgefaltet, dass wir vielfach geneigt sind, diesen Objektivationen den Status einer „zweiten Wirklichkeit" einzuräumen. Die Objektivationen bilden keine „Scheinwelt". Sie entfalten Wirkkräfte bis tief hinein in die reale Welt - nicht nur für Politiker, für die die „Fernsehwirklichkeit" wirklich ist, weil sie wirkt und in ihrem Wirken die Wirksamkeit der realen Welt überbietet, ja partiell aufhebt. Politiker haben gelernt, ihr Handeln so zu „inszenieren, wie es die Medien sehen wollen, damit es nach ihren eigenen Funktionsgesetzen wirksam werden kann. Und die Medien können dann, wenn das Geschehen ihnen so angeliefert wird, wie es allein die Chance hat, von ihnen bildlich aufgenommen zu werden, darauf verweisen, dass sie nichts anderes tun, als Realitäten zu berichten und darzustellen. Die Mediengesetze und das Darstellungsinteresse der Politik verwachsen so zu einem kaum noch zu unterscheidenden Syndrom."[15]

Mit der Entwicklung von Objektivationen des Mentalen ist das Problem entstanden, in welchem Verhältnis diese Objektivationen zur realen Welt stehen. Im Laufe der Menschheitsentwicklung haben sich unterschiedliche Sichtweisen herausgebildet, wie die Objektivationen mit der realen Welt verknüpft sind.[16] Die Objektivationen des Mentalen gehören, je nach Betrachtungsweise, verschiedenen Welten an. Von ihrem Ursprung her müsste man sie der mentalen Welt zuordnen. Davon haben sie sich jedoch im Laufe ihrer Entwicklung deutlich losgelöst. Von ihrer „materialen Gestalt" sind die Objektivationen zweifellos auch Teil der realen Welt, in der sie erzeugt werden und auf die sie zurückwirken. Sie ausschließlich als reale Welt zu „rahmen" würde ihrer Bedeutung und Funktion nicht gerecht werden. Angemessen ist es vielmehr, sie als wesentliche Bestandteile eigener, durch sie erst konstituierter Welten anzusehen, also als Elemente der medialen Welt und der virtuellen Welt. Die nachfolgend kurz erörterten unterschiedlichen Sichtweisen bei der Verknüpfung zwischen realer Welt und Objektivatio-

---

14 Schmidt, Siegfried J.: Gedächtnisforschungen: Positionen, Probleme, Perspektiven; in: Schmidt, Siegfried J. (Hrsg.): Gedächtnis, Suhrkamp Verlag, Frankfurt 1991, S. 49.

15 Meyer, Thomas: Herausforderungen und Perspektiven einer visuellen Kultur; in: Baacke, Dieter und Röll, Franz Josef (Hrsg.): Weltbilder, Wahrnehmung, Wirklichkeit, Verlag Leske + Budrich, Opladen 1995, S. 65.

16 Vorstellungen hierzu sind entwickelt worden von Doelker, Christian: Kulturtechnik Fernsehen. Analyse eines Mediums, Verlag Klett Cotta, Stuttgart 1991, S. 38 ff. Für die nachfolgenden Erörterungen nehme ich darauf bezug.

nen lassen erkennen, in welchen Schritten die mediale und virtuelle Welt aus der realen Welt „herausgewachsen" ist.

1. Die *magische* Sichtweise

Auf dieser Stufe besteht eine Identität von realer Welt und Objektivationen. Tierdarstellungen in eiszeitlichen Höhlen verweisen nicht nur auf Objekte in der realen Welt, sondern sind „wie" diese Objekte. Diese Objektivationen schaffen nicht nur „Hinweisreize" auf wichtige Objekte der realen Welt, sondern sie sind zugleich auch ein magischer Versuch, Einfluss auf diese Objekte außerhalb der realen Welt zu nehmen. Bildnisse von Gottheiten haben eine ähnliche Funktion wie diese Tierdarstellungen. Indem die Vorstellungswelt zum magischen Objekt wird, soll Mentales innerhalb einer menschlichen Gemeinschaft vereinheitlicht und beherrschbar werden. Die Vernichtung solcher magischen Objekte kommt dann der Austilgung der dahinter stehenden (religiösen) Vorstellungswelt gleich. Von daher ist das Gebot: „Du sollst dir keine Götter machen" recht umsichtig gedacht. Ein Relikt der magischen Sichtweise ist der Sturz von Herrscherstandbildern bei Machtwechseln. Mit der Demontage dieser Denkmäler wird nicht nur ein „Hinweisreiz" zerstört, sondern zugleich in magischer Weise die Vernichtung des Regimes vollzogen.

2. Die *symbolische* Sichtweise

Hier ist der Loslösungsprozess der Objektivationen von der realen Welt ein Stück weit erfolgt. Zwischen der realen Welt und den Objektivationen besteht zwar nun keine substantielle Einheit mehr, wohl aber hat die Objektivation Anteil an der Wirkkraft des Realen. Diese Wendung vollzog sich im Rahmen des „byzantinischen Bilderstreits" des 8. und 9. Jahrhunderts und bezog sich auf Heiligenbilder u. Ä.. Die Objektivation wird zu einem Symbol, das über seine reale Erscheinungsform hinausdeutet und, weil es Spuren des Symbolisierten in sich trägt, Anteil hat an dessen Wirkkraft. Die wesentliche Funktion dieser Objektivation ist hier die Vereinheitlichung von Vorstellungen über „symbolträchtige" Hinweisreize. Die symbolische Sichtweise bestimmt heute beispielsweise über weite Strecken die Medienwirkungsdiskussion, insbesondere zu problematischen Inhalten wie „Sex" und „Gewalt". „Mediale Gewalt" wird zwar mit realer Gewalt nicht gleichgesetzt, wohl aber wird angenommen, dass die in Filmen dargestellte Gewalt eine Wirkkraft entfaltet, die der von realer Gewalt nicht unähnlich ist.

3. Die *imitativ-dokumentarische* Sichtweise

Sie stellt im Grunde eine „säkularisierte" Form der symbolischen Sichtweise dar. „Getreulich nach der Wirklichkeit" nachgebildete Objektivationen des Mentalen fixieren die gesellschaftlich festgelegten Wahrnehmungen der realen Welt. Indem Menschen über Schrift-, Bild- und Tondokumente, über Tatsachenberichte, Chroniken, Zeitungsmeldungen und Nachrichtensendungen Informationen über die reale Welt konstruieren, schaffen sie Nachbildungen von Elementen der realen Welt. Der zentrale Kern dieser Objektivationen ist die Behauptung, dass ein Zusammenhang zwischen den Medieninhalten und den Begebenheiten in der realen Welt besteht: „Es hat sich wirklich so zugetragen!" Die imitativ-dokumentarische Sichtweise „beglaubigt" Geschehnisse in der realen Welt: Die reale Welt wird in der medialen verbürgt. Indem der Mensch an den Inhalten Anteil nimmt, nimmt er einen Teil der realen Welt in sich auf und hat (zu einem geringen Teil) Anteil an den Wirkkräften, die über das Medium wirksam sind. Er kann das, weil das Mediale ins eigene Mentale „rückübersetzt" wird. Anhand eines „anschaulichen" Tatsachenberichts kann man sich beispielsweise das Grauen bei einem großen Brand gut vorstellen und Anteil nehmen. Die vor Jahren geführten Diskussionen um eine „objektive Berichterstattung" in den Medien drücken im Grunde die Gültigkeit und allgemeine Verbindlichkeit einer imitativ-dokumentarischen Sichtweise im damaligen Verständnis der Medien aus.

4. Die *metaphorisch-fiktionale* Sichtweise

Die Verknüpfung zwischen der realen Welt und den Objektivationen sind bei dieser Sichtweise relativ locker und unverbindlich. In Romanen und Spielfilmen, beim Theater und im Rollenspiel ist eine Sichtweise angemessen, diese medialen Welten und die reale Welt als etwas Verschiedenes anzusehen. Die mediale Welt ist kein Spiegelbild des Realen, sondern ein Angebot, sich darin mit eigenen Vorstellungen, Wünschen, Gefühle, Erinnerungen wieder zu finden. Man nimmt Anteil, weil man Anteile von sich selbst darin erblickt. Dieser individuelle Selbstbezug setzt voraus, dass die Objektivationen ein Mindestmaß an Konsensuellem und Realem besitzen müssen, denn sonst wären sie nicht verständlich. So „abgedreht" eine „Familienserie" im Fernsehen auch sein mag, so besitzt sie doch Handlungsformen und Interaktionsmuster, die den Zuschauern bekannt sind, die sie gefühlsmäßig „besetzen" und mit ihrer Vorstellungswelt in Verbindung bringen können. Begebenheiten, Handlungsfolgen, Szenen, Figuren werden so zu „Bausteinen" für die Strukturierung der eigenen mentalen und vielleicht auch der realen Welt.

5. Die *virtuelle* Sichtweise

Die letzte Stufe in der Ausgliederung der Objektivationen des Mentalen aus der realen Welt ist dann vollzogen, wenn die Welten als deutlich voneinander getrennt erlebt werden, in sich abgeschlossen und für sich „lebendig" erscheinen. Bei Computer- und Videospielen (aber auch bei „Spielformen" am Fernsehgerät: vom „Switching" bis zum „Zapping") ist eine virtuelle Sichtweise angemessen. Ich befinde mich handelnd in einer anderen Welt, in der andere „Gesetze" herrschen als in der realen Welt und in der mein „Überleben" von speziellen Handlungsweisen abhängig ist. Wir kommen in Kapitel 10 noch ausführlich auf die virtuelle Welt zurück.

Was befähigt den Menschen, Objektivationen seiner mentalen Welt so zu entwickeln, dass andere Menschen daran Anteil nehmen und sie zu ihrer eigenen mentalen Welt in Beziehung setzen können? Die Dichterin Luise Rinser gibt auf diese Frage die folgende Antwort: „Ich erlebte, dass ich dichtend Wirklichkeiten erschaffen konnte, da heißt, dass ich aus Elementen erfahrener Außenwirklichkeit eine andere Wirklichkeit aufbauen kann, die nicht nur von mir, sondern auch von meinen Lesern als echte Wirklichkeit erlebt wird, weil sie sie als ihre eigene Innenwirklichkeit wieder erkennen. (...) Die Dinge der Außenwirklichkeit werden erst dann wirklich, wenn sie gesehen, erkannt, geliebt, zum du werden. (...) Es ist unsere Menschenpflicht, möglichst viel Außenwirklichkeit zu unserer Innenwirklichkeit zu machen. Die Größe eines Menschen liegt darin, dass er seine Ich-Grenzen immer weiter ausdehnt, um immer mehr Welt in sich aufnehmen zu können."[17]

Bei kritischer Untersuchung massenmedialer Produkte, die von ihrem Ursprung auch Objektivationen der mentalen Welt sind, muss man zu anderen Antworten kommen. Die Anteilnahme an Nachrichten, um einen Aspekt der medialen Welt herauszugreifen, wird durch spezifische „Selektoren" erzeugt. Diese sind z.B. Überraschung, Neuigkeit, Konflikte, lokale Bezüge, Normverstöße oder besondere Quantitäten.[18] Bei der Rezeption der Massenmedien wird das Unerwartete erwartet. Dies ist der Anlass für Aufmerksamkeit und Anteilnahme. Denn nur das Neue und Überraschende, das Ungewöhnliche und Beeindruckende kann genossen werden und nur ihm misst man einen „Informationswert" zu. Wir kommen darauf nächsten Kapitel, im Abschnitt 9.5. darauf zurück.

---

17 Rinser, Luise: Von außen nach innen; in: Was ist Wirklichkeit. Vom Vergnügen, die Welt zu erkennen, Edition Weitbrecht, Stuttgart 1983, 127f.
18 Vgl. Luhmann, Niklas: Die Realität der Massenmedien, Westdeutscher Verlag, Opladen 1996, S. 58 ff.

9. Wie mediale Welten die Spielwelten beeinflussen

9.1. Symbole, Medien, Medienwelten

Ziel dieses Kapitels ist es, genauer zu untersuchen, was es mit den medialen Welten auf sich hat, wie sie mit den anderen Arealen der Lebenswelt verwoben sind, welche Bedeutung sie insgesamt haben und welchen Einfluss sie auf die Spielwelten von Kindern haben können. Bei diesen Untersuchungen bewegen wir uns auf den Schnittlinien zwischen der medialen Welt einerseits und der realen Welt, der mentalen Welt und den Spielwelten andererseits. Die Wanderung durch die „Grenzprovinzen" der verschiedenen Areale der Lebenswelt öffnet uns den Blick für Austauschprozesse und Verwebungen innerhalb der Lebenswelt des Menschen.

Zunächst wollen wir versuchen, den Begriff „Medien" vom Begriff „mediale Welten" abzugrenzen. Die *Wirklichkeit* ist den Menschen nicht direkt und unmittelbar zugänglich. Diese *Wirklichkeit* muss vielmehr konstruiert werden, damit sie dem Menschen verständlich und zugänglich ist. Die „Bausteine", mit deren Hilfe diese Konstruktionsleistung möglich wird, sind die vom Menschen geschaffene Symbole (Sprache, Schrift, Bildsymbole). Das sozial und kulturell erzeugte Symbolsystem tritt in Form von Schemata als ein „Vermittelndes" zwischen das kognitive System des Menschen und seine Umwelt. Insofern kann man den Menschen (auch) als ein mediales Wesen ansehen, das sich und seine Welt im Medium der Symbole konstruiert und konstituiert. Auf diesem Hintergrund versteht man unter

„Medien" Gruppen von Symbolsystemen, die den Austausch zwischen Menschen ermöglichen. Die Menschheit verfügt über eine Vielzahl miteinander verwobener Medien, die nach unterschiedlichen Gesichtspunkten geordnet und systematisiert werden können: Von Medien, die in unmittelbarer menschlicher Kommunikation „vermitteln" (gesprochene Sprache, Körpersprache) über singuläre visuelle Medien wie Bilder und Plastiken bis zu Massenmedien (Printmedien, Rundfunk, Film, Fernsehen).

Abbildung 12:

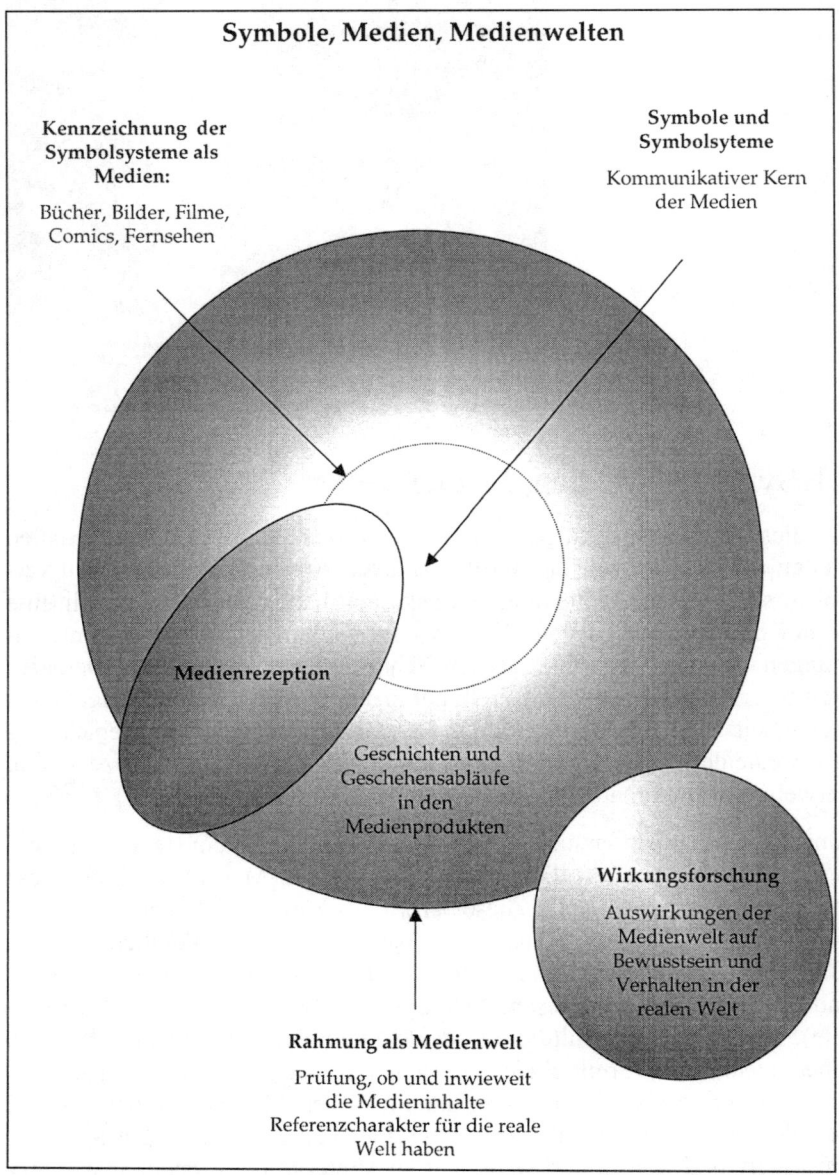

Symbole, Medien, Medienwelten

Kennzeichnung der Symbolsysteme als Medien:

Bücher, Bilder, Filme, Comics, Fernsehen

Symbole und Symbolsyteme

Kommunikativer Kern der Medien

Medienrezeption

Geschichten und Geschehensabläufe in den Medienprodukten

Wirkungsforschung

Auswirkungen der Medienwelt auf Bewusstsein und Verhalten in der realen Welt

Rahmung als Medienwelt

Prüfung, ob und inwieweit die Medieninhalte Referenzcharakter für die reale Welt haben

Was sind nun „mediale Welten"? Mediale Welten sind spezifische Sinnprovinzen in der Lebenswelt von Menschen, also in sich geschlossene und abgrenzbare Areale, die sich deutlich von anderen Arealen unterscheiden lassen. Ihre spezifische Eigenart besteht darin, dass die Medien durch ihre Symbolsysteme Geschehensabläufe und Geschichten erzeugen, die den Menschen als etwas Äußeres gegenüber treten und in denen sie sich wieder finden, zu denen sie Bezüge herstellen können. Beispiel: Der als Buch materialisierte Roman ist ein Medium, das eine mediale Welt entfalten kann, wenn ein Leser dieses Buch zur Hand nimmt und lesend in die Geschehensabläufe eintaucht. Oder um es pointiert zu sagen: Der Leser entfaltet für sich die mediale Welt, indem er die Inhalte eines Mediums nutzt.

Die Abbildung „Symbole, Medien, Medienwelten" verdeutlicht die verschiedenen Rahmungsebenen. Symbole und Symbolsysteme bilden den Kern der Medien. Medien haben die Möglichkeit, Geschehensabläufe und Geschichten zu erzeugen, die vom Rezipienten als Medienwelt gerahmt und von der realen Welt abgegrenzt werden. Spannend und weitgehend ungeklärt ist die Frage, ob und wann diese „Narrationen" von den Rezipienten als Referenz für Sachverhalte der realen Welt angesehen werden und wodurch sie erkennen, dass es sich um Fiktionen handelt. Daran schließen sich Forschungsfragen nach dem Einfluss medialer Welten (*nicht* der Medien) auf das Weltverständnis der Rezipienten an.

9.2. Weltverständnis durch mediale Welten

Die Feststellung, dass mediale Welten zunehmend die Erfahrungswelt nicht nur von Kindern und Jugendlichen, sondern auch von Erwachsenen bestimmen[1], ist sicher zutreffend. Ebenso richtig ist, dass die durch eine Vielzahl von Medien (von Bildern, Büchern, Tonträgern bis zu Filmen und Fernsehen) ausgefaltete mediale Welt keine „Wirklichkeit aus zweiter Hand" ist, sondern eine Welt, die sich in enger Verwobenheit mit anderen Welten als Teil der Lebenswelt des Menschen konstituiert hat. Sie ist ebenso eine Konstruktion menschlicher Gehirntätigkeit wie die reale Welt. Die mediale Welt entfaltet Wirklichkeit, indem sie ein neues Ordnungsgefüge für spezifische Wahrnehmungsprozesse hervorbringt. Das Unbehagen an der medialen Welt mag vielleicht damit zu tun haben, dass angenommen wird, dass die Menschen immer mehr Aufmerksamkeit der medialen Welt schenken und dass das mediale Ordnungsgefüge die Wahrnehmungsprozesse in der realen Welt zunehmend bestimmt.

Dies hört sich dann so an: „Die Bilderwelt des Fernsehens bestimmt nicht nur mehr und mehr die Informationsgewohnheiten der Menschen, sie wird vielmehr in der Form ihrer unterhaltsamen, kontextlosen Bildlichkeit zum

---

1 Vgl. Baacke, Dieter und Röll, Franz Josef: Weltbilder, Wahrnehmung, Wirklichkeit, Verlag Leske + Budrich, Opladen 1995.

Paradigma zugleich der Wahrnehmung, des Verständnisses der Welt im Ganzen und des jeweils eigenen Selbstbildes. Visualität wird zum Charakter der sozialen Welt und gleichzeitig zum beherrschenden Medium ihrer Deutung. Die Sinneswahrnehmung der bildlichen Repräsentation wird zur Sinnwahrnehmung der Welt."[2]

Was sich an dieser, an Baudrillard angelehnten Auffassung entnehmen lässt, ist die Hypothese, dass Strukturen, die für die Wahrnehmung der medialen Welt angemessen wären, unkritisch auch auf die reale Welt angewendet werden. So pauschal wird man dieser Hypothese wohl nicht zustimmen können. Als zutreffend kann angenommen werden, dass Medien durch ihr Vorhandensein zwar Verhaltensänderungen und gesellschaftliche Veränderungen hervorrufen, dies jedoch im Rahmen eines Wechselwirkungsprozesse mit den bestehenden Strukturen der Gesellschaft und Wahrnehmungsmustern der Menschen tun. Bezogen auf unsere heutige Fernsehgesellschaft zeigen Untersuchungen immerhin, „dass Verhaltensweisen, die in der elektronischen Leitwelt eingeübt werden, zunehmend das Alltagsverhalten imprägnieren."[3]. Damit wird die Mediensozialisation, der Erwerb von Fähigkeiten im Umgang mit Medienangeboten, zu einem wesentlichen Aspekt der Sozialisation und damit zu einem Gegenstand wissenschaftlicher Untersuchungen.

Im Vordergrund der Untersuchungen zur Mediensozialisation steht die uns interessierende Frage, inwieweit die mediale Welt Einfluss hat auf die Wahrnehmungsprozesse und -strukturen von Menschen in Bezug auf die reale Welt. Oder um es als Frage zu formulieren: Wie wirkt das „Leben" in der medialen Welt auf unsere Sichtweise von der „realen Welt" ein? In der medienkritischen Diskussion der letzten Jahre geht es um drei Annahmen:[4]

1. Die Mediennutzung führt bei Kindern und Jugendlichen dazu, dass die Unterscheidung zwischen Tatsachen und Fiktionen nicht mehr sicher ausgebildet werden können.

2. Die Mediennutzung führt bei Jugendlichen zu einem verzerrten Bild der realen Welt.

---

2 Meyer, Thomas: Herausforderungen und Perspektiven einer visuellen Kultur; in: Baacke, Dieter und Röll, Franz Josef (Hrsg.): Weltbilder, Wahrnehmung, Wirklichkeit, Verlag Leske + Budrich, Opladen 1995, S. 53f.

3 Welsch, Wolfgang: Künstliche Paradiese? Betrachtungen zur Welt der elektronischen Medien - und zu anderen Welten; in: Baacke, Dieter und Röll, Franz Josef (Hrsg.): Weltbilder, Wahrnehmung, Wirklichkeit, Verlag Leske + Budrich, Opladen 1995, S. 85. Fraglich ist, ob wir tatsächlich von einer „eklektronischen Leitwelt" ausgehen dürfen. Der unmittelbare Kontakt zu Menschen und real vorhandenen Gegenständen dürfte trotz elektronischer Durchdringung unserer Lebenswelt der entscheidende Zugang zu unserem Wirklichkeitsverständnis geblieben sein.

4 Eine ausführliche Erörterung zu dieser Thematik findet sich in Schmidt, Siegfried J.: Kognitive Autonomie und soziale Orientierung, Suhrkamp Verlag, Frankfurt 1994, S. 267 ff.

3. Die Mediennutzung bewirkt, dass die Erfahrung der realen Welt entscheidend vermindert wird.

Medien verweisen in der Regel auf Aspekte der realen Welt. Die Vorstellungen von der realen Welt, sofern sie nicht auf eigene authentische Erfahrungen beruhen, werden entscheidend durch Medien aller Art geprägt: durch Bücher, Zeitungen, Bilder, Filme und Fernsehberichte. Über die eigenen Primärerfahrungen hinaus bieten die Medien eine so große Ausweitung der Informationsmöglichkeit und so entscheidende Einblicke in die Sichtweisen der realen Welt, dass berechtigt erscheint, zu sagen: „Was wir über unsere Gesellschaft, ja über die Welt, in der wie leben, wissen, wissen wir durch die Massenmedien. Das gilt nicht nur für unsere Kenntnis der Gesellschaft und der Geschichte, sondern auch für unsere Kenntnis der Natur."[5]

Die „Aufbereitung" der realen Welt in der medialen ist im Grunde das Bereitstellen neuer und anderer Sichtweisen von der realen Welt. Die extreme Nahaufnahme einer Blüte erschließt Möglichkeiten zur Konstruktion der realen Welt, die möglicherweise vorher nicht vorhanden waren. Gleichwohl bleibt die Fotografie Teil der medialen Welt und folgt den spezifischen ästhetischen Regeln und Begrenzungen dieser Welt - und kann daher auch nicht gleichgesetzt werden mit der Wahrnehmung einer Blüte in der realen Welt. Die Hervorbringungen der medialen Welt sind dadurch aber nicht „Verzerrungen der realen Welt", sondern sie sind, ordnet man sie der medialen Welt zu, „von einer anderen Welt". Sie sind in vielfältiger Weise mit der realen Welt verbunden und aus ihr hervorgegangen.

Auch mediale Welten, denen man den Charakter des Fiktionalen zuweist, sind mit der realen Welt verbunden. Ihr „Inventar" findet sich auch in der realen Welt wieder, und die Strukturen, Prozesse, Handlungsmuster, die sie vorführen, finden Gegenstücke in der realen Welt. Lediglich die „Kombination" dieser Elemente ist so, dass wir dazu „wahr" oder „ausgedacht" sagen, „objektiv" oder „verfälscht". Dabei ist es im Einzelfall nicht einfach, eine klare Trennungslinie zu ziehen. Was an der „Kriegsberichterstattung" im Fernsehen ist denn „wahr" und „objektiv", an welchen Stellen lässt sich eine „Verfälschung" nachweisen? Wo hat eine bestimmte „Absicht" die Kombination „objektivier" Daten gelenkt? Im Grunde ist der Anspruch, Medien mögen ein „objektives" Abbild der realen Welt liefern, überzogen. Die mediale Welt liefert allenfalls eine Vielzahl teilweise miteinander konkurrierender Angebote, Sichtweisen der realen Welt zu entwickeln, zu etablieren und zu festigen. Medienangebote sind „kulturell normierte *Anlässe* für subjektgebundene *Bedeutungskonstruktionen*."[6]

---

5 Luhmann, Niklas: Die Realität der Massenmedien, Westdeutscher Verlag, Opladen 1996, S. 9.
6 Schmidt, Siegfried J.: Von der Memoria zur Gedächtnispolitik: „Frankfurter Rundschau" vom 20.2.96, S. 7.

Das hängt auch mit der Rolle der „Medienmacher" zusammen. „Sie erzeugen unter den vielfältigen Bedingungen der Organisation Medienangebote, die sie als Kopplungsangebote für kognitive und kommunikative Systeme zur Verfügung stellen. In diese Produktion gehen ihre eigenen Wirklichkeitskonstruktionen als bestimmende Größen ein - ob sie nun dokumentarisch oder fiktional arbeiten. (...) Medienangebote lassen sich (daher) nicht als Abbilder von Wirklichkeit bestimmen, sondern als Angebote an kognitive und kommunikative Systeme, unter ihren jeweiligen Systembedingungen Wirklichkeitskonstruktionen in Gang zu setzen. Werden diese Angebote nicht genutzt, ‚transportieren' Medienangebote gar nichts. Werden sie genutzt, geschieht dies je systemspezifisch."[7] In diesem Nutzungsprozess transformieren und modellieren die Menschen die Medienangebote nach ihren Wünschen und Bedürfnissen und schaffen sich so „ihre" eigene mediale Welt. Dabei operieren sie mit ihrem Vorrat an erworbenen Schemata, die sie auf die Medienangebote anwenden und durch die Medienangebote modifizieren. „Die Aktivität des Publikums besteht vor allem auch darin, dass es selbst etwas einbringt, indem es die Medieninformationen strukturiert, modifiziert, verdichtet, kommentiert, Assoziationen erstellt und Schlussfolgerungen aus ihr zieht. Erst durch selektive Reduktion *und* aktive Transformation wird Medienwirklichkeit zur Wirklichkeit des Publikums."[8]

Das konkrete Verhalten in der medialen Welt sieht denn meist auch so aus, dass die Menschen die Informationsangebote der Medien in der Regel als „Gesprächsbeiträge" in einem medialen Meinungsbildungsprozess auffassen, die man durchaus selektiv kombinieren und interpretativ verändern darf. Der (informative) Medieneinfluss verblasst sehr schnell, und das Publikum fügt den wahrgenommenen Informationen eigene Relativierungen hinzu, indem es Perspektiven in der Informationsvermittlung erkennt und bei der Entwicklung eigener Vorstellungsbilder berücksichtigt. Dieser Wechselwirkungsprozess zwischen Mensch und Medien wird durch Themen der medialen Kommunikation gesichert; sie sind zu unumgänglichen Erfordernissen dieses Prozesses geworden. Mit ihrer Hilfe können sich Massenmedien mit anderen Gesellschaftsbereichen strukturell koppeln. „Und sie sind dabei so elastisch und so diversifizierbar, dass die Massenmedien über ihre Themen alle Gesellschaftsbereiche erreichen können, während die Systeme in der innergesellschaftlichen Umwelt der Massenmedien, etwa die Politik, die Wissenschaft, das Recht, oft Mühe haben, ihre Themen den Massenmedien anzubieten und die sachgemäße Aufnahme des Themas zu erreichen."[9]

---

7 Schmidt, Siegfried J.: Kognitive Autonomie und soziale Orientierung, Suhrkamp Verlag, Frankfurt 1994, S. 274f.
8 Früh, Werner: Realitätsvermittlung durch Massenmedien. Die permanente Transformation der Wirklichkeit, Westdeutscher Verlag, Opladen 1994, S. 400.
9 Luhmann, Niklas: Die Realität der Massenmedien, Westdeutscher Verlag, Opladen 1996, S. 29.

190

Vielfach wird die Frage des Bezugs zur realen Welt (bewusst oder nicht) einfach offen gelassen. Bilder und Töne sind lediglich „Oberfläche", die zur Stimulierung der mentalen Welt genutzt wird. Musikvideos und Videoclips sind mediale Angebote für diese Rezeptionsmuster. Das inzwischen weit verbreitete „Switchen" (also das „Surfen" durch die zahlreichen Programme mit Hilfe der Fernbedienung) ist Ausdruck dieser Nutzungsform der medialen Welt und zugleich ein Indiz dafür, dass die Akzeptanz medialer Themen auf der Freigabe der individuellen Verwendungszwecke beruht. Wenn Themen, Inhalte und Botschaften der medialen Welt so „offen" sind, entsteht die Frage, was ihre Funktion in der Lebenswelt des Menschen ist. Für Luhmann dienen diese Medien der Erzeugung und Verarbeitung von Irritation: „Massenmedien halten (...) die Gesellschaft wach. Sie erzeugen eine ständig erneuerte Bereitschaft, mit Überraschungen, ja mit Störungen zu rechnen. Insofern ‚passen' die Massenmedien zu der beschleunigten Eigendynamik anderer Funktionssysteme wie Wirtschaft, Wissenschaft und Politik, die die Gesellschaft ständig mit neuen Problemen konfrontieren."[10]

Das Gegenstück zur „informativen" Medienwelt mit ihrem deutlichen Bezug zur realen Welt sind fiktive Medienwelten mit ausgeprägten emotionalen Rezeptionsangeboten: Romane, Unterhaltungsfilme, Fernsehserien. Über eine gezielte Auswahl unter den zur Verfügung stehenden Medienwelten können gewünschte Gefühle hervorgerufen und emotionale Bedürfnisse befriedigt werden. Mit Hilfe bestimmter Identifikationsfiguren für bestimmte Gefühlsspektren haben Einzelne wie Gruppen von Menschen die Möglichkeit, „emotionale Selbstfindungsprozesse" in die Wege zu leiten. Sie erleben, wie in spezifischen medialen Skripts der Austausch und die Entwicklung von Gefühlen stattfinden und wie man Gefühle sozial inszenieren kann.

Dies deutet darauf hin, dass in der medialen Welt deutliche Verwebungen mit der mentalen Welt stattfinden: Das in der Vorstellungswelt Gewünschte wird aus den Angeboten der medialen Welt ausgewählt; die dort inszenierten Handlungsabfolgen, Szenen und Skripte können in der mentalen Welt weitergeführt, neu durchgespielt oder mit anderen Medieninhalten verschränkt werden. An diesem Punkt setzt die virtuelle Welt ein. Sie bietet die Möglichkeit, so begrenzt und eingeschränkt auch immer, in einem virtuellen Raum das aktiv weiterzuentwickeln, was in der medialen Welt inszeniert und in der mentalen Welt gedanklich fortgeführt wurde.

Wann erwerben Menschen die Kompetenz, Medieninhalte angemessen zu rahmen? Kinder im Windelalter sind noch nicht in der Lage, zwischen realer Welt und medialer Welt zu differenzieren. So versuchen sie, die auf dem Fernsehbildschirm gezeigten Objekte zu berühren und zu küssen. „Je älter die Zuschauer in Windeln sind und je mehr Fernseherfahrungen sie haben,

---

10 Luhmann, Niklas: Die Realität der Massenmedien, Westdeutscher Verlag, Opladen 1996, S. 47 f.

desto seltener wollen sie die Personen auf dem Bildschirm berühren und küssen. Mit etwa zwei Jahren hören sie ganz damit auf."[11] Manche Dreijährige glauben, dass die Nachrichtensprecher im Fernsehgerät wohnen. Auch ist die Fähigkeit, zu verstehen, dass die im Fernsehen gezeigten Bilder nur Repräsentationen von Objekten der realen Welt sind, in diesem Alter noch nicht sehr ausgeprägt. Erst mit etwa vier Jahren bilden sich erste Vorstellungen über die wesentlichen Unterschiede zwischen realer und medialer Welt heraus.[12] Die Rahmungskompetenz der Kinder steigt mit zunehmendem Alter. Bereits ab 4 Jahren wissen Kinder, dass die Trickfilme „künstlich" sind und sich die Nachrichten auf Geschehnisse in der realen Welt beziehen. Grundschulkinder sind in der Lage, die Darstellungen in der medialen Welt mit ihren Erfahrungen in der realen Welt zu vergleichen und durch diese „Tests" zu beurteilen, ob die im Fernsehen gezeigten Sachverhalte eine gültige Referenz für die reale Welt sind. Nur etwa die Hälfte der Achtjährigen begreift, dass die Akteure in Fernsehfilmen Schauspieler sind. Selbst manche Elf- und Zwölfjährige haben in Hinblick darauf Schwierigkeiten.

Aus all dem folgt: Die Rahmungskompetenz als ein Aspekt der Medienkompetenz entwickelt sich erst langsam im Laufe der Sozialisation. Der Entwicklungsprozess kann durch Eltern und Pädagogen, die mit den Kindern über Fernsehsendungen sprechen, gefördert werden. Im folgenden Abschnitt werden wir zu klären versuchen, welche Einflüsse Medieninhalte auf die Spielwelten von Kindern haben können.

9.3. Mediale Welten im Spiegel von Spielprozessen

Ein Transfer, der der Beobachtung gut zugänglich ist, verläuft von der medialen Welt zur Spielwelt der Kinder. Offensichtlich werden Kinder durch Medieninhalte in Bilderbüchern und Märchenbüchern, in Hörkassetten, in Filmen und Fernsehserien stark beeindruckt. „Bei Kindern bis ins Schulalter sind eindeutig Zeichentrickfilme am beliebtesten (...). Danach folgen ebenfalls Genres, die Fiktion und Wirklichkeitsveränderung oder Verzerrung als wesentliche Elemente enthalten. Sendungen mit dokumentarischem Charakter sind weitaus weniger beliebt."[13] Die schnelle Szenenfolge, die Intensität der bildlichen und akustischen Reize sowie vielfältige Überra-

---

11 Böhme-Dürr, Karin: Fernsehen als Ersatzwelt: Zur Realitätsorientierung von Kindern; in: Hoppe-Graff, Siegfried und Oerter, Rolf (Hrsg.): Spielen und Fernsehen; Juventa Verlag, Weinheim und München 2000, S. 142.

12 Ausführliche Beschreibungen der Entwicklungsprozesse finden sich bei Böhme-Dürr, Karin: Fernsehen als Ersatzwelt: Zur Realitätsorientierung von Kindern; in: Hoppe-Graff, Siegfried und Oerter, Rolf (Hrsg.): Spielen und Fernsehen; Juventa Verlag, Weinheim und München 2000, S. 142ff.

13 Hoppe-Graff, Siegfried: Spielen und fernsehen: Phantasietätigkeiten des Kindes; in: : Hoppe-Graff, Siegfried und Oerter, Rolf (Hrsg.): Spielen und Fernsehen; Juventa Verlag, Weinheim und München 2000, S. 187.

schungsmomente tragen vermutlich ebenso zur Beliebtheit der Zeichentrickfilme bei wie ihr Potential, das Kind gefühlsmäßig anzusprechen. Die Medien werden von den etwas älteren Kindern eindeutig als nicht auf die reale Welt bezogen gerahmt. Sie können daher ihre Gefühle ohne Einschränkung und Relativierungen genießen und d.h. speziell bei Jungen: stark zu sein, sich wirkmächtig, gar allmächtig zu fühlen, das Böse besiegen zu können, aggressiv und kämpferisch handeln zu dürfen.

Die Inhalte vieler dieser Medien ähneln den Handlungsmustern von Spielprozessen bei Jungen. Die Spiele der Jungen im Vorschulalter sind durch ausgelassenes Toben, durch wildes und ungestümes Verhalten, durch Ringkämpfe, Schubsen und Rangeleien gekennzeichnet. Beim Spiel mit Fahrzeugen kommt es häufig zu „Karambolagen", die sie absichtlich (und aus Spaß) herbeiführen.[14] In Rollenspielen übernehmen die Jungen heldenhafte Figuren, die ihnen aus den Medien und den Spielzeugfiguren vertraut sind. Sie erfinden Spielhandlungen, in denen die Gefahr und der Kampf im Mittelpunkt stehen. Pistolen, Schwerter, Gewehre gehören als Requisiten dazu. Die Jungen versuchen, in diesen Spielen ihre Kräfte aneinander zu messen, ohne die Spielsituation zu ernsten Konflikten und Aggressionshandlungen ausufern zu lassen. Ganz anders dagegen die Mädchen. Bei ihnen stehen phantasievolle Rollenspiele aus dem Familienalltag im Vordergrund oder glanzvolle Auftritte und romantische Erlebnisse. Mädchen interessieren sich für Anziehpuppen nach dem Muster von „Barbie". Die Spielthemen haben mit Ankleiden und Ausstaffieren zu tun. Spielutensilien wie Kleider, Frisuren, Schmuck und Kosmetika weisen auf die angesonnene Rolle als Konsumentinnen von Industrieprodukten hin.

Die Medienspuren in den Spielprozessen der Kinder sind weniger als Nachahmung medialer Vorbilder zu verstehen. Sie sind in erster Linie auch nicht eine Form, Medienerlebnisse zu verarbeiten. Es handelt sich eher um Belege, welche Entwicklungsaufgaben aktuell anstehen und welche Identitätsprozesse damit verbunden sind. Der Transfer der Medieninhalte verläuft auf der Skriptebene, bezieht sich also auf bekannte schematisierte Alltagsszenen. Die Handlungsmuster in den Medienangeboten (insbesondere Zeichentrickfilm und Comic) werden von den Kindern in die Spielprozesse einbezogen, weil diese Muster in symbolischer Weise auszudrücken vermögen, was Kinder wünschen, fühlen, erwarten und wovor sie Angst haben. Erleichtert wird dieser Transferprozess durch Spielwaren, die sich für die beabsichtigten Spielprozesse eignen, diese anregen und inhaltlich ausgestalten.

Wie gehen Kinder im Kindergarten konkret mit ihren Medienerfahrungen um? Wie werden sie in Spielprozesse eingebunden? Barthelmes u.a. haben dazu ausführliche Beobachtungen durchgeführt, die wir hier beispielhaft

---

14 Vgl. Maccoby, Eleanor E.: Psychologie der Geschlechter, VerlagKlett-Cotta, Stuttgart 2000, S. 48ff.

anführen wollen.[15] Kinder integrieren in ihre Spiele Bestandteile, die sie in den Medieninhalten entdeckt haben und die für sie wichtig sind bzw. zum Spiel anregen. Dies können z.B. Heldenfiguren in Comics, Zeichentrickfilmen, Fernsehserien und Spielfilmen sein. Für Jungen sind in Medien inszenierte abenteuerliche Situationen anregend, ebenso wie Actionszenen, die sie dazu verleiten, daraus Spielsequenzen herzuleiten. Manchmal reichen auch bestimmte Utensilien der Fernseh- und Filmhelden aus, um einen Spielprozess darauf abzustimmen. Die insbesondere aus Fernsehserien bekannten Skripts (z.B. in Familienszenen, bei Auftritten von Stars, in Quizsendungen und Unterhaltungsshows) bieten (insbesondere den Mädchen) vielfältige Verankerungen für Spielprozesse.

„Nach unseren Beobachtungen ahmen die Kinder in den seltensten Fällen die Handlungen von Medienvorlagen einfach nach. Sie imitieren in ihren Spielen nicht unmittelbar das, was sie im Fernsehen gesehen, auf Kassetten gehört oder aus Büchern vorgelesen bekommen haben, sondern sie überlagern und variieren ihre Spiele mit medienbezogenen Gegenständen, Medienfiguren und Medieninhalten, brechen sich aus den Medienvorlagen einzelne Bruchstücke heraus.“[16] Nach welchen Gesichtspunkten erfolgt die Auswahl? Die Elemente müssen leicht verständlich, eingängig und gut imitierbar sein: die Begrüßung von Stars auf der Bühne, das Ziehen und Abfeuern eines Revolvers, das Schwingen eines Zauberschwertes, „coole“ Sprüche der Helden. Von den Medieninhalten geben die Kinder also nicht die komplette Handlung in allen Details wieder, sondern begrenzen sich auf „Prints“ (also eng umgrenzte Handlungssequenzen, z.B. Zuschlagen einer Tür, Abfeuern eines Gewehrs) und auf „Scripts“ (szenische Handlungsfolgen nach standardisierten Mustern, z.B. Begrüßung und Verabschiedung, Streit und Versöhnung, Frage-und-Antwort-Sequenzen nach dem Muster von Quiz-Shows). Die Kinder schaffen sich damit „Module“, die sich in vielfältiger Weise in unterschiedliche Spielprozesse einbeziehen lassen. Dies bietet die Möglichkeit, medienbezogene Elemente mit Erfahrungen aus der realen Welt zu mischen oder Medienerfahrungen aus unterschiedlichen Genres miteinander im Spielprozess zu vermengen.

Beispiel: Auf dem Hintergrund der Erfahrungen in der Familie und bekannten Fernsehserien entwickelt die Spielgruppe im Spielprozess folgende Abfolge von Szenen: Die Kinder mögen das Essen nicht. Nach einem Streit werden sie ins Bett geschickt. Nun kommt „Captain Future“ und entführt sie mit seinem Raumschiff auf eine Insel. Mit „Flipper“ erleben sie spannende Abenteuer im Meer. Sie kommen in ein Hotel, treffen dort ihre Eltern und erzählen, was sie alles erlebt haben.

15 Barthelmes, Jürgen, Feil, Christine und Furtner-Kallmünzer, Maria: Medienerfahrungen von Kindern im Kindergarten, Verlag Deutsches Jugendinstitut, München 1991.
16 Barthelmes, Jürgen, Feil, Christine und Furtner-Kallmünzer, Maria: Medienerfahrungen von Kindern im Kindergarten, Verlag Deutsches Jugendinstitut, München 1991, S. 30.

Typisch an Spielgeschichten dieser Art sind die assoziativen Fortführungen, die Sprünge und die Brüche in der Logik der Geschichte. Dies hat Gründe. Die eigenen Spielwünsche und Assoziationen müssen mit den Wünschen und Einfällen der Mitspieler abgeglichen und mit dem Bestand an verfügbaren Modulen in Beziehung gesetzt werden. Das geschieht nicht nach einem festen Plan, den die Kinder ausführen, sondern der Spielprozess entwickelt sich aus sich selbst heraus: aus den Wünschen und Einfällen der Kinder, aus ihren aktuellen Erfahrungen in der realen und medialen Welt, aus ihnen bekannten Schemata und letztlich aus dem Kooperationsprozess der Kinder, der das Ziel hat, zu einer für alle befriedigenden Gestaltung zu gelangen. Die „Einigungsformeln" der Kinder folgen bestimmten, ihnen vertrauten Spielmustern, z.B. Rollenspiel („Scripts" aus den Bereichen „Familie", „Kindergarten", „Arztbesuch", „Einkaufen"), Jagd- und Tobespiele, Ratespiele, Gruselspiele. Diesen grundlegenden Spielmustern werden mediale Module zugeordnet, die den Spielprozess bereichern und eine spezifische inhaltliche Ausgestaltung geben. Das Nachlaufen und Toben gewinnt dadurch zusätzlichen Reiz, dass die Kinder von einem „Dinosaurier" (oder von einem Vampir) verfolgt werden. Als Retterin in der Not steht dann „Buffy" bereit, die den Kindern durch die Fernsehserie als erfolgreiche „Dämonenjägerin" bekannt ist. Im Arztspiel werden die Realerfahrungen mit Kinderärzten und die medialen Erfahrungen mit diversen Arztserien miteinander so verknüpft, dass nicht ein beliebiger Arzt die Untersuchungen durchführt, sondern ein bekannter Arzt aus einer Fernsehserie, der dann von einer beliebten Fernseh-Krankenschwester unterstützt wird.

Die wesentliche Motivation der Kinder, medial angereicherte Spielprozesse zu entwickeln, sind elementare Wünsche, starke Gefühle und mächtige Impulse der Kinder. Der übergeordnete Wunsch der Kinder ist, groß und erwachsen zu sein und all die Dinge tun zu dürfen, die Erwachsene wie selbstverständlich beherrschen. Insofern steuert das Kind den Spielprozess so, dass es sich diesen Wunsch erfüllen kann: Es wird zum klugen Arzt, zur tüchtigen Mutter, zum mutigen Helden, zum erfolgreichen Rennfahrer, zur starken Kämpferin. „Die Medienrollen, die die Kinder bevorzugt in ihr Spiel aufnehmen, zeichnen sich dadurch aus, dass es Erwachsenenrollen sind, die - dies lässt sich zumindest für die Jungen behaupten - geschlechtsspezifische Eigenschaften besonders betonen."[17] Neben dieser wesentlichen Entwicklungsaufgabe werden weitere Wünsche der Kinder im Spielprozess deutlich. In ihren szenischen Gestaltungen und Rollen geht es darum, Leistungen zu zeigen, das eigene Können vorzuführen und dafür Bewunderung und Anerkennung bei den anderen zu finden. Die Kinder wollen Mut zeigen, deutlich machen, dass sie sich etwas zutrauen und in der Rolle des Helden die eigene Angst bewältigen. Die medialen Vorlagen und Muster

17 Barthelmes, Jürgen, Feil, Christine und Furtner-Kallmünzer, Maria: Medienerfahrungen von Kindern im Kindergarten, Verlag Deutsches Jugendinstitut, München 1991, S. 58.

bieten eine Folie, hinter der die Kinder ihre Wünsche und ihre Wuncherfüllung inszenieren können. Wenn sie die Medienauftritte von Erwachsenen im Fernsehen imitieren, dann inszenieren sie einen „Publikumsauftritt", bei dem ihr Wunsch in Erfüllung geht, selbst der „Star", selbst die bewunderte Person zu sein.

Abbildung 13:

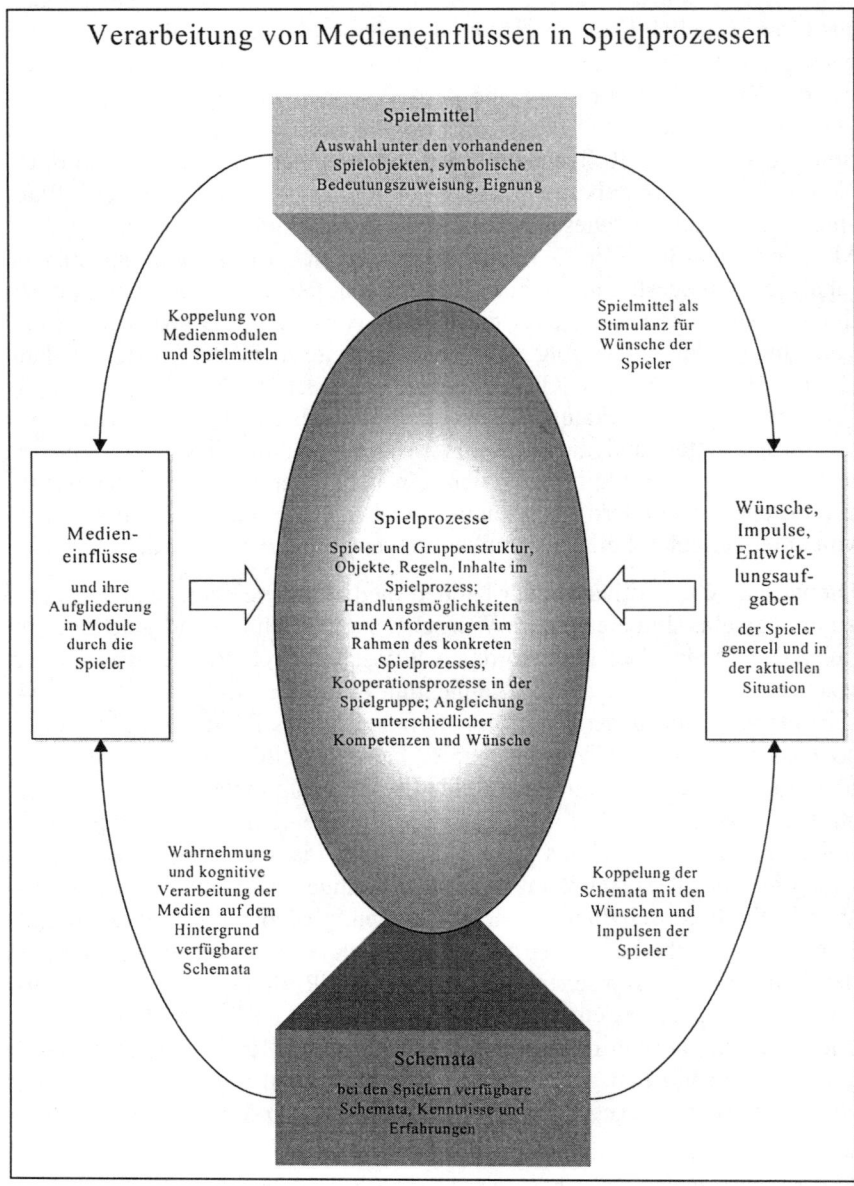

Verarbeitung von Medieneinflüssen in Spielprozessen

Spielmittel
Auswahl unter den vorhandenen Spielobjekten, symbolische Bedeutungszuweisung, Eignung

Koppelung von Medienmodulen und Spielmitteln

Spielmittel als Stimulanz für Wünsche der Spieler

Medieneinflüsse
und ihre Aufgliederung in Module durch die Spieler

Spielprozesse
Spieler und Gruppenstruktur, Objekte, Regeln, Inhalte im Spielprozess; Handlungsmöglichkeiten und Anforderungen im Rahmen des konkreten Spielprozesses; Kooperationsprozesse in der Spielgruppe; Angleichung unterschiedlicher Kompetenzen und Wünsche

Wünsche, Impulse, Entwicklungsaufgaben
der Spieler generell und in der aktuellen Situation

Wahrnehmung und kognitive Verarbeitung der Medien auf dem Hintergrund verfügbarer Schemata

Koppelung der Schemata mit den Wünschen und Impulsen der Spieler

Schemata
bei den Spielern verfügbare Schemata, Kenntnisse und Erfahrungen

Die Frage, wie sich mediale Welten in den Spielprozessen von Kindern spiegeln, können wir nun anhand eines Modells deutlicher in Blick nehmen. Die Abbildung „Verarbeitung von Medieneinflüssen in Spielprozessen" zeigt, dass die Medieneinflüsse nur einen begrenzten Stellenwert für die Gestaltung von Spielprozessen haben können.

Ausgangspunkt sind die Wünsche und Impulse der Kinder. Ohne diese Motivationen würde ein Spielprozess nicht zustande kommen. Mit dem starken Verlangen der Spieler wird der Spielprozess begonnen und aufrechterhalten. Ob der Spielprozess gelingt, wie er sich konkret ausgestaltet und welche Medieninhalte Berücksichtigung finden, hängt von weiteren Faktoren ab. Da sind zunächst die Kenntnisse und Erfahrungen der Spieler und die daraus entwickelten, für sie verfügbaren Schemata. Ohne diese „Bausteine" wären die Spieler unfähig, ihre Spielwünsche zu gestalten und aufeinander abzustimmen. Wie diese Kenntnisse und Erfahrungen der Spieler zu verfügbaren Schemata „gerinnen" und damit eine Form erlangen, die Transfereigenschaften besitzt, so werden auch die Medieninhalte nicht „ganzheitlich" zu Einflüssen, sondern in ihrer Gestalt als „Module", als „Prints" und „Scripts", die nur durch diese „Transformation" in der Spielwelt wirksam werden können. Mit anderen Worten: der Transferprozess von Medieninhalten in Spielprozesse bedingt eine modulare Transformation.

Als „intermittierende" Einflussgröße müssten dann noch die Spielmittel Berücksichtigung finden, also Gegenstände, die den Spielprozess anregen und ihn unterstützen. Sie werden zu Bezugs- und Orientierungspunkten, die den Spielinhalt verdeutlichen und konkretisieren. Bei den Spielmitteln kann es sich um kommerzielle Spielwaren handeln (z.B. Spielzeugautos, Wasserpistolen) oder um Gegenstände, die die Kinder zum Zwecke des Spielprozesses mit bestimmten Bedeutungen versehen (z.B. „verwandelt" sich ein Löffel in eine gefährliche Laserpistole). Auch die Spielmittel werden nicht „ganzheitlich" in den Spielprozess einbezogen, sondern lediglich in den Funktionen, die für den jeweiligen Spielprozess benötigt werden. Die „Spielzeugwelt" ist kein geschlossenes Universum, das den Kindern wie ein monolithischer Block gegenüber steht. Es ist vielmehr ein „Steinbruch", aus dem sich Kinder nach Belieben bedienen, wohl wissend, dass die Steine nur im Spielprozess bunt werden können.[18]

Verwoben mit dem Spielprozess ist der Kooperationsprozess zwischen den Kindern, der darauf abzielt, „Einigungsformeln" zu finden, damit sich der Aufenthalt in der Spielwelt für alle befriedigend gestaltet. Auf dem Hintergrund eines Wissens um gängige Spielscripts und gesteuert von den eigenen Wünschen und Impulsen entwickelt sich ein sozialer Aushandelprozess darüber, welche Medienmodule und welche Spielmittel bei welcher Rollenverteilung in eine Spielhandlung einfließen sollen. Dabei machen die Me-

---

18 Weiterführende Gedanken finden sich in Fritz, Jürgen: Spielzeugwelten Juventa Verlag, Weinheim und München 1989, S. 19f.

dien den Kindern Angebote für ihre Themen, Probleme und Wünsche in Form verschiedener Module: Rollen und Rollensegmente, Figuren, Skripts, Prints, Bilder, typisierte Handlungsabläufe. Im sozialen Aushandelprozess spiegelt sich das Beziehungsgefüge der Gruppe wieder: Die Kinder haben je nach ihrem „sozialen Rang" in der Gruppe unterschiedliche Einflussmöglichkeiten, ihre Themen durchzusetzen, die medialen Module aufzugreifen, die Rollen zu verteilen und den Ablauf des Spielprozesses zu steuern. „Die soziale Hierarchie in der Kindergruppe ist überdeutlich, sie beruht auf mehreren Kriterien: Alter, soziale Kompetenz wie Durchsetzungsfähigkeit, Selbstsicherheit, Frustrationstoleranz und ‚Witz' (...) In der Rollenverteilung der medienbezogenen Spiele drücken die Kinder die soziale Hierarchie in der Gruppe aus. ‚Mächtige' Rollen, ‚Starrollen', ‚Erwachsenenrollen', die Rolle des ‚Guten' werden oft von den dominanten Kindern übernommen."[19]

9.4. Transferprozesse

Abschließend wollen wir uns der schwierigen Frage zuwenden, ob die medialen Inhalte, die in Spielprozessen aufgegriffen werden, auf diesem Wege ihren Einfluss auf die reale Welt ausdehnen können. Mit anderen Worten: Gibt es Transferprozesse von der medialen Welt über die Spielwelt der Kinder bis hin zur realen Welt? Verbindliche Antworten darauf gibt es noch nicht. Barthelmes u.a. vermuten, dass es durchaus zu einem „persönlichen Gewinn" der Kinder kommen könne, z.B. im Ausleben kindlicher Phantasie, im Anreichern von Spielen und Tätigkeiten, im Gestalten und Regeln sozialer Beziehungen, im Sichauseinandersetzen mit der eigenen Lebenswelt und schließlich in der Erweiterung der Selbständigkeit durch Ablösung.[20] Diese positiven Wirkungen werden Spielprozessen generell zugeschrieben. Es bleibt die Frage, ob mediale Inhalte in *spezieller Weise* dazu beitragen, dass soziale Entwicklungen der Kinder in Spielprozessen gefördert werden können.

Barthelmes u.a. gehen davon aus, dass Kinder bestimmte Medienakteure auswählen und ihr eigenes Verhalten danach einschätzen. Dabei übernehmen die Kinder imaginativ die Rollenmuster der jeweiligen Fernsehakteure und orientieren sich an deren Charaktereigenschaften oder Handlungsmustern. „Somit nehmen Kinder einen Transfer, d.h. eine „Übersetzung" (...) vom medialen Symbolbereich auf die eigene Person sowie auf das Alltagsleben vor. Kindliche Phantasien, d.h. Phantasietätigkeiten, Imaginationen,

---

19 Barthelmes, Jürgen, Feil, Christine und Furtner-Kallmünzer, Maria: Medienerfahrungen von Kindern im Kindergarten, Verlag Deutsches Jugendinstitut, München 1991, S. 56.
20 Vgl. Barthelmes, Jürgen, Feil, Christine und Furtner-Kallmünzer, Maria: Medienerfahrungen von Kindern im Kindergarten, Verlag Deutsches Jugendinstitut, München 1991, S. 246.

Projektionen, Tagträume sind dabei die Vermittler dieses Übersetzungsprozesses von der medialen auf die reale Ebene."[21] Bei einer solchen Aussage könnten leicht Missverständnisse auftreten. Die Autoren meinen damit *nicht*, dass mediale Modelle und Skripts ungebrochen auf reale Kontexte transferiert werden. Dies würde den Alltagserfahrungen widersprechen und ließe sich auch empirisch kaum belegen. Möglicherweise meinen sie mit „realer Ebene" den konkreten Spielprozess in der Spielwelt. Wie sieht das Beziehungsgeflecht zwischen den medialen Inhalten, der realen Welt, der Spielwelt und der „Innenwelt" der Kinder aus?

Bei der „Bearbeitung" medialer Inhalte durch Kinder geht es um *Anstöße,* sich mit der eigenen Lebenswelt auseinander zu setzen. Auf dem Hintergrund von Medieninhalten „thematisieren" die Kinder ihre Erlebnisse, Erfahrungen, Empfindungen, Gefühle, Einschätzungen. „Sie entnehmen den Medien und ihren Inhalten vielfältige Impulse für Spiele und Gespräche, wobei das, was Kinder in ihrer Realität am meisten betrifft und beeindruckt, in der Regel auch am deutlichsten zum Ausdruck kommt. Somit haben die Medien und ihre inhaltlichen Angebote für Kinder symbolische Bedeutung im Hinblick auf die Bewältigung ihres Alltagslebens bzw. ihrer Lebenswelt."[22] Welche Anknüpfungen zwischen Medieninhalten und aktuellen Befindlichkeiten der Kinder gibt es?

- Die Kinder können sich mit ihren eigenen Konflikten, Ängsten und Problemen in Medieninszenierungen „wieder finden". Sie sehen *sich* im Spiegel der Medien, z.B. beim Verlust geliebter Personen und Tiere, bei Trennungserlebnissen und bei konflikthaften Auseinandersetzungen.

- Medieninhalte können Kinder an vergangene Erlebnisse und Erfahrungen erinnern. Die Spielprozesse ermöglichen es, sich noch einmal damit auseinander zu setzen und neue Einstellungen dazu zu gewinnen. In Spielprozessen besteht die Möglichkeit, sich so der eigenen Lebenswelt zu vergewissern und sie „spielend" zu verstehen.

Im Grunde geht es also nicht um Transferprozesse von der medialen Welt in die reale Welt, sondern um die Gestaltung von Spielwelten, in die sowohl Anteile aus der medialen wie der realen Welt einfließen, und die dadurch Möglichkeiten besitzen, Kinder in ihrem Selbst- und Weltverständnis zu fördern.

---

21 Barthelmes, Jürgen, Feil, Christine und Furtner-Kallmünzer, Maria: Medienerfahrungen von Kindern im Kindergarten, Verlag Deutsches Jugendinstitut, München 1991, S. 246f.
22 Barthelmes, Jürgen, Feil, Christine und Furtner-Kallmünzer, Maria: Medienerfahrungen von Kindern im Kindergarten, Verlag Deutsches Jugendinstitut, München 1991, 252f.

9.5. Unterhaltung in der medialen Welt

Vergleicht man einen anderen Aspekt der medialen Welt, den der Unterhaltung, mit der Spielwelt, werden überraschende Zusammenhänge deutlich, die erklären können, warum Menschen an der medialen Welt in Form von Unterhaltung Anteil nehmen können. Wie Spielprozesse sind auch Medien, die speziell der Unterhaltung dienen, von der realen Welt abgegrenzt, ohne diese negieren zu müssen. Es wird eine Spielwelt oder eine mediale Welt geschaffen, die sich von der realen Welt deutlich abhebt. Dabei sind die Aufenthalte in der Spielwelt wie in der medialen Welt Episoden. „Es geht also nicht um Übergänge in eine andere Lebensführung. Man ist nur zeitweise damit beschäftigt, ohne andere Chancen aufzugeben oder andere Belastungen damit abwerfen zu können."[23] Dies bedeutet nicht, dass die reale Welt nur vor und nach dem Spiel existiert. Sie aktualisiert sich lediglich nicht im Spielprozessen und Unterhaltungsserien des Fernsehens. Gleichwohl enthalten Spielprozesse Verweisungen auf die gleichzeitig existierende reale Welt, und der Spieler hat die Möglichkeit, sowohl die Spielwelt als auch die mediale Welt jederzeit zu verlassen, wenn dringender Anlass dazu besteht.

Unterhaltung als Teil der medialen Welt erscheint unter dieser Perspektive als ein Spielprozess „anderer Art". Anstelle eines „Spielfeldes" und regelorientierter Verhaltensmuster wird diese mediale Welt durch eine spezielle optische oder akustische Erscheinungsform markiert, die es erlaubt sie als Roman oder Fernsehfilm zu rahmen. „Dieser äußere Rahmen setzt dann eine Welt frei, in der eine eigene fiktionale Realität gilt. Eine Welt!"[24] Zu dieser Welt entwickelt der Zuschauer oder Leser sehr schnell passende Gedächtnisinhalte, weil ihm in den Bildern oder Texten genügend bereits bekannte Informationen und Schemata mitgeliefert werden. Die Anteilnahme an dieser medialen Welt setzt voraus, dass der Leser oder der Zuschauer die Figuren der medialen Welt zu sich selbst in Beziehung setzt und zu den Geschehensabläufen in dieser Welt eine für ihn tragfähige Plausibilität entwickelt. Dies gelingt, weil diese mediale Welt über eine „fiktionale Geschlossenheit" aus selbst produzierten Überraschungen und selbst aufgebauten Spannungen verfügt. Dieser Rahmen ist es dann auch, der es erlaubt, das Geschehen als Teil einer medialen Welt zu erkennen und die Bedeutung dieser medialen Welt für die reale Welt angemessen einzuschätzen.

Die Anteilnahme an dieser medialen Welt gelingt auch deshalb, weil sie an das selbst Erlebte und Erhoffte, das Befürchtete und Vergessene des Lesers oder Zuschauers anknüpft und es aktiviert. Die mediale Welt bestätigt und verstärkt den eigenen Identitätsentwurf. Die Teilnahme an der medialen

---

23 Luhmann, Niklas: Die Realität der Massenmedien, Westdeutscher Verlag, Opladen 1996, S. 97.
24 Luhmann, Niklas: Die Realität der Massenmedien, Westdeutscher Verlag, Opladen 1996, S. 98.

Welt geschieht über die „Körper" der Romanfiguren oder Filmdarsteller, mit deren Hilfe man sowohl die Arbeit an der eigenen Identität voranbringen als auch Spannung „körperlich" erleben kann. Man kann die mediale Welt *in seiner Vorstellungskraft* an sich selbst ausprobieren und diese Versuche jederzeit unterbrechen. Eine solche Teilnahme an der medialen Welt bietet kognitive wie motivationale Freiheit. Man kann zustimmen oder ablehnen und wird nicht einmal verpflichtet, bei dem zu bleiben, was man ursprünglich dachte oder sich vorstellte. Man wird auch nicht dazu motiviert, das eigene Verhalten den Figuren der medialen Welt anzugleichen. Die Leser oder Zuschauer können zwar das Gehörte oder das Gesehene auf sich beziehen. Sie bleiben aber vom Geschehensablauf ausgeschlossen. Lediglich als ausgeschlossene Dritte sind sie wie Voyeure in dieser Welt eingeschlossen: partizipierende Schatten in einer Welt, deren handelnder Zugang ihnen versagt bleibt. Die mit eigenen Handlungsmöglichkeiten verbundenen Zugänge eröffnet erst die virtuelle Welt.

10. Wie in virtuellen Welten gespielt wird

10.1. Cyberspace und virtuelle Welt

Was bedeutet der Begriff „virtuelle Welt"? Was versteht man unter „Cyberspace"? Wie die reale Welt, die Spielwelt, die mentale Welt, die Traumwelt und die mediale Welt ist auch die virtuelle Welt ein bestimmtes Areal in der Lebenswelt der Menschen, das sich durch Rahmungshandlungen von den anderen Arealen abgrenzen lässt. Die Menschen wissen, wenn sie sich in der virtuellen Welt befinden, und sie deuten das Geschehen nach den Maßstäben, die für diese Welt gelten. Wann aber befinden sich die Menschen in einer virtuellen Welt? Diese Welt ist nicht eine dem Menschen unmittelbar gegebene, sondern sie ist von Menschen erzeugt. Sie entsteht durch Computer und Computerprogramme, die auf einem Bildschirm Räume zeigen, die für den Nutzer Möglichkeiten des Zugangs und der Einwirkung eröffnen. Der Nutzer kann die Daten (die ihm als Texte, Bilder, Grafiken und Bewegungsanimationen vermittelt werden) steuern und manipulieren. Er erhält durch das Computerprogramm Rückmeldungen über seine Handlungen, die ihm das Gefühl vermitteln können, dass er Teil der Geschehensabläufe ist, dass er „drin" ist. So weit die Erscheinungsform, mit der sich die virtuelle Welt präsentiert. Für diese „virtuelle Erscheinungsform" wird der Begriff „Cyberspace" verwendet - ein Kunstwort, das aus den Begriffen „cybernetics" (Kybernetik) und „space" (Raum) gebildet ist. Wenn man im „Cyberspace" ist, befindet man sich also in einem virtuellen Raum. Welche Bedeutung dieser Raum in der Lebenswelt des Menschen hat, ist damit noch nicht ausgesagt. Es sind vielmehr Rahmungshandlungen notwendig, um zu bestimmen, welchem Areal der Lebenswelt der jeweilige virtuelle Raum zuzuordnen ist und welche Bedeutung ihm für die Lebenswelt insgesamt zukommt.

Virtuelle Räume lassen unterschiedliche Rahmungsmöglichkeiten zu. Das Virtuelle ist bei Computerspielen ebenso anzutreffen wie bei virtuellen Spielgemeinschaften, bei Online-Banking, in Chat-Rooms und schließlich auch in der militärischen Kriegführung. Die zunehmende Durchdringung der Lebenswelt mit Elementen des Virtuellen ist nicht unproblematisch. Die Verminderung des „hautnahen", unvermittelten Kontaktes zu Menschen und Objekten der realen Welt könnte einen Verlust an Essentialität nach sich ziehen: Virtualität macht nicht satt, sondern hungrig. Die unmittelbare Begegnung mit wirkliche Menschen, mit Objekten, die ich sehen, fühlen, anfassen und bewegen kann, das Spüren unmittelbar vorhandener lebendiger Pflanzen und Tiere ist nicht hintergehbar. Ohne dies alles wird das „Leben" in der virtuellen Welt zu einem „digitalen Kerker".

Nicht den „Verlust der Wirklichkeit" hätte dies zur Folge, sondern „wirkliche Verluste". Die „Virtualisierung der Lebenswelt" begrenzt das menschliche Leben auf ein Leben, das lediglich als *Möglichkeit* im Rahmen vorgegebener Möglichkeiten „gelebt" werden kann - so wie es uns jetzt schon die „Cybernauten" der „Neuen Welt", die Computerspieler und die Internet-Surfer, vorleben. Diese Entwicklungen erfordern verstärkt die Fähigkeit der Menschen, die Eindrücke ihrer Lebenswelt angemessen zu verstehen und d.h. auch: in zutreffender Weise den jeweiligen Welten zuzuordnen und abzuschätzen, welche Bedeutung der jeweilige Reizeindruck für die anderen Welten haben könnte. Dazu gehört u.a. die Unterscheidung zwischen Präsentations*form* und Zugehörigkeit zu einer spezifischen *Welt*. „Cyberspace" meint eine spezifische Erscheinungsform computererzeugter Bilder und Töne, denen wir eine Bedeutung zuschreiben und auf die wir einwirken können. Der Begriff „virtuelle Welt" hingegen bezeichnet das Ergebnis einer Rahmungshandlung, also die Zuordnung eines Reizeindrucks zu einer bestimmten Welt. Das Zielsuchgerät bei militärischen Apparaturen erinnert zwar an Computerspiele und präsentiert sich wie diese (durch Bildschirm und „Joystick") in einer virtuellen Form. Es gehört jedoch zweifellos der realen Welt an, weil die Auswirkungen des Handelns mit diesem Gerät keinesfalls auf eine virtuelle Welt begrenzt bleiben, sobald der Bereich von „Übung" und „Simulation" verlassen wird. Computerspiele dagegen sind zwar auch (in ihrer Form als Ware) Teile der realen Welt, ihre wesentliche

Funktion (für den Nutzer) ist es jedoch, ein spielerisches Geschehen zu ermöglichen, in das Menschen handelnd eintauchen können, wobei dieses Handeln auf die virtuelle Welt begrenzt bleibt. Oder um es pointiert zu sagen: Das Zielsuchgerät erlaubt es mir, mit seiner virtuellen Form von der virtuellen zur realen Welt überzuwechseln, während das Computerspiel in der virtuellen Welt verbleibt und nur dann Teil der realen Welt werden kann, wenn es nicht mehr in der virtuellen Form, sondern beispielsweise als Müll oder als Ware erscheint.

Was charakterisiert nun die virtuelle Welt und wodurch unterscheidet sie sich in letzter Konsequenz von der realen Welt? Wie Spielwelten sind auch virtuelle Welten Möglichkeitsräume, in denen Menschen sich und ihnen wichtige Sachverhalte erproben können, ohne mit ernsthaften Konsequenzen rechnen zu müssen. Die Auswirkungen des Tuns bleiben auf die virtuellen Räume begrenzt, sie greifen nicht auf die reale Welt über. Diese virtuellen Welten erlauben es, die Ich-Grenzen immer weiter auszudehnen, weil diese Welten die Möglichkeiten bieten, vielfältige Rollen und Funktionen wahrzunehmen, die einem ansonsten verschlossen sind. Die Besucher virtueller Welten lassen sich auf Spielprozesse ein und unterliegen in ihrem Handeln dynamischen Reizkonfigurationen, die Spannung und Abwechslungsreichtum bewirken. Der Kern virtueller Welten sind die vielfältigen Formen von Computer- und Videospielen. Diese bilden in der „Landschaft der virtuellen Welt" die „virtuelle Spielwelt".

Wie mediale Welten sind auch virtuelle Welten Wunschwelten nach Wahl. Ich kann betreten, welche immer ich will, und ich kann diese Welten jederzeit wieder verlassen. Sie sind nicht unentrinnbar. Wie ich das Buch zuklappen, den Fernseher ausschalten und den Kinobesuch unterbrechen kann, so genügt auch bei virtuellen Welten nur ein Knopfdruck, und ich bin wieder in der realen Welt.

Damit nicht genug: Wie noch im Detail zu zeigen sein wird, verbindet sich das Virtuelle mit den Möglichkeiten der Vernetzung. Das heißt: Reale Menschen begegnen sich in virtuellen Räumen mit ihren neuen virtuellen Identitäten. In „Netzwerkspielen" treten die „elektronischen Stellvertreter" von Menschen, die an verschiedenen Rechnern sitzen, in Spielszenarien gegeneinander an. Dies kann in lokalen Netzwerken ebenso geschehen wie über Telefonleitungen und internationale Netze. Während sich in lokalen Netzen die Spieler noch untereinander kennen und das Spielgeschehen am Computer sozial einbinden, sind Spiele, die über nationale und internationale Netze laufen, sozial weniger verbindlich. Keiner kennt die Identität seiner Mitspieler, und die Mitwirkenden treten lediglich mit ihrer Virtualität, die durch den Rahmen des jeweiligen Spielszenariums bestimmt wird, zueinander in Beziehung. Die virtuelle Welt bleibt auf Spielszenarien nicht begrenzt. Internet und andere Netzwerke bieten die Möglichkeit, z.B. in Online-Konferenzen anonym zu bleiben oder auch Namen und Identität zu wechseln. Die realen Identitäten verschwinden hinter „virtuellen Persönlichkeiten", die zwar einen „geschützten Raum" für Möglichkeiten des Anderssein bieten aber authentische Begegnungen mit anderen Menschen häufig ausschließen.[1]

10.2. Landkarte der virtuellen Welt

Um eine erste Übersicht darüber zu gewinnen, wie sich die virtuelle Welt mittlerweile ausgefaltet und ausdifferenziert hat, ist die Abbildung „Landkarte der virtuellen Welt" recht hilfreich.

Kern und Mittelpunkt der virtuellen Welt sind Spielprozesse, die durch Computerspiele und Videospiele möglich werden. Diesen Bereich der virtuellen Welt nennen wir „virtuelle Spielwelt". Im nächsten Abschnitt werden wir genauer auf den Kernbereich der virtuellen Welt eingehen. Nur so viel: Aktivitäten im Cyberspace, die sich auf Spielkonstrukte stützen, die einen Anwendungsbezug zur realen Welt weitgehend ausschließen (wie z.B. Computerspiele und Konsolenspiele), rechnen wir der „virtuellen Spielwelt" zu. Konkret: Spieler, die in einem Computerspiel aus Spaß, Entspannung und Vergnügen „abtauchen", befinden sich in der virtuellen Spielwelt. Diese Rahmung durch die Spieler wird insbesondere dadurch deutlich, dass sie sich vehement dagegen wehren, ihr Spielverhalten in der virtuellen Spielwelt als Indiz für Vorstellungen und Handlungsabsichten in der realen Welt zu werten. Die „virtuelle Spielwelt" wird von den Spielern sehr klar und sehr eindeutig von der realen Welt abgegrenzt. Es geht um Spielprozesse und nicht um das Handeln in der realen Welt.

Ringförmig um diesen Kern sind verschiedene Aktivitäten gruppiert, die zur virtuellen Welt gehören, sich aber nicht eindeutig als Spielprozesse bezeichnen lassen. Vielmehr oszillieren diese Verhaltensweisen zwischen Spielbezügen und sozialen Interessen. In diesen Bereich gehören z.B. die „Chatrooms": virtuelle Begegnungsstätten, in denen sich soziale Interessen mit der Unverbindlichkeit spielerischen Verhaltens mischen. So bietet das Chatten durchaus Möglichkeiten, seine „wahre Identität" zu verbergen, seinen Namen durch einen „Nickname" zu ersetzen, seinen Charakter zu verändern und verschiedene „virtuelle Identitäten" anzunehmen. Aus unverbindlichen Plaudereien von Computer zu Computer können jedoch auch reale Begegnungen von Mensch zu Mensch werden. Die Chatter machen einander deutlich, wer sich hinter den Nicknames verbirgt und vereinbaren treffen in Offline, wo sie sich von Angesicht zu Angesicht gegenüber stehen. Die Vielzahl der Aktivitäten in diesem Bereich kondensieren zu virtuellen Gemeinschaften. Die Bildung von Gemeinschaften ist das charakteristische Merkmal im Ringbereich der virtuellen Welt.

---

1 Vgl. Stoll, Clifford: Die Wüste Internet. Geisterfahrten auf der Datenautobahn, S. Fischer Verlag, Frankfurt 1996, S. 92 ff.

Abbildung 14:

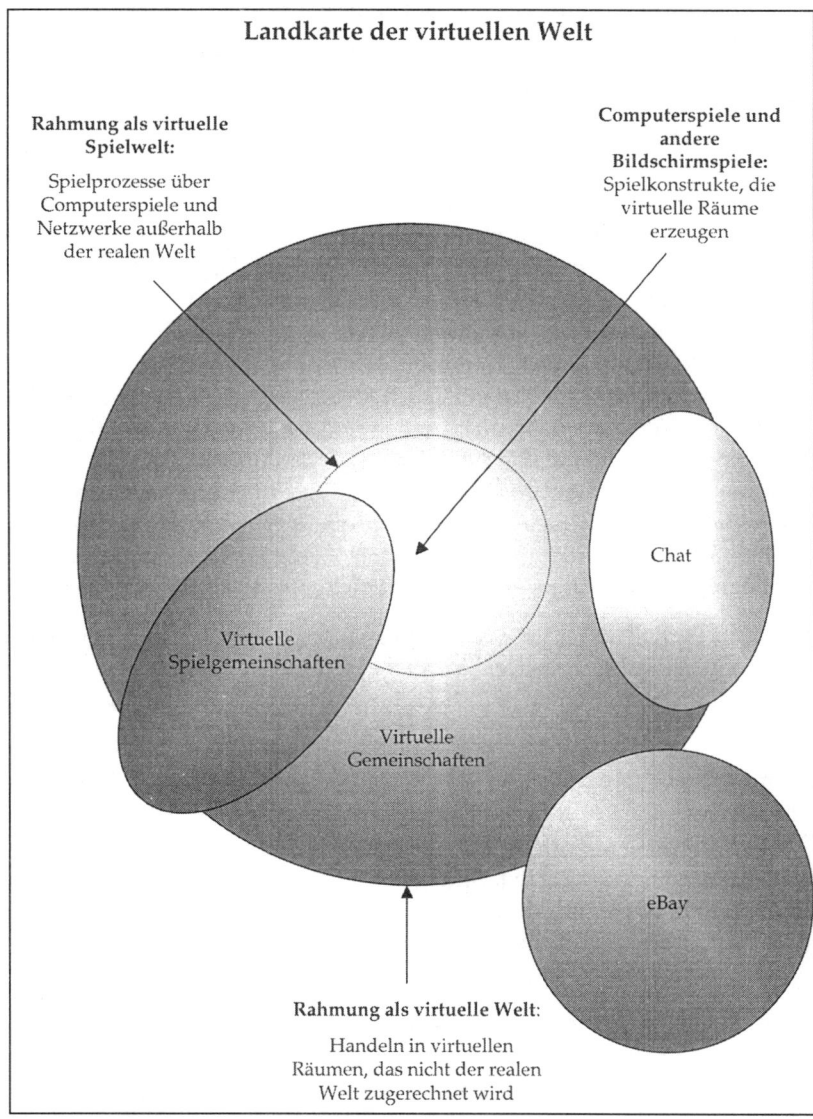

Landkarte der virtuellen Welt

Rahmung als virtuelle Spielwelt:
Spielprozesse über Computerspiele und Netzwerke außerhalb der realen Welt

Computerspiele und andere Bildschirmspiele:
Spielkonstrukte, die virtuelle Räume erzeugen

Chat

Virtuelle Spielgemeinschaften

Virtuelle Gemeinschaften

eBay

Rahmung als virtuelle Welt:
Handeln in virtuellen Räumen, das nicht der realen Welt zugerechnet wird

Marotzki versteht unter dem Begriff „Gemeinschaft" „eine in der natürlichen Kommunikation, Bekanntheit und in persönlichen Beziehungen sich konstituierende tradierte Bindung zwischen mehreren Personen. Sie zeichnet sich durch intersubjektiv geteilte Wissens- und Erfahrungsbestände sowie Deutungsmuster aus."[2] Wie lässt sich der so definierte Begriff der Ge-

---

2 Marotzki, Winfried: Zur Konstitution von Subjektivität im Kontext neuer Informationstechnologie; in: „Weltzugänge: Virtualität, Realität, Sozialität", Jahrbuch für Bildungs- und Erziehungsphilosophie 4 (2002), S. 50.

meinschaft von dem der „sozialen Gruppe" abgrenzen? Thiedecke definiert: „Eine soziale Gruppe umfasst eine angebbare Zahl von Gruppenmitgliedern, die zur Erlangung eines Gruppenziels über längere Zeit in einem kontinuierlichen Interaktionsprozess stehen. Bei dieser engen sozialen Wechselwirkung entsteht eine gruppenspezifische Kohäsion, ein ‚Wir-Gefühl', in dem die Gruppenidentität zum Ausdruck kommt. Um das Gruppenziel zu erreichen, bildet sich innerhalb der Gruppe eine eigene Normstruktur, sowie eine charakteristische Aufgaben- und Rollenverteilung."[3] Diese, an einer Face-to-Face-Group ausgerichteten Merkmalsbeschreibung von „Gruppe" trifft auf die „Vergemeinschaftungsformen" in virtuellen Welten nur begrenzt zu, so dass sie allenfalls als „Sonderform der sozialen Gruppe" angesehen werden können. Das liegt insbesondere daran, dass die Formen der Vergemeinschaftung in Dauer, Intensität, Verbindlichkeit sehr unterschiedlich sind. Sporadische Kontakte in Chat-Rooms lassen sich in vielen Fällen eher als Interaktionssequenzen beschreiben und weniger als Aktivitäten sozialer Gruppen. Die regelmäßige und aktive Teilnahme an einer virtuellen Spielgemeinschaft kann schon eher auf die Charakteristika einer sozialen Gruppe verweisen. Aber auch dort gibt es große Unterschiede, so dass man von Fall zu Fall entscheiden müsste, ob sich zwischen verschiedenen Teilnehmern eine soziale Gruppe gebildet haben könnte.

Unter diesen Gesichtspunkten erscheint es sinnvoll, einen Begriff zu wählen, mit dem man alle virtuellen Vergemeinschaftungsformen bezeichnen kann: „virtuelle Gemeinschaften". Wichtige Merkmale dieser Gemeinschaften sind:

- Kommunikationsprozesse, die über Computer und Netzwerke vermittelt werden,
- Virtuelle Plätze als Treffpunkte für eine Anzahl von Menschen (z.B. „Chat-Rooms", Mailinglisten, Spiellandschaften)
- Ähnliche Interessen und Motivationen.
- Große Unterschiedlichkeiten in Konstanz, Kohärenz, Normenbildung, Verbindlichkeit und Beziehungsstrukturen.

Diese Merkmale entsprechen zu großen Teilen der Definition von Marotzki: „Eine Online-Community ist somit ein auf der Basis computervermittelter Kommunikation vernetztes, vielfältiges, zu einem engmaschigen Netz verknüpftes Geflecht von persönlichen Beziehungen, das sich durch Interessenbezogenheit (und nicht durch verwandtschaftliche und/oder räumliche Nachbarschaft) konstituiert."[4] Mit den virtuellen Gemeinschaften sind

---

3 Thiedecke, Udo: Virtuelle Gruppen. Begriff und Charakteristik; in ders. (Hrsg.): Virtuelle Gruppen. Charakteristika und Problemdimensionen, Westdeutscher Verlag, Wiesbaden 2000, S. 37.
4 Marotzki, Winfried: Zur Konstitution von Subjektivität im Kontext neuer Informationstechnologie; in: „Weltzugänge: Virtualität, Realität, Sozialität", Jahrbuch für Bildungs- und Erziehungsphilosophie 4 (2002), S. 50 f.

neue Sozialräume entstanden, die in enger Wechselwirkung zu den sozialen Gruppen, den Gemeinschaften, den Kulturen und den Gesellschaften der realen Welt stehen. Von daher verwundert es nicht, dass virtuelle Gemeinschaften über den Rand der virtuellen Welt hinausgreifen und deutliche Bezüge zur realen Welt haben.

Mit „Life on the Screen" hat Sherry Turkle als eine der ersten Wissenschaftlerinnen Erkenntnisse und Erfahrungen aus virtuellen Gemeinschaften der Öffentlichkeit präsentiert.[5] Als Ergebnis ihrer Befragungen und eigenen Erfahrungen entsteht ein zwiespältiges Bild. Virtuelle Gemeinschaften können „Laboratorien für die Identitätsarbeit" sein, sie bieten „dem Einzelnen eine Fülle von Möglichkeiten, unerforschte Bereiche seines Selbst auszuleben."[6] Für viele Menschen ist das Internet und seine verschiedenen Formen virtueller Gemeinschaften „zu einem wichtigen Soziallabor für Experimente mit jenen Ich-Konstruktionen und -Rekonstruktionen geworden, die für das postmoderne Leben charakteristisch sind. In seiner virtuellen Realität stilisieren und erschaffen wir unser Selbst"[7]. Wie dieses Selbst nun konkret aussehen wird, ob es sich von dem durch die reale Welt gebildeten Selbst loslöst oder die virtuellen Persönlichkeitsanteile nur als Fragmente ein Schattendasein führen, bleibt ungeklärt, steht als offene Frage im Raum. Möglicherweise, so vermutet Turkle, bildet sich eine neue vielfältigere Identität, die in der Lage ist, die unterschiedlichen Anmutungen aus der realen und virtuellen Welt in konstruktiver Weise miteinander zu verbinden. An welche Bedingungen ist dies geknüpft? Welche Probleme sind damit verbunden? Auch diese Fragen finden keine Antworten, wohl aber bieten die Forschungsergebnisse von Sherry Turkle eine sehr anregende Diskussionsplattform, auf der sich vielfältige Meinungen und Erkenntnisse versammelt haben.

So bemerkt Bolter[8], dass sich die Gemeinschaften im Internet durch eine wandelnde Multiplizität des individuellen Selbst konstruieren. „Individuen im Internet definieren sich durch die Teilnahme an solchen Gemeinschaften, wobei ihre Teilnahme und somit die Definition ihres Selbst temporär und damit kontingent ist." Für Bolter konstituiert sich durch virtuelle Gemeinschaften eine neue Möglichkeit der Identitätsbildung: „Der Einzelne kann wählen, sich neu zu bestimmen, indem er elektronische Verflechtungen aufbaut oder bricht. Tatsächlich muss er sich auf diesem Wege selbst

---

5 Deutsche Ausgabe des Buches unter dem Titel „Leben im Netz. Identität in Zeiten des Internet", Rowohlt Verlag, Reinbek 1998.
6 Turkle, Sherry: Leben im Netz. Identität in Zeit des Internet, Rowohlt Verlag, Reinbek 1998, S. 297.
7 Turkle, Sherry: Leben im Netz. Identität in Zeit des Internet, Rowohlt Verlag, Reinbek 1998, S. 289.
8 Bolter, Jay D.: Das Internet in der Geschichte der Technologie des Schreibens; in: Münker, Stefan und Roesler, Alexander (Hrsg.): Mythos Internet, Suhrkamp Verlag, Frankfurt 1977, S. 51.

bestimmen, da er nicht länger über die traditionellen Möglichkeiten verfügt. (...) Das postmoderne, netzgewirkte Selbst kann unabhängig von externen Einflüssen überhaupt nicht agieren. Es kann sich seine Lösung vom Netzverbund nicht einmal wünschen, da es seine Identität der partikularen Verknüpfungen eines jeweiligen Augenblicks verdankt. Das Netzwerk stellt eine Tradition dar, ohne die das Individuum nicht handlungsfähig ist."[9]

Zwischen realer und virtueller Welt haben sich Gemeinschaften etabliert, die Elemente beider Welten in sich tragen. Diese Gemeinschaften sind in virtuellen Räumen etabliert, greifen aber deutlich in die reale Welt hinein. Ein typisches Beispiel dafür sind Plattformen, die Online-Auktionen möglich machen, wie das inzwischen sehr bekannte Auktionshaus „eBay". Das Kaufen und Verkaufen bei eBay oszilliert zwischen Spielprozessen und Handeln in der realen Welt. Vermutlich macht dieser Umstand den besonderen „spielerischen Reiz" der Online-Auktionen aus. Man kann Waren, die man nicht mehr benötigt, ins Netz stellen und voller Spannung abwarten, welchen Preis man damit erzielen kann. Ein ähnliches, wenn nicht gar größeres Spannungsmoment erfahren die Bieter bei Online-Auktionen, getreu dem Slogan: „drei,... zwei, ... eins, ... meins." Möglicherweise ist für viele Teilnehmer der spielerische Reiz stärker, als die konkrete Nutzung der Ware. Inzwischen haben die Anbieter und Bieter ausgeklügelte Strategien entwickelt, wie sie günstig kaufen und verkaufen können. Diese Entwicklungen tragen alle Merkmale von Spielprozessen. Das ausgefeilte Regelsystem bei eBay ist mit Spielkonstrukten vergleichbar. Dies ist aber nur die eine Seite. Die andere verweist untrüglich auf die reale Welt. Es geht um rechtsverbindliche Kaufverträge: Bei Spaßbietern hört für viele der Spaß auf. Zu bedenken ist, dass inzwischen sehr viele Anbieter von Waren Ebay-Händler geworden sind, die unter professionellen Gesichtspunkten den Ebay-Handel betreiben. Die ökonomischen Prinzipien der realen Welt überlagern hier sehr deutlich die spielerischen Anteile der virtuellen Welt.

Eine besondere Form der virtuellen Gemeinschaften sind die „virtuellen Spielgemeinschaften", die in der Regel zwischen virtueller Spielwelt und virtueller Welt zu verorten sind. Der Bezug auf das Computerspiel und die damit verbundenen Spielprozesse sind ebenso charakteristisch wie die Orientierung an sozialen Interessen. In der Organisation von LAN-Partys oder dem Verkauf virtueller Spielfiguren gegen „richtiges" Geld gibt es fließende Übergänge zur realen Welt. Bei Wettbewerben zwischen verschiedenen Clans (bei denen es auch um Preisgelder gehen kann) ragen einige dieser Gemeinschaften noch deutlicher in die reale Welt hinein. Sie sind zu Spieleprofis geworden, ähnlich den Stars bei sportlichen Wettkämpfen, bei de-

---

9 Bolter, Jay D.: Das Internet in der Geschichte der Technologie des Schreibens; in: Münker, Stefan und Roesler, Alexander (Hrsg.): Mythos Internet, Suhrkamp Verlag, Frankfurt 1977, S. 52.

nen die Spielprozesse nicht einer Spielwelt, sondern der realen Welt zuzurechnen sind.

Auf die virtuellen Spielgemeinschaften gehen wir noch genauer ein. Schauen wir uns zunächst erst einmal den Kern der virtuellen Welt etwas genauer an: die virtuellen Spielwelten.

10.3. Virtuelle Spielwelten

Geräte und Gegenstände

Um zu verstehen, was „virtuelle Spielwelten" sind, schauen wir uns zunächst einmal die Gegenstände an, die für die Spielprozesse notwendig sind. Da ist zunächst ein Computer - wohl verwahrt in einem Gehäuse. Erforderlich sind auch ein Bildschirm, der mit dem Computer verbunden ist, und Lautsprecherboxen. Zur weiteren Ausstattung gehören „Eingabegeräte": eine Tastatur, eine „Maus", ein „Joystick" oder Geräte mit ähnlicher Funktion. Weniger auffällig ist das „eigentliche" Computerspiel: Software, die das „Programm" des Spiels enthält. Um das Programm mit dem Computer zu verbinden, benötigt man „Datenträger". In der Regel finden dafür Disketten, Einsteckmodule oder Compactdisks (CD's) Verwendung. Diese benötigen bestimmte „Laufwerke": Diskettenlaufwerke und Festplattenlaufwerke, Modulschächte, CD-ROM-Laufwerke).

Von der Geräteseite her unterscheidet man folgende Formen von Spielen:

a) Die Arcade-Games: Das sind die Spielautomaten, die man vornehmlich in den Spielhallen finden kann und die ein actionreiches Spiel gegen klingende Münze bieten.

b) Die „eigentlichen" Computerspiele: Die Hardware besteht aus Computern unterschiedlichen Typs, vom „Steinzeit"-Computer C 64 über Amiga bis hin zu den modernen Personal-Computern, insbesondere Geräte des Typs MS-DOS und Apple-Macintosh. Als Software steht eine kaum noch zu überblickende Menge an Spielen zur Verfügung, meist als CD-ROM.

c) Die Videospiele oder Konsolenspiele: Dieser Computertyp ist „nur" für das Spielen vorgesehen und für diesen Zweck optimiert: Schneller Prozessor, gute Grafik, guter Sound, einfache Bedienung. Datenträger sind Einsteckmodule oder (bei den neuesten Modellen) CD-ROM-Disks. Nur wenige Firmen beherrschen den Markt der Videospiele: Nintendo und Sony. Mit Macht platziert sich nunmehr auch Microsoft mit einer neuen, noch leistungsstärkeren Spielkonsole auf dem Markt.

d) Die tragbaren Videospiele: Hier ist alles noch einfacher und unkomplizierter, um schnell und überall ins Spiel zu kommen. Nach dem Prinzip des „All-in-One" ist schon alles „an Bord": Bildschirm, Prozessor, Joystick, Stromversorgung. Nur noch die Spielmodule einschieben: und schon kann es losgehen. Es verwundert daher nicht, dass diese tragbaren Videospiele nach dem Muster des „Gameboy" gerade unter Kindern großes Interesse finden.

Die Unterschiede sollten nicht darüber hinwegtäuschen, dass alle Erscheinungsformen auf den gleichen technischen Voraussetzungen beruhen und einander sehr ähnliche Geschehensabläufe bewirken.

Geschehen auf dem Bildschirm

Schauen wir uns nun an, was sich auf dem Bildschirm tut. Offensichtlich ist das, was wir als „virtuelle Spielwelt" rahmen, zwingend auf Bild- und Toninformationen angewiesen. Der Spieler steht vor der Aufgabe, diese sich ständig verändernden Informationen angemessen wahrzunehmen und sein spielerisches Handeln darauf abzustimmen.

Das, was „Grafik" genannt wird, sind in der Regel „bewegte Bilder", die unterschiedliche Qualität haben. Je nach Spiel und Grafikkarte des Computers ist die grafische Struktur der Bilder unterschiedlich in Hinblick auf den Detailreichtum und perspektivische Darbietungsform. Das Bestreben der Spieldesigner geht dahin, in den Spielen einen Detailreichtum und eine perspektivische Darbietungsform zu erreichen, die das Niveau von Zeichentrickfilmen und Spielfilmen besitzen.

Im Gegensatz zu „Standbildern" besitzen Filme das Element der Bewegung. Fast alle neueren Spiele der virtuellen Spielwelt enthalten auch Bewegungselemente, die für die Beurteilung der Produktqualität bedeutsam sind. Wichtige Objekte eines Computerspiels sind in der Regel „animiert", d.h. sie bewegen sich oder lassen sich bewegen. Dadurch heben sie sich als „Figuren" vom „Grund" der Grafik ab und signalisieren dem Spieler, dass auf sie in besonderer Weise zu achten ist. Mit Hilfe der Figuren kann der Spieler Zusammenhänge und Regeln erkennen. Berührt beispielsweise eine Tierfigur einen Baumstamm, bewegt sich eine auf dem Baum befindliche andere Figur.

Spezielle Computerspiele verfügen, wie Computer-Anwendungsprogramme, über Texte, Tabellen, Schaubilder und „Menüleisten", die dem Spieler Möglichkeiten bieten, das Geschehen auch aus anderen Perspektiven zu verstehen. Sie besitzen zum Teil eine wichtige Funktion in der Ergänzung des animierten Geschehens und erlauben es dem Spieler, das aktuelle Geschehen auf dem Bildschirm in seinen Ursachen, Verknüpfungen und Zusammenhängen angemessen einzuordnen.

Die akustischen Signale ergänzen die Grafik. Da gibt es häufig Musikuntermalungen, die dem Geschehen und Spielstimmung angepasst sind. Geräusche und gesprochene Sprache begleiten die Bewegungen der Spielfiguren und schaffen so einen grafisch-akustischen Geschehensablauf, der so auch in Zeichentrickfilmen und Spielfilmen dargeboten wird.

Durch die Wahrnehmung des Geschehens auf dem Bildschirm erkennt der Spieler die Bedeutungen der Spielfiguren und ihre Funktionen in Bezug auf andere Figuren. Mediale Erfahrungen und Lernprozesse in der „Computerspiel-Sozialisation" bewirken, dass der Spieler das Geschehen auf dem Bildschirm angemessen zu strukturieren lernt. Er versteht, was dort geschieht und was es bedeuten soll.

Motivationen der Spieler

Im Mittelpunkt steht der Wunsch der Spieler, Erfolg zu haben. Computerspiele vermitteln das Gefühl von Macht und Kontrolle in einer miniaturisierten und auf wenige Grundelemente reduzierten Welt. Der Begriff „Spielkontrolle" drückt aus, dass man das Spiel beherrscht, weil man die wesentlichen Leistungsforderungen erfüllen kann. Durch die Kontrolle des Spiels wird die „virtuelle Welt" zur beherrschbaren Lebenswelt. Der erfolgreiche Spieler hat sein „Bleiberecht" im Spiel erkämpft.

Warum sind Macht, Kontrolle und Herrschaft wesentliche Motive, die von Bildschirmspielen angesprochen werden? Man könnte schlicht antworten: Nur von diesen Motivkonstellationen haben sich die Spieler ansprechen lassen. Sehr viele Kinder, Jugendliche und junge Erwachsene suchen ihre Bewährung in der „Welt am Draht". Hier gewinnen sie einen Spielraum, in dem sie das Bewusstsein haben dürfen, kontrollieren zu können, Macht und Herrschaft auszuüben. Die Spieler nutzen Bildschirmspiele zwar als Mittel gegen Langeweile und mangelnde Anregungen in ihrer Lebenswelt. Im Wesentlichen dienen die Spiele jedoch zur „Selbstmedikation" gegen Misserfolgsängste, mangelnde Lebenszuversicht und gegen das Gefühl, ihr eigenes Leben nicht beherrschen und kontrollieren zu können. Warum können Bildschirmspiele dazu beitragen?

Die Bildschirmspiele bieten Erfolgserlebnisse in Leistungsbereichen und zu Spielinhalten, die sich die Spieler selbst aussuchen und dessen Schwierigkeitsgrad sie selbst bestimmen können. Sie verstärken damit die Zuversicht der Spieler, sich in der Lebenswelt behaupten zu können. Die virtuelle Wirklichkeit des Bildschirmspiels wirkt, weil seine wesentliche Botschaft zu den wirkungsvollsten Wirkkräften des Lebens gehört.

Warum Computerspiele eine virtuelle Spielwelt entstehen lassen

Jede Welt wird wirksam und damit „wirklich", wenn man ihr Aufmerksamkeit schenkt. Denkt man an die Verkaufszahlen für Computer und Computerspiele und vor allem an die Zeit, die Kinder, Jugendliche und auch junge Erwachsene diesem Medium zuwenden, ist der Gedanke nicht abwegig, dem Computerspiel den Charakter einer eigenen, einer virtuellen Spielwelt zuzumessen. Bei vielen von uns befragten Spielern kann davon ausgegangen werden, dass sie sich so intensiv in das Computerspiel versenken, dass es für sie zur virtuellen Welt wird.[10] Die Partner unserer Interviews beschreiben ihre Aufenthalte in der virtuellen Welt mit Begriffen wie: ausklinken, mich vergessen, abtauchen, fesseln, hineinversetzen, reinfinden, drin sein, ausleben, verfallen, ganz dabei sein, abschalten, vertiefen. Die auf Leistung, Kontrolle und Herrschaft aufgebaute Welt fordert durch ihre interne Strukturierung ein hohes Maß an Aufmerksamkeit und Konzentration und begünstigt von daher intensive Aufenthalte in der virtuellen Welt. Dies gilt sowohl für Jungen wie Mädchen und erstreckt sich über die gesamte Altersspanne.

Ausgangspunkt intensiven Spielerlebens ist die Erfahrung der eigenen Kompetenz: „Wie ich mich fühle, kommt darauf an, was für ein Spiel es ist. Wenn es eins ist, was ich gut kann und was mir Spaß macht, dann ist es schön, es gespielt zu haben. Und wenn nicht, wenn ich mich aufrege oder wenn ich gerade etwas spiele, das ich nie geschafft habe, mein Herz läuft dann eben ..." (Schülerin, 13 Jahre).

Das Gefühl, etwas wirklich zu können und das auch bestätigt zu bekommen, ist für manche Mädchen und Jungen so befriedigend, dass sie es möglichst lange genießen wollen. So entsteht eine Sogwirkung, die die Spieler an sich beobachten: „Das zieht einen irgendwie immer an. Das ist das Spiel! (...) Wir haben seit drei Monaten einen Computer. Wir hatten davor Nintendo, das war noch schlimmer. Jedes Mal, wenn ich nach der Schule nach Hause kam, hab ich direkt gespielt. Ich war irgendwie süchtig" (Schülerin, 16 Jahre). Ähnliche Erfahrungen hat eine 17-jährige Schülerin gemacht: "Ich weiß nicht, also ich will irgendwann nicht mehr aufhören, ich will immer weiter. Ich weiß, dass ich irgendwann ans Ziel komme und dann nichts mehr zu lösen ist." Hinter dieser Empfindung steht das Bedürfnis, die Grenzen der eigenen Kompetenz zu erfahren und immer weiter auszudehnen. Das Computerspiel bietet diese Erfahrung auf einer symbolischen Ebene: Ist ein Teilziel geschafft, taucht auch schon das Nächste auf. Mit jedem Erfolg wird die Zuversicht gestärkt, "ans Ziel" zu kommen, dorthin, wo keine Aufgaben mehr warten.

Um das Gefühl der Kompetenz genießen zu können, muss man voll in der „Tätigkeit" aufgehen: „Eigentlich ist das reizlos, wenn man zu viel Abstand hat vom Computerspielen, finde ich. Es verliert eigentlich jeden Reiz. Wenn man sich da wirklich hinsetzt und denkt: Ja das ist irgend ein blödes Spiel, da läuft jetzt irgend ein blödes Teil rum, du steuerst das irgendwie von ganz außen, dann wird es irgendwo uninteressant. Für mich liegt auf jeden Fall der Reiz darin, sich da rein zu versetzen und zu versuchen, sozusagen in diese Welt einzutauchen. Und eben, wenn das richtige Spiel kommt, dann sitze ich dann halt auch da wie so ein Depp, stundenlang.

---

10 Vgl. Fritz, Jürgen (Hrsg.): Warum Computerspiele faszinieren, Juventa Verlag, Weinheim und München 1995.

Spiele halt die Nacht durch oder so. Weil ich da schon total drin gefesselt bin, würde ich sagen" (Schüler, 17 Jahre).

Der Verminderung der Distanz zum Spielprozess schafft für viele Spieler einen „Reizschutz", eine Distanz zu den Problemen seiner realen Welt. Die Spiele schirmen den Spieler von den Gedanken an seine Lebenswelt ab, indem sie das Reizniveau des Spiels (z.B. durch permanente „Bedrohungssituationen", Zeitstress oder Ausweitung der zu durchdenkenden Komplexität) so anheben, dass der Spieler auf keine anderen Gedanken mehr kommt. So wird die Notwendigkeit zur Konzentration zum eigentlichen Spielreiz: „Mir gefällt, dass ich, wenn ich ein Spiel spiele, immer nur an das Spiel denken muss und nur mit dem Spiel verbunden bin und gar nichts anderes. Ich konzentriere mich nur auf das Spiel" (Schüler, 13 Jahre). Von daher wird es für die Programmierteams zu einer zentralen Aufgabe, die emotionale Intensität und „Erlebnisdichte" der Spiele zu erhöhen. Je stärker die Faszinationskraft, desto höher der Verkauf.

Wesen der virtuellen Spielwelten

Wenn es im Computerspiel um Macht, Herrschaft und Kontrolle geht, dann sollte man auch fragen, um was es dort *nicht* geht. Computerspiele fordern keine „emotionale Intelligenz". Der Spieler steht nicht vor dem Erfordernis, sich emotional in ein „Gegenüber" hineinzuversetzen oder Situationen unter emotionalen Gesichtspunkten zu verstehen. Der gesamte Bereich der Empathie bleibt ausgespart - und damit ein entscheidender Aspekt des menschlichen Zusammenlebens. Die den Menschen kennzeichnende Interaktivität, also das Bewusstsein, wechselseitig aufeinander bezogen zu sein, ist bei den Computerspielen um die emotionale und empathische Dimension verkürzt. „Interaktivität" heißt im Computerspiel lediglich, strategisch und taktisch angemessene Verhaltenssequenzen auszubilden, um in der virtuellen Welt zu „überleben".

Das Computerspiel ist in seiner generellen Ausrichtung weniger ein „semantisches", sondern eher ein „syntaktisches" Spiel. Bei ihm kommt es in erster Linie nicht auf die Bedeutung an, sondern auf die Wirkzusammenhänge. Der Bedeutungsgehalt ist für das Spielkonstrukt „Computerspiel" eine Bilderwelt ohne Bedeutung. Die Spieler erlangen keine Macht über die Bedeutungsgehalte, sondern über die Funktionsabläufe. Für sie ist das Computerspiel in erster Linie kein Film, dessen Deutungsmustern zu folgen wäre. Es sind vielmehr funktional angelegte Handlungssequenzen, die vom Spieler zu bewältigen sind.

Woran liegt das? Im Computerspiel gibt es kein „personales Gegenüber". Daher geht es um das Verstehen und Beherrschen von Reiz-Reaktions-Sequenzen und nicht um das „Einfühlen" in eine emotional getönte Situation. Spielentscheidend ist das instrumentelle und rationale Kalkül: Sieger ist, wer „schneller schießt und öfter trifft", aber auch: wer „schneller plant und klarer denkt". Gefühle aller Art sind hier störend. Dies gilt für moralisch-emotionale Auseinandersetzungen mit dem Spielinhalt ebenso, wie für Identifikationen mit Spielfiguren und Spielsituationen. Damit deuten die Bedeutungen der Spielinhalte auf keine Entsprechungen in der realen Welt, sondern bleiben auf ihre Funktion im Spiel begrenzt. Das Niederschießen einer anderen Spielfigur bedeutet nur das Vorankommen im Spiel - nicht Tötung, Schmerz und Leid. Diese Gedanken werden von Spielern (oder Zuschauern des Spiels) hinzu gedacht. Sie stellen sich als Assoziationen zum Spiel meist unkontrolliert und spontan ein und lösen Wertentscheidungen aus, die sich auf die reale Welt, nicht aber auf die virtuelle Welt des Spiels beziehen. Diese Wertorientierungen sind jedoch für die Auswahl der Spiele durch die Spieler nicht unwichtig. Vielmehr meiden die Spieler solche Spielinhalte, die ihren auf die reale Welt bezogenen Werturteilen deutlich widersprechen. Gleichwohl: Die virtuelle Spielwelt ist (zunächst) eine von Ethik und Moral „freie" Welt. Die Regeln des Spiels, die die Geschehensabläufe der virtuellen Welt bestimmen, folgen einer internen, am Spielprozess und ihren Wirkungen orientierten Logik und nicht einer moralischen Vorentscheidung.

Eine derartige Orientierung fällt umso leichter, wenn die Spielfiguren in der virtuellen Welt (noch) keine ausdifferenzierten Charaktere sind, die sich auch emotional weiterentwickeln und verändern. Selbst in „Rollenspielen" bleiben sie klischeehaft und auf ihre funktionalen Aspekte begrenzt. Sie mögen zwar „Erfahrungspunkte" hinzugewinnen, an „Kampfkraft" zulegen und weitere „magische Fähigkeiten" erwerben, eine „Persönlichkeit" mit Tiefe, Individualität und Prägnanz werden sie nicht erlangen. Sie bleiben „Schachfiguren", in die der Spieler Emotionalität und Persönlichkeit „hineindenken" muss, wenn ihm dies wichtig ist und er darüber einen stärkeren emotionalen Bezug zum Spiel herstellen will.

Aus diesem Grund gewinnen Mehrpersonen-Spiele, die über Netz gespielt werden können, zunehmend an Beliebtheit. Dies ändert zwar nichts an der Eigenart der Spielfiguren, wohl aber an der Spielatmosphäre. Es ist jetzt ein Mensch, der die gegnerischen Figuren lenkt und nicht ein Computerprogramm. Ich spiele nicht mehr „gegen" den Computer, sondern „mit" einem Menschen. Das Spielgeschehen ist um menschliche Handlungsmöglichkeiten erweitert und kann sich ein Stück weit aus der Enge Computer generierter Handlungssequenzen lösen. Gleichwohl wird die Unmittelbarkeit einer menschlichen Begegnung damit nicht erreicht. Es bleibt ein mittelbarer und darum eingegrenzter Kontakt: vermittelt über ein Computerprogramm und realisierbar nur auf der Folie einer virtuellen Welt. Wir werden darauf im Abschnitt „Virtuelle Spielgemeinschaften" noch näher eingehen.

Handlungsforderungen
Die Beherrschung des Spiels, das Ausüben von Macht und Kontrolle ist mit spielerischen Herausforderungen verknüpft. Um im Spielprozess voranzu-

kommen und das Bleiberecht zu behaupten, muss ich „Widerstände" überwinden, Fähigkeiten erlangen und Aufgaben erfüllen. Ich muss also etwas tun und darf nicht nur passiv hinnehmen, was auf dem Bildschirm geschieht. Die virtuelle Spielwelt des Computerspiels entfaltet sich nur und nur insoweit, als ich mich auf die Spielforderungen und Aufgaben einlasse, meine „Arbeit" tue und die „Missionen" erfülle. Damit Spannung im Spiel entsteht, ist es ungewiss, ob ich Erfolg habe. Um zu „gewinnen", muss ich mich anstrengen, Konzentration aufbringen, meine Fähigkeiten entwickeln, indem ich bereit bin, aus meinen „Fehlern" zu lernen.

Je nach Spiel geht es um unterschiedliche Aufgaben und Bewährungssituationen, um verschiedene Fähigkeiten und Schwierigkeiten. Bei den „Action-Spielen" kommt es auf Reaktionsschnelligkeit an und auf gute Auge-Hand-Koordination. Ich muss lernen, meine Spielfigur geschickt zu lenken, stets aufmerksam und konzentriert zu sein, wichtige von unwichtigen Elementen zu unterscheiden. Der Gedächtnisleistung und der räumlichen Orientierung kommen teilweise große Bedeutung zu. Die Adventures stellen große Anforderungen an die Fähigkeit, „Rätsel" zu lösen. Meist geht es darum, durch Denkprozesse und durch Ausprobieren die Handlungssequenzen herauszufinden, die einen weiterbringen.

Strategiespiele machen es notwendig, sich mit komplexen Regelwerken zu befassen und Spielentscheidungen zu treffen, die die eigene Spielposition verbessert. Der Spieler ist in vielschichtige Denk- und Problemlösungsprozesse eingewoben. Er muss Spielelemente kategorisieren, indem er ihr Wirkspektrum und ihre Abhängigkeiten herausfindet. Will er beispielsweise in den „imperialen" Strategiespielen eine Siedlung gründen und aufbauen, muss er wissen, welche Bauwerke er benötigt, in welcher Reihenfolge sie zu erstellen sind und in welchen Wechselbeziehungen die „Produkte" dieser Bauwerke zueinander stehen. Die „militärstrategischen Spiele" müssen darüber hinaus die möglichen Spielhandlungen des Gegners mit einbeziehen und die eigene „Ressourcenverwaltung" darauf abstimmen.

Militärsimulationen im Stil der „Flight-and-Fighter-Games" machen es notwendig, sich mit den technologischen Besonderheiten des Militärgeräts und der Waffen vertraut zu machen, um dann die für die jeweiligen „Missionen" angemessenen Kombinationen auswählen und wirkungsvoll, d.h. geschickt und unter Kenntnis ihrer jeweiligen Wirkungen einsetzen zu können.

Diese Beispiele mögen genügen, um deutlich zu machen, dass jeder Spieltyp ein spezifisches Spektrum an Fähigkeiten fordert und die Spieler darin ausbildet. Da der Spielerfolg im Zentrum der Spielmotivation steht, ist es nicht verwunderlich, dass die Spieler sich auf bestimmte Genres spezialisieren und d.h., dass sie in der Regel die Spiele wählen, die ihren eigenen Fähigkeiten entgegenkommen. Damit es für sie spannend bleibt (und nicht frustrierend oder gar langweilig wird), wählen sie Spiele aus, die auch vom

Schwierigkeitsgrad und der Komplexität für sie „maßgeschneidert" sind. Die Hersteller, die am Verkauf großer Stückzahlen interessiert sind, entwickeln aus diesem Grunde Spiele, in denen der Schwierigkeitsgrad langsam steigt und die „tutoriellen Vorgaben" sehr anwenderfreundlich konzipiert sind. So ist gewährleistet, dass interessierte Spieler nicht vorschnell abgeschreckt werden, sondern sich in „ihrem" Spiel wieder finden können.

Neben den akzeptablen Spielforderungen sind es nicht zuletzt auch reizvolle Spielinhalte, die zum Weiterspielen motivieren. Da gilt es, unbekannte Gebiete zu entdecken, die voller Überraschungen sind. Man kann wissenschaftliche Entdeckungen machen, mit deren Hilfe die virtuelle Welt weiter ausgebaut werden kann. „Böse Feinde" können mit Hilfe eines ganzen Arsenals Tod bringender Waffen wirkungsvoll „niedergemacht" werden. Mit viel Liebe zum Detail kann man sich um die Besiedelung neuer Welten, um den Ausbau von Staaten, Städten und Eisenbahnverbindungen kümmern. Mit anderen Worten: In der virtuellen Welt gibt es immer viel zu tun. Packen wir es an! Doch wer ist es, der hier etwas anpacken soll?

Einwirkungsmöglichkeiten
Der Spieler hat die Möglichkeit, das Geschehen auf dem Bildschirm zu beeinflussen. Erst indem er seine Aufmerksamkeit auf den Bildschirm lenkt und etwas tut, kann sich die virtuelle Spielwelt in den Strukturvorgaben des Computerprogramms entfalten. Der Spieler handelt jedoch nicht direkt und unmittelbar, wie dies in der realen Welt möglich wäre. Die Objekte in der virtuellen Welt kann er (noch) nicht direkt anfassen und bewegen, sie verändern oder sich einverleiben. Er benötigt vielmehr „handlungssensible Bildelemente", durch die er sein spielerisches Handeln in der virtuellen Welt verwirklichen kann.

Bei relativ einfachen Computerspielen sind dies Bildelemente, die durch Tastendruck oder durch „Anklicken" aktiviert werden können. Bei Flippersimulationen beispielsweise werden die Flipper durch zwei Tasten auf der Tastatur „betätigt". Der Abschuss des Balls geschieht durch eine weitere Taste. In diesem Falle „simuliert" die Tastatur die Bedienungselemente eines realen Flippers.

Bei vielen Computerspielen muss man eine Spielfigur steuern oder aus der Ego-Perspektive handeln, um das spielerische Geschehen beeinflussen zu können. Spielfiguren können menschenähnliche Wesen, Tiere oder Fahrzeuge sein. Die Steuerung erfolgt in der Regel durch den „Joystick" oder durch die „Maus". Mit Hilfe der zu steuernden Spielfigur schafft sich der Spieler einen Zugang zur „Welt am Draht. Die Spielfigur wird dabei zu einer Art „elektronischen Stellvertreter" in der Welt auf dem Bildschirm. Die Teilhabe an dieser Welt erfolgt durch eine angemessene „sensumotorische Synchronisierung", durch ein Ineinssetzen der eigenen Köperbewegungen mit den Bewegungs- und Handlungsschemata der Spielfigur. Das wiederholte Spiel führt durch den Übungseffekt zum Erwerb automatisierter Körperbewegungen mit Joystick und Maus, die zu mehr oder weniger angemessenen Bewegungen der „elektronischen Marionette" auf dem Bildschirm führen.

Auf der anderen Seite gibt es zahlreiche Bildschirmspiele, bei denen ein „elektronischer Stellvertreter" in Form einer zu steuernden Spielfigur offensichtlich fehlt. Dies gilt insbesondere für Spiele, die dem Bereich „Denken" zuzuordnen sind. Bei diesen Spielen (insbesondere bei den Strategiespielen) gibt es kein trickfilmartiges Geschehen, sondern lediglich Spielelemente, die wie bei einem Brettspiel versetzt und verändert werden. Der Spieler ist nicht sensumotorisch im Spiel „drin", sondern befindet sich noch stärker „außerhalb" des aktuellen, auf dem Bildschirm ablaufenden Geschehens. Von dieser Position wirkt er auf das Spielgeschehen wie bei einem Anwendungsprogramm mit Benutzeroberfläche ein. Das spielerische Handeln zentriert sich nicht mehr auf eine einzelne Figur, sondern findet sich im „Gewebe" des gesamten Spiels wieder.

Je nach Art und Form der Einwirkungsmöglichkeiten auf das Spiel kann man sowohl zwischen unmittelbarer und mittelbarer als auch zwischen direkter und indirekter Lenkung des Spiels unterscheiden. Bei den duellhaften „Prügelspielen" lenke ich meinen „elektronischen Stellvertreter" direkt und unmittelbar. Je nach Eingabe durch den Joystick vollzieht die Spielfigur sofort (also unmittelbar) eine bestimmte Bewegung, die ich genau festlegen kann (direkt).

Auf der anderen Seite des Spektrums an Einwirkungsmöglichkeiten befinden sich die Strategiespiele. Anhand von Auswahlmenüs verändere ich Produktionszahlen oder „veranlasse", dass Ware produziert wird oder Truppenbewegungen erfolgen. In allen diesen Fällen ist mein spielerisches Handeln mittelbar (nämlich über Auswahlmenüs und in seinen Auswirkungen zeitlich verzögert) und indirekt (die „Arbeiter" und die „Truppenteile" bewegen sich „von alleine").

In den sehr erfolgreichen „aktionalen Strategiespielen" (wie z.B. „Warcraft" und „Age of Empire") habe ich zwar unmittelbare Einwirkungsmöglichkeiten (die ausgewählten Truppenteile handeln sofort). Diese Einwirkung ist jedoch indirekt. Ich kann nicht direkt Einfluss auf die Körperbewegungen nehmen, sondern lediglich „Befehle" geben, die, wenn möglich, ausgeführt werden. Dies bietet den Vorzug, in das „lebendige" Geschehen unmittelbar „eingewoben" zu sein, ohne dabei mit der Notwendigkeit konfrontiert zu werden, sich um alle Details direkt kümmern zu müssen.

Zeit
Das Handeln in der virtuellen Welt ist mit speziellen Zeitaspekten eng verwoben. Je nach Spiel hat man es mit zwei unterschiedlichen Zeitmodi zu tun: 1) Realtime-Modus und 2) Turn-Modus.

1. Bei einem Spiel im *Realtime*-Modus ist der Spieler in die Unmittelbarkeit eines ablaufenden Spielgeschehens einbezogen. Innerhalb der Taktungen dieser Zeit ist der Spieler vor die Notwendigkeit gestellt, ohne Verzug zu handeln. Er ist mit einer Art „Filmgeschehen" konfrontiert, also mit beweglichen Figuren, die sein Handeln erforderlich machen, will er nicht sein „Bleiberecht" in dieser virtuellen Welt aufs Spiel setzen. Und selbst wenn er durch seine Passivität keinen „Bildschirmtod" erleiden sollte, so setzt sich das Geschehen auf dem Bildschirm ohne sein Zutun nicht fort, sondern bewegt sich „auf der Stelle" in immer gleichen Mustern.

   Viele Spiele im Realtime-Modus setzen den Spieler unter Zeitdruck. Das bedeutet, dass viele Spielhandlungen innerhalb einer sehr kurzen Zeitspanne durchzuführen sind. Entscheidungen sind innerhalb radikal verkürzter Zeitintervalle zu treffen, was teilweise eine enorme Reaktionsschnelligkeit vom Spieler fordert. Der Zeitdruck verschärft sich häufig noch dadurch, dass der Spieler Multitasking-Situationen bewältigen muss: Zeitlich parallel laufende Handlungsstränge müssen im Auge behalten und weitergeführt werden. In einem solchen Fall kommt es auf das richtige Timing an: Was muss zuerst, was später „erledigt" werden? Was hat Aufschub, was muss sofort gemacht werden?

   Manche Spiele ermöglichen es, die Zeittaktung zu variieren. Der Spieler kann die Spielgeschwindigkeit beschleunigen oder verlangsamen, um so einen für ihn angenehmen „Zeitstress" zu erreichen. Er kann auch durch die meist vorhandene Pausenfunktion das Spiel anhalten, also den Zeitfluss stoppen, um zu anderer Zeit, aus einem anderen Zeitkontinuum heraus, die Zeit in der virtuellen Welt weiter fließen zu lassen.

2. Völlig anders erscheint die Zeit im *Turn*-Modus. Hier hat der Spieler „alle Zeit der Welt". Er kann in Ruhe überlegen, seine Spielhandlungen planen und Entscheidungen treffen. Erst am Ende dieser „angehaltenen Zeit" fließt die Zeit in der Virtualität für einen kurzen Moment weiter und zeigt dem Spieler in diesem kurzen Moment die Wirkungen seines spielerischen Handelns. In der meisten Zeit ist der Spieler also außerhalb des virtuellen Zeitflusses, den das Computerspiel kennzeichnet.

   Die Möglichkeiten, Spielstände zu speichern, die es sowohl im Realtime-Modus als auch im Turn-Modus gibt, beeinflussen sehr deutlich die Rolle der Zeit in der virtuellen Welt. Dadurch ist das Spielgeschehen nicht endgültig; alles hat einen revidierbaren Status; man kann immer wieder neu anfangen. Durch die Wiederholungsmöglichkeiten erlangt man eine „unendliche Gegenwart": In der Welt des Computerspiels ist nichts „wirklich" abgelaufen, sondern lediglich „virtuell". Auf einer „gedachten Zeitleiste" kann alles immer wieder aktualisiert werden. Indem ich meine Aufmerksamkeit auf einen längst schon geschehenen Punkt der Spielentwicklung lenke, steige ich in diese Zeit wieder ein und verändere etwas, was schon gewesen war.

Die „virtuelle Zeit" im Computerspiel hat die Funktion, dem Spieler bei der Beherrschung der virtuellen Welt entscheidende Hilfen zu geben. „Zeitsprünge" ermöglichen es, Schwierigkeiten immer wieder anzugehen, bis sie bewältigt sind. Der Spieler hat die Chance, es immer wieder zu versuchen, ohne dass sein Scheitern zur Folge hätte, *ganz von vorne* wieder anzufangen.

Die Zeit in der virtuellen Welt ist zwar im Zeitkontinuum der realen Welt „eingefaltet", befindet man sich jedoch in der Virtualität, folgt man der *dort* gültigen Zeit. Im Nachhinein, wenn man in den Zeitfluss der realen Welt zurückgelangt ist, werden die Aufenthalte in der virtuellen Welt als „Zeitverlust" wahrgenommen und bewertet. Vielen Spielern erscheinen die Aufenthalte im Computerspiel wie „vertane Zeit". Es ist, als hätten sie aus der realen Welt Zeit „geborgt", die sie nicht mehr zurückzahlen können. Erst wenn ein Nutzen für die reale Welt ausgemacht wird, kommt es auf eine „Rückzahlung der Zeitschulden" nicht mehr an.

10.4. Märchenwelten und virtuelle Spielwelten

Thematiken, Symbole und Erzählmuster

Märchenwelten und virtuelle Spielwelten scheinen auf den ersten Blick wenige Gemeinsamkeiten zu besitzen. Hier ist eine weit in die Vergangenheit zurückreichende magisch anmutende Kinderwelt, dort ist ein High-Tech-Medium, das bruchlos an die technischen Innovationen unserer Jetztzeit anknüpft. Das Märchen kann man lesen oder es sich erzählen lassen; das Computerspiel fordert aktives Mittun, um den Fortgang in der Entfaltung der Geschichte zu sichern.

Bereits bei einem zweiten flüchtigen Blick fallen einige Gemeinsamkeiten auf: Hier wie dort gilt es, Abenteuer zu bestehen, Gefahren zu meistern, gefährliche Ungeheuer zu besiegen, seinen Weg zu finden, reich zu werden, wertvolle Gegenstände zu finden, Freunde zu gewinnen, auf hilfreiche Wesen zu stoßen. In vielen virtuellen Spielwelten tauchen märchenähnliche Figuren auf, die wir so oder ähnlich aus den Märchenbüchern kennen: gefährliche Tiere, Riesen, Heldengestalten, Hexen, Zauberer, Drachen. Wie im Märchen bieten auch zahlreiche Computerspiele die Möglichkeit, auf magische Gegenstände zu stoßen und sie in Gebrauch zu nehmen: wirkungsvolle Waffen, schnelle Transportmittel, Heilmittel und Arzneien. Nicht zu vergessen sind die Zaubersprüche, die in zahlreichen Bildschirmspielen vonnöten sind, um Gegner abzuwehren, sich selbst zu schützen oder Verletzungen auszukurieren. Schließen tauchen hier wie dort wertvolle Schätze auf: Truhen voll Gold, Juwelen und Perlen.

Nicht wenige Computerspiele haben ein Erzählmuster, das sehr deutlich auf Märchen verweist. Bei Kindern und Jugendlichen sehr beliebt ist z.B. „The Secret of Monkey Island".[11] Die Hauptfigur, ein kleiner Junge, möchte Pirat werden und zieht in die Welt. Um zu seinem Ziel zu gelangen, muss er Prüfungen bestehen und Rätsel lösen. Nach diesen ersten Aufgaben gilt es, sich auf die Suche nach einer entführten Frau zu begeben und einen Bösewicht zu besiegen. Am Ende steht die Hoffnung, das Glück mit dieser Frau genießen zu können. Bis dahin sind es unendlich viele kleine Schritte, die getan, und Kenntnisse, die erworben werden müssen.

Von diesen, auf Kinder und Jugendliche gut abgestimmten „Grafik-Adventures" gibt es mittlerweile eine recht gute Auswahl. In Thematik und Art der Spielfiguren lassen sich sowohl Bezüge zu Märchensymbolen als auch zur Bilderwelt der Comics herstellen. Während ein Spiel wie „Day of the Tantacle" durch seine lustigen Comic-Helden und die eingewobenen SF-Elemente eher etwas für Jugendliche ist, dürfte ein Spiel wie „Simon the Sorcerer" auch für Jüngere von Interesse sein, gilt es doch in der Rolle eines kleinen Zauberers seinen Weg zu finden, Gefahren zu bestehen und Abenteuer zu erleben - ganz so, wie man es von Märchen gewohnt ist.[12]

Diese Parallelen im Erscheinungsbild von Märchen und Bildschirmspielen lassen es reizvoll erscheinen, die beiden Medien etwas gründlicher zu vergleichen.[13] Dabei gehen wir von der Frage aus, welche Bedeutung Märchen und Computerspiele für Kinder und Jugendliche haben können, worin ihr besonderer Reiz und ihre große Faszinationskraft liegen. Wir werden untersuchen, ob sich in den Funktionen und Wirkungen dieser beiden Medien Parallelen finden lassen und wo die gravierenden Unterschiede liegen.

Märchen und Innenwelt

Auf den ersten Blick scheinen Märchen mit unserer Realität wenig zu tun zu haben. Märchenhafte Gestalten und phantastische Begebenheiten deuten auf eine Welt hin, die außerhalb unserer alltäglichen Realität angesiedelt ist. Das Anliegen des Märchens ist nicht die Vermittlung nützlicher Informationen über die äußere Welt, sondern eine Auseinandersetzung um die inneren Vorgänge im Menschen.[14] Gegenstand der Märchen sind die inneren Probleme des Menschen und die richtigen Lösungen für Schwierigkeiten in

---

11 Nähere Hinweise zu diesem Spiel finden sich bei Fritz, Jürgen: Spiele als Spiegel ihrer Zeit, Matthias-Grünewald-Verlag, Mainz 1992, S. 93 ff.

12 Umfassende Beurteilungen zu Spielen dieser Art finden sich bei Fehr, Wolfgang und Fritz, Jürgen: Comic und Computerspiel (aus der Serie „Computerspiele auf dem Prüfstand"), Bundeszentrale für politische Bildung, Bonn 1994.

13 Erste Anregungen und Ansätze dazu finden sich bei Voullieme, Helmut: Computerfaszination, Gesellschaft zur Förderung der Freizeitwissenschaften, Erkrath 1990, S. 91 f.

14 Grundlage der weiterführenden Erörterungen über die Funktionen des Märchens ist Bettelheim, Bruno: Kinder brauchen Märchen, Deutsche Verlags-Anstalt, Stuttgart 1990.

der persönlichen Entwicklung. Das Märchen beleuchtet sowohl narzisstische Enttäuschungen, ödipale Konflikte, Geschwisterrivalitäten als auch die Lösung aus kindlichen Abhängigkeiten und die Entwicklung von Selbstbewusstsein, Selbstwertgefühl und moralischen Orientierungen. Das Märchen bietet eine Verständnisbrücke für das, was im Bewusstsein des Kindes vorgeht und was sich im Unbewussten abspielt. Durch das Märchen wird das Kind mit seiner inneren Welt vertraut. Es kann über Elemente aus den Märchen nachdenken, sie neu zusammensetzen und sie weiterentwickeln. Dabei formt das Kind Teile seiner ihm nicht bewussten Innenwelt zu bewussten Phantasien. Diese Phantasien machen es dann möglich, seine Gefühle und Wünsche in Blick zu nehmen und zu verstehen. Die Bilderwelt der Märchen bietet Anreize, Tagträume auszubilden und mit ihrer Hilfe eine Orientierung im Leben zu finden.

Hoffnung und Zuversicht im Märchen und in virtuellen Spielwelten
Kern der meisten Märchen ist die Versicherung, dass man Erfolg haben kann. Der „Held" in den Märchen kämpft mutig gegen scheinbar überwältigende Widrigkeiten und gewinnt so sein Leben. „Genau diese Botschaft vermittelt das Märchen dem Kind in vielfältiger Weise: Der Kampf gegen die heftigen Schwierigkeiten des Lebens ist unvermeidlich und gehört untrennbar zur menschlichen Existenz, wenn man aber nicht davor zurückschreckt, sondern den unerwarteten und oft ungerechten Bedrängnissen standhaft gegenübertritt, überwindet man alle Hindernisse und geht schließlich als Sieger aus dem Kampf hervor."[15] Das Märchen ermutigt und vermittelt die tröstende Gewissheit, dass man trotz Einsamkeit und Verlassenheit, trotz aller Widrigkeiten des Lebens seinen Weg gehen kann, dabei Hilfe bei anderen findet und sinnvolle Beziehungen mit seiner Umwelt eingehen kann. Das Märchen verspricht dem Kind, dass ein lohnendes, gutes Leben in seiner Reichweite liegt, auch wenn viele Hindernisse dazwischenzutreten scheinen. Eine für Kinder wichtige Erkenntnis, die in vielen Märchen enthalten ist, spitzt sich auf den Punkt zu, dass man trotz anfänglicher Rückschläge nicht aufgeben darf. Kluge Planung und Voraussicht, harte Arbeit und stetes Bemühen machen es möglich, selbst die schlimmsten Widrigkeiten und Gefährdungen zu überstehen.

Welche Wirkungen gehen von diesen Botschaften des Märchens aus? Aus dem Märchen schöpft das Kind größere Zuversicht als aus Argumenten und Gesichtspunkten aus der Welt der Erwachsenen. Das Märchen entwickelt seine Geschichten so, wie das Kind denkt und die Welt erlebt und gewinnt daraus seine große Überzeugungskraft. Diese Kraft des Märchens fördert den Lebensmut und die Bereitschaft, die Wagnisse des Lebens auf sich zu nehmen - gleich den „Helden" im Märchen, denen niemand etwas zugetraut hätte, die hinausziehen, Drachen erschlagen, Rätsel lösen, sich vom

---

15 Bettelheim, Bruno: Kinder brauchen Märchen, Deutsche Verlags-Anstalt, Stuttgart 1990, S. 13.

Verstand und mitmenschlichen Gefühlen leiten lassen, schließlich Prinzessinnen befreien, sich mit ihr verheiraten und fortan glücklich und in Freuden leben. „Die Lernaufgabe des Kindes besteht eben darin, dass es selbst beschließt, in die Welt hinauszuziehen, und zwar zu seiner Zeit und in die Lebensbereiche, die es selbst auswählt. Das Märchen hilft ihm dabei, weil es nur winkt und niemals fordert oder befiehlt. Im Märchen wird alles implizit und symbolisch gesagt: welche altersgemäßen Aufgaben das Kind erwarten, wie es seine ambivalenten Gefühle gegenüber den Eltern ordnen kann, wie sich dieser Aufruhr der Emotionen schlichten lässt. Außerdem warnt das Märchen vor den Fallen, die das Kind auf seinem Wege antrifft und vielleicht umgehen kann, und stets verheißt es einen glücklichen Ausgang."[16]

Das Märchen regt zu Phantasien an, die Hoffnung geben. Ohne solche Hoffnungen haben wir nicht die Kraft, den Widrigkeiten des Lebens zu begegnen. Ohne diese Anregungen bliebe das Kind auf sich selbst angewiesen. Seine Phantasien würden nur um seinen derzeitigen Zustand kreisen, denn es kann nicht wissen, wohin es gehen muss und wie es dorthin gelangt. „Hier leistet das Märchen das, was das Kind am meisten braucht: Es beginnt genau dort, wo sich das Kind emotional befindet, es zeigt ihm, wo es hingehen muss und wie es das angreifen kann. Das Märchen gibt diese Hinweise aber implizit in Form von Phantasiematerial, das das Kind nach Belieben aufgreifen kann, und mit Hilfe von Bildern, die es dem Kind leicht machen, das Wesentliche zu erfassen."[17] Die durch das Märchen angeregten Phantasien sind zwar nicht auf die Realität bezogen, die Zuversicht jedoch, die wir mit Blick auf uns selbst und unsere Zukunft gewinnen, gehört zu unserer Realität. Und diese reale Zuversicht brauchen Menschen, um ihr Leben zu meistern.

Dieses Prinzip „Hoffnung" ist ein entscheidendes Element auch in Bildschirmspielen. Die Versicherung, Erfolg haben zu können, lässt sich in jedem Spiel einlösen. Wie im Märchen auch, muss man gegen Widrigkeiten aller Art ankämpfen: Ungeheuer, bedrohliche Tiere, Zauberer und Magier, futuristische Wesen und Maschinen stehen dem raschen Erfolg im Wege. Wenn man hier nicht zurückschreckt, sondern den Herausforderungen begegnet, ist man in der Lage, Siege zu erringen. Wie in vielen Märchen auch, darf man trotz anfänglicher Rückschläge nicht aufgeben. Durch Übung, Überlegung, kluge Planung und hellwache Konzentration kann man selbst die unangenehmsten Bedrohungssituationen meistern.

Insofern geht von virtuellen Spielwelten, trotz (oder gerade wegen) der permanenten Bedrohungssituationen etwas Zuversichtliches aus: das Leben

---

16 Bettelheim, Bruno: Kinder brauchen Märchen, Deutsche Verlags-Anstalt, Stuttgart 1990, S. 111.
17 Bettelheim, Bruno: Kinder brauchen Märchen, Deutsche Verlags-Anstalt, Stuttgart 1990, S. 116.

bewältigen zu können und seine Umwelt zu beherrschen. Und dies dürfte auch ein wesentlicher Grund sein, warum Kinder, Jugendliche und Erwachsene sich stundenlang mit Bildschirmspielen befassen. Sie erhalten die Versicherung, leistungsfähig zu sein, sich durchsetzen und Gefahren beherrschen zu können. Sie erfahren aber auch, dass dafür Anstrengungen unverzichtbar sind. Nach den gerade abgeschlossenen umfangreichen empirischen Untersuchungen zu den motivationalen Hintergründen des Bildschirmspielens[18] steht im Mittelpunkt der Motivationen sowohl der Kinder und Jugendlichen als auch der Erwachsenen der Wunsch nach Bestätigung des eigenen Leistungsvermögens. „Levels" zu schaffen, Gegner zu besiegen, Tricks zu erlernen und die Lösungen der Rätsel zu finden sind wichtige Elemente dieses Wunsches. Dabei wird das jeweilige Bildschirmspiel (wie eine Märchenerzählung) zu einem symbolischen Ausdruck des eigenen Lebens. So wie man im Spiel erfolgreich sein „Bildschirmleben" meistert, so soll auch in der eigenen unmittelbar gegebenen Lebenswelt dieser Erfolg möglich sein.

Im Computerspiel wird die Zuversicht genährt, mit den Gefährdungen des Lebens klarzukommen. Genau dies erwarten die Spielerinnen und Spieler. Umso größer sind Enttäuschung und Verärgerung, wenn sie mit dem Spiel *nicht* klarkommen, anstelle von Zuversicht Versagensgefühle treten und sie erkennen müssen, dass sie weder das Spiel, noch ihr Leben, noch sich selbst kontrollieren können. Je nach Spielertyp sind dann Unmutsäußerungen, Spielabbrüche oder auch erneute Spielversuche zu beobachten. An dem Ausmaß an emotionaler Betroffenheit kann man ablesen, dass es nicht „nur" um ein Spiel geht, sondern dass mehr auf dem Spiel steht. Wird andererseits der Sieg allzu leicht errungen, stellt dies die Spieler auch nicht zufrieden. Der Sieg im Spielgeschehen will mit Anstrengung errungen sein, wenn er als bedeutsam gelten will (und damit als symbolischer Ausdruck für die Schwierigkeiten im eigenen Leben dienen kann). Kurzum: Das Bildschirmspiel greift auf den gleichen motivationalen Hintergrund zurück wie das Märchen. Ein erfolgreich abgeschlossenes Bildschirmspiel kann ebenso ermutigend wirken, wie der gute Schluss in einem Märchen - wenn der Weg zum Erfolg nur anstrengend genug war.

---

18 Die vom Wissenschaftsministerium des Landes Nordrhein-Westfalen geförderter Forschungen umfassten einen Untersuchungszeitraum von mehr als zwei Jahren und bezogen sowohl Kinder und Jugendliche als auch Erwachsene mit ein. Die Forschungen enthielten sowohl Labor- als auch Felduntersuchungen (in Jugendeinrichtungen). Neben Interviews wurden auch Beobachtungsverfahren, psychologische Tests und physiologische Messungen einbezogen. Die Ergebnisse der Forschungen sind1995 mit dem Titel „Warum Computerspiele faszinieren" im Juventa Verlag erschienen.

Subjektive Bezüge zu Märchen und Computerspielen

Die Vielzahl und Unterschiedlichkeit der Märchen treffen wir auch bei den Computerspielen an.[19] Und wie es Lieblingsmärchen gibt, so gibt es auch Lieblingsspiele. Häufig erleben wir es, dass Kinder auf bestimmte Märchen sehr stark emotional reagieren. So bitten sie beispielsweise darum, es immer wieder hören zu dürfen. Man kann davon ausgehen, dass ein solches Lieblingsmärchen dem Kind in besonderer Weise hilft, mit den Problemen seiner Entwicklung und seiner Persönlichkeitsintegration fertig zu werden. Das Kind holt aus dem Märchen das heraus, was es gerade in seiner Situation benötigt. So mag ein Märchen wie „Hänsel und Gretel" Kindern, die beginnen, sich von ihren Eltern ein wenig zu lösen und selbständig in die Welt zu gehen, Zuversicht geben und ihre Ängste vor Gefahren und Verführungen mildern helfen. Hat das Kind seinem Lieblingsmärchen alles entnommen, was wichtig war, oder verändern sich seine Probleme, wird es sich anderen Märchen (oder Medien) zuwenden.

In bestimmten Phasen der Entwicklung werden Helden aus Zeichentrickfilmen, Comics und Cartoons für Kinder zur Ausbildung ihrer Identität und ihrer Lebensorientierungen wichtig. Sie finden in diesen Medien dann Elemente, die helfen, ihre Vorstellung von Mann und Frau, Großwerden, Konflikte und Aggressivität, Zusammenstehen mit anderen, Kontaktaufnahme u.a. zu entwickeln.[20] Dabei kommt es nicht zu einer automatischen Übernahme der Medienvorbilder, sondern zu einer aktiven Auseinandersetzung, in der die Kinder die Elemente zu „Idolen" verdichten, die zu ihnen passen, also im Kontext zu ihrer Identitätsentwicklung stehen. Anders gesagt: Aus den „Scripts" der verschiedenen medialen Angebote fließen Elemente in die „Subjekt-Scripts" der Kinder. „Subjekt-Scripts sind Kristallisationen alters- und generationsspezifischer Interessen, Vorlieben, Deutungs- und Aktivitätsmuster."[21] Diese Subjekt-Scripts unterscheiden sich geschlechts- und gruppenspezifisch. Sie konkretisieren sich in der Auseinandersetzung mit den medialen Vorbildern und mit den Menschen des sozialen Umfeldes.

Etwas Ähnliches geschieht auch in virtuellen Spielwelten. In den Vorlieben für bestimmte Spiele oder Spielgenres spiegeln sich alters- und geschlechtsspezifische Problematiken, Lebensvorstellungen und konkrete Lebenssituationen. Wie das Märchen bietet das Bildschirmspiel die Möglichkeit, sich in

---

19 Zu den verschiedenen Typen der Bildschirmspiele vgl. Fehr, Wolfgang und Fritz, Jürgen: Videospiele und ihre Typisierung; in: Computerspiele. Bunte Welt im grauen Alltag, Bundeszentrale für politische Bildung, Bonn 1993, S. 67 ff. und Fritz, Jürgen: Zur „Landschaft" der Computerspiele; in: Fritz, Jürgen und Fehr, Wolfgang (Hg.): Handbuch Medien: Computerspiele, Bundeszentrale für politische Bildung, Bonn 1997, S. 87 ff.

20 Umfassende empirische Ergebnisse dazu finden sich in Theunert, Helga (Hrsg.): „Einsame Wölfe" und „Schöne Bräute". Was Mädchen und Jungen in Cartoons finden, Bayerische Landeszentrale für neue Medien, München 1993.

21 Hengst, Heinz: Medienkindheit heute; in: Aufenanger, Stefan (Hrsg.): Neue Medien - Neue Pädagogik?, Bundeszentrale für politische Bildung, Bonn 1991, S. 34.

den angebotenen Rollen und im Spielgeschehen wieder zu finden. Dazu ein Beispiel:

A., ein 14-jähriger Junge, der die Hauptschule besucht, hat eine besondere Vorliebe für das Spiel „Secret of Monkey Island". A. lebt bei seiner Mutter, die ganztags berufstätig ist. Seinen Vater besucht er ab und zu. Dort besitzt er die Möglichkeit zum Bildschirmspiel. Von seinem Vater hat er auch „Secret ..." erhalten. Dieses Spiel ist das erste, das ihm wirklich gefällt und ihn in seinem Bann gezogen hat. A. identifiziert sich sehr stark mit der handlungstragenden Figur des „Guybrush Threepwood". Auf die Frage, was Guybrush als Nächstes vorhätte, antwortet A. konsequent in der Ichform: "Ich werde jetzt zum Schwertmeister gehen, um mit ihm zu kämpfen."

Das Bildschirmspiel „Secret ..." ist ein „Entwicklungsmärchen". In ihm wird der Wunsch von Jugendlichen ausgedrückt, in die Welt der Erwachsenen zu treten, um sich dort zu bewähren. Insofern findet sich A. auch gut in dem Spiel wieder, entspricht er doch in vielen Aspekten der handlungstragenden Figur des Guybrush, der seinen eigenen Weg alleine suchen und sich gegen den „Rest der Welt" behaupten, Rätsel lösen und Erfahrungen sammeln muss. A. muss Kontakte zu seinem Vater selber und alleine suchen. In die Computergruppe kommt er stets alleine. Aus seiner Lebenssituation heraus ist das große Interesse für „Secret..." verständlich.[22]

In der Ausformung seines Subjekt-Scripts greift A. auf das Script des Bildschirmspiels "Secret ..." zurück, weil er in ihm Elemente entdeckt, die zu seiner Lebenssituation passen. Wie bei einem Märchen kann A. durch das Spiel in der Zuversicht verstärkt werden, sein Leben zu meistern, die Prüfungen auf seinem Lebensweg zu bestehen und die notwendigen Auseinandersetzungen führen zu können.

Aus Chaos Ordnung werden lassen

Vom Erwachsenenstandpunkt aus ist die Welterfahrung von Kindern bis etwa 7 Jahren chaotisch, also ungeordnet und in sich widersprüchlich. Eine erste Möglichkeit, Ordnung in die Weltsicht zu bringen, besteht für das Kind darin, Dinge nach Gegensätzen zu ordnen: gut und böse; freundlich und feindselig; gefährlich und harmlos. So erlebt es seine Gefühle als extrem widersprüchlich und stets wechselnd. „Während aber der Erwachsene

---

22 Diese und weitere Beispiele für eine Verbindung zwischen Lebenskontext und Computerspielen finden sich in Fehr, Wolfgang und Fritz, Jürgen: Videospiele in der Lebenswelt von Kindern und Jugendlichen; in: Computerspiele. Bunte Welt im grauen Alltag, Bundeszentrale für politische Bildung, Bonn 1993, S. 48 ff. sowie Fritz, Jürgen und Fehr, Wolfgang: Computerspieler wählen lebenstymisch. Präferenzen als Ausdruck struktureller Koppelungen, Fritz, Jürgen und Fehr, Wolfgang (Hg.): Handbuch Medien: Computerspiele, Bundeszentrale für politische Bildung, Bonn 1997, S. 67 ff.

gelernt hat, diese Empfindungen zu integrieren, wird das Kind mit diesen Ambivalenzen in sich selbst nicht fertig. Es erlebt den Aufruhr von Liebe und Hass, Wunsch und Furcht als unbegreifliches Chaos. Es kann sich nicht gut und böse, gehorsam und aufrührerisch zugleich fühlen, obwohl es das ist. Da es Zwischenstadien des Grades und der Intensität nicht erfasst, sind die Dinge entweder ganz hell oder ganz dunkel. Das Kind ist entweder vollkommen heldenmütig oder ganz und gar ängstlich, der glücklichste oder der unglücklichste Mensch, der schönste oder der hässlichste, der klügste oder der dümmste; es liebt oder hasst und kennt keine Zwischenstufen. So schildert auch das Märchen die Welt; seine Gestalten sind entweder abgrundtief böse oder von selbstloser Güte. Ein Tier ist entweder reißend und gefährlich oder der beste Freund und Helfer. Jede Gestalt ist im Grunde eindimensional, so dass das Kind ihre Handlungen und Reaktionen leicht begreifen kann."[23]

Eine ähnlich strukturierte Welt finden Kinder und Jugendliche auch in virtuellen Spielwelten vor. In der zunächst außerordentlich chaotisch erscheinenden Welt gibt es gute und böse, gefährliche und harmlose Elemente. Das Kind erfährt unmittelbar im Spiel, welche Elemente nützlich sind und bei welchen „Lebensenergie" verloren geht. Es lernt auch, wie es am besten mit den verschiedenen Figuren und Elementen umgehen muss, dass Nutzen entsteht und Schaden vermieden wird. Meist wird die Qualität dieser Elemente bereits durch ihre äußere grafische Gestalt deutlich. Manchmal verwandeln sich die Elemente (wie im Märchen) durch spezielle Berührungen. Springt man z.B. auf eine bedrohliche Figur (zeigt man also Mut im Umgang mit der Gefahr), verwandelt sich diese in einen Schatz, den man einsammeln kann (wird man für diesen Mut belohnt).

Wie das Märchen mit einfachen, direkten Bildern dem Kind hilft, seine vielschichtigen und zwiespältigen Gefühlen zu ordnen, so bietet auch das Bildschirmspiel dem Kind eine Vorstellung davon, welche Möglichkeiten es gibt, das Chaos zu überwinden. Eine weitere Möglichkeit zur Persönlichkeitsintegration bieten Bildschirmspiele insbesondere in den Spielformen, bei denen der Spieler eine Gruppe unterschiedlicher Charaktere als „Party" zu einem „Rollenspiel" zusammenstellen kann. So kann er jedem Mitglied dieser Party (innerhalb bestimmter Grenzen) bestimmte Stärken und Schwächen zuordnen (Kampfkraft, Schnelligkeit, Widerstandsfähigkeit, magische Fähigkeiten u.a.) und damit seine Abenteuer besser bestehen. Dies erinnert stark an Märchen, in denen der Held tierische und menschliche Gefährten findet, die ihm mit ihren Fähigkeiten in schwierigen Situationen beistehen. Dahinter steckt nicht nur die Erkenntnis, dass es notwendig ist, sich auf „Verbündete" stützen zu können, sondern auch das

---

23 Bettelheim, Bruno: Kinder brauchen Märchen, Deutsche Verlags-Anstalt, Stuttgart 1990, S. 73.

Erfordernis, seine eigenen unterschiedlichen Persönlichkeitsanteile miteinander zu „versöhnen".

Herrschaft über das eigene Leben erlangen

Eine Kernaussage vieler Märchen besteht in der Zusicherung, sich aus der Beherrschung durch mächtige Erwachsene befreien und das „Königreich seines eigenen Lebens" erlangen zu können. Am Anfang vieler Märchen ist der Held der Herrschaft derjenigen ausgeliefert, die wenig von ihm und seinen Fähigkeiten halten, die ihn misshandeln oder gar nach dem Leben trachten. Am Schluss des Märchens hat der Held alle Prüfungen bestanden. Über alle Gefährdungen hinaus ist er sich selbst treu geblieben oder hat seine Erwachsenenidentität erlangt. Er ist ein selbstbestimmter Mensch geworden, der sich selbst, nicht andere, beherrscht, der sich selbst weise regiert und so ein Königreich seines eigenen Lebens errichten kann. Das Märchen versichert dem Kind, dass dieses Reich eines Tages erlangt werden kann, dass es dann König oder Königin geworden ist - mit der Reife des Erwachsenen.

Ein zentrales Element von Computerspielen ist die unhintergehbare Aufforderung an den Spieler, Macht, Kontrolle und Herrschaft über das Spiel auszuüben, um damit das Bleiberecht in dieser medialen Welt zu behaupten. Das, was das Märchen verheißt, muss sich der Bildschirmspieler in vielen Stunden spielerischer Auseinandersetzung erstreiten. Dies gilt für Action geladene kämpferische Auseinandersetzungen ebenso wie für Strategiespiele, Adventures oder Simulationen. Stets muss der Spieler über das Spiel und damit über sich selbst die Kontrolle erlangen. Das Spiel am Bildschirm ist in seinem Kern ein Spiel um Macht, Kontrolle und Herrschaft. Der Macht programmierter Ereignisfolgen muss der Spieler seine sich entwickelnde Handlungsmacht entgegensetzen - ebenso wie der Märchenheld seine Kräfte gegen die „dunklen Mächte" anspannen muss, um nicht unterzugehen.

Die Formen, Macht auszuüben und Herrschaft zu erlagen, sind im Bildschirmspiel ähnlich vielfältig wie in Märchen. Untersucht man die „Skripte" der Bildschirmspiele, also die grundlegenden Handlungsszenen, die alle Spiele „musterartig" durchziehen, kommt man auf folgende „Grundmuster":

a) Kampf,
b) Erledigung,
c) Bereicherung und Verstärkung (personale Ausdehnung),
d) Verbreitung (räumliche Ausdehnung),
e) Ziellauf,
f) Verknüpfung und schließlich
g) Ordnung.

Diese Grundmuster machen die Dynamik der Computerspiele aus und geben ihr eine jeweils charakteristische „Gestalt" und Anmutung. Sie sind zugleich auch das „Gelenkstück" für Bezüge zur Lebenssituation und zu Lebensthematiken der Spieler. Diese Grundmuster verweisen auf bestimmte Aspekte in den Lebensthematiken und Verhaltensorientierungen der Spieler:

a) Auseinandersetzungen führen und Konflikte mit anderen Menschen austragen,
b) Aufgaben zur Zufriedenheit erledigen,
c) reicher werden, an Fähigkeiten und Möglichkeiten wachsen,
d) den eigenen Wirkungskreis erweitern, die Einflusszonen vergrößern,
e) als Erster eine Aufgabe erfüllen und ans Ziel gelangen,
f) Elemente und Sachverhalte sinnvoll miteinander verknüpfen
g) Elemente des Lebens (und der eigenen Person) in eine sinnvolle (brauchbare, nützliche) Ordnung bringen.

Bei einer Analyse von Märchen wird man auf ähnliche Elemente stoßen, die je nach Märchen in unterschiedlichen Kombinationen auftreten können. Offenbar spiegeln Märchen wie Bildschirmspiele bestimmte Elemente der menschlichen Entwicklung und des menschlichen Zusammenlebens wider. So wie das Märchen die Ängste vor der bedrohlichen Welt und der eigenen Entwicklung mildern und Zuversicht vermitteln kann, so wird auch die virtuelle Spielwelt von vielen dazu genutzt, Ängste vor Leistungsversagen und machtvolle Beherrschungssituationen zu dämpfen. Das Computerspiel bietet Erfolgerlebnisse in Leistungsbereichen, die sich der Spieler selbst aussuchen und dessen Schwierigkeitsgrad er selbst bestimmen kann und verstärkt damit die Zuversicht der Spieler, sich im Leben behaupten und das „Königreich des eigenen Lebens" errichten zu können. Sie können jedoch, und das zeigen auch einige Ergebnisse unserer Untersuchungen, zunächst im Bildschirmspiel verharren, weil der Mut und die Zuversicht noch nicht ausreichen, die Herausforderungen des Lebens sowohl im Beruf als auch im privaten Leben anzunehmen.

10.5. „Traditionelle" und virtuelle Spielkonstrukte

Gemeinsamkeiten
Wie sich Bezüge zwischen der Welt der Märchen und virtuellen Spielwelten aufzeigen lassen, so gibt es auch deutliche Parallelen zwischen bestimmten Spielkonstrukten und Computerspielen. Unter dem Gesichtspunkt des Spielkonstrukts kann man Computerspiele als Regelspiele bezeichnen, die deutliche „verwandtschaftliche Beziehungen" insbesondere zu Brettspielen haben. Worin bestehen nun die Gemeinsamkeiten und was sind die entscheidenden Unterschiede?[24]

---

24 Erste Überlegungen dazu finden sich bei Fritz, Jürgen: Vom Brettspiel zum Videospiel. Spielmedien im systematischen Vergleich; in: „medien praktisch", H. 2/1989, S. 15 ff.

Brettspiele wie Computerspiele spiegeln Aspekte von den Wertvorstellungen einer Gesellschaft und der darauf bezogenen generellen Verhaltensorientierungen wieder. Spezielle Grundmuster wie Kampf, Verbreitung, Ordnung, Verknüpfung sind sowohl in den Brettspielen als auch in den Computerspielen eine wesentliche Antriebskraft. Es sind „Handlungsgestalten", die wie „Gelenkstücke" die Spielinhalte und Regeln miteinander zu einer sinnvollen Ordnung verknüpfen. Der Spieler kann sie verstehen und sein spielerisches Verhalten darauf ausrichten, weil diese „Handlungsgestalten" Grundmuster des Verhaltens in der realen Welt sind. Dies bewirkt, dass sich die Spieler mit ihrem gesellschaftlichen Handeln aber auch mit ihren Wünschen, Impulsen und Antrieben im Spielprozess wieder finden können. Auf dieser Tiefenebene bestehen zwischen Brettspielen und Computerspielen keine grundlegenden Unterschiede. Beide Formen von Spielkonstrukten fädeln den Spieler mit seinen Handlungsimpulsen in Spielprozesse ein, die ihm „archaisch" vertraut sind. Brettspiele wie Computerspiele bieten eine Spielwelt für menschliche Verhaltensdispositionen, eine „andere Welt", in der die Spieler ihre Gefühle und Handlungsbereitschaften ohne soziale Zwänge, Normen und Rücksichtnahmen „verflüssigen" können.

So weit einige wesentliche Gemeinsamkeiten zwischen Brettspielen und Computerspielen. Das darf nicht darüber hinweg täuschen, dass es spezielle Besonderheiten der beiden Formen von Spielkonstrukten gibt, die erhebliche Unterschiede im Nutzungsverhalten auslösen können. Schauen wir uns unter dieser Perspektive zunächst die Brettspiele an.

Brettspiele

Spielkonstrukte dieser Art verfügen in der Regel über festgelegtes Material und festgelegte Spielregeln (die die Spieler jedoch modifizieren können). Das variable Material (z.B. die Spielsteine) wird gemäß Würfelaugen oder den Regeln gemäße Spielzüge bewegt - und zwar durch manuelle Einwirkung der Spieler. Diese Beweglichkeit und Veränderbarkeit ist das „dynamische Prinzip" im Brettspiel. Die „Spiellandschaft" ist ein Spielbrett. Das Spielbrett ist gestaltet, hat Linien, Flächen, Begrenzungen und ist während des Spiels nicht oder nur sehr bedingt veränderbar. Man denke z.B. an das Spielbrett von „Mensch-ärgere-dich-nicht" mit seinen Lauffeldern sowie den Start- und Zielpunkten. Die relative Unveränderbarkeit des Brettes ist das „statische Prinzip" des Brettspiels. Es sind die Gegebenheiten, auf die sich der Spieler einlassen muss, mit denen er umzugehen hat, auf die er keine Einwirkungsmöglichkeiten besitzt. Wie der Spieler nun über seine Spielfiguren handeln kann, was er dabei beachten muss und welches Ziel seinem Handeln zu gelten hat, legen die Spielregeln fest. Zum statischen und dynamischen Prinzip kommt also ein regulatives hinzu, das sich mit den beiden anderen Prinzipien verbindet und in dieser Verbindung eine Art „Skript" schafft, das das Handeln der Spieler innerhalb eines bestimmten Rahmens festlegt.

Das Zusammenwirken von Spielmaterial und Regeln macht das Spektrum der Spielmöglichkeiten aus. Die Spieler sind nur innerhalb dieses Rahmes „frei". Beim „Schachspiel" z.B. können sie nur abwechselnd jeweils eine Spielfigur bewegen und diese auch nur in einer ganz bestimmten Weise und mit erheblichen Einschränkungen, was das Ziel dieser Bewegungen anbelangt. Trotzdem eröffnet dieses Spiel nahezu unendlich viele Handlungsmöglichkeiten, die selbst ein „Großmeister" nicht alle übersehen kann.

Die drei miteinander verwobenen Prinzipien eines Brettspiels (statisches, dynamisches und regulatives) spiegeln fundamentale Erfahrungen des Menschen in seiner realen Welt wieder. Der Mensch erfährt sich in seiner Gesellschaft wie im Spielprozess als Teil von unveränderlichen Gegebenheiten, mit denen er leben muss. Im Rahmen dieser Gegebenheiten verfügt er über Handlungsmöglichkeiten, die er nach bestimmten Regeln einsetzen darf und kann. Im Brettspiel steht dem Menschen sein eigenes Handlungsmodell gegenüber. Indem er sich auf den Spielprozess einlässt, verflüssigt er auf einer abstrakten und von der Konkretheit seiner Lebenssituation losgelösten Ebene seine gesellschaftlichen Erfahrungen und Prägungen. Dadurch schafft sich der Spieler unbewusst eine geistige und emotionale Distanz zwischen sich und den gesellschaftlichen Erwartungen und Zumutungen. Im Brettspiel erfährt sich der Mensch als Subjekt der Geschehnisse, also als Handelnder, der sein Schicksal in die eigenen Hände legen kann.

In seinem Verlauf entfaltet das Brettspiel eine Art „Spielgeschichte" (die inhaltlich recht konkret oder sehr abstrakt sein kann). Die Regeln und das Spielmaterial stecken den Rahmen ab, innerhalb dessen die Spielgeschichte entstehen und sich entfalten kann. Die in der jeweiligen Spielpartie entstehende Geschichte ist vom Zufall und/oder den Entscheidungen und Spielhandlungen der Spieler abhängig. Im Spielprozess wird die Spielgeschichte zwischen den am Spiel beteiligten Spielern „ausgehandelt": Jeder versucht, im Rahmen der gegebenen Möglichkeiten der Spielgeschichte die für ihn günstige Wendung zu geben. Die Spielgeschichte selbst besteht dabei aus einzelnen Spielzügen (Punkten in der Spielhandlung), die in ihrer Aufeinanderfolge und Verknüpfung den Handlungsstrom bilden.

Bei Brettspielen sind die Überlegungen der Spieler und die Ausführungen der beabsichtigten Spielhandlungen relativ zeitaufwändig. Der Fortgang der Spielgeschichte ist zwingend an die Spielhandlungen der einzelnen Spieler gebunden. Das Spielgeschehen geht erst weiter, wenn der Spieler, der am Zug ist, gewürfelt und gesetzt hat. Der Handlungsfluss der Spielgeschichte ist daher recht langsam. Die Summe der zu verarbeitenden Informationen ist nicht sehr groß. Rasche Reaktionen in Verbindung mit der Verarbeitung einer hohen Informationsdichte werden in der Regel nicht verlangt.

Der durch Spielmaterial und Regeln bewirkte Symbolcharakter der Brettspiele erlaubt eine körperliche Distanz zur Spielgeschichte: Anstatt selbst zu laufen, bewegen sich die Spielfiguren gemäß Würfelergebnis und Entscheidungen der Spieler. Auf einer symbolischen Ebene „handeln" die Spielfiguren für den Spieler. Sie sind seine Stellvertreter in der Welt der Brettspiele, vom Willen und Können „ihres" Spielmeisters abhängig. Dabei ist die Inhaltlichkeit der Brettspiele nur angedeutet, wenn überhaupt erkennbar. Ein Bezug zur realen Welt, wie der Spieler sie erlebt, ist für den Spieler nur in symbolischer Weise möglich. Brettspiele wirken abstrakt, reduziert, miniaturisiert und in bestimmter Weise von der Vielschichtigkeit und Bildhaftigkeit der Erscheinungsformen der realen Welt entfernt. Brettspiele sind spielbare Modelle von begrenzten Ausschnitten dieser Welt, die sich symbolisch präsentieren. Und selbst eine recht weit getriebene inhaltliche Auskleidung des Spielkonstrukts bestätigt nur diesen Modellcharakter.

Die abstrakte, symbolhafte und miniaturisierte Form der Brettspiele kann zwar die Konkretheit und Vielschichtigkeit der realen Welt nicht abbilden, wohl aber in Form von Grundmustern die Prinzipien menschlichen Handelns „ins Spiel bringen", nach denen sich Konkretheit bildet und Vielschichtigkeit entsteht. Der Spieler kann mit diesen Prinzipien an einem überschaubaren Modell Spielprozesse gestalten, die es ihm ermöglichen, partielle Distanz zu seiner realen Welt zu gewinnen. Auf jeden Fall wird er durch die Inhaltlichkeit eines Brettspiels nicht überwältigt. Das Brettspiel verdrängt nicht die Bezüge zur realen Welt oder ersetzt sie gar, sondern es vermittelt zwischen der Außenwelt des Spielers und seinen Wünschen, Interessen und Handlungsbereitschaften. Der geringe Handlungsdruck und der mäßig schnelle Handlungsfluss schaffen Raum für kommunikative Beziehungen zwischen den Spielern und innere Distanz zum Spielprozess und zu der sich entfaltenden Spielwelt.

Computerspiele
Wie Brettspiele sind auch Computerspiele Spielkonstrukte. Bestimmte Computerspiele (so z.B. die Strategiespiele) tragen deutliche Spuren thematisch ähnlicher Brettspiele in sich. Unter einem „historisierenden" Blickwinkel könnte man Computerspiele als Nachfahren der Brettspiele ansehen, weil sie formal auf ähnlichen „Bauprinzipien" wie Spielmaterial, Spielregeln und Handlungsmustern beruhen. Diese formalen Ähnlichkeiten dürfen jedoch nicht darüber hinweg täuschen, dass es gravierende Unterschiede zwischen den Spielkonstrukten der Bettspiele und denen der Computerspiele gibt.

Die Computerspiele unterscheiden sich in ihrer Präsentationsform ganz entscheidend von den Brettspielen. Das Geschehen spielt sich auf einem Bildschirm ab. „Spielbrett" und „Spielfiguren" sind elektronisch erzeugte Bildelemente. Die durch das Computerprogramm vorgegebenen Spielregeln sind untrennbar mit den visuellen und akustischen Elmenten des Spielkonstrukts verwoben. Die Wirkungen des spielerischen Handelns werden unmittelbar umgesetzt und auf dem Bildschirm präsentiert. Durch diese Rückmeldungen in Bruchteilen von Sekunden entsteht ein derart rasanter

Spielfluss, dass er sich mit dem eher gemächlichen Voranschreiten in einem Brettspiel nicht mehr vergleichen lässt.

Waren die bis in den achtziger Jahren auf den Markt gelangten Computerspiele in ihrer Inhaltlichkeit recht abstrakt oder nur angedeutet, so hat sich dies in den letzten zwanzig Jahren deutlich verändert. Die durch die Computerspiele möglich gewordene virtuelle Spielwelt wird immer perfekter, ausgefeilter, komplexer und nähert sich mit rasantem Tempo den von Film und Fernsehen gewohnten visuell-akustischen Präsentationsformen an. Die Computerspiele fordern (je nach Genre) vom Spieler zunehmend umfangreichere, intensivere und ihn völlig vereinnahmende Leistungen und Leistungsbereitschaften ab: Geschicklichkeit, räumliches Vorstellungsvermögen, Gedächtnisfähigkeit, Planungsvermögen, Ressourcenmanagement, Reaktionsfähigkeit und –Schnelligkeit, kaufmännisches Kalkül. Dies kann dazu führen, dass die sich entfaltenden virtuellen Spielwelten die Spieler in einem Maße in ihren Bann ziehen, wie es bei Brettspielen sicherlich nicht der Fall sein dürfte. In Verbindung mit virtuellen Spielgemeinschaften ist auch die soziale Dimension von Spielprozessen in virtuelle Spielwelten einbezogen worden. Wir werden auf diesen Aspekt in einem der nächsten Abschnitte ausführlicher zu sprechen kommen.

10.6. Mediale Welt des Films und virtuelle Spielwelten

Was unterscheidet den Spielprozess in Computerspielen von Spielfilmen? Spielfilme bieten dem Rezipienten die Möglichkeit, sich mit den Personen im Film und den durch sie inszenierten Filmhandlungen zu beschäftigen. Die in die Spielfilmhandlungen einbezogenen Charaktere können recht klischeehaft wirken oder auch „Tiefe" besitzen: z.B. eine Individualität haben, unterschiedliche Gefühle zeigen, eine Vergangenheit besitzen, persönliche Konflikte austragen, psychische Veränderungen erfahren und differenzierte Beziehungen zu anderen Menschen entwickeln. Je intensiver und überzeugender sich der Charakter der Personen im Spielfilm entfalten kann, desto nachvollziehbarer können für den Rezipienten die Handlungen dieser Personen sein. Die Regeln des Handelns lassen sich aus dem Charakter der Person herleiten.

Bei Computerspielen ist dies eher umgekehrt. Aus den Regeln des Spiels (und den denkerischen Überlegungen des Spielers) ergeben sich die möglichen Handlungen. Der Charakter der Spielfiguren tritt dagegen in den Hintergrund. Vielmehr hat er die Funktion, die Handlungsmöglichkeiten des Spielers mit dieser Figur zu veranschaulichen. Die Figur des „Terminators" im gleichnamigen Computerspiel wirkt roboterhaft und martialisch, und genau dies bestimmt sein Handeln, nämlich pausenlos zu schießen, und somit auch das Handeln des Spielers. Ein Charakter der Figur des Terminator wird nicht deutlich. Ganz anders dagegen der Spielfilm: Hier erhält der „Terminator" eine Geschichte, eine Vergangenheit und eine Zukunft; sogar

Beziehungen zu Menschen entwickeln sich. Seine roboterhaften Handlungen wirken - im Gegensatz zum Computerspiel - nicht starr und schematisch, sondern passen sich der jeweiligen Situation flexibel an.

Der deutlichste Unterschied zwischen einem Spielfilm und einem Computerspiel liegt darin, dass im Film die Rezeption und im Spiel die Aktion vorherrschend ist. Bei der Rezeption eines Spielfilms geht es u.a. um das inhaltliche Verständnis der Filmhandlung, um die Ästhetik des Films, um seine mögliche Botschaft, um die Möglichkeit zur Identifikation mit Charakteren des Films sowie um empathische Reaktionen auf die gezeigten Gefühle der Darsteller. Dies alles spielt im Computerspiel für den Spieler im unmittelbaren Spielgeschehen allenfalls eine untergeordnete Rolle. Für ihn steht vielmehr im Mittelpunkt die Notwendigkeit, das Regelwerk zu verstehen, seine Spielfigur erfolgsorientiert zu lenken, angemessene Schemata zu entwickeln, die sein „Überleben" im Spiel sichern und sein Wahrnehmungsfeld so zu differenzieren, damit er handlungsmächtig die Spielforderungen erfüllen kann. Inhaltliche Bezüge haben lediglich die Funktion, besser ins Spiel zu kommen und den Spieler zu motivieren, sich auf das Spiel einzulassen. Der Charakter der jeweiligen Spielfigur ist dabei nicht handlungsbestimmend. Vielmehr müssen die Spieler sehr schnell lernen, nach den Regeln des Spiels ihre Handlungen zu optimieren.

Ein weiterer erheblicher Unterschied zwischen Spielfilm und Computerspiel ist die Geschlossenheit bzw. die Offenheit des Ablaufes des Handlungsgeschehens. Der Spielfilm ist durch einen geschlossenen Ablauf gekennzeichnet. Der Film hat einen ganz bestimmten Anfang, ein ganz bestimmtes Ende und eine nicht änderbare Zeitdauer. Allenfalls kann man das Ansehen eines Filmes unterbrechen und zu einem anderen Zeitpunkt weiter verfolgen.

Wie verhält es sich beim Computerspiel? Auch hier gibt es einen bestimmten Anfang und ein vom Programm her vorgesehenes Ende. Der Weg, um dieses Ende zu erreichen, ist zwar idealtypisch im Programm festgelegt (z.B. in Adventure-Spielen), wie und wann dies aber im konkreten Spiel geschieht, hängt vom Spielverhalten des jeweiligen Spielers ab. Der Spieler hat nämlich die Möglichkeit zu „unendlichen Versuchen". Immer wieder kann er erproben, wie er den Fortgang des Spielgeschehens erreichen kann. Das Computerspiel ist also im Vergleich zum Spielfilm durch einen offenen Ablauf des Handlungsgeschehens gekennzeichnet.

Auf der technischen Ebene bedeutet dies, dass im Spielfilm die Bildabfolge linear festgelegt ist und nach dem Endschnitt fixiert vorliegt. Im Computerspiel wird jede Veränderung des Bildes durch den Computer selbst neu berechnet und erzeugt, so dass der Eindruck entstehen könnte, dass man sich im Computerspiel durch eigenes Handeln seine Welt immer wieder neu schaffen würde. Dies ist jedoch nicht der Fall. Auch im Computerspiel ist durch das Programm festgelegt, was auf dem Bildschirm geschieht, wenn der Spieler in einer bestimmten Weise handelt. Aufgrund der technischen Gegebenheiten moderner Computerspiele besitzt der Spieler mittlerweile eine so große Zahl von Handlungsmöglichkeiten, dass ihm diese Festlegungen nicht deutlich werden. Dies wird noch verstärkt durch grafische Qualitätsmerkmale wie z.B. „ruckelfreies Scrolling" (das sind fließende Bewegungsabläufe im Computerspiel).

Neuere Computerspiele verbinden ihre Virtualität mit medialen Elementen. Filmsequenzen (die sich an Deutungsmustern für Filmisches orientieren) vermengen sich mit Actionsequenzen, in denen das Handeln am Bildschirm vom Spieler gefordert ist. Weitere Steigerungen in der Rechner- und Speicherkapazität werden sicher dazu führen, dass sich die virtuelle Welt immer deutlicher als „spielbarer Film" präsentiert und damit Beteiligungsmöglichkeiten anbietet, die der medialen Welt schlechthin unmöglich sind. Hoch simulativ orientierte Computerspiele legen es nahe, ihre Inhalte, Prozesse und Strukturen als (spielbare) Abbilder der realen Welt zu verstehen. In die gleiche Richtung entwickeln sich Software-Produkte, die sich als „Infotainment" verstehen und über einzelne Bereiche der realen Welt informieren wollen.

Der entscheidende Unterschied zur medialen Welt besteht in der aktiven Teilhabe. Durch mein Handeln „in" der virtuellen Welt entfaltet sie sich erst und macht ihre Elemente für mich erkennbar. In der medialen Welt hingegen kann ich nichts verändern oder gestalten - es sei denn, ich werde zu ihrem Produzenten. Die mediale Welt liegt fest und gestattet lediglich die Entscheidung, als „Schatten" teilzunehmen oder dieser Welt fernzubleiben. Allenfalls in der Phantasie (also in meiner mentalen Welt) kann ich die Filmhandlung oder den Roman „fort spinnen" und modifizieren. Erst die virtuelle Spielwelt gibt mir die Möglichkeit, meinen Gedanken sofort „Flügel" zu verleihen: Ich kann ausprobieren, was immer ich mir im Computerspiel als Handlungsalternativen vorgestellt habe, und ich kann erleben, wie sich mein Wollen und meine Vorstellungen in der virtuellen Welt auswirken.

10.7. Virtuelle Spielgemeinschaften

Spielgemeinschaften bestimmen seit Jahrhunderten unser gesellschaftliches und kulturelles Leben. Das fängt bei Kindergruppen an, die sich regelmäßig zum Spielen verabreden. Es erstreckt sich auf alle Formen von Gemeinschaften erwachsener Menschen, die in der Freizeit an Spielprozessen teilnehmen. Gegenstand der Spielprozesse sind Spielkonstrukte, die in besonderer Weise den Wünschen und Interessen der Spieler entgegen kommen: von vergnüglichen Brettspielabenden über die zahlreichen Skatclubs bis zu den lustigen Doppelkopfrunden im privaten Kreis. Freizeitorientierungen, persönliche Motive, Geselligkeit und Face-to-Face-Kontakte kennzeichnen diese Spielgemeinschaften.

Worin liegen nun die Besonderheiten *virtueller* Spielgemeinschaften? Erste Einsichten in virtuelle Spielgemeinschaften und in die Wahrnehmungen und Erlebnisse ihrer Mitglieder vermitteln die Arbeiten von Sherry Turkle.[25] Die gewonnenen Erkenntnisse beziehen sich auf eine „Frühform" der virtuellen Spielgemeinschaften (den Text basierten „Multi User Dungeons", den MUD's) und sind daher zentriert auf bestimmte Bevölkerungsschichten (insbesondere Studenten, die Zeit haben, MUD's zu gestalten und in ihnen zu „leben"). Die Erlebnisse in diesen sozialen Gemeinschaften sind für die Beteiligten keine belanglosen Episoden in einer realitätsfernen Scheinwelt, sondern werden als „Identity Workshops" bedeutsam. Für manche „Bewohner" dieser virtuellen Welten haben diese eine größere Attraktivität als die reale Welt. Neben einem „Verlust des Realen" kann diese „Gegenwelt" einen Rückzug aus dem Politischen bewirken: „Online-Demokratie" und „Offline-Apathie".

Vogelgesang beschäftigt sich seit 1985 in der Forschungsgruppe Medienkultur und Lebensformen mit lebensweltlich-ethnografischen Studien und hat sich in seinen neueren Arbeiten mit den virtuellen Erlebnis- und Inszenierungsräumen Jugendlicher befasst.[26] Im Rahmen ethnographisch ausgerichteter Jugendforschung hat er im Forschungsprojekt „Jugendliche Netzfreaks" die Nutzer zu ihren Wahrnehmungen und Erlebnissen in virtuellen Spielgemeinschaften (insbesondere Text basierten MUD's) befragt. Viele Befunde von Sherry Turkle finden in dieser Studie ihre Bestätigung. Bemerkenswert an den Ergebnissen ist, dass die Mitglieder virtueller Spielgemeinschaften in der narrativen Darstellung von On- und Offline-Ereignissen in der Regel keinen Unterschied machen: „Mit dem Einloggen in virtuelle Umgebungen klinkt man sich in Parallelwelten ein bzw. ist an ihrer Herstellung mitbeteiligt. Die in diesem virtuellen Schöpfungsakt erzeugten Phantasieräume erscheinen ihnen aber nicht als unnatürlich, fremd oder künstlich, sondern werden von ihnen wahrgenommen, als seien es Zimmer neben an. Wirklichkeit ist für sie ein Kosmos, in dem sich physische und fiktive Umgebungen und Areale gleichrangig gegenüberstehen."[27]

In einer sehr umfangreichen, sorgfältig und umfassend publizierten Untersuchung von Götzenbrucker geht es um wichtige Aspekte virtueller Gemeinschaften.[28] Eine der zentralen Fragen bezieht sich auf den Zusammen-

25 Neben ihrem Buch „Leben im Netz" (Rowohlt Verlag, Reinbek 1998) u.a. auch der Beitrag: Identität in virtueller Realität. Multi User Dungeons als Identity Workshops; in: Kursbuch Internet, Bollmann Verlag, Mannheim 1996.

26 Vogelgesang, Waldemar: „Ich bin, wen ich spiele." Ludische Identitäten im Netz; in: Thimm, Caja (Hrsg.): Soziales im Netz, Westdeutscher Verlag, Opladen und Wiesbaden 2000, S. 240 ff.

27 Vogelgesang, Waldemar: „Ich bin, wen ich spiele." Ludische Identitäten im Netz; in: Thimm, Caja (Hrsg.): Soziales im Netz, Westdeutscher Verlag, Opladen und Wiesbaden 2000, S. 251.

28 Götzenbrucker, Gerit: Soziale Netzwerke und Internet-Spielewelten, Westdeutscher Verlag, Wiesbaden 2001; Götzenbrucker, Gerit und Löger, Bernd: Online Communi-

halt virtueller Spielgemeinschaften: Unter welchen Bedingungen werden virtuelle Kontakte zum Ausgangspunkt für Real-Life-Beziehungen? Welche speziellen technischen, kommunikativen und thematischen Voraussetzungen müssen dabei erfüllt sein? Was führt zu Übereinkünften in Bezug auf das Handeln in den virtuellen Spielgemeinschaften? Dazu wurden drei verschiedene virtuelle Welten analysiert (u.a. auch „Ultima Online") und die Spieler (Gesamtstichprobe: 40 Personen) sowohl online beobachtet als auch real life befragt.

Eine umfassende Analyse von „Utima Online" liegt von Norenkemper vor.[29] Gestützt auf narrative Interviews mit 9 Personen, die über Erfahrungen mit „Ultima Online" verfügen, untersucht Norenkemper u.a. die Motivationsprozesse der Spieler, das Entwickeln „virtueller Zweitexistenzen" und die Typisierung der verschiedenen Spielerpersönlichkeiten. Im Vergleich zu den vorhergehenden Untersuchungen fallen insbesondere in Hinblick auf die Motivationsprozesse und das Entwickeln „virtueller Zweitexistenzen" Unterschiede zwischen Spielern auf, die in einem textbasierten MUD mitwirken und denen, die Zugang zu einem grafisch orientierten MMORPG (wie „Ultima Online" haben). Im Gegensatz zu den MUD's besitzen die MMORPG eine grafische Oberfläche, die den Spielern häufig eine Fantasy-Welt bieten, in die sie handelnd „eintauchen" können.

Neben virtuellen Spielgemeinschaften, die auf virtuelle Konstanz angelegt sind, und Gemeinschaften, die sich sporadisch im Internet treffen, um gemeinsam ein Computerspiel zu bestreiten, hat sich in den letzten Jahren eine Form von virtuellen Spielgemeinschaften gebildet, die in Computerspielen (speziell des Typs „Ego-Shooter" und „Tactical-Shooter") virtuelle Wettkämpfe mit anderen Gruppen austragen - sei es im Internet oder auf LAN-Partys. Über diese virtuellen Spielgemeinschaften haben Fernsehen und Presse mehrfach berichtet.[30] Die Gemeinschaften bezeichnen sich als „Clans". Sie verklammern in mehrfacher Weise Bezüge zur realen, zur medialen wie zur virtuellen Welt. Diese virtuellen Spielgemeinschaften sind bislang noch nicht Gegenstand wissenschaftlicher Forschung geworden, weder unter dem Aspekt einer neuen Jugendkultur, noch mit Blick auf die durch sie bewirkten Prozesse der Sozialisation. Selbst systematische Unter-

---

ties. Struktur sozialer Beziehungen und Spielmotivationen am Beispiel von Multi User Dimensions; in: Thiedeke, Udo (Hrsg.): Virtuelle Gruppen. Charakteristika und Problemdimensionen, Westdeutscher Verlag, Wiesbaden 2000.

29 Norenkemper, Sven: Virtuelle Zweitexistenzen. Faszination und Wirkung von Massively Multiplayer Role Playing Games; unveröffentlichte Diplomarbeit an der Fachhochschule Köln, Köln 2001.

30 Z.B. Zekri, Sonja: Zu Tausenden spielen sie die Nächte durch; in: Frankfurter Allgemeine Zeitung, 3.4.2001, S. 60. Baumgärtel, Tilman: Hol die Geiseln aus dem Keller; in: DIE ZEIT, 1.8.2002, S. 35. Dokumentation über Clans und LAN-Partys im ARD am 30.7.2002, 23 Uhr unter dem Thema: „Kriegsspiele".

suchungen zum Verbreitungsgrad, zu Gruppenstrukturen, Inhalten und Organisationsformen stehen seit längerem aus.[31]

Abbildung 15:

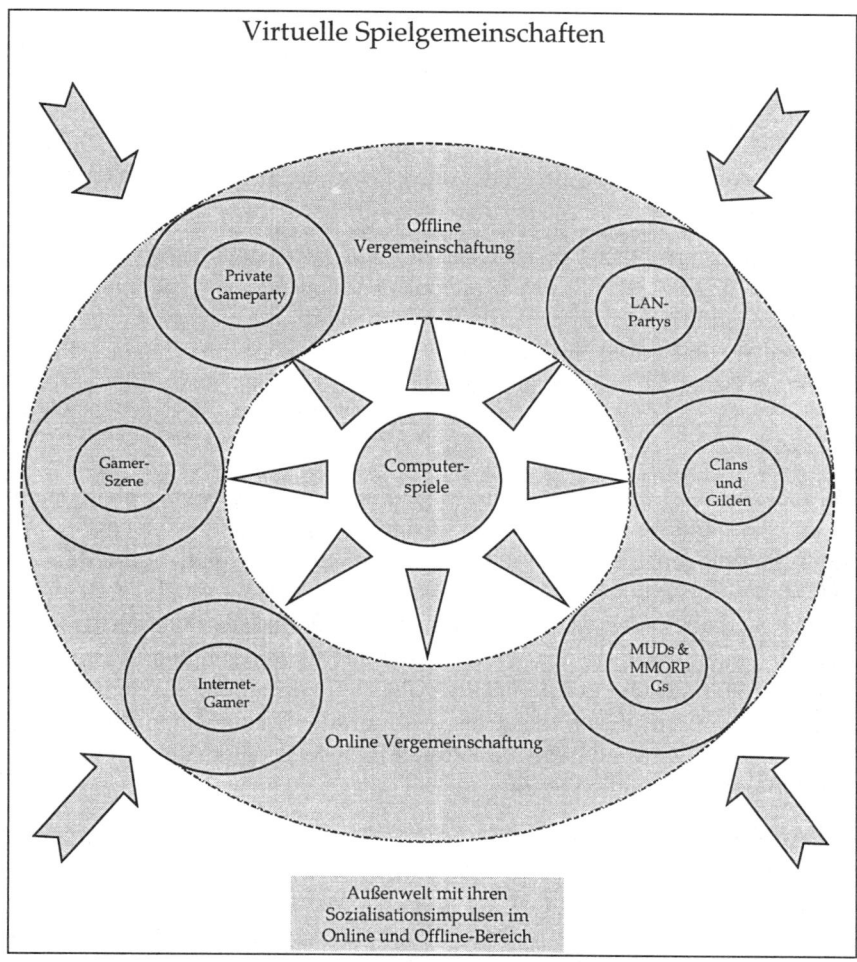

Die Abbildung „Virtuelle Spielgemeinschaften" verdeutlicht in einem Modell die Formen und Strukturen virtueller Spielgemeinschaften. Im Mittelpunkt des Modells steht das Computerspiel mit seinen spezifischen Reizkonfigurationen und „Angeboten" zur strukturellen Koppelung mit den biografischen Entwürfen der Spieler. Um das Computerspiel herum und von ihm wesentlich hervorgebracht und konfiguriert haben sich verschiedene

---

31 In der 2003 abgeschlossenen Diplomarbeit von Nils Wenzler: „Dynamik und Strukturen von Internet-Clans" (Fachhochschule Köln, Fakultät für Angewandte Sozialwissenschaften, Köln 2003) wird anhand von Interviews mit Clan-Mitgliedern ein erster Einblick in die Strukturen dieser neuen Jugendkultur gegeben.

Formen von Gemeinschaften gebildet, die sich idealtypisch in sechs Typen von virtuellen Spielgemeinschaften unterscheiden lassen. Die Abbildung markiert die Lage dieser Strukturen sowohl in Hinblick auf die Balance zwischen Online und Offline als auch zwischen Individuum und Gruppe.

1) Die virtuelle Spielgemeinschaft der „Internet-Gamer" kennzeichnet lockere Gruppierungen, die sich sporadisch und temporär Online bilden und nur geringe Konstanz besitzen. Die Spieler suchen sich Spielpartner im Internet (mit Hilfe der Server der Spielhersteller), mit denen sie kurzfristig Kontakt haben, der sich weit gehend auf das Spielgeschehen beschränkt.

2) Im Unterschied dazu besitzt die virtuelle Spielgemeinschaft vom Typ „MUD & MMORPG" das Merkmal der Konstanz. Die Spieler treffen sich regelmäßig in „ihrer" virtuellen Spielwelt, die sie gemeinschaftlich gestalten und durch ihre spielerischen Handlungen mit Leben erfüllen. Dieses Leben ist mehr oder weniger auf die Online-Kontakte begrenzt. Ein Treffen der Spieler in Offline ist eher selten und nur sporadisch realisierbar.

3) Eine spezielle und meist recht enge Form der virtuellen Spielgemeinschaften finden wir bei den „Clans". Es handelt sich dabei um Gruppierungen, die sich gebildet haben, um als relativ geschlossene Gruppe die virtuellen Herausforderungen gemeinsam zu meistern. Viele „Clans" haben Gruppenaktivitäten sowohl Online als auch Offline. Sie treffen sich privat, um für Wettbewerbe und Events zu üben, Absprachen zu treffen und sich im Internet als „Clan" zu präsentieren. „Clans" bilden sich sowohl um Ego-Shooter als auch um die permanenten Spielwelten der MMORPG[32] und haben prinzipiell Bezüge zu allen anderen Gemeinschaften der virtuellen Spielwelten.

4) LAN-Partys sind auf virtuelle Spielwelten hin bezogene, meist sporadisch stattfindende Veranstaltungen, zu der die Spieler mit ihren Rechnern anreisen, um für einen Tag oder ein Wochenende mit andern Spielern in großen Räumen oder Hallen verschiedene Spiele auszutragen. LAN-Partys sind meist organisierte Veranstaltungen, die offen für Netzwerk-Spieler angeboten werden. Sowohl Einzelspieler als auch Freundesgruppen und „Clans" sind Teilnehmer dieser LAN-Partys.

5) Auf einen engeren Freundeskreis bezogen sind private Game-Partys. Freunde treffen sich meist am Wochenende zum „Zocken", bringen ihre Rechner mit und gestalten über verschiedene Computerspiele (ggf. auch über Internet-Anbindungen) ihre Freizeit mit ihrem gemeinsamen Hobby. Solche Freundesgruppen können zur Keimzelle eines „Clans" wer-

---

32 Die einzelnen Gruppen innerhalb der virtuellen Spielgemeinschaften der MMORPG's nennen sich häufig „Gilden" oder „Blutsbrüderschaften".

den, sich nach außen hin öffnen, neue Mitglieder aufnehmen, Regelmäßigkeit vereinbaren und dann ihr Können mit anderen „Clans" messen.

6) Sehr komplex, von geringerer Kohärenz und kaum überschaubar (weil ausgesprochen vielfältig und in ständiger Veränderung begriffen) stellt sich die Gamer-Szene dar. Diese virtuelle Spielgemeinschaft stellt das Netzwerk virtueller und medialer Informations-, Austausch- und Kontaktmöglichkeiten dar. Dazu gehören beispielsweise die Spielzeitschriften wie z.B. „Gamestar" und „PC-Games", die über die neuesten Spiele berichten und damit eine Info-Börse für die Spieler bieten. Information und Werbung bieten die Websites der Spielhersteller. In „Chatrooms" können die Spieler Online miteinander diskutieren oder mit Hilfe von Mailinglisten ihre Auffassungen „posten". Viele „Clans" verfügen über eigene Homepages, die sie zur Selbstdarstellung und zum Informationsaustausch nutzen. Nicht zu unterschätzen sind die Möglichkeiten der Spieler, über das Internet „Updates" ihrer Spiele und „Cheats" zu erhalten. Das Internet bietet ferner die Möglichkeit, Spiele kaufen, zu tauschen oder (z.B. bei eBay) zu ersteigern.

Alle hier kurz angesprochenen virtuellen Spielgemeinschaften sind über das Medium „Computerspiel" aufeinander bezogen und stehen zueinander in Wechselwirkungsprozessen. Sie oszillieren zwischen Online und Offline und bilden spezifische Formen der Verknüpfung von virtueller, medialer und realer Welt heraus. Dabei unterliegen sie den Einflussfaktoren des sie hervor gebrachten habenden gesellschaftlichen Gesamtsystems und der von diesem ausgehenden Sozialisationsimpulsen.

10.8. Cybernauten und ihre Avatare

In Bezug auf die virtuellen Spielwelten gilt es, noch einen wichtigen Fragekomplex zu klären: Wer sind die „Cybernauten", die sich in virtuellen Räumen aufhalten und sich auf Spielprozesse einlassen? Wie ist die „Stellvertretung" des menschlichen Spielers in den virtuellen Spielräumen geregelt? Welche Formen von „Stellvertretung" gibt es? Und schließlich: Wie ist es erklärbar, dass menschliche Spieler über ihre unterschiedlichen Stellvertreter in die virtuelle Spielwelt kommen und in den Spielprozess einbezogen werden oder sogar mit ihm „verschmelzen"?

Über diese Fragen ist an verschiedenen Stellen und aus verschiedenen wissenschaftlichen Perspektiven nachgedacht worden.[33] Am Anfang steht das staunende Begreifen, dass der virtuelle Spielraum ein Ort ohne körperliche Präsenz der Spieler ist. Sie befinden sich als „Cybernauten" mit ihrem Kör-

---

33 Lesenswert ist beispielsweise die Dissertation von Neitzel, Britta: Gespielte Geschichten. Struktur- und prozessanalytische Untersuchungen der Narrativität von Computerspielen, Weimar 2000 (http://www.uni-weimar.de/ub/diss/Neitzel 27012000.html).

per *außerhalb* des Bildschirms und *außerhalb* des Computers. Und gleichwohl können die Spieler, ohne dass sie versierte Techniker wären, Einfluss auf die Schaltkreise des Computers und seines Softwareprogramms nehmen. Und darüber hinaus können sie die Wirkungen ihres Einflusses auf einem Bildschirm sehen und erleben als seien sie „mitten drin". Sie benötigen dazu „Avatare": eine Art „elektronische Hülle", in die die Spieler das Gefühl haben, schlüpfen zu können. Diese Avatare repräsentieren die Spieler in den virtuellen Spielräumen; es sind „elektronische Stellvertreter", die in unterschiedlicher Gestalt und Menge auftreten können, mal als eine Art „elektronische Marionette", das andere Mal als Befehlsempfänger, der schon weiß, wie er den Befehl auszuführen hat.

All dies mutet an wie eine „Zauberwelt" und bedarf vielfältiger Erklärungen und Erkenntnisse, nicht nur in Hinblick auf die Technik, sondern auch und gerade mit Blick auf die Spieler. Was dabei an begrifflicher Schärfe, nachvollziehbarer Beschreibung und nüchterner Erkenntnis fehlt, wird vielfach durch „Sprachmagie" und „Fabulierlust" ausgeglichen, und das klingt dann so: „Im Auge des Cybernauten wird der Cyberspace zur Wirklichkeit ohne Wahrheit. In diesem ‚Geisterreich' sind die Bilder der Spieler so sicht- und unsichtbar, so verflucht und dämonisch, so ausgehungert von Verlangen und Begehren wie ihre Träume, Ängste und Halluzinationen."[34]

Den besten Zugang zum Verständnis der „Cybernauten" und ihrer „Stellvertreter" gewinnt man wahrscheinlich dadurch, dass man sich zunächst „traditionelle" Spielprozesse unter dem Gesichtspunkt des Spielers ansieht. Beginnen wir bei einem einfachen Fangspiel. Der Spieler ist mit Körper und Geist präsent. Sein spielerisches Handeln ist untrennbar mit seiner Leiblichkeit verbunden. Er ist Spieler und „Spielfigur" zugleich, und zwar in einer untrennbaren Einheit. Sein spielerisches Wollen, wenn es denn überhaupt bewusst ist, „übersetzt" er unmittelbar und direkt in körperliche Bewegungen. Die Funktionsfähigkeit seines Körpers (schnell laufen zu können, Mitspieler zu verfolgen, geschickt und wendig zu sein, über ein angemessenes Körperschema zu verfügen) macht den Wert seiner „Spielfigur" aus, die er selbst ist. Handlungsmöglichkeiten, wie z.B. Finten und Haken schlagen, sind Kompetenzen der Spielerpersönlichkeit, die unmittelbar in die „Spielfigur" einfließen. Die analytische Trennung von „Spielerpersönlichkeit" und „Spielfigur" mag bei diesem Beispiel recht künstlich klingen, weil über die Handlungsschemata des Spielers „Persönlichkeit" und „Figur" eine untrennbare Einheit sind. Gleichwohl: Diese Trennung erlaubt es, das Verhältnis von „Cybernaut" und „Avatar", von „Persönlichkeit" und „Figur" besser zu verstehen.

Zuvor jedoch noch ein Zwischenschritt: Unter den Brettspielen gibt es die Gruppe der „Laufspiele" (wie z.B. „Halma" oder „Mensch-ärgere-dich-

---

34 Adamowsky, Natascha: Spielfiguren in virtuellen Welten, Campus Verlag, Frankfurt und New York, 2000, S. 205.

nicht"). Im Vergleich zum Fangspiel sind wesentliche Veränderungen eingetreten. Das Spielfeld ist jetzt nicht mehr eine Wiese, eine Rasenfläche oder ein Hinterhof, sondern ein recht kleines Spielbrett mit Linien und markierten Flächen. Der Spieler ist jetzt nur noch „Spielerpersönlichkeit" und nicht mehr (auch) „Spielfigur". Die Spielfiguren sind jetzt farbige Steine, die sich „anstelle des Spielers" bewegen, und zwar unter Maßgabe der Spielregeln, des Spielverlaufs und den Spielentscheidungen des Spielers. Diese Entscheidungen „übermittelt" der Spieler an „seine" Spielfiguren, indem er sie auf dem Spielbrett bewegt. Im Vergleich zum Fangspiel hat es eine entscheidende Veränderung gegeben: Der Spieler ist mit seinem Körper im Spielverlauf nicht mehr präsent, denn das Spiel verläuft ausschließlich auf dem Spielbrett, und dort bewegen sich nur die Spielfiguren und nicht etwa der Spieler. Die Spieler mögen das anders empfinden, weil sie den Spielprozess gestalten, räumlich präsent sind und die Spielfiguren anfassen können. Dies ändert aber nichts an der Tatsache, dass mit dem Brettspiel die Trennung zwischen Spielerpersönlichkeit und Spielfigur begonnen hat und nun, mit der virtuellen Spielwelt, das Verhältnis von Persönlichkeit und Figur neu bestimmt wird.

In der virtuellen Spielwelt hat sich der Spieler noch weiter von seiner Spielfigur getrennt. Er kann sie nicht mehr unmittelbar berühren, wie das bei den Spielsteinen noch der Fall war, weil er sich mit seinem Körper nicht im virtuellen Spielraum befindet. Er hat lediglich die Möglichkeit, durch Eingabegerät über seine „elektronische Spielfigur" in den virtuellen Spielraum hinein zu wirken und so seine virtuelle Spielwelt zu entfalten.

Um die Entwicklung vom Brettspiel zum Computerspiel in Hinblick auf das Verhältnis Spielerpersönlichkeit und Spielfigur besser zu verstehen, betrachten wir zunächst das „klassische" Computerspiel „Pac Man", das den Laufspielen auf dem Brett nicht unähnlich zu sein scheint. Bei „Mensch-ärgere-dich-nicht" sitzt der Spieler vor einem Spielbrett, wie der Computerspieler vor dem Bildschirm sitzt. Der eine fasst mit seiner Hand die Spielfiguren an und bewegt sie auf dem Spielbrett. Der andere bedient sich eines „Joysticks" und lenkt so seine Spielfigur auf dem Bildschirm. Je nach Spielsituation und Spannungsmomenten sind die Spieler unterschiedlich beteiligt. Sie sprechen möglicherweise auch von „ihren" Figuren und drücken damit eine Form von Nähe und Distanz zu „ihren" Figuren aus. Denkbar wäre auch, dass sie das Spielgeschehen in der Ichform kommentieren: „*Ich* habe dich raus geschmissen"; „*ich* bin jetzt im Ziel"; „*ich* habe das Labyrinth von den Farbpunkten gereinigt"; „*ich* bin von den Gespenstern erwischt worden." Die Unterschiede im Verhältnis Spieler und Spielfigur sind möglicherweise deshalb gering, weil die Präsentation des Computerspiels „Pac Man" (und insbesondere seine grafische Qualität) noch große Ähnlichkeiten zu Brettspielen aufweist, so dass man „Pac Man" als ein einfaches „virtuelles Laufspiel" bezeichnen könnte. Doch täusche man sich nicht: Das Computerspiel „Pac Man" markiert einen Meilenstein in der

Entwicklung virtueller Spielkonstrukte und enthält keimhaft alle Elemente späterer virtueller Spielkonstrukte.

Zwischen diesem „Klassiker" und den heutigen, grafisch sehr aufwändigen Computerspielen liegt eine Zeitspanne von etwa zwanzig Jahren. Die Veränderungen in der Landschaft der Computerspiele haben dazu geführt, dass sich das Verhältnis des Spielers zu seiner Spielfigur weiter entwickelt und weiter ausdifferenziert hat. Das Problem, mit dem wir es zu tun haben, besteht darin, dass es recht unterschiedliche Computerspiele gibt und daher auch deutliche Verschiedenheiten im Verhältnis von Spielerpersönlichkeit zu Spielfigur .

Folgende Formen dieses Verhältnisses von Spieler und Figur lassen sich bislang benennen:

1. *Sensumotorische Synchronisierung:* der Spieler lenkt „seine" Spielfigur wie eine Marionette und erweitert dabei sein Körperschema um die Handlungs- und Bewegungsmöglichkeiten seiner Figur.

2. *Simulative Synchronisierung:* der Spieler lenkt ein Fahrzeug (z.B. ein Auto oder einen Rennwagen) als wenn er selbst im Wagen säße

3. *Sensumotorische Identifikation:* Der Spieler wird eins mit seiner Figur; er ist „im" Spiel drin und handelt „selbst" und zwar nicht durch figurale Elemente, sondern durch Veränderungen in „seinem" Blickfeld. Wie die „subjektive Kamera" in einigen Filmen hat der Spieler den dreidimensionalen Blick direkt in die Spiellandschaft. Dies erweckt den Eindruck, als sei man mit seinem Körper direkt im Spielgeschehen.

4. *Direktionale Identifikation:* Der Spieler bestimmt das Spielgeschehen aus einer indirekten Position, die mit dem „Gesamtgewebe" des Spiels verbunden ist.

5. *Rezeptive Identifikation:* In Intros und Zwischensequenzen hat der Spieler keine Einwirkungsmöglichkeiten auf das Spielgeschehen. Vielmehr wird ihm, wie in einem Spielfilm, ein Handlungsablauf in Form einer Geschichte vorgeführt, die er rezipiert und mit der er sich partiell identifiziert.

6. *Semantische Identifikation:* Der Spieler setzt den Spielinhalt und seine eigene Lebenssituation unmittelbar in Beziehung. Das spielerische Handeln wird zur „Probebühne" für das Handeln in der realen Welt.

Zu welchen Formen der Verschränkung von Spieler und Figur es kommt, hängt zunächst von der Form der Einwirkung des Spielers auf das Spielgeschehen ab. Diese Einwirkungsform ist in der Regel mit dem Spielinhalt genre-typisch verwoben. Ausgehend von den verschiedenen Einwirkungsmöglichkeiten kann es zu folgenden Formen kommen:

1. Die *sensumotorische Synchronisierung* bei unmittelbarer und direkter Einwirkung auf die eigene Spielfigur ist sehr häufig anzutreffen. Der Spieler lenkt die Spielfigur (die für ihn sichtbar ist) bis hin zu einzelnen Körperbewegungen (von einfachen „Jump-and-Run-Spielen" bis zu den bewegungskomplexen „Duel-Fighter-Games", bzw. den „Prügelspielen"). Die Erweiterung des Körperschemas des Spielers hinein in den virtuellen Raum ist vom Erfordernis bestimmt, die Spielfigur angemessen zu lenken. Das Ausmaß der Verschmelzung hängt vermutlich davon ab, wie „nah" die eigene Spielfigur dem Erleben in der realen oder medialen Welt (z.B. des Films) ist. Bei deutlicher struktureller Koppelung zwischen Spielinhalt und Tätigkeiten des Spielers in der realen Welt hat der Spielinhalt eine größere Bedeutung als bei Spielern, die keinen unmittelbaren persönlichen Bezug zum Spielinhalt haben. Für Spieler, die aktiv Sport (z.B. Baseball) betreiben, hat der mit dieser sportlichen Betätigung korrespondierende Inhalt des Computerspiels eine größere Bedeutung. Die Intensität des Verschmelzungsprozesses des Spielers mit dem Spielprozess hängt bei dieser Personengruppe vermutlich auch davon ab, ob die Handlungs- und Steuerungsmöglichkeiten im Spiel den Möglichkeiten in der realen Welt entsprechen also ob das Spiel - wie begrenzt auch immer - in der Lage ist, Handlungsschemata in der realen Welt abzubilden.

2. Dies gilt auch für die *simulative Synchronisierung*. Der Spieler lenkt hier keine „Marionette", sondern muss unmittelbar und direkt Steuerungsimpulse geben, um sein virtuelles Fahrzeug zu steuern. Der virtuelle Raum vermittelt dem Spieler den Eindruck, er säße in einem Fahrzeug und müsse z.B. einen schwierigen Parcours in rasender Geschwindigkeit bewältigen. Dieser Eindruck verstärkt sich noch, wenn der Spieler über simulationsadäquate Eingabegeräte verfügt, also die Eingaben nicht über Joystick und Tastatur vornimmt, sondern über Gaspedal und Lenkrad. Bei der simulativen Synchronisierung entsteht beim Spieler nicht der Eindruck, mit einer eigenen Spielfigur konfrontiert zu sein, die eine Stellvertreterfunktion wahrzunehmen hätte. Der Spieler empfindet sich vielmehr so, als sei er „im Bildschirm drin" und würde sich mit seinem Fahrzeug durch eine virtuelle Landschaft bewegen.

3. Die *sensumotorische Identifikation* erfordert ebenfalls die unmittelbare und direkte Einwirkung auf die eigene Spielfigur. Diese ist jedoch für den Spieler nicht als Komplett-Figur sichtbar. Der Spieler agiert vielmehr aus der Perspektive der „subjektiven Kamera", betrachtet das Spielgeschehen also aus dem Blickwinkel seiner Spielfigur. Wir kennen dies insbesondere von den „3-D-Shooter-Games". Bei den Spielern tritt eine starke Verschmelzung mit dem Spielprozess auf, die vom Eindruck bestimmt wird, dass man nicht nur lenkt, sondern es „selbst" ist, der sich bewegt und schießt. Möglicherweise verliert dadurch der Spielinhalt an Bedeutung. Auch das Gegenteil ist durchaus denkbar, beispielsweise

wenn die Spielgeschichte so angelegt ist, dass der Spieler sie auf sich beziehen kann und „sein" Leben in dieser Geschichte entfalten möchte und so einen persönlichen Bezug dazu herstellen kann.

4. *Direktionale Identifikation* als Form der Beziehung zwischen Spieler und Figur tritt bei unmittelbarer und indirekter Lenkung auf. Der Spieler lenkt die Figuren nicht direkt, sondern gibt ihnen „Befehle", die sie dann unmittelbar ausführen. Dieses Lenkungsprinzip ist typisch für die „Action-Strategie-Spiele". Möglicherweise tritt hier eine stärkere Distanzierung vom konkreten Spielinhalt auf. Wenn es zu Formen der Verschmelzung kommen sollte, so betrifft sie weniger die Spielfiguren, sondern mehr die selbst geschaffene Spielumgebung (z.B. die aus einzelnen Gebäuden bestehende Siedlung, mit deren Hilfe die verschiedenen Spielfiguren „produziert" werden können). Direktionale Identifikation findet sich auch bei mittelbarer und indirekter Lenkung, wie wir sie von Strategiespielen und Schlachtensimulationen her kennen, bei denen der Spieler im Turn-Modus Steuerungsimpulse für die Entwicklung seines Staates oder die Beeinflussung einer Schlacht gibt. Möglicherweise identifiziert sich der Spieler mit seiner Rollen als Staaten- oder Schlachtenlenker. Ob und inwieweit der Spielinhalt hier eine wichtige Bedeutung hat, ist zweifelhaft. Der Spieler kann mit seiner Spielaufgabe aus einer sehr abstrakten Position heraus verschmelzen und sich als Strategiespieler fühlen, der vom konkreten Inhalt absieht. Aber auch das genaue Gegenteil kann eintreten. Die mittelbare und indirekte Lenkung, verbunden mit genügend Zeit zum Überlegen, gibt dem Spieler die Möglichkeit, eine direktionale Identifikation über einen konkreten Bezug zu finden. Dies hängt wiederum davon ab, wie stark das Strategiespiel Elemente der realen Welt abbildet und wie stark der Spieler durch diese Inhalte in seiner Biographie geprägt ist.

5. *Rezeptive Identifikation* ist bei Computerspielen eher eine Randerscheinung und ein „Zwischendurch". In einer Eingangssequenz oder auch in Zwischensequenzen des Computerspiels wird der Spieler mit Szenen konfrontiert, die ihm den Spielinhalt nahe bringen sollen. Der Spieler kann auf diese Sequenzen nicht einwirken, ihren Ablauf also nicht bestimmen. Er kann allenfalls diese Sequenzen „weg klicken", was nach mehrmaligem Sehen in der Regel auch geschieht. Die Sequenzen haben die Funktion, dass sich der Spieler mit den Inhalten, den Besonderheiten, den Personen und der Spielgeschichte vertraut machen kann. Die Folge davon könnte sein, dass sich der Spieler stärker mit den Inhalten, der Spielgeschichten und der Personen identifiziert, sie als sinnvoll empfindet und dadurch motiviert ist, sich auf den weiteren Spielprozess einzulassen. Vielfach haben die Zwischensequenzen für den Spieler auch eine Art Belohnungsaspekt: Hat er die Anforderungen der Spielkonstruktion erfüllt, wird die entsprechende filmische Sequenz „frei geschaltet", und der Spieler erhält Zugang zur Weiterentwicklung der Geschichte. Filmi-

sche Eingangs- und Zwischensequenzen findet man recht häufig in neueren Strategiespielen, die dadurch in der Lage sind, die häufig monoton wirkenden Spielhandlungen über eine rezeptive Identifikation mit „Sinn" zu erfüllen.

6. Die *semantische Identifikation* ist eine Sonderform in der Verschränkung von Spieler und Spielfigur. Der Spieler identifiziert sich mit dem Spielinhalt als habe er eine Bedeutung für sein Verhalten und seine Situation in der realen Welt. Computerspiele, die semantische Identifikationen anbieten, lösen die Anmutung bei den Spielern aus, als ginge es um die Simulation menschlichen Verhaltens in sozialen Situationen der realen Welt. Das hervorstechende Beispiel dafür ist das Computerspiel „Die Sims".[35] Ergänzt durch zahlreiche Zusatzspiele wird der Spieler mit recht unterschiedlichen sozialen Situationen aus den Kontexten der realen Welt konfrontiert, in denen er sich handelnd bewähren muss. Handlungsverläufe und Handlungsschemata besitzen deutliche Parallelen zur realen Welt und erlauben semantische Identifikationen, die wir in empirischen Untersuchungen nachweisen konnten. In Computerspielen wie „Die Sims" tritt die semantische Identifikation im Verbund mit der sensumotorischen Synchronisierung auf. Der Spieler muss seinen „Sim" wie eine Marionette lenken. Dies bereitet kaum Schwierigkeiten (es sei denn, man wählt als Spielfigur eine „eigenwillige Persönlichkeit") und stellt nur eine geringe Herausforderung an den Spieler dar.

Virtuelle Spielwelten kann man allein betreten und sich ohne menschliche Mitspieler in einen Spielprozess begeben. Das Computerprogramm sorgt schon dafür, dass man nicht alleine bleibt und stattdessen mit zahlreichen Gegnern konfrontiert wird. Die meisten Spieler empfinden es jedoch wesentlich reizvoller, in virtuellen Spielwelten auf „menschliche Gegner" zu treffen, die einem ihre Avatare entgegen schicken, um sich mit den eigenen Avataren zu messen. „Früher war man allein im Spiel; man kämpfte unentwegt gegen die Schergen des Computers, die dumm waren wie Silizium und nur dazu gut, das Feuer zu eröffnen. Jetzt treten einem waffenstarrende Recken in den Korridoren gegenüber, die einen *kennen* und zu allem fähig sind."[36] Hat sich dadurch das Verhältnis des Spielers zu seiner Spielfigur geändert? Möglicherweise ist sie in den Mehrpersonenspielen für den einzelnen Spieler bedeutsamer geworden. Sie repräsentiert in einer virtuellen Spielgemeinschaft den Spieler selbst in den Augen der Mitspieler. Dies gilt vermutlich verstärkt bei Spielkonstrukten wie z.B. den Ego-Shootern, die über eine sensumotorische Identifikation die Verschmelzung des Spielers mit dem Spielprozess bewirken.

---

35 Eine kritische Auseinandersetzung mit diesem Computerspiel findet sich in Fritz, Jürgen und Fehr, Wolfgang: Computerspiele auf dem Prüfstand, Staffel 12, Bundeszentrale für politische Bildung, Bonn 2000 (Serie 96/2000).

36 Adamowsky, Natascha: Spielfiguren in virtuellen Welten, Campus Verlag, Frankfurt und New York, 2000, S. 210.

10.9. Schemata in virtuellen Spielwelten[37]

Um in virtuellen Spielwelten mit den Avataren wirkungsvoll handeln zu können, muss der Cybernaut angemessene Schemata ausbilden. Schemata sind kulturelle und sozialisatorische Leistungen der Menschheit, aus der überwältigenden Vielfalt ihrer Umwelt die für das Überleben relevanten Regelmäßigkeiten und Strukturen herauszulösen und regelmäßig wiederkehrende Handlungen als Muster oder Sequenzen einzuüben (miteinander verschränkte und aufeinander bezogene Wahrnehmungs- und Handlungsschemata). Ähnlich den „rekursiven Schleifen" in Computerprogrammen entlasten sie das kognitive System des Menschen von der Aufgabe, regelmäßig Wiederkehrendes immer wieder neu durchdenken zu müssen. Wie ein Unterprogramm werden Schemata unter vorgegebenen Bedingungen (z.B. bestimmten Reizen) „aufgerufen". „Schemata sind keine passiven Wissensrepräsentationen, sondern aktive Strukturen, ohne die es keine Bezugnahme zu Objekten der Außenwelt gibt. Schemata sind wahrnehmungs- und handlungsleitende Strukturen, die nach ihrer Aktivierung aufgrund von Hinweisreizen gespeicherte Daten über zu erwartende Situationen und Handlungen bereitstellen, die Verarbeitung neuer Informationen steuern und erleichtern, Komplexität reduzieren und Sinn stiften."[38] Diese Funktionen machen Schemata zu den elementaren kognitiven Bausteinen der Lebenswelt der Menschen. Ohne das Geflecht der Schemata wären Wahrnehmungen und Handlungen der Menschen nicht möglich. Die prinzipielle Weltoffenheit des Menschen wird durch die Ausbildung von Schemata sowohl begrenzt als auch ermöglicht.

Die Notwendigkeit für den Spieler, effektive Schemata auszubilden, erstreckt sich auf vier für das Computerspiel relevante Aufgabenbereiche: a) Sensumotorische Synchronisierung (pragmatische Schemata), b) Bedeutungsübertragung (semantische Schemata), c) Regelkompetenz (syntaktische Schemata) und d) Selbstverortung (dynamische Schemata). Schauen wir uns die einzelnen Gruppen von Schemata etwas genauer an und ordnen diesen Gruppen die Formen der Verschränkung von Spieler und Spielfigur zu.

Pragmatische Schemata
Der Spieler steht bei der Ausbildung von *pragmatischen Schemata* vor der Aufgabe, eigene Bewegungsmuster und Wahrnehmungsformen auf die programmgesteuerten Bewegungs- und Handlungsmöglichkeiten der Figur abzustimmen. Dazu muss er erreichen, dass seine Körperbewegungen (mit Joystick und Maus) zu angemessenen Bewegungen der Spielfigur werden.

---

37 Ausführliche Untersuchungen zu dieser Thematik finden sich in Fritz, Jürgen: Schemata und Computerspiele; Staffel 12 der Serie „Computerspiele auf dem Prüfstand", Bundeszentrale für politische Bildung, Bonn 2000.
38 Vitouch, Peter und Tinchon, Hans-Jörg (Hrsg.): Cognitive Maps und Medien, Verlag Peter Lang, Frankfurt 1996, S. 164.

Die Entwicklung pragmatischer Schemata hat Ähnlichkeit mit der Aufgabe, eine Marionette angemessen zu führen. Die auf dem Bildschirm ablaufenden Bildsequenzen muss ich zunächst unter dem Gesichtspunkt zielorientierter Angemessenheit wahrnehmen. Der Fluss permanenter Bilder wirkt wie eine Rückmeldung und stellt die Basis meiner sensumotorischen Synchronisierung dar. Ich sehe sofort, was meine Körperbewegungen (mit „Joystick" und „Maus") im Bildgeschehen bewirken und lerne so relativ rasch, angemessene Bewegungen und Handlungen auf dem Bildschirm zuwege zu bringen. Es entsteht ein Aktionsschema, das typisch für „Prints" ist.

Die erfolgreichen Lernprozesse erlauben mir ein „Einklinken" in ein filmartiges Geschehen, in eine „Welt am Draht". Die „Teilhabe" an dieser Welt erfolgt durch eine angemessene körperbezogene Synchronisierung, durch ein Ineinssetzen der eigenen Köperbewegungen mit den Bewegungs- und Handlungsschemata der Spielfigur. Das wiederholte Spiel führt als Übungseffekt zum Erwerb „automatisierter" Körperbewegungen (mit „Joystick" und „Maus"), die je nach situativem Kontext auf dem Bildschirm zu angemessenen Bewegungen der „elektronischen Marionette" führen. Die Entwicklung der sensumotorischen Synchronisierung führt zur Erweiterung des eigenen Körperschemas, wie wir es auch beim Führen einer Marionette und beim Lenken eines Autos beobachten können. Computerspiele, die ein Verhältnis zwischen Spieler und Spielfigur nach den Formen „sensumotorische Synchronisierung", „simulative Synchronisierung" oder „figurale Substituierung" vorsehen, erfordern insbesondere die Ausbildung pragmatischer Schemata.

Bei jüngeren (bzw. ungeübteren) Spielern lassen sich häufig mimetische Reaktionen auf das Spiel beobachten. Der Spieler legt sich beispielsweise mit seinem ganzen Körper in die Kurve, wenn er mit einem „Auto" auf dem Bildschirm die Kurve scharf nehmen will; er springt mit hoch, wenn die „elektronische Marionette" über ein Hindernis springen soll. Mit wachsender Spielerfahrung kommt es tendenziell zu einem Abbau der mimetischen Körperreaktionen, also zu einer Rücknahme der (im Grunde unangemessenen) ganzkörperlichen Synchronisierungen. Es entsteht ein ganz auf die virtuelle Welt ausgerichtetes Schema.

Das Ausbilden pragmatischer Schemata löst im Spieler das befriedigende Gefühl aus, die Spielfigur (wie den eigenen Körper) beherrschen zu können. Ich „belebe" meinen „elektronischen Stellvertreter" mit meiner eigenen Körperlichkeit: Ein Teil meines Körpers verwandelt sich in eine „elektronischen Marionette".

Nun gibt es zahlreiche Bildschirmspiele, bei denen ein „elektronischer Stellvertreter" in Form einer zu steuernden Spielfigur offensichtlich fehlt. Dies gilt insbesondere für Spiele, die dem Bereich „Denken" zuzuordnen sind. Bei diesen Spielen (insbesondere bei den Strategiespielen) gibt es kein trickfilmartiges Geschehen, sondern lediglich Spielelemente, die wie bei einem Brettspiel versetzt und verändert werden. Der Spieler ist nicht sensumotorisch im Spiel „drin", sondern befindet sich „außerhalb". Von dieser Position wirkt er auf das Spielgeschehen wie bei einem Anwendungsprogramm mit Benutzeroberfläche ein. Das spielerische Handeln personifiziert sich nicht mehr mit einer einzelnen Figur, sondern findet sich im „Gewebe" des gesamten Spiels wieder.

Dies führt zu entscheidenden Veränderungen bei der Ausbildung der Schemata. Ich führe nicht mehr eine „elektronische Marionette", sondern ich „bin" ein Teil der „Welt am Draht", weil wesentliche Elemente dieser Welt Teile von mir werden, auf die ich unmittelbar und mittelbar Einfluss habe - und Einfluss nehmen muss, soll meine „kleine Welt" in der etwas größeren Welt des Bildschirmspiels Bestand haben. Folgender bildhafter Vergleich mag vielleicht die Unterschiede etwas verdeutlichen: Der Spieler schlüpft in den „elektronischen Stellvertreter" wie in einen Handschuh und lernt, die Finger angemessen zu bewegen und mit der behandschuhten Hand zielorientiert zu handeln. Genauso schlüpft man in die „Haut" komplexer Strategiespiele und lernt, sich in dieser neuen Haut angemessen zu bewegen. Indem man das Spiel verstehen lernt, „belebt" man die Hautoberfläche, bis man - nach vielen Spielerfahrungen - ein Gefühl bis in die Fingerspitzen bekommt und man voll im Spiel drin ist.

Bei Computerspielen dieser Art nimmt die Bedeutung pragmatischer Schemata zugunsten semantischer und syntaktischer Schemata ab. Gleichwohl sind sie auch bei diesen Spieltypen eine nicht hintergehbare Voraussetzung, um angemessen auf den Spielprozess einwirken zu können.

Semantische Schemata (Bedeutungsschemata)

Das Geschehen auf dem Bildschirm wird vom Spieler „gedeutet". Die Bildschirmelemente „deuten" auf einen mehr oder weniger bestimmten Gehalt. In seiner Wahrnehmung „re"konstruiert der Spieler das Spiel in Richtung auf die von den Spieldesignern angesonnenen Bedeutungsgehalte: Der Spieler entwickelt *Bedeutungsschemata* für die virtuelle Welt des Computerspiels. Dabei wird er sowohl vom Geschehen auf dem Bildschirm und seinen einzelnen Bild- und Tonelementen angeregt, als auch von der Spielgeschichte, den verschiedenen Szenen und den in der Spielanleitung enthaltenen Beschreibungen und Ausdeutungen. In Anlehnung an seine in der Sozialisation erfahrenen kulturellen Schemata findet sich der Spieler z.B. in einer „Weltraumschlacht", bei einer „Autofahrt" oder auf einem „Fußballplatz" wieder. Er ist in der Lage, das Geschehen auf dem Bildschirm mit Hilfe seiner Bedeutungsschemata aufzuschlüsseln.

In dem Prozess der Entwicklung und Anwendung von Bedeutungsschemata verbinden sich kulturelle Erfahrungen, moralische Bewertungen und dadurch bedingte unterschiedliche Gefühle mit dem Spiel. All dies bewirkt, dass Spieler bestimmte Einstellungen zu den unterschiedlichen Spielen finden. Dies kann bereits vor dem eigentlichen Erproben des Spiels eintreten, beispielsweise wenn stark aggressive Bildobjekte das Spiel dominieren und damit bei manchen Spielern (auf dem Hintergrund kultureller Normierungen) negative Einstellungen dem Spiel gegenüber auslösen.

Die Deutung der Spielelemente gemäß den vorhandenen Bedeutungsschemata ist in der Regel sehr eng mit den Bewegungs- und Handlungsmöglichkeiten der Spielelemente verknüpft. Ein als „Flugzeug" gedeutetes Bildobjekt zeigt zahlreiche für ein solches Fluggerät typische „Muster": Starten und Landen, Erhöhen und Verringern der Geschwindigkeit, Richtungsänderungen, Verändern der Flughöhe und vieles andere. Durch die Übernahme der angesonnenen Bedeutungen gewinnt der Spieler ein Verständnis für die Zustandsveränderungen der Spielobjekte auf dem Bildschirm. Er kann besser behalten, welche Bewegungsmöglichkeiten seine Spielfigur hat, weil diese Möglichkeiten sich auch aus der Bedeutung der Figur erschließen lassen.

Durch semantische Schemata „belebe" ich meinen „elektronischen Stellvertreter". Indem ich die Spielfigur in Hinblick auf meine kulturellen Muster deute, wird sie in ihrer von den Programmierern des Spiels vorgesehenen, inhaltlich bestimmten Rolle für mich bedeutsam. Möglich sind auch „widerständige" Deutungen, also „Befrachtungen" mit Sachverhalten aus dem persönlichen Kontext des Spielers (z.B. Erfahrungen, Vorlieben, Kenntnisse, die Einfluss darauf haben, wie der Spieler „seine" Spielfigur von ihrem Bedeutungsgehalt her sieht). Semantische Schemata haben eine hervorgehobene Bedeutung bei Computerspielen, bei denen die rezeptive und die semantische Identifikation wesentliche Formen der Verschränkung von Spieler und Spielfigur darstellen.

Syntaktische Schemata (regelbezogene Schemata)
Im Computerspiel ist man nicht so „frei" wie beim Führen einer Marionette. Das spielerische Handeln ist vielmehr an feste Regeln gebunden. Diese Regeln legen die Art und die Beziehungen der Objekte zueinander fest. Um handeln zu können, muss ich über die sensumotorischen Schemata hinaus auch regelbezogene syntaktische Schemata entwickeln. Die „Welt" entfaltet sich, indem „ich" in der Hülle meines „elektronischen Stellvertreters" mit Hilfe syntaktischer Schemata handle. In meinem Handeln werden mir zugleich die Regeln dieser „Welt" bewusst. Indem ich die Regeln nach und nach erkenne und lerne, sie für meine Spielziele zu nutzen, kommt Spannung im Spiel auf: Bringe ich es zuwege, als Erster ins Ziel zu kommen? Schaffe ich es, meinen Endgegner zu besiegen? Gelingt es mir, meinen Umsatz entscheidend zu steigern? Die Leistungsforderungen und Spannungselemente des Spiels lösen gefühlsmäßige Reaktionen des Spielers in Hinblick auf den Spielverlauf und das Spielergebnis aus: Freude, Stolz, Enttäuschung, Verärgerungen, Überraschung. Hand in Hand mit der Span-

nung des Spiels steigt die Anspannung des Spielers: Er muss die Welt von ihren Regeln her verstehen und diese Regeln in angemessene Handlungsschemata umsetzen.

Das Hineinwachsen in die „virtuelle Welt" ist verbunden mit einer zunehmenden Komplexität bei der Ausbildung syntaktischer Wahrnehmungs- und Handlungsschemata.[39]

1. Zunächst bilden sich aus den Mustern von Impulsen aus den sensorischen Bereichen des Sehens und des Hörens relativ unspezifische Sinneseindrücke.

2. Aus den Mustern von Sinneseindrücken entwickelt der Spieler Schemata, die in der Lage sind, die verschiedenen Spielobjekte (Flugzeuge, Häuser, Pflanzen, Tiere) zu erfassen. In der Regel sind diese Schemata in ihrer Grundstruktur bereits vorhanden und differenzieren sich im Verlauf des Spielprozesses sehr rasch in Richtung auf die von den Spieldesignern programmierte Objektwelt aus. Die Spieler erkennen das Gemeinte durch angemessene Schemata.

3. Die vom Spieler beobachteten relativen Veränderungen der Objekte während des Spielablaufs führen dazu, dass er ihnen bestimmte Eigenschaften zumisst (z.B. nützlich, gefährlich; schnell, langsam). Dies ist der Beginn für die Entwicklung syntaktischer Schemata, die sich mit den semantischen Schemata zu einer Einheit verschmelzen.

4. Die relativen Veränderungen der Spielobjekte lassen sich zu Ereignissen oder Geschehensabläufen ordnen. Der Spieler erkennt z.B., dass der „Drache" immer dann zum Angriff übergeht, wenn die eigene Spielfigur ein bestimmtes Objekt in der Spiellandschaft (z.B. einen Baum) erreicht hat. Damit schafft der Spieler die Voraussetzungen, dass die sich ausbildenden syntaktischen Schemata handlungsrelevant werden.

5. Dies führt im nächsten Schritt dazu, dass der Spieler lernt, Beziehungen zwischen den verschiedenen Spielobjekten und ihren Eigenschaften herzustellen. Nach einigen Spielerprobungen weiß der Spieler beispielsweise, dass „Drachen" bei Annäherung stets angreifen und dass man ihnen tunlichst aus dem Weg gehen sollte, wenn man nicht die Eigenschaften (in diesem Falle „Waffen") besitzt, um den Kampf erfolgreich zu bestehen. Mit diesem Schritt entstehen wirkungsmächtige syntaktische Handlungsschemata, die jedoch noch eine relativ begrenzte Reichweite und Gültigkeit besitzen.

6. Aus den verschiedenen Spielerfahrungen entwickelt der Spieler Spielstrategien: Er organisiert zeitlich und räumlich die Beziehungsstrukturen

---

39 Den nachfolgenden Überlegungen liegt ein Modell von Powers zugrunde (vgl. Schmidt, Siegfried J. (Hg.): Kognition und Gesellschaft, Suhrkamp Verlag, Frankfurt 1992, S. 399 ff.).

und Handlungsabläufe. Beispielsweise verkauft er zunächst bei einem Händler einen Edelstein, um von dem Geld beim Schmied ein wirkungsvolles Schwert zu erwerben. So gewappnet kann er dann den Kampf mit dem Drachen wagen, den er zunächst aus einem bestimmten Bereich herauslocken muss, um ihn besiegen zu können. Die syntaktischen Schemata gewinnen hier an Komplexität, d.h. sie werden ausdifferenziert und an vielfältige Bedingungen geknüpft.

7. Der nächste Schritt in der Entwicklung der syntaktischen Schemata besteht darin, verschiedene Strategien sinnvoll miteinander zu verknüpfen und aufeinander abzustimmen. So lässt sich unser „Drache" beispielsweise nur mit einem Topf Honig aus der Höhle locken. Um zu diesem Honig zu kommen, muss eine zweite Spielfigur ein Honignest finden, das man plündern kann. Diese zweite Figur sollte dann mit dem Honig rechtzeitig zur Stelle sein, wenn der Kampf mit dem Drachen ansteht. Für viele Computerspiele ist es wichtig, dass der Spieler lernt, unterschiedliche syntaktische Schemata zu entwickeln und sie durch Parallelhandlungen zu verknüpfen. Das Verknüpfungsschema, das die Spieler auch in vielfältigen Anwendungen aus der realen Welt kennen, erweist sich auch in der virtuellen Welt als ein wichtiges syntaktisches Meta-Schema.

8. Der mit diesem „Adventure" vertraute Spieler ordnet seine Strategien nach bestimmten Kriterien und wird damit in die Lage versetzt, mit unterschiedlichen Situationen fertig zu werden. Die sich so entwickelnden Situationsklassen (Prinzipien) stellen Wahrnehmungs- und Handlungsschemata auf einer relativ hohen Systemebene bereit. Der Spieler kennt dann erprobte Prinzipien, nach denen er mit blauen, roten und gelben Drachen umzugehen hat, wenn er erfolgreich sein will. Eines dieser Prinzipien könnte beispielsweise lauten, sich erst dann auf einen Kampf einzulassen, wenn man genügend gewappnet ist und die Schwächen des Gegners erkannt hat. Die als „Erkenntnisse" gespeicherten Schemata beeinflussen die auf den unteren Ebenen entwickelten syntaktischen Schemata.

9. Auf einer noch höheren Systemebene entstehen aus den Spielprinzipien für das Handeln im Spiel strukturelle Erkenntnisse, die sich auf das jeweilige Spielgenre insgesamt beziehen. Der mit zahlreichen Adventures vertraute Spieler weiß, was er von Spielen dieser Art zu halten hat, wie er damit grundsätzlich umgehen muss, um Erfolg zu haben. Damit haben sich aus den auf einzelne Spiele bezogenen syntaktischen Schemata Formen von Meta-Schemata entwickelt, die so viel Komplexität reduzieren können, dass sie eine „intramondiale Transfereignung" besitzen: Diese Schemata lassen sich auf Spiele eines Genres oder gar auf alle Computerspiele übertragen.

Wie das Beispiel zeigt, ist die Entwicklung syntaktischer Schemata dadurch gekennzeichnet, dass sie mit fortschreitender Spielerfahrung zu einer Ebene nächst höherer Komplexität „aufsteigen". Jedes einzelne syntaktische Schema wird im Laufe der Lernprozesse der Spieler durch die Erkenntnis weiterer Regelelemente und ihrer Verbindungen immer weiter ausdifferenziert und steigt damit in die nächst höhere Ebene auf, wobei sich jede neue Ebene durch das Ausmaß der Vernetzung ihrer einzelnen Elemente von der vorhergehenden unterscheidet.

Das Spiel selbst gibt immer wieder Gelegenheit, die Wirksamkeit der erreichten Systemebene zu überprüfen. Gelange ich mit den vorgesehenen Schemata zum Ziel? Sind die von mir für dieses Spiel gefundenen Prinzipien in den verschiedenen Spielsituationen wirkungsvoll? Der Spieler wird durch syntaktische Schemata dazu gebracht, aus der Hülle seines „elektronischen Stellvertreters" heraus Ideen für Wahrnehmungs- und Handlungsschemata zu entwickeln. Diese muss er dann so organisieren und miteinander verknüpfen, dass er die Spielziele erreichen kann.

Syntaktische Schemata schaffen die regelorientierte Grundlage für das spielerische Handeln. Wie bei jedem Regelspiel ist auch beim Bildschirmspiel der Spielerfolg wichtig. In der Gestalt des „elektronischen Stellvertreters" erreicht der Spieler diesen Erfolg, wenn er sich auf die Regeln des Spiels einlässt und sie auf den verschiedenen Systemebenen des Spiels zu verstehen lernt. Durch syntaktische Schemata „belebe" ich meinen „elektronischen Stellvertreter". Mein kognitives System macht es mir möglich, Regeln zu erkennen, auf immer höheren Ebenen zu ordnen und zu verknüpfen, um in einer „Welt am Draht" handlungsfähig zu werden. Gelingt es mir, diese „Welt" durch angemessene syntaktische Schemata zu kontrollieren und die Ereignisfolgen zu beherrschen, entsteht, wie bei den sensumotorischen Schemata, das befriedigende Gefühl von Kompetenz und Wirkkraft.

Insbesondere bei den Strategiespielen und damit bei Formen der direktionalen Identifikation ist das Ausbilden syntaktische Schemata für die Spieler von besonderer Bedeutung.

Dynamische Schemata (Schemata der Selbstverortung)
Die pragmatischen, semantischen und syntaktischen Schemata schaffen die Voraussetzungen, dass sich die Spieler mit dem Bildschirmspiel überhaupt in Beziehung setzen können. Die Kraft und Energie, mit der sie es tun, werden durch *dynamische Schemata* bewirkt. Die (motivationale) Kraft erwächst dadurch, dass Thematiken, Rollenangebote, Skripte, Episoden und einzelne Szenen des Spiels zum eigenen Lebensbereich, seinen kulturellen Hintergründen, Rollen, Lebensthematiken, einzelnen Episoden und Szenen in Beziehung gesetzt wird. Durch die Selbstverortung des Spielers im Spiel werden Bildschirmspiele zu einem mehrfädig geflochtenen Band bedeut-

samer Metaphern, die in ihren vielfältigen Verweisungen Individuelles mit Gesellschaftlichem verbinden.

Der Spielprozess auf dem Bildschirm weist vielfältige Anknüpfungspunkte zu den Erfahrungen, Wünschen und Handlungsbereitschaften der Spieler auf. Erst wenn sich der Spieler in „seinem" Spiel „wieder findet", kann es für ihn Faszinationskraft erlangen. Der Spieler löst aus dem Spiel die Aspekte heraus, die für ihn und sein Leben wichtig sind. Damit wird das Bildschirmspiel zu einem symbolischen Ausdruck des eigenen Lebens. Die Spielfigur und ihr Erfolg im Spiel werden mit der eigenen Person und ihren Lebenskontexten verbunden. Man „erkennt" sich im Spiel und „lebt" dort sein „Leben". Die auf das Spiel bezogenen und im Spiel verwendeten Schemata gründen sich in ihrer Tiefendimension auf Schemata des Spielers, die er in seiner und für seine reale Welt entwickelt hat.

Die Selbstverortung kann an bevorzugten Spielinhalten deutlich werden. So mögen Jugendliche, die selbst viel Sport treiben, besonders gerne Sportspiele auf dem Bildschirm. Spieler, die sich in aggressiv getönten Lebenskontexten zurechtfinden müssen, greifen häufig zu Spielen, bei denen es um körperliche Auseinandersetzungen geht. Menschen, die viel organisieren müssen, bevorzugen Spiele, in denen gerade diese Fähigkeit verlangt wird. Die Selbstverortung der Spieler über dynamische Schemata kann sich sowohl auf Formen der sensumotorischen und der simulativen Synchronisation stützen, als auch auf sensumotorische, direktionale und semantische Identifikation.

Das Drama auf dem Bildschirm wird (meist unbewusst) als Entsprechung zum realen Leben verstanden. Durch ihre Schemata können sich die Spieler zu dem Spiel in Beziehung setzen, es mit Leben füllen: *ihrem* Leben. Sie finden sich in dem Spiel wieder, weil sie im Spiel auf der Ebene der Schemata das Drama ihres Lebens wieder finden und es mit Hilfe angemessener Schemata zu beherrschen lernen. Durch die dynamischen Schemata verknüpft der Spieler seine narzisstischen Wünsche (Macht, Beherrschung, Kontrolle, Reichtum, Kraft) und seine erworbenen gesellschaftlichen und kulturellen Wertvorstellungen, Normen und Einstellungen mit dem Computerspiel. Im Spielgeschehen koppelt er die spielbezogenen Schemata über seine Spielfiguren mit der eigenen Erfahrungswelt, den Handlungsbereitschaften und Erwartungsstrukturen, die ihm als Schemata zur Verfügung stehen. Die virtuelle Wirklichkeit des Spiels wird für den Spieler wirklich, weil er sie durch seine Schemata mit seiner inneren Wirklichkeit wirksam verbunden hat.

10.10. Bedeutung und Funktion virtueller Spielwelten

Neben den „traditionellen" Spielwelten haben die virtuellen Spielwelten in den letzten dreißig Jahren kontinuierlich an Attraktivität und öffentlicher Aufmerksamkeit zugenommen. Sowohl Kinder als auch Jugendliche und Erwachsene werden von dieser Welt angesprochen. Nahezu jeder Haushalt hat über Computer oder Spielkonsolen Zugangsmöglichkeiten zu dieser Welt.[40] Entsprechend hoch sind die Umsatzzahlen der Computerspiel-Software-Industrie: mehre Milliarden Euro jährlich allein auf dem deutschen Markt.[41]

Die Attraktivität virtueller Spielwelten hat verschiedene Gründe. Aus der Perspektive des Hier-und-Jetzt besitzen diese Welten einen emotionalen Gratifikationscharakter: Sie machen ein „gutes Gefühl" und werden daher als „emotionale Selbstmedikation" (mehr oder weniger bewusst) verwendet. Die Computerspiele haben sich inzwischen sehr breit ausdifferenziert, so dass jeder Spieler „sein" Spielkonstrukt finden und die Spielwelt entfalten kann, die seinen Wünschen, Impulsen, Vorlieben und Interessen entspricht.

Zugleich findet eine Selbstsozialisation von Kindern, Jugendlichen und Erwachsenen statt, die sich über virtuelle Spielwelten Kompetenzen aneignen, die hilfreich sein könnten in der Auseinandersetzung mit virtuellen Räumen. „Wenn es richtig ist, dass jeder Mensch seine Selbst- und Weltsicht selbst erzeugt (...) dann könnte der Weg in die Informationsgesellschaft bedeuten, dass immer mehr Virtualität für Menschen zu alltäglichen Erfahrung werden wird, dass demzufolge wesentliche sozialisatorische Effekte und die Konstitution von Basisaktivitäten in virtuellen Welten zu erwarten sind (...)."[42]

Mit Blick auf die virtuellen Gemeinschaften und speziell der virtuellen Spielgemeinschaften entwickelt sich eine Kultur mit speziellen Werten und Normen: ein Experimentierfeld, in dem spielerisch erprobt werden kann, wie man in einer zunehmend „elektronifizierten" und verdateten Welt unter humaner Perspektive leben möchte. Die virtuellen Spielwelten sind nicht nur Ausdruck und Spiegel unserer Lebenswelt, sondern auch kreatives Potential für den immer währenden Prozess der Entwicklung von Menschheit und Gesellschaft. Vielleicht erweist sich durch diese virtuellen Gemein-

---

40 Aktuelle Basisdaten zum Medienumgang der 6- bis 13-Jährigen finden sich in den jährlich erscheinenden Forschungsberichten des Medienpädagogischen Forschungsverbundes Südwest (mpfs); Anschrift der Geschäftsstelle: SWR Medienforschung, Hans-Bredow-Straße, 76530 Baden-Baden.

41 Die jeweils aktuellen Zahlen und ihre Aufschlüsselung sind den Jahrbüchern des Verbandes der Unterhaltungssoftware Deutschland (VUD) zu entnehmen (Anschrift der Geschäftstele des VUD: Riemekestraße 160, 33106 Paderborn).

42 Marotzki, Winfried: Digitalisierte Biographien?, in: Lenzen, Dieter und Luhmann, Niklas: Bildung und Weiterbildung im Erziehungssystem, Suhrkamp Verlag, Frankfurt 1997, S. 184.

schaften die Richtigkeit der Auffassung von Johan Huizinga vom Ursprung der Kultur im Spiel: „Seit langer Zeit hat sich bei mir die Überzeugung in wachsendem Maße befestigt, dass menschliche Kultur im Spiel - als Spiel - aufkommt und sich entfaltet."[43]

43 Huizinga, Johan: Homo Ludens. Vom Ursprung der Kultur im Spiel, Rowohlt Verlag, Hamburg 1956, S. 7.

Ausblick

Gibt es ein Fazit bei dem Bemühen, etwas zum Verständnis des „Spiels" beizutragen? Sind wir dem, was „Spiel" ist und sein kann, ein Stück näher gekommen? Waren die geschaffenen begrifflichen Instrumente in der Lage, das Wissen über „Spiel" hinlänglich geordnet und verständlich aufzuschichten?

Meine Überlegung am Ende aller Untersuchungen und Erörterungen mündet ein in die Frage, ob es nicht *doch* sinnvoll sein kann, den Begriff „Spiel" zu verwenden. Gibt es nicht etwas, das alle Komposita, von Spielkonstrukt über Spielwelt bis Spielprozess, gleichermaßen bestimmt? Und was könnte dies sein? Die deutsche Sprache kennt, im Gegensatz zur englischen Sprache[1], nur den einen umfassenden Begriff „Spiel". Ich habe über die mir selbst gestellte Aufgabe lange nachgedacht. Was ich als Ergebnis präsentieren möchte, trägt alle Merkmale des Vorläufigen und ist sicher nicht mehr als ein Ausblick: ein Vorschlag, in welche Richtung man möglicherweise über den Horizont der Wissensbestände dieses Buches und der Diskurse zum Spiel weiterdenken könnte.

Ich schlage einen anthropologisch orientierten Spielbegriff vor, der *Spiel* als elementare Kraft des Menschen zu fassen versucht. Diese Kraft ist auf Ent-

---

1 Dort gibt es das Bemühen, zwischen „Play" und „Game" zu unterscheiden und mit diesen beiden Begriffen, wie mit einem Tandem die Areale des „Spiels" abzufahren. Lesenswert dazu ist der Online-Artikel von Kampmann, Walther: Playing and Gaming. Reflections and Classifications; in: „Game Studies", volume 3, issue 1 (2003), www.gamestudies.org/0301/walther

faltung gerichtet. Sie drängt zum Aufbruch, zur Erweiterung, zur Veränderung und zur Verwandlung. Diese Kraft, die wir *Spiel* nennen, beeinflusst das menschliche Verhalten. Der Mensch wirkt im Einfluss dieser Kraft frei, flexibel, überraschend, beweglich und lebendig. *Spiel* ist eine Äußerungsform des Lebendigen und erfüllt das Lebendige mit Leben. *Spiel* ist im Wesen des Menschen verankert, ist untrennbar mit dem Lebendigen in ihm und mit seiner Entwicklung verbunden.

Damit sich diese Kraft entfalten und in die reale Welt hinein wirksam werden kann, benötigt sie auch Räume, die vom Ernstcharakter der realen Welt weitgehend entlastet sind. *Spiel* schafft sich Möglichkeitsräume (von der mentalen Welt, der Traumwelt, der Spielwelt, der medialen Welt bis zur virtuellen Welt), um den Entfaltungsprozess von *Wirklichkeit* voran zu bringen und in der Lebenswelt von Menschen Ausdrucksformen zu finden. Die Möglichkeitsräume bestätigen und festigen nicht nur die Einigungsformeln der realen Welt, sondern sie gewährleisten ein experimentelles Erproben neuer Möglichkeiten in dieser Welt.

In den Möglichkeitsräumen steht das Noch-Nicht spielerisch zur Disposition. Alles, was sein kann, kann dort sein. Möglichkeitsräume werden durch *Spiel* zu Vermittlungsräumen zwischen dem „Außen" der realen Welt und dem „Innen" der Wünsche, Ängste, Anmutungen, Erinnerungen, Eindrücken und Vorstellungsbilder der Menschen. Möglichkeitsräume erweitern das Potential des Menschen, auf Innenwelt und Außenwelt hin zu denken, zu handeln, zu fühlen, zu empfinden und sich zu entwickeln. Sie entfalten sein Menschsein und schaffen Impulse für Wachstum, Veränderung und Selbstentfaltung, um zu werden, was dem Menschen bestimmt ist: ein offenes Wesen zu sein. Die verschiedenen Welten im Möglichkeitsraum des Menschen sind „Einigungsformeln" zwischen Außenwelt und Innenwelt und wirken auf die Konstruktion der realen Welt ein. Erst durch die Möglichkeitsräume erfährt der Mensch im Laufe seiner Entwicklung, was reale Welt sein kann.

Was ist die Bedeutung von *Spiel*? Diese Kraft bringt die Fähigkeit des Menschen hervor, sich seiner eigenen Unbegreiflichkeit zu nähern und *Wirklichkeit* im Rahmen der menschlichen Kultur, wie begrenzt und eingeschränkt auch immer, zu entfalten. *Spiel* ist Verheißung und Hoffnung auf Freiheit, Entwicklung, Veränderung. *Spiel* bewirkt, dass *Wirklichkeit* sich wirksam entfalten kann.

Zum Weiterlesen empfohlen

Eine Literaturempfehlung zu einem so vielschichtigen Gebiet wie dem des „Spiels" abzugeben, ist nicht einfach. Die zu empfehlenden Bücher sollten gut lesbar sein, einen wesentlichen Erkenntnisbereich eröffnen, gute Zusammenfassungen liefern, einen Teilbereich umfassend darstellen, Hintergründe deutlich machen, wesentliche Forschungsergebnisse vorstellen und vielleicht auch Sachverhalte in neuer und origineller Form erörtern. Die Bücher, die ich nun vorstelle, besitzen mehrere dieser Vorzüge. Gleichwohl ist die Auswahl sehr subjektiv. Es sind Bücher, die *mir* gefallen, die *meinen* Erkenntnisfortschritt angeregt, die *mich* berührt haben. An die Spitze der Empfehlungsliste setze ich ein Buch, das in Deutschland wenig bekannt geworden, das zu Unrecht sehr bald vom Markt verschwunden ist und „verramscht" wurde:

Sutton-Smith, Brian und Shirley: Hoppe, hoppe, Reiter. Die Bedeutung von Kinder-Eltern-Spielen, Piper Verlag, München und Zürich 1986 (Originalausgabe unter dem Titel „How to Play with Your Children", New York 1974).

Der Titel des Buches ist denkbar schlecht gewählt. Er signalisiert einen simplen Elternratgeber und verfehlt damit, um was es in dem Buch wirklich geht: Um eine fundierte, sehr gut lesbare, anschauliche, im besten Sinne wissenschaftliche Darlegung der Entwicklung des Spielverhaltens von Kindern und Anregungen, wie man mit Kindern ins Spiel kommen kann. Das Buch ist mit lockerer und leichter Hand geschrieben und vermittelt wesentliche Erkenntnisse sowohl für Eltern als auch für Pädagogen und Lehrende. Zum Autor Brian Sutton-Smith muss man wissen, dass er nach meiner Einschätzung seit vielen Jahrzehnten einer der wesentlichen Spielforscher und Spielpädagoge mit großem internationalem Renommee ist.

Der Kauf dieses Buch lohnt sich auf jeden Fall. Doch woher es bekommen? Sicher ist es in vielen Bibliotheken ausleihbar. Eine weitere Möglichkeit ist die Beschaffung über den Online-Dienst ZVAB. Hier findet man eine sehr große Auswahl über die antiquarisch erhältlichen Bücher (http.//www.zvab.com). Dies gilt auch für viele der „Klassiker" zum Spiel und zur Spieltheorie, die ich zum Weiterlesen empfehlen würde:

Huizinga, Johan: Homo Ludens. Vom Ursprung der Kultur im Spiel. Rowohlt Verlag, Hamburg 1956.

Caillois, Roger: Die Spiele und die Menschen. Maske und Rausch, Ullstein Verlag, Frankfurt, Berlin und Wien 1982 (Originalausgabe unter dem Titel „Le jeux et les hommes", Paris 1958.

Piaget, Jean: Nachahmung, Spiel und Traum, Klett Verlag, Stuttgart 1969 (Originalausgabe unter dem Titel „La formation du symbole chez l'efant Imitation, jeu et reve", Neuchatel 1959).

Scheuerl, Hans: Das Spiel. Untersuchungen über sein Wesen, seine pädagogischen Möglichkeiten und Grenzen, Beltz Verlag, Weinheim und Basel 1954, Neuausgabe 1979, 11. überarbeitete Neuausgabe 1990.

Das Studium dieser vier Bücher gibt einen Überblick über die in den fünfziger Jahren entwickelten Vorstellungen über das Wesen des Spiels, seinen Erscheinungsformen, seiner kulturellen Verankerung, seinen entwicklungspsychologischen Hintergründen und seiner pädagogischen Inanspruchnahme.

In den darauf folgenden fünfzig Jahren haben sich die theoretischen Vorstellungen über das Spiel und seine gesellschaftlichen wie psychologischen Hintergründe nur recht langsam und zögerlich weiter entwickelt. Im Mittelpunkt der vergangenen Jahrzehnte standen vielmehr psychologische und pädagogische Forschungen zur Entwicklung des Spielverhaltens und zu den Spielprozessen von Kindern, die in zahlreichen Veröffentlichungen ihren Niederschlag gefunden haben. Will man sich einen Überblick über die Forschungslage verschaffen, sind empfehlenswert:

Einsiedler, Wolfgang: Das Spiel der Kinder. Zur Pädagogik und Psychologie des Kinderspiels, Verlag Julius Klinkhardt, Bad Heilbrunn 1990.

Mogel, Hans: Psychologie des Kinderspiels, Springer-Verlag, Berlin 1991.

Eines der wesentlichen Veröffentlichungen der letzten Jahrzehnte, die über eine reine Bestandsaufnahme psychologischer Forschungen weit hinaus ragt, ist das Buch von

Oerter, Rolf: Psychologie des Spiels. Ein handlungstheoretischer Ansatz, Quintessenz Verlag, München 1993.

Es ist eines der wenigen Bücher, in denen es gelungen ist, theoretische Vorstellungen mit der Entwicklung des Spielverhaltens von Kindern zu verknüpfen. Die „Psychologie des Spiels" ist ein profundes Werk, das unter psychologischer Perspektive wesentliche Erkenntnisse zum Spielverhalten auf hohem theoretischem Niveau vermittelt.

Leserinnen und Leser, die sich für die Wechselwirkungsprozesse zwischen dem Spiel des Kindes und dem aggressiven Verhalten interessieren, ist der folgende Titel nachdrücklich zu empfehlen:

Wegener-Spöhring, Gisela: Aggressivität im kindlichen Spiel. Grundlegung in den Theorien des Spiels und Erforschung ihrer Erscheinungsformen, Deutscher Studien Verlag, Weinheim 1995.

Zum Abschluss der Empfehlungsliste möchte ich zwei Bücher vorstellen, die sich nur schwer in die Entwicklungslinien von Spielforschung und Spieltheorie einordnen lassen, und die, jedes für sich, etwas ganz Besonderes darstellen.

Merkel, Johannes: Spielen, Erzählen, Phantasieren. Die Sprache der inneren Welt, Verlag Antje Kunstmann, München 2000.

Das sehr lesenswerte und ausgesprochen gut geschriebene Buch verbindet verschiedene Areale menschlichen Denkens, Fühlens und Handelns: Das Spiel, das Erzählen, die Tagträume. Der Autor versteht es, sowohl in einer anschaulichen als auch theoretisch fundierten Weise die Sachverhalte und Erklärungen den Lesern nahe zu bringen. Der besondere Erkenntnisgewinn liegt darin, bestimmte Areale der Lebenswelt von Menschen zueinander in Beziehung gesetzt zu haben.

Das folgende Buch hat mich zum Teil so erschüttert, dass ich Schwierigkeiten hatte, weiter zu lesen. Es beschreibt Spielprozesse am Rande des drohenden Todes und verdeutlicht die das Leben bejahende Kraft des Spiels – über alle existentiellen Gefährdungen hinweg.

Eisen, Georg: Spielen im Schatten des Todes. Kinder und Holocaust, Piper Verlag, München 1993 (Originalausgabe unter dem Titel „Children and Play in the Holocaust, The University of Massachusetts Press 1988).

Personenregister

Sachregister